¡AHORA MISMO!

nueva edición

Phil Turk & Mike Zollo

Hodder & Stoughton

A MEMBER OF THE HODDER HEADLINE GROUP

Acknowledgements

The authors would like to thank the following for their help in the preparation of this book:

For their help with the recorded materials and vocabulary: Dolores and Derek Blake; Mercedes Catton; Marisol Díez Cantero and her family; Casilda García Barriocanal; Javier and Hayley López Notario; Antonio Moreno Carrascal and his daughter, Olga; Mrs Elisabeth Oates-Wormer; Señora Doña Graciela Pando; Consuelo Parra; Máximo Antonio Pech Canul; Ana Thode Garrido; Virginia Vinuesa Benítez, and her sons Javier and Sergio; Agustín Fernández; Silvia Moragas, Pau Martín Galindo and Elisabeth Jal Varea of Camping Vilanova; and campers Susana Sevillano, Carlos Navarro and Xavi Amill; Manuela (Noli) Twyford; and students of the ISI Language School, Paignton 1989 (Verónica Lacal Jiménez, Luis Méndez Davila and Francisco Roy Delgado).

For checking the manuscript: Matilde Gutiérrez Wood, Carmen Torrido Gordillo and José-Luis García Daza.

Finally, our wives, families and friends for their encouragement and patience.

Photo acknowledgements

The publishers would also like to thank the following for permission to reproduce photographs:

Barnaby's Picture Library: pp. 50, 86 (left), 148, 149, 169, 224; Virginia Vinuesa Benítez: p. 53; J Allen Cash Ltd: pp. 47, 56, 49, 58, 90 (right), 144, 151, 153, 155 (left), 213, 250, 252; Cambio 16: pp. 61, 67, 80, 81, 205, 225; Colorsport/Tempsport/Ruzniewski: p. 10; Egin: p. 228 (main); EFE: pp. 104, 105, 119, 243; Crispin Gaughan: p. 22; Rosa María Martín: pp. 136, 146, 190; La Época: p. 184; Ferrari: p. 241; Gamma: p. 230 (bottom); Greenpeace: p. 230 (top); Mines Advisory Group: p. 229; El País: p. 125; Helen Parker: pp. 15, 21, 34, 36, 63, 117, 138, 165, 213; Silvia Pérez: pp. 20 (left), 29, 100, 153, 215 (left), 215 (left), 218 (right), 219 (top), 259; Radio Nacional de España: p. 37; Robert Harding Picture Library: pp. 155 (right), 157 (centre), (/Dave Jacobs) 187, (/V Miles) 102, (/Raleigh International Guy Drayton) 193, (/James Strachan) 97; James Ryan: p. 38; Thames Television Ltd for 'Strike it Lucky': p. 262; Topham Picture Point: pp. 9, 10, 14, 40, 65, 77, 79, 90 (left), 106, 163, 171, 176, 182, 195, 203, 208, p. 233; p. 214 (second from top), (/B Daemmrich) p. 141, (/D Mollard) 208 (bottom), (/A Franca) p. 209; Tribuna: pp. 72, 73; Phil Turk: p. 86; Janine Wiedel: p. 16; Mike Zollo: pp. 54 (both).

British Library Cataloguing in Publication Data

A catalogue for this book is available from the British Library

ISBN 0 340 65551 8

First published 1990
Second edition 1996

Impression number	10 9 8 7 6 5 4
Year	2003 2002 2001 2000 1999

Printed in Italy for Hodder & Stoughton Educational, a division of Hodder Headline Plc, 338 Euston Road, London NW1 3BH by Printer Trento.

Text acknowledgements

The publishers would like to thank the following for permission to reproduce material in this volume:

ABC for 'Un hombre verdadero: Miguel Induráin by José Carlos Carabias, 24/7/95; *Aventura 2* for an extract from their leaflet *Blanco y Negro* for '¿Eres curioso?' and the results of '¿Eres curioso?', 14/8/88; *Bradford on Avon Tourism Association* for 'Picturesque Saxon Town, the Hub of the Mid-West' brochure; *Cambio 16* for the cover, n° 792, 2/2/87, the letter from Amaya Goñi Quintero, n° 802, 13/4/87, 'Los nuevos artesanos' by Julia Pérez and Pilar Díez, n° 854, 11/4/88, 'De etiqueta en el aula' by Carmen Álvaro with photographs by Alex Puyol, n° 1,191, 19/9/94, '¿Estudias o trabajas?' , 'Los profesionales más buscados por las empresas' by Inmaculada Sánchez, n° 891, 26/2/88, 'Profesionales de verano' by Carla Pulín, n° 1,235, 24/7/95, 'Deficientes y muy eficientes' by Pilar Díez, n° 882, 25/10/88, 'Encuesta: los obreros están por los pactos' by Luis Peiro, 'La furia española del taekwondo' by Liz Perales, n° 879, 3/10/88, 'El peatón contra el coche', February 1987, 'Hacia una ciudad crispada' by Jesús Leal Maldonado, n° 865, 27/6/87, 'Mano dura contra la droga blanda' by Manuel José Fajardo, n° 887, 28/11/88, 'Se habla español' by Ramiro Cristóbal with illustrations by Oscar Mariné, n° 1,143, 18/10/93, logos for 'Televisio de Catalunya', 'Euskal Telebista' and 'Televisión de Galicia' in conjunction with those companies, n° 931, 2/10/89, 'La lengua de Valencia' letter from Annie Herguido, n° 846, 25/1/88, 'Ventajas del español' letter from Michel Royer, n° 854, 11/4/88, 'El mundo de las comunicaciones', n° 887, 28/11/88, illustration by Juan Ballesta, n° 1,197, 31/10/94, 'La chapuza de las carreteras' by Javier Arce, n° 879, 3/10/88, 'Desde el espacio' by Cristina Santorio, n° 1,191, 19/9/94, 'En la radio me molesta la falta de ilusión de gente' by Pilar Romero with photograph by Elio Aguilar, n° 1,217, 20/3/95, 'Un mundo feliz, al fin' by Carmen Rico-Godoy, n° 901, 6/3/89, 'Explota el Pacifíco' visual by Juanse and Díaz, n° 1,242, 11/9/95, 'Agobiados por el ruido' by Edgardo Oviedo, n° 886, 21/11/88, 'La marea colonial' by Liz Perales, n° 883, 31/10/88, 'Contaminación', n° 881, 17/10/88, Arturo Juez for visual 'El invernadero tierra', n° 1,215, 6/3/95, '¿Para qué nos quieren?' with photograph by Ángel Carchenilla, n° 1,229, 12/6/95, 'Cómo nos ven' compiled by Daniel Merlmestein (London), María Vallejo (Rome), Lidia Conde (Stuttgart), Miguel Rivero (Lisbon), Aurora Moreno (Luxembourg) and Ana Tagarro (Paris), n° 1,229, 12/6/95, 'La reconquista de América' by Alberto Valverde, n° 1,228, 5/6/95, 'España está de moda' by Ricardo Herres, n° 863, 13/6/88, 'Latinoamérica gana, pierde Hispanoamérica' by Daniel Samper Pizano, n° 888, 14/11/88, 'Estamos en guerra' by Luis Fernando Verissicmo, from the 'Monóxido' supplement n° 878, 26/10/88, '¡¡¡No!!!' by Ricardo Utrilla, n° 880, 10 October 1988, 'Prohibido el paso' by Juan Fernández with photograph by Joaquín Sánchez, n° 1,249, 30/10/95, 'Ayudar para que no vengan' by Manuel Leguineche, 30/10/95, 'El pecado de ser niño' by José Manuel Martín Medem with photographs by José María Gómez, n° 1,248, 23/10/95, 'El Rey de España y Su Majestad británica se besan' by Eduardo Chamorro and Victor Steinburg, n° 883, 31/10/88, 'Candidatas a Reina' y José María de Juana, n° 1,208, 16/1/95, 'Derecho a la huelga: España no es diferente', n° 802, 13/4/87, 'Treinta mil jóvenes se libran de la mili' by José Manuel Huesa, n° 886, 21/11/88, 'OTAN: estar pero no ser' by Juan Gómez, n° 885, 14/11/88, '100 días sin libertad' by Fátima Ramírez, n° 1,239, 21/11/95, 'Muerte bajo tierra' by Luis de Zubiaurre, n° 1,248, 23/11/95, 'Sobrevivirla un hombre de hoy en el año mil' by JMP, n° 1,208, 10/1/95, 'Ferrari F40 – el coche más rápido del mundo' by Alberto Mallo and Sergio Piccone from the 'Motor 16' supplement, n° 863, 13/6/88, 'Javier Bardem' by Ramiro Cristóbal, n° 1,194, 10/10/95 and 'El país de Jauja-Pirulí' by Ramiro Cristóbal, n° 854, 11/4/88; *Commissió catalana en defensa de la vida* for the pamphlet '¿Quién quiere matar a Nacho?'; *El Diario* (New York) for 'Pinochet: es la hora de callar' by AFP, 24/8/95; *El Diario/La Prensa* for 'Cuba, el país más antiguo del porvenir' by Raúl Rivero and 'La Cumbre de turismo', both from 24/8/95; *Diario 16* for 'El circo de las vacaciones' by Begoña Piña, from 'Guía de Madrid' n° 38, 30/12/88; *Ediciones Libro Amigo* for 'Un día de éstos' from 'Los funerales de la Mamá Grande' by Gabriel García Márquez, Rotativa (1961); *Ediciones San Pio X* for 'Últimamente estoy hecho un lío' and '¡Ayudadme me siento indefensa!' from 'Educar Hoy' leaflet; *La Época* for 'Frei dice que negociación de Nafta es señal para resto del hemisferio', 24/10/95, 'No queremos mili con escobas' by Carmen Ramírez de Gauda, 19/9/88 and 'Una alcaldesa contra ETA' by Miguel Platón, 5/9/88; *La Época* (Chile) for '16 de octubre, día mundial de la alimentación', 24/10/95; *Explotaciones Turísticas de Candanchú, S.A.* for ski information and visuals, 1994-1995 winter season; Gabriel García Márquez for the extract from his book 'El coronel no tiene quien le escriba'; *Mía* for 'Quiromancia: Julio Iglesias' by J Barucci, n° 111, 24/10/88, 'Eduardo, 2 años, estudia Económicas', 'Pilar, 23 años, estudia Asistente Social y cuida niños', and 'La experta opina' by Ana Irene del Valle, all from n° 457, 12/6/95, 'Vivo pendiente del qué dirán' by Begoña Castellanos, and 'La experta opina' by Blanca Munguía, both from 14/8/95, 'Secretos: parte importante de la intimidad' by RC, 3/10/88, 'Mamá, a Oscar le gusta una niña' by Begoña Castellanos, n° 450, 30/4/95, 'Horóscopo' by Nike, 3/10/88, 'Descubre la rápidez mental de tu hijo' by Antonio Arias, 12/9/88, 'Trucos para pasar las vacaciones sin arruniarte', '¿Llevas una vida sana?' by Antonio Arias, 26/9/88, 'En 10 minutos' by María Jesús Monasterio, 2/1/89, 'El azúcar', 12/9/88, 'Fuma demasiado y quiero que deje el tabaco', 12/9/88, and for various job adverts, 5/9/88 and 26/9/88; *Muy* for the cartoon by Chumy Chumez, n° 90, November 1988; *Muy Interesante* for 'Nace el hombre biónico' by Victor Ferrer, and 'El radar asa-chuletas' by Gregorio Rubio, both from n° 92, January 1989; *Nueva Gaceta Illustrada* for the cartoons; *El País News Service* for, from *El País*: 'Estrategia contra potencia: Arantxa Sánchez-Vicario contra Steffi-Graf', 10/6/95, 'Descuentos para mayores de 65 años', n° 3,949, 2/2/88, 'Las oportunidades del nuevo AVE' by José Ruiz, 9/7/95, 'Tabaco' by Manuel Vicent, 2/2/88, 'España y el Reino Unido conversarán sobre los problemas de Gibraltar', 10/9/84, 'Europa la vieja' by Javier Valenzuela with photograph by Antonio Espejo, 24/9/95, 'Hasta que el cuerpo aguante' by José Comas, from the 'Domingo' section, 22/3/87, 'Tener o no tener' by Xavier Vidal-Folch and Alex Rodríguez from the 'Domingo' section, 29/3/87, 'Vida y milagros de una central nuclear' by Angels Piñol, n° 4,096, 29/6/88, and from *El País Semanal*: 'A cada cual su manía' by Mercedes Riva Torres, n° 620, 6/2/89, 'El lado duro de la igualdad' by Cesar Díaz, 30/10/88, 'Vuele a su medida' by Jesús Echevarría with visuals by Carmen Trejo, 2/5/93, 'El tabaco' by Antonio Gala, 1/6/88, 'Indios de Guatemala – el fuego verde perdido' by Jesús Estévez, 4/1/87, 'Javier Álvarez' by Carlota Lafuente, 11/6/95 and 'El jamón serrano' by Javier Liquidain, 28/2/93; *Pétete* for 'La alfombra mágica' by María González Calvo, n° 18; *Revista Española de Defensa* for 'Los jóvenes y el servicio militar' by G Calimany, 'Un año de contención' by Santiago F del Vado with photograph by Jorge Mata, 'Guerra al fuego' by Raúl Díez with photographs by Jorge Mata (p. 221) and Pepe Díaz (p. 222), and 'La Brigada XXI, en el Eurocuerpo' by J L Expósito with photograph by Pepe Díaz, all from October 1995; *Selecciones Reader's Digest* for 'Ciudad Rodrigo' from 'Descubre España', 1983; *El Semanal* for the extract on 'El alcalde de Zalamea' reported by Eduardo Galán, n° 318, 28/11/93; *Supertele* for 'Ahorrar energía en casa', 19/8/95; *Thomas Nelson and Sons Ltd* for the extracts from 'Viaje a la Alcarria' by Camilo José Cela (1961), 'El camino' by Miguel Delibes and 'El otro árbol de Guernica' by Miguel de Castresana; *Tiempo* for 'La "litrona" sustituye al "porro" como símbolo de los jóvenes de hoy' by M A Mellado y J L Roig, 11/5/87, 'Madrileños y barceloneses se sienten mutuamente maltratados by Aurora Moya, Isabel Zúñiga, Enrique Alcat and Ana Almargo, n° 70, 3/10/88, 'Artistas, escritores y famosos confiesan sus relaciones con la droga' taken from survey, 22/12/88 and 'Retrato del nuevo español', 11/5/87; *Tribuna* for 'Cómo solucionar los problemas escolares de sus hijos' by María J Espejo, 29/9/88 and 'Las estaciones de esquí españolas' by Rocío G Abos and Lourdes Muñoz, 5/12/88; *UNESCO* for 'La contaminación no tiene fronteras' by France Bequette from El Correo, March 1989.

CONTENTS

Nouns; articles; adjectives; adverbs; comparative and superlative of adjectives and verbs; demonstratives; possessives; numerals; personal pronouns; the verb; the subjunctive; *ser* or *estar*?; the passive; negatives; prepositions and the infinitive; *para* or *por*?; personal *a*; relatives; interrogatives; exclamations; accentuation and stress.

INTRODUCTION

¡Bienvenidos y bienvenidas a ¡Ahora Mismo! nueva edición

This new edition of the well established *¡Ahora Mismo!* is an improved, up-to-date and even more user-friendly version of this advanced Spanish coursebook. The early units have been revised to provide a gentler transition from GCSE to A/AS Level and beyond, in whatever educational environment you are studying Spanish. These units cover topics which will be familiar to you, yet at the same time they introduce new language to begin the process of advancing your knowledge and language skills. The rest of the course is also thoroughly revised: new texts and exercises have been used to maintain the topicality of *¡Ahora Mismo!*, exploring each theme in greater depth and from a more mature viewpoint.

We have taken great care to select authentic and mainly contemporary material in a great variety of styles and registers. We have provided a wide range of tasks of varying levels of difficulty, to ensure that there is something to appeal to all interests and abilities. You do not have to work through every text and exercise: the units often flow from one another in logical progression, but each is autonomous; it is therefore not essential to tackle the course in the order given. Your teacher will decide on the most appropriate approach for your syllabus.

The structure is the same in each unit: a series of texts, each with its own set of exercises to lead you from comprehension of the text itself, through consolidation of vocabulary and grammatical features, to development of the ideas contained within the text. Each unit finishes with an *Y de postre...* section which provides further development of the themes and language of the unit in a more light-hearted way. There is also a range of supplementary material in the *Teacher's Book* in the form of worksheets which further develop areas of language and grammar. The *Teacher's Book* also contains transcripts of the recordings should you need them.

You will be asked to perform a wide variety of tasks, from straightforward question and answer exercises to pairwork, conversations and discussions, leading on to essay writing and other advanced activities. The tasks fall within the four main language skill areas:

Reading

One can read at several levels from skim reading for general gist, to reading for detail: in each case, you should decide what the level should be for the task before you begin. In many cases we provide vocabulary help, in others we advise you to use a dictionary. In some instances we specifically want you to develop self-reliance: we give you help in working out the meaning of new words for yourself, by making the most of what you already know about those words and what you can deduce from their context.

Listening

We have supplied plenty of listening material, indicated in the text by the symbol. There is a wide variety of registers and styles, ranging from conversation to radio broadcasts, all spoken by native speakers. It is a good idea to get a lot of practice at listening while following transcripts; also, do practise listening for *key* words before working on the rest of the message.

Speaking

In some cases, you may find that you have the vocabulary and grammatical knowledge to talk about a topic straight away, but most of the time you will build up gradually to the role-plays, discussions, interviews and other oral exercises by working through the exercises accompanying each text. That way you will have gained confidence as well as the necessary vocabulary and language skills.

Writing

This is developed gradually with each text, first via short questions and summaries, then progressing to translations, essays and other advanced tasks.

The extent to which you need to use a dictionary will depend on the nature of the exercise, and on what your teacher feels is appropriate for you. Even if your school or college is well stocked with dictionaries, you should try to provide yourself with a good dictionary, which your teacher will recommend. Here are some guidelines to follow if you are to get the most out of dictionary work:

(a) familiarise yourself with the abbreviations used in the dictionary, to ensure that you are looking up a noun, and not a verb or an adjective.

(b) when working from English to Spanish make sure that you have the right meaning of the English word; *chip*, for example, can be related to *potato*, *wood*, *silicon* – and many other things.

(c) double-check the definitions you find by looking them up again the other way round.

(d) '*ch*', '*ll*', until recently were letters in their own right in Spanish, and followed '*c*' and '*l*' respectively in the dictionary. In 1994, Spanish-speaking countries agreed to revise their alphabet and '*ch*' and '*ll*' now appear exactly where you would expect; '*ñ*' however continues to be a separate letter and comes after '*n*'.

We have included a *Sección de Gramática* at the back of the book to provide you with a handy grammar reference. Should you need to go into greater detail, try *¡Acción Gramática!* (published by Hodder & Stoughton, 1993) to which all major grammar points in the units are also cross-referred, or another grammar reference book.

In addition to the listening symbol, the following symbols are used:

1.1 indicates that there is a supplementary work sheet available from your teacher to give you further information and more language practice on the topic in question.

Gramática Viva is there to alert you to the fact that you are about to come across a particularly useful piece of grammar, so watch out!

¡AG! reminds you that the grammar point is explained in *¡Acción Gramática!* as well as in the *Sección de Gramática* at the back of this book.

To encourage you to think and work entirely in Spanish, we have restricted the use of English to these notes, the vocabulary lists and the *Sección de Gramática*. You will soon get used to the Spanish instructions and commentaries; ask your teacher if you have any difficulties. In most cases they follow the style used by Examination Boards, except that we have taken the liberty of addressing you as '*tú*'!

¡Buen Viaje!   *Phil Turk and Mike Zollo*

A ¿Eres curioso?

– ¿Lees siempre los horóscopos de todos los periódicos y revistas que caen en tus manos?
a) De vez en cuando.
b) No. Me parecen una tontería.
c) Sí. Aunque no sean serios me divierten.

– ¿Te gusta averiguar con tiempo lo que te van a regalar por tu cumpleaños?
a) ¡Nunca! Perdería la ilusión.
b) Siempre me entero porque alguien se va de la lengua.
c) Sí. Siempre esconden las cosas en los mismos sitios.

– Con la mano en el corazón. ¿Has leído ya el resultado de este «test» en la próxima página?
a) No, de verdad que no.
b) No me he podido resistir.
c) He estado a punto, pero no quería parecer curioso.

– ¿Cómo acabará esta persecución?
a) El ladrón escapará.
b) El chico detiene al ladrón.
c) Es difícil de predecir.

– ¿Te importaría que te pillaran dando un beso o cogido de la mano de tu ligue?
a) Sí. Me importaría mucho.
b) Me daría igual.
c) No me importaría nada.

– ¿Has intentado alguna vez echar un vistazo a la libreta de notas de tu profe?
a) Sí, pero sólo porque me había olvidado mi última nota.
b) No. Me espero a que las lea en clase.
c) De vez en cuando intento echarle un vistazo cuando salgo a la pizarra.

– ¿Haces trampas jugando a las cartas?
a) Sí, pero de forma que no se note.
b) ¡Si los demás son tontos y no se enteran!
c) No, aunque a veces me dan tentaciones.

VOCABULARIO

aunque no sean serios even if they are not serious
la persecución chase
predecir to predict
echar un vistazo to have a peep
la libreta de notas markbook
me espero a que ... I wait for him to ...
averiguar to investigate, find out
la ilusión thrill
me entero I find out
alguien se va de la lengua someone gives it away
pillar to catch
tu ligue your boy/girlfriend
hacer trampas to cheat

Resultado del «test»

Suma los puntos que correspondan a tus respuestas.

¿Eres curioso?

Pregunta	a	b	c
1	2	1	3
2	1	2	0
3	3	1	4
4	0	2	3
5	2	1	0
6	2	1	0
7	0	5	3

De 3 a 7 puntos

Eres frío como el hielo. Nada te saca de tus trece. La verdad es que resultas un poco rollo y no hay manera de sorprenderte con nada. ¡Tampoco es eso!

De 8 a 11 puntos

Sabes mantener tu curiosidad dentro de unos límites razonables. ¡Bien por ti! Resultas un buen amigo porque sabes guardar un secreto.

De 12 a 15 puntos

Es fácil despertar tu curiosidad. ¡Ten cuidado! Como te crees todo lo que te cuentan, te meten más de una «bola».

De 16 a 21 puntos

Cada vez que oyes un portazo vas corriendo a investigar «el caso». Tu curiosidad es casi casi enfermiza y debes tener cuidado, porque puede acabar destruyendo tus mejores amistades. ¿Por qué no intentas dejar que ocurran cosas en el mundo de las que tú no te has enterado antes por «Radio Macuto»?

VOCABULARIO

nada te saca de tus trece nothing will make you change your mind

un poco rollo a bit of a bore

te meten más de una 'bola' they'll be 'having you on', 'pulling your leg'

enfermizo sickly, morbid

dejar que occurran cosas to let things happen

Ejercicio 1

A Contesta a las preguntas del 'test', con 'la mano en el corazón'. Antes de mirar las respuestas para descubrir la extensión de tu curiosidad, trata de decidir qué letra de cada pregunta corresponde a la curiosidad máxima, ¿a, b, o c?

B Ahora consulta las respuestas. ¿En qué categoría te encuentras? ¿Y tus compañeros de clase? ¿Qué cosas te hacen 'curioso/a'? ¿Te das cuenta de que la palabra 'curioso' tiene dos sentidos? El primer sentido, como en el test, quiere decir que sientes la curiosidad por saber algo. El segundo significa que tú *eres* la curiosidad, es decir, que tú eres curioso/a, un objeto de interés. Según el extracto que sigue, todos tenemos nuestras propias curiosidades.

B A cada cual su manía

Hay algunos que se arrancan las cejas. Otros se levantan de la cama con el pie izquierdo. Unos más y otros menos, pero todo el mundo tiene sus manías, sus obsesiones y sus fobias. Desde el presidente del Gobierno al escritor y premio Nobel Gabriel García Márquez, pasando por Mario Conde o la reina Sofía. Nadie se libra.

La afición por el cultivo de tomates, judías y pimientos de Felipe González se ha convertido, al parecer, en una auténtica obsesión. Cuando sus obligaciones políticas se lo permiten, no duda ni un momento en dedicarse en cuerpo y alma a sus nuevos productos, los compara con los que cultiva su amigo y compañero de partido Manuel Marín, y cuando

Maradona: se santigua cada vez que sale al terreno

quiere obsequiar a algún amigo especial, le envía una bolsita con tomates y judías crecidos en los jardines del palacio de la Moncloa.

Algo similar le ocurre al vicepresidente del Gobierno, Alfonso Guerra, que no puede vivir sin sus tabletas de chocolate. Las lleva en el cajón del despacho, en su cartera ministerial o en sus bolsillos. El banquero Mario Conde no sale de su casa sin haberse tomado antes una bola de *mozzarella*, y la reina Sofía, dicen los expertos en temas de la Casa Real, no puede separarse de un precioso medallón que le regaló su padre, el rey Pablo de Grecia, aunque en algunos actos oficiales tiene que prescindir de él o escondérselo bajo la ropa.

Lola Flores tiene un odio especial a las ratas y a los búhos. No soporta un cuadro torcido o un elefante con la trompa hacia abajo. Detesta totalmente a los que ella llama *charlatanes* o a los *chapuzas* que hacen las cosas mal. El número al que nunca jugará es el nueve, ya que el día 9 del año 1949 murió un hermano suyo. En cambio, su hija Lolita dice que jamás saldrá a actuar con un vestido verde: 'No me gusta que me echen sal en la mano y cuando me regalan un ramo de flores, en seguida se lo doy a alguien, me da malas vibraciones; otra cosa es que me lo manden a casa'. Dice tener auténtica fobia al bacalao y a todo tipo de vísceras, sesos, criadillas . . .

El futbolista Maradona se santigua y toca el césped cada vez que sale al terreno de juego. Chendo no se quita jamás una rodillera que se puso por primera vez en el Mundial de México porque asegura que le da suerte, y más tarde, también por una promesa que él y su mujer hicieron poco después de que su hijo muriera en un accidente de tráfico.

Mercedes Riva Torres
El País Semanal

Ejercicio 2

El artículo habla de las manías de varias personalidades bien conocidas de la vida española durante los años 80 y 90. Tienes que buscar en la columna B la actividad que corresponde a la personalidad de la columna A:

A

- Felipe González
- La reina Sofía
- Mario Conde
- Alfonso Guerra
- Lola Flores
- Lolita Flores
- Maradona
- Chendo
- Manuel Marín

B

- se hace la señal de la cruz al aparecer delante del público.
- tiene horror al número 9.
- come mucho chocolate.
- cree que lo que tiene en la rodilla trae suerte.
- da tomates a sus amigos.
- tiene el mismo hobby que su jefe.
- tiene un medallón que le dio su padre.
- tiene una afición al queso italiano.
- no lleva verde para trabajar.

La reina Sofía

Ejercicio 3

Busca en el texto las palabras o frases que tienen el mismo sentido que las siguientes:

- el placer de
- aparentemente
- regalar
- productos de
- la oficina
- sin comer previamente
- el Palacio

- ir sin él
- ocultarlo
- no le gustan de ningún modo
- no aguanta
- la hierba
- un protector de rodillas
- después de la muerte de

Ejercicio 4

A De las varias 'manías' que se describen, ¿cuáles representan un verdadero 'hobby', cuáles un hábito regular y quizás involuntario o inconsciente, y cuáles un acto de pura superstición?

Haz tres listas, bajo estos tres títulos, de las diversas manías. Se expresan mejor poniendo el verbo en *infinitivo*, por ejemplo: *cultivar* tomates.

B ¿Qué manías tienes tú? ¿Eres supersticioso/a? Usando el tiempo presente del verbo, describe tus propias manías y las de tus padres, tus hermanos, tus animales, algunos/as de tus profesores/as, tus compañeros/as de clase, tu ligue.

Por ejemplo:
Yo no aguanto los ratones ni las arañas.
Mi profesor/a de español se rasca la oreja izquierda cada dos minutos, y repite la palabra 'estupendo' cada tres.

Dos deportistas españoles

 **C1** **«Un hombre verdadero»: Miguel Induráin**

En Italia le admiran, en Francia le envidian, en Colombia le ensalzan, en Estados Unidos le llaman «Big Mic», y en todo el mundo saben de su existencia. Un fotógrafo japonés, conocido por los periodistas españoles como Arturo, le sigue en todas aquellas carreras de relevancia que disputa fuera de España. Y viaja como el navarro, en bicicleta. Pero, ¿qué impresión tiene realmente el planeta ciclista del gigantón navarro? En esta encuesta elaborada por ABC, representantes de diversos países presentes en la carrera expresan la impresión que les causa a bote pronto la figura del campeón español, con su quinto Tour en su zurrón.

• **Stephen Roche** (ex corredor, ganador del Tour, Giro y Mundial): «Realmente no le conozco mucho como persona, sí como corredor. Durante este Tour he notado algún cambio en su comportamiento: hablaba más, se mostraba más abierto con la gente. Desde la distancia me parece una persona muy tranquila y cerrada. Al principio no me gustaba mucho ese carácter, pero con el tiempo me he dado cuenta que es el mejor para él y su forma de actuar. Deportivamente no se puede hablar de comparaciones con Merckx o Hinault. Induráin es el más fuerte de su generación»

• **Pierre Chany** (periodista de «Le Matin de Lausanne», autor del Libro del Tour, que ▶

ha seguido en 49 ocasiones): «Como corredor tiene un gran potencial bien empleado. Es el mejor corredor de su tiempo. En carrera es muy observador y juzga muy bien a sus adversarios. Es un estratega preciso, que se recupera fenomenalmente de un día para otro. Como persona es modesto, reservado, muy natural, con los pies en el suelo, nada sofisticado. Tiene una línea de comportamiento muy regular, sin altibajos. Para mí sólo ha habido cuatro grandes campeones antes que Induráin: Coppi, Anquetil, Merckx e Hinault. La comparación no es posible porque son épocas distintas. Induráin es el gran campeón del Tour, pero no disputa las clásicas. Podría ganar todas las que quisiera, como hicieron los otros, pero prefiere reservar todas sus fuerzas para el Tour. Humanamente, a quien más se parece es a Anquetil. Gentil,

---

En el verano de 1995, Miguel Induráin, el ciclista español, ganó el 'Tour de France' no sólo por quinta vez, sino por quinta vez consecutiva.

---

calculador, parco, serio. La única diferencia es que a Anquetil le gustaba mucho la fiesta, tomar copas, y a Induráin, no».

• **Sandro Quintarelli** (director del Carrera): «No le falta nada. Le conozco bien. Es un campeonísimo. Es gentil, atento, sabe comportarse, no tiene defectos. En las grandes carreras por etapas está a la altura de los más grandes. Creo que puede ganar su sexto Tour el próximo año si no cambian el recorrido, mantienen los kilómetros contra el reloj)».

• **Angelo Zomegnan** (periodista de «La Gazzetta dello Sport»): «Lo que más me llama la atención de Induráin es su estabilidad. No se altera nunca, suceda lo que suceda. Tiene una gran serenidad y una absoluta fuerza interior. El segundo punto que destacaría es el gran progreso que ha experimentado como ciclista. De ser un gran contrarrelojista ha pasado a ser el dominador en todos los terrenos».

• **Jean Ives Donor** (periodista de «Le Figaro»): «Es un gran campeón, pero por encima de ello es un hombre verdadero, con gran moralidad y un rico mundo interior. Es particularmente humano, sensible a todo lo que ocurre a su alrededor, pudoroso, reflexivo, con gran altura de miras. En ello aventaja a otros campeones del ciclismo, en su visión de la vida. En un mundo artificial donde priman lo material y las apariencias por encima de todo, Induráin es todo lo contrario».

José Carlos Carabias
ABC

Ejercicio 5

El artículo contiene observaciones hechas por comentaristas deportivos de la prensa internacional. A continuación verás algunas frases que resumen lo que dicen. Tienes que atribuir cada resumen a uno de los comentaristas, señalando la frase original del texto. ¿Quién dijo qué?

1   Lo tiene todo.
2   No se le puede comparar con otros campeones.
3   Como ciclista ha hecho muchos progresos.
4   Está muy consciente de lo que pasa en torno suyo.
5   Actualmente no hay otros corredores como él.
6   Su actitud hacia la vida le diferencia de otros campeones.
7   Estudia con cuidado lo que hacen los otros corredores.
8   Induráin no se interesa por otros concursos, solamente el «Tour».
9   Recientemente ha actuado de una manera diferente.

Ejercicio 6

A   Este artículo está llenísimo de adjetivos que describen el carácter de una persona. Búscalos en el texto y apúntalos en tu cuaderno de vocabulario. A ver cuántos encuentras. Si encuentras más de 20, ¡eres campeón/campeona!

B   Además de adjetivos puros, el texto contiene varias otras frases que describen la personalidad de Induráin, por ejemplo, 'con los pies en el suelo'. ¡Búscalas, apúntalas y apréndelas!

VOCABULARIO

(**Nota:** No incluye los adjetivos y algunas otras frases que tienes que identificar tú; véase el Ejercicio 6.)

envidiar to envy

ensalzar to exalt

la carrera race

el planeta ciclista the cycling world

el gigantón giant

el corredor competitor, athlete

el comportamiento behaviour

actuar to act, behave

Coppi, Merckx, Anquetil, Hinault campeones anteriores del 'Tour'

juzgar to judge

el estratega strategist

no disputa las clásicas he doesn't contest the classics (cycle races)

C2 Estrategia contra potencia:
Arantxa Sánchez-Vicario contra Steffi Graf

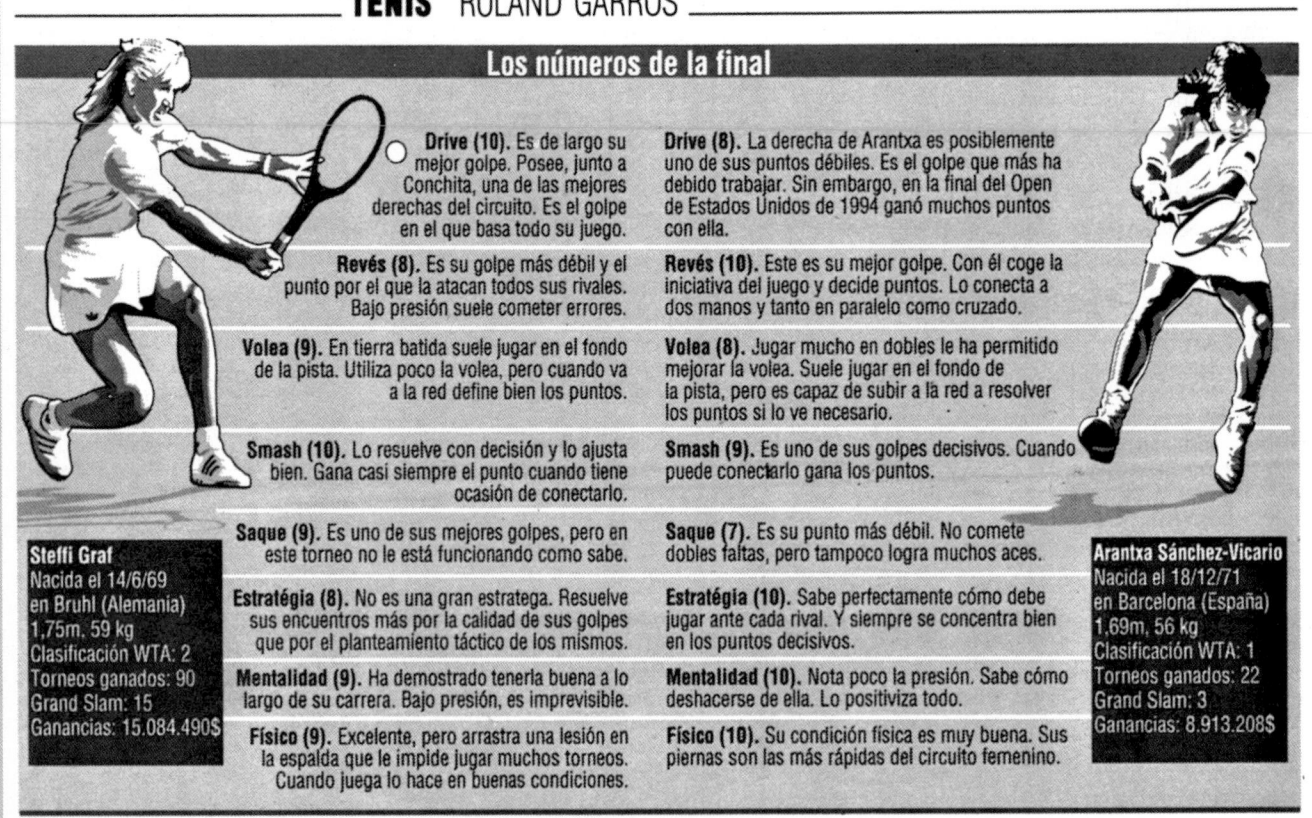

TENIS ROLAND GARROS

Los números de la final

Drive (10). Es de largo su mejor golpe. Posee, junto a Conchita, una de las mejores derechas del circuito. Es el golpe en el que basa todo su juego.

Drive (8). La derecha de Arantxa es posiblemente uno de sus puntos débiles. Es el golpe que más ha debido trabajar. Sin embargo, en la final del Open de Estados Unidos de 1994 ganó muchos puntos con ella.

Revés (8). Es su golpe más débil y el punto por el que la atacan todos sus rivales. Bajo presión suele cometer errores.

Revés (10). Este es su mejor golpe. Con él coge la iniciativa del juego y decide puntos. Lo conecta a dos manos y tanto en paralelo como cruzado.

Volea (9). En tierra batida suele jugar en el fondo de la pista. Utiliza poco la volea, pero cuando va a la red define bien los puntos.

Volea (8). Jugar mucho en dobles le ha permitido mejorar la volea. Suele jugar en el fondo de la pista, pero es capaz de subir a la red a resolver los puntos si lo ve necesario.

Smash (10). Lo resuelve con decisión y lo ajusta bien. Gana casi siempre el punto cuando tiene ocasión de conectarlo.

Smash (9). Es uno de sus golpes decisivos. Cuando puede conectarlo gana los puntos.

Saque (9). Es uno de sus mejores golpes, pero en este torneo no le está funcionando como sabe.

Saque (7). Es su punto más débil. No comete dobles faltas, pero tampoco logra muchos aces.

Estrategia (8). No es una gran estratega. Resuelve sus encuentros más por la calidad de sus golpes que por el planteamiento táctico de los mismos.

Estrategia (10). Sabe perfectamente cómo debe jugar ante cada rival. Y siempre se concentra bien en los puntos decisivos.

Mentalidad (9). Ha demostrado tenerla buena a lo largo de su carrera. Bajo presión, es imprevisible.

Mentalidad (10). Nota poco la presión. Sabe cómo deshacerse de ella. Lo positiviza todo.

Físico (9). Excelente, pero arrastra una lesión en la espalda que le impide jugar muchos torneos. Cuando juega lo hace en buenas condiciones.

Físico (10). Su condición física es muy buena. Sus piernas son las más rápidas del circuito femenino.

Steffi Graf
Nacida el 14/6/69
en Bruhl (Alemania)
1,75m, 59 kg
Clasificación WTA: 2
Torneos ganados: 90
Grand Slam: 15
Ganancias: 15.084.490$

Arantxa Sánchez-Vicario
Nacida el 18/12/71
en Barcelona (España)
1,69m, 56 kg
Clasificación WTA: 1
Torneos ganados: 22
Grand Slam: 3
Ganancias: 8.913.208$

El País

VOCABULARIO

el golpe stroke

la derecha drive

el revés backhand

bajo presión under pressure

la volea volley

el saque service

la estrategia strategy

el/la estratega strategist

imprevisible unpredictable

la lesión injury

el torneo tournament

la red net

deshacerse de to get rid of, throw off

Ejercicio 7

Lee con cuidado 'Los números de la final', que compara los puntos fuertes y débiles de las dos tenistas – la española Arantxa Sánchez-Vicario y la alemana Steffi Graf – en la final del torneo Roland Garros en París. Luego contesta a las preguntas siguientes, dando razones por tu respuesta.

1 De las dos jugadoras, ¿quién es la mayor?
2 ¿Quién tiene el mejor drive?
3 ¿Quién se sirve más de la volea?
4 ¿Cuál parece ser el golpe más fuerte de Steffi?
5 ¿Quién juega mejor bajo presión?
6 ¿Cómo sabemos que Arantxa se mueve con mucha velocidad?
7 ¿Quién tiene el mejor revés?
8 ¿Qué desventaja física tiene Steffi?
9 ¿Quién es la más alta?
10 A tu parecer, ¿quién tiene el smash más eficaz?

Ejercicio 8

Ya habrás leído dos recortes de periódico sobre dos deportistas españoles de categoría mundial. Según la evidencia que tienes, imagina que eres comentarista deportivo/a en la víspera de un campeonato importante. Escoge tu deportista (de ciclismo, de tenis, de fútbol, de baloncesto, de lo que sea), y habla de las razones para las que piensas que ganará (o marcará goles si está en un equipo) mañana. Subraya los rasgos de la personalidad o la técnica de esta persona. Puedes hacer un comentario televisado o un reportaje escrito para tu periódico, según lo que te pida tu profesor/a.

Ejercicio 9 Investigación con diccionario

He aquí unos 60 adjetivos relevantes a la descripción del carácter o la personalidad. El significado de algunos será evidente, pero ¡al diccionario para averiguar los que no sepas!

Conflictivo

Distraída

Gruñón

- abierto
- aburrido
- alegre
- amistoso
- apasionado
- aplicado
- asqueroso
- bondadoso
- brusco
- callado
- cariñoso
- conflictivo
- cordial
- charlatán (!)
- chistoso

- deportivo
- deshonrado
- diestro
- distraído
- dominante
- duro
- empeñado
- encogido
- estúpido
- generoso
- gracioso
- gruñón (!)
- hablador (!)
- hipócrita (!)
- honrado

- inquieto
- inteligente
- intolerante
- listo
- loco
- malhumorado
- malévolo
- mandón (!)
- melancólico
- mezquino
- mimado
- mohino
- optimista (!)
- pensativo
- perezoso

- pesimista (!)
- quejumbroso
- revoltoso
- risueño
- satisfecho
- terco
- testarudo
- torpe
- tolerante
- trabajador (!)
- travieso
- triste
- vago
- valiente
- vivo

Los que tienen (!) al lado no son completamente 'normales'. Lee el párrafo 6 de la Sección de Gramática para saber qué irregularidades tienen en su formación.

Ejercicio 10

A Escoge seis de los adjetivos que acabas de estudiar para describir a:
1   tus padres
2   tu hermano/a
3   tu profesor/a de español
4   otro/a profe de tu colegio
5   el/la estudiante sentado/a a tu lado
6   tu mejor amigo/a
7   un personaje famoso
8   ti mismo/a

B Ahora escoge seis adjetivos al azar (¡quizás con un lápiz y los ojos cerrados!) y trata de pensar a quién puedes describir con ellos.

C De la lista, haz dos columnas, una de las palabras de connotación *positiva*, y otra de las *negativas*. ¿Cuáles podrían aparecer en ambas listas? Explica por qué.

D Por larga que sea la lista, nunca se puede incluir todos los adjetivos relevantes. Consulta a tus compañeros/as y profesor/a, y añade, quizá con la ayuda del diccionario, otros diez que pudieran describir el carácter de una persona.

En las Hojas 1.1 y 1.2 encontrarás más ejercicios sobre los adjetivos y el presente.

D Consultorio de Elena Francis

 Elena Francis es famosa directora de un programa de radio que siempre ha sido considerado como exclusivo para mujeres. El programa se llama *Consultorio de Elena Francis.*

```
Querida Elena Francis:

Quizás lo que le vaya a contar le parezca poco
original, trivial y repetitivo, pero para mí (y
creo que usted lo entenderá) es algo que desde
hace mucho tiempo me viene preocupando.

Me llamo Carmen Rodríguez, estoy casada. Tengo dos
hijos preciosos, un hijo y una hija. La razón de
escribirle no
```

Ejercicio 11

A Elena lee una carta que acaba de recibir de una de sus oyentes, Carmen Rodríguez. Escucha con atención y contesta a las preguntas.

1 ¿Desde hacía cuánto tiempo conocía Carmen a su marido antes de casarse?
2 ¿Qué error hizo?
3 ¿Cuáles son las faltas de que se queja?
4 ¿Qué solución propone para la segunda falta?
5 Nombra por lo menos tres calidades positivas que tiene su marido.

B Ahora escucha otra vez apuntando las palabras que emplea Carmen para describir

6 lo que escribe
7 a sus hijos
8 las costumbres de su marido
9 los zapatos de su marido
10 el comportamiento de éste con ella
11 el nivel de vida del matrimonio
12 el aspecto positivo del carácter de su marido.

E Quiromancia: Julio Iglesias

Julio Iglesias
23 septiembre

Naturaleza perceptiva y extremadamente sensible. Posesivo y luchador. Inseguro. Carácter perfeccionista y calculador. Cauto. Imaginativo y sentimental. Fatalista. Personalidad envanecida y superficial. Tolerante y convencional. Lúdico.

Un destino marcado en el amor por dos mujeres: una, en el pasado; la otra, en el porvenir. Entre los 47 y 49 años conocerás a la segunda mujer y más significativa compañera de cuantas tengas.

Fatalista y sentimental.

▶

Tendrá tus mismas raíces y no la conocerás ni donde tú vives, ni aquí... No será una relación rápida, ni marcada por el interés. El amor será lo que os una. Durará algo más de cinco años, y en ese

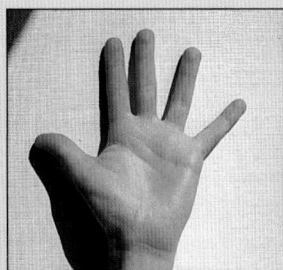

tiempo tu vida íntima y tu modo de vida sufrirán una evolución profunda que te equilibrará. Los tres primeros años de esa relación serán sin duda los más felices y los que más honda huella dejarán en tu vida. El cuarto año será negativo y por ello sufrirás. De esa unión nacerá una hija. Antes de cinco años volverás a este país y lo harás definitivamente. La mujer que estará a tu lado influirá más que

nadie en esa decisión; sin ella lo habrías hecho mucho más tarde...

Profesionalmente estás y estarás durante un tiempo bajo el signo del éxito profesional, aunque cada día que pase, en estos próximos dos años, experimentarás una insatisfacción personal, unida a una falta de ilusión progresiva por tu trabajo. ■

J Barucci
Mía

VOCABULARIO

la raíz root
equilibrar to balance
hondo deep
la huella trace, imprint, impression
influir to influence
experimentar to experience

Ejercicio 12

1 ¿Cuáles son los rasgos positivos y negativos del carácter de Julio Iglesias?
2 ¿Cuál será el influjo importante en su vida al que se refiere?
3 ¿Será una relación para siempre?
4 ¿Qué decisión importante tomará Julio dentro de cinco años?
5 ¿Tendrá hijos?
6 ¿Qué contraste hay entre la vida profesional y privada de Julio?

Ejercicio 13

¿Qué adjetivos empleados en el texto corresponden a las definiciones siguientes?

1 Capaz de comprender fácilmente.
2 Se esfuerza por conseguir lo que quiere.
3 Insiste en que todo lo que hace salga como debe.
4 Cree que el destino determina el curso de nuestra vida.
5 Le falta profundidad.
6 Tiene una perspectiva poco original de la vida.
7 Reconoce muy fácilmente los problemas o las emociones de otros.
8 Obra con precaución.
9 Quiere que todo le pertenezca a él.
10 No se molesta por las acciones de los demás.

Ahora vuelve a escribir el primer párrafo de modo que se refiera a una mujer – *Julia* Iglesias. ¡Cuidado! – no todos los adjetivos se refieren directamente a Julio, sino a los rasgos de su personalidad.

Ejercicio 14

A En la Sección de Gramática, los párrafos 36 y 42 repasan la formación y uso de los tiempos presente y futuro. Apunta todos los verbos del texto que están en futuro.
B Todo lo que se dice en el segundo párrafo se puede expresar igualmente en tiempo presente. Conviértelo, empezando 'Entre los 47 y 49 años *conoces* a la segunda mujer ...'

Encontrarás más ejercicios sobre el presente y el futuro en las Hojas ⬛1.3⬛ y ⬛1.4⬛.

Ejercicio 15

A Siguiendo el modelo del pronóstico sobre Julio Iglesias, haz uno parecido para un/a compañero/a de clase. Primero describe su carácter, luego dile lo que le pasará durante los próximos cinco años. ¡Tu compañero puede interrumpirte para pedirte más detalles!

B Escribe un esbozo del carácter y pronóstico del futuro para una persona a quien conoces o un personaje a quien admiras para publicación en la serie *Quiromancia*.

Ejercicio 16 🔲

A Escucha a Casilda García hablando de sí misma y de su compañera de niñez, Lola Paricio, y rellena los espacios en blanco del texto de lo que dice.

Soy Casilda. Casilda García. Soy una chica . . . . . ., uno sesenta de . . . . . ., ojos . . . . . ., suelo estar siempre . . . . . ., y, bueno, me gusta la chispa. Llamamos chispa a la . . . . . . y el ir y venir, en resumen, el estar . . . . . ., es lo que más me gusta. Bueno, ¿queréis que me presente un poco . . . . . .? Soy una persona me gusta mucho el . . . . . ., el . . . . . ., y, bueno, mis días pasan con bastante . . . . . ., digamos. Estudio, trabajo, me gusta también el . . . . . ., la . . . . . ., el . . . . Soy una persona . . . . . ., siempre lo he sido, y entonces he tenido . . . . . . amistades, que conservo la mayoría. Pero una de mis grandes amistades fue Lola Patricio. Nacimos . . . . . . en el mismo año, éramos . . . . . ., y prácticamente todos los días jugábamos . . . . Pasó el tiempo, nos hicimos . . . . . ., pasaron más . . . . . ., se llegó nuestro momento de coquetear entre los . . . . . . del . . . . . ., y las dos lo pasábamos muy . . . . Pero, de repente, un día, Lola me dio una noticia muy . . . . pero que a mí me entristeció. Resulta que sus padres, eran emigrantes en España, habían venido desde . . . . . ., y decidieron de pronto un día volverse . . . . a su tierra, ...

B ¿Por qué te parece que eran tan buenas amigas Casilda y Lola? ¿Qué ocurrió para que se separaran? ¿Quién es tu mejor amigo/a? ¿Qué cualidades tenéis en común? ¿Desde cuándo os conocéis? ¿Has sido separado/a de algún/a amigo/a a quien querías? ¿Cuál fue tu reacción? ¿Es importante para ti tener amigos?

(F) Elena y María

El extracto se toma de un libro de viaje, *Viaje a la Alcarria*, escrito por Camilo José Cela, en los años cuarenta. En una pensión se encuentra con Elena y María:

Elena y María

Después, el viajero charla un rato con Elena y con María. Elena y María son dos chicas trabajadoras, honestas, sanas de cuerpo y de alma, complacientes, risueñas, muy guapas; en Pareja todas las mujeres son muy guapas. Elena y María son, sin duda, un buen partido para cualquiera. A Elena le gusta la cocina y a María, los niños. A Elena le gustan los hombres morenos y a María, los rubios. A Elena le gustan los bailes en la plaza y a María, los paseos por la vega. A Elena le gustan los perros y a María, los gatos. A Elena le gusta el cordero asado y a María, la tortilla francesa. A Elena le gusta el café y a María, no. A Elena le gusta la misa mayor y a María, no. A Elena le gusta leer el periódico y a María, no: María prefiere leer novelas donde se diga que una muchachita campesina, que era bellísima, se casa con un duque joven y hermoso, y tienen muchos hijos, y viven felices, y encienden la chimenea por el invierno, y abren los balcones de par en par, por el verano.

Camilo José Cela
Viaje a la Alcarria

Ejercicio 17

Marca con una señal (✓) o una cruz (✗) lo que les gusta o no les gusta a Elena y María. ¡Cuidado! Encontrarás cosas en la primera columna que no aparecen en el texto: en este caso, escribe un O.

	Elena	María
tomar café		
comer cordero		
pasearse		
coser		
los hombres rubios		
cocinar		
charlar en la plaza		
leer el periódico		
bailar		
ir a la iglesia		
las tortugas francesas		
leer novelas		
los gatos		
los niños		
las tortillas francesas		
los hombres morenos		
los perros		

Ejercicio 18

A Entrevista a varios/as de tus compañeros de clase, preguntándoles '¿Qué te gusta a ti?'. Apunta sus respuestas en un papel. Luego tienes que decir a la clase lo que has aprendido.

Por ejemplo:

A Louise le gustan los gatos, pero las arañas no.

A Louise no le gustan las arañas, pero los gatos, sí.

A Louise le gustan los gatos pero a Robert los ratones.

A Robert le gustan los ratones, pero a mí no.

A Samantha no le gusta ver el rugby, pero a Nick, sí.

B Seguid la conversación, haciendo comparaciones más finas, empleando también las frases: (no) me encanta(n), me interesa(n), me emociona(n), me entusiasma(n), me apetece(n).

... Y DE POSTRE

Ejercicio 19 ¡Date prisa!

1 Tienes dos minutos para apuntar todos los adjetivos que has aprendido en esta Unidad.

2 Otros dos minutos para apuntar todas las cosas y actividades que te gustan o no te gustan.

3 Tienes que hacer un autorretrato de ti mismo/a, empleando por lo menos 12 adjetivos. ¡Tienes medio minuto para hacerlo!
   Por ejemplo: Soy inteligente, duro/a, empeñado/a, etc.

Ejercicio 20 Crucigrama

Verticales
1 discute mucho
2 generoso
3 perezoso
5 se comporta mal
7 descontento
8 tonto
9 obstinado
10 no diestro
15 de poca sustancia
16 refinado
17 profundo
19 extraño
20 no blando

Horizontales
2 abrupto
4 no sensato
6 contento
10 un niño malo es . . .
11 pelo blanco
12 sin razón
13 melancólico
14 saciado
18 de poco interés
21 crudo
22 feliz

Ejercicio 21 Temas para seguir pensando, hablando y escribiendo . . .

➡ Las manías de mi familia
➡ Mi autorretrato
➡ Mi peor enemigo
➡ El novio/la novia perfecto/a
➡ Mi palma y mi futuro
➡ La quiromancia es una tontería
➡ ¿Vale la grafología como indicación del carácter?
➡ A quien más me gustaría parecerme, y por qué

... Y DE POSTRE

A ¿Qué imagen tenemos los jóvenes?

La «litrona» sustituye al «porro» como símbolo de los jóvenes de hoy

La botella de litro de cerveza, conocida como *litrona* en el argot que hablan sus consumidores, está sustituyendo al *porro* como símbolo de la juventud española. *Litronear*, pasar la botella de boca en boca, se ha convertido en una estampa habitual. Hay jóvenes que mezclan la cerveza con algunas pastillas estimulantes para que *entone* más.

por M A Mellado y J L Roig
Tiempo

cambi6
2 de febrero 1987. N.º 792 ● 200 ptas.

por qué se rebelan

Pánico en el Golfo

El nuevo Madrid

Plan de ETA para volar La Vaguada

¿Un estudiante?

El motivo de esta carta es el de comunicar mi protesta por la portada del ejemplar de su revista n.° 792. En ésta aparecía un supuesto «joven estudiante», pero el hecho es que dicho joven aparentaba una edad fuera de la normalmente comprendida por los estudiantes de enseñanzas medias. Además su aspecto ofrecía una imagen algo dudosa en cuanto al estudiante normal se refiere, ya que con la publicación de dicha foto en la portada de su revista se ha querido dar una imagen del típico estudiante que, en verdad, poco tiene que ver con la realidad, por lo menos en lo que se refiere a la mayoría de los estudiantes. Este hecho ha provocado mi queja, pues, si su revista publica dicha foto como la de un estudiante normal, es lógico que la gente crea que, en general, todos los estudiantes son así y esto es lo que provoca que cada vez que se mencione la palabra *estudiante* ésta sea relacionada con *drogadicto*, *gamberro* y *hippy*.

Amaya Goñi Quintero
Tenerife

Cambio 16

VOCABULARIO

el 'porro' 'pot', cannabis

la estampa print, picture

las pastillas tablets

aparentar to appear to be

la enseñanza media secondary education

la portada (magazine) cover

dicho the above, aforementioned

Ejercicio 1

Lee con cuidado la carta de Amaya Goñi Quintero y luego rellena los espacios en blanco del siguiente resumen de la carta:

Amaya ha escrito la carta porque quiere . . . . . . por la portada de una . . . . . . Está . . . . . . porque opina que el estudiante de la foto parece . . . . . . que la mayoría de los estudiantes de la enseñanza media. Opina que el aspecto del estudiante de la foto no es . . . . . . de los estudiantes . . . . . . Según Amaya, la foto da una impresión . . . . . . de los estudiantes al . . . . . . en general, y los lectores . . . . . . que todos los estudiantes son así. No quiere que la . . . . . . *estudiante* se asocie con *drogadicto*, *hippy* o *gamberro*.

- enfadada
- público
- típico
- creerán
- palabra
- mayor
- protestar
- normales
- revista
- negativa

Ejercicio 2

A Explica el término *litronear*. ¿Qué similaridades encuentras entre el fenómeno de la *litrona* en España y el de los *lager louts* en Gran Bretaña? ¿Hay – o debería haber – remedio? ¿Qué harías tú? ¿Se puede justificar el apodo 'drogadicto, gamberro e hippy' del que se queja Amaya? ¿Qué se puede hacer para educar al público para que crea que no todos los jóvenes sois así? ¿Qué medidas tomarías para presentar al público una imagen más positiva de la juventud?

B A un/a amigo/a tuyo/a le interesa el fenómeno de la *litrona* y piensa pasar sus ratos libres de esta manera. Tienes que disuadirle.

B Así son los jóvenes de hoy

EDUARDO, 22 años, estudia Económicas

❝ *No tenemos compromisos políticos y estamos defraudados por el paro, pero nos inquieta el medio ambiente* ❞

Uno de los mayores problemas con los que nos enfrentamos los jóvenes hoy es la falta de trabajo, y esto provoca actitudes de pasividad y *pasotismo*. La cuestión es: ¿para qué esforzarse si encontrar un empleo es muy difícil?», nos dice Eduardo Salaberri. «Pero aunque la mayoría de los jóvenes son *pasotas* y egoístas, no buscan hacer mal a nadie, sino que persiguen su propio beneficio. Es cierto que existe un grupo que se reúne para desatar la violencia y la insatisfacción que llevan dentro. Son los *cabezas rapadas* y los *ultras*, pero forman un grupo minoritario; lo que pasa es que hacen mucho ruido. Creo que a los jóvenes nos faltan buenos referentes, bases en las que fijarnos, por lo que es fácil caer en cualquier cosa que *predique* el grupo al que pertenezcamos, como, por ejemplo, el alcohol o la droga. Y esa falta de brújula es la causante de otras cosas, como que los jóvenes de hoy, en general, no tengamos un compromiso político. Aunque pienso que tam-

MINORIA. Los jóvenenadie.

bién tienen parte de culpa los líderes, que no saben conectar con nosotros. En contrapartida, creo que somos menos agresivos con el entorno y nos implicamos más que los adultos en la defensa del medio ambiente. Y es que no todo es malo. Entre los jóvenes de hoy también hay muchos que se mueven por altruismo y solidaridad. Un buen ejemplo de ello es la campaña del 0,7 para el Tercer Mundo o los chicos y chicas que colaboran como voluntarios en trabajos sociales. Son inconformistas, pero quieren hacer una revolución muy pacífica».

Mía

VOCABULARIO

estar defraudado to be let down

el medio ambiente environment

enfrentarse con to confront, face up to

la pasividad passiveness, lack of action

el pasotismo dropping out

el/la pasota drop-out

el beneficio benefit, advantage

desatar to unleash

el/la cabeza rapada shaved head, skinhead

predicar to preach

la brújula compass

el compromiso commitment

el entorno environment

Ejercicio 3

Lee con cuidado lo que dice Eduardo. Luego decide si las observaciones que siguen están de acuerdo con lo que dice. Si no, corrígelas.

1 La falta de trabajo no es un problema muy grande para los jóvenes.
2 Muchos jóvenes no hacen esfuerzos positivos.
3 Muchos jóvenes piensan sobre todo en sí mismos, pero no quieren hacer daño a nadie.
4 También hay un gran número que son violentos.
5 Los *cabezas rapadas* y los *ultras* son una pandilla importante de jóvenes ruidosos.
6 Los jóvenes tienen buenos puntos de referencia en que basar su vida.
7 Tienden a hacer lo mismo que los otros miembros de su grupo, por ejemplo beber alcohol o tomar drogas.
8 Como no saben adónde van, no tienen mucho interés en la política.
9 Eduardo echa una parte de la culpa de la falta de compromiso político a los políticos mismos.
10 Los jóvenes se interesan tanto como los adultos por el medio ambiente.
11 Sólo un 0,7% de los jóvenes españoles hacen trabajos sociales.
12 Los jóvenes no se conforman, pero tampoco quieren una revolución violenta.

PILAR, 23 años, estudia Asistente Social y cuida niños

❝ *Los chicos de mi edad en general somos más comprensivos y las chicas en concreto, más independientes* ❞

Es reacia a contarlo, pero el verano pasado Pilar Bautista dedicó dos meses de sus vacaciones a cuidar y enseñar a los más necesitados en Lima (Perú). El viaje se lo financió el grupo religioso responsable de la ayuda, pero los gastos diarios salieron de su bolsillo. «Fue una experiencia inolvidable», nos cuenta esta gaditana afincada en Madrid. «Estar con esa gente que carece absolutamente de todo te hace darte cuenta de lo privilegiados que somos. Algunas de las personas con las que he comentado mi experiencia me han mirado como si fuera extraterrestre. No lo entiendo. En seguida te cuelgan el sambenito de *abogada de los pobres*. Les resulta ajeno. Yo creo que es porque muchos jóvenes se dejan llevar por la corriente. Y hoy *se lleva* ser egoísta y *pasota*. Falta cultura entre los jóvenes: la única cultura que muchos aprenden es la del colegio o la televisión, pero no se molestan en profundizar por su cuenta». ¿Nada positivo? «Sí, claro –dice–. Las chicas y los chicos de hoy somos más receptivos y comprensivos. Las mujeres de mi edad queremos ser más independientes».

Las cifras

El **32** por ciento de los jóvenes cree en la Iglesia; en el Parlamento, el **33**%; en las Fuerzas Armadas y los sindicatos, el **34**%; un **45**%, en la justicia; y en la prensa, un **51**%. El **50**% piensa que las cosas interesantes se dicen en familia; entre amigos, un **34**%; en los medios de comunicación, el **30**% y en los centros de enseñanza, el **21**%. La mayoría considera el paro (**91**) y la droga (**86**) los grandes problemas sociales; les siguen el sida (**59**), la corrupción política (**40**), la vivienda (**33**) y la inseguridad ciudadana (**32**). El **55**% aprueba la objeción de conciencia y un **50**% la homosexualidad. El **46**% cree importante formar una familia. Tener éxito en el trabajo es primordial para el **50**%. *Son datos extraídos del informe «Jóvenes españoles 94» realizado por la Fundación Santamaría.*

Mía

Ejercicio 4

Lee con cuidado lo que dice Pilar. Luego, busca en la columna 2 el significado de las palabras o frases de la columna 1.

A 1 | 2
– es reacia	– les parece extraño
– los más necesitados	– nacida en Cádiz
– los gastos diarios	– hacen lo que hacen todos
– gaditana	– pensar más profundamente
– afincada	– que ahora vive
– carecer de todo	– no quiere
– sambenito	– lo que le costaba vivir cada día
– abogada de los pobres	– no preocuparse por otras personas
– les resulta ajeno	– ellos mismos
– se dejan llevar por la corriente	– no tener nada
– ser egoísta y pasota	– estigma
– profundizar	– los más pobres
– por su cuenta	– que se preocupa por los que tienen poco

B 1 ¿Cómo y dónde pasó Pilar el verano pasado?

2 ¿Quién pagó el viaje? ¿Tuvo ella que pagar algo?

3 ¿Qué impresión la hizo vivir y trabajar allí?

4 ¿Cuál ha sido la reacción de algunas de las personas a quienes Pilar ha contado sus experiencias?

5 ¿Cómo les parece lo que cuenta?

6 Según Pilar, ¿cuál es la única cultura que tienen muchos jóvenes?

7 ¿Cuáles son los rasgos positivos que tienen los jóvenes?

Ejercicio 5

Discusión con vuestro/a profesor/a sobra las opiniones de Eduardo, Pilar y la experta, Ana Irene del Valle.

¿Estás tú de acuerdo con lo que dice Eduardo? ¿Hay diferencias entre los problemas de los jóvenes en España (según Eduardo) y los de tu país? ¿Cuáles son? ¿Son *pasotas* tus amigos? ¿Vale la pena estudiar? ¿Esperas encontrar trabajo? Tú y tus compañeros, ¿pensáis más en vosotros mismos que en otras personas? ¿Os faltan buenos referentes, como dice Eduardo? ¿Hay *cabezas rapadas* en tu región? ¿Qué hacen? ¿Por qué? ¿Hay organismos como '0,7' en tu país? ¿Te asocias tú con alguno de ellos? ¿Haces algún trabajo voluntario? ¿Te gustaría trabajar en Perú o algún sitio similar, como Pilar? ¿La admiras o piensas que debe de estar loca? ¿Por qué?

Ejercicio 6

A Trabajad en grupos de 3 o 4 para discutir la importancia de cada uno de los elementos siguientes en vuestra vida.

1 el dinero y el poder adquisitivo

2 los estudios y la carrera

3 el trabajo y el paro

4 el medio ambiente

5 el Tercer Mundo

B Cada estudiante escribe unas líneas sobre estos temas. Por ejemplo: «El dinero es bastante importante, porque quiero vivir cómodamente y tener una familia sin problemas financieros, etc . . .»

LA EXPERTA OPINA

Ana Irene del Valle, socióloga de la Fundación Santamaría.

"Son realistas: ven sus virtudes y sus defectos"

«Los jóvenes de hoy se ven a sí mismos con realismo, sin idealizarse; ven tanto sus defectos como sus virtudes. Dicen que son consumistas porque son conscientes de que están inmersos en la tendencia al consumo generalizada en la sociedad. Pero también se ven independientes, solidarios, sin prejuicios y – aunque en menor medida – tolerantes. Los adultos les reprochan una falta de virtudes, que son egoístas, pero los mayores contribuyen a que sean así».

Mía

C Nuestros hijos adolescentes

A un grupo de jóvenes españoles se les dio la oportunidad de escribir una carta abierta a sus padres, exprimiendo los problemas que tienen en las relaciones con ellos y con el mundo en general.

Carta A

"ULTIMAMENTE ESTOY HECHO UN LIO . . ."

Queridos padres:

Estoy en el colegio y me han dado la oportunidad de decir todo lo que siento y pienso en estos momentos. Por eso quiero aprovechar la ocasión para comentaros algunas cosas que no me atrevo a comentaros de viva voz.

Algunos de mis problemas los sabéis, como el de las notas ... Me cuesta mucho concentrarme en lo que estoy haciendo y así vienen luego los resultados. Es normal que me exijáis; pero es que no sabéis hablar de otra cosa, como si fuese lo único que os importase. Y resulta bastante agobio escuchar todos los días el mismo rollo.

¿Cómo es mi relación con vosotros? Pues sinceramente os digo que no es como me gustaría que fuese.

Ama, contigo voy bastante bien pues hablamos y compartimos ideas. Sin embargo, de vez en cuando te pones bastante pesada: que si tengo que bajar la música (o en cuanto me pongo a descansar un minuto me dices que sólo hago que oír música), que las pos-turas, que a ver con quién ando, que dónde he estado... Lo quieres saber todo como si todavía tuviese diez años... y la verdad es que no me das libertad para nada. ¿Te acuerdas del follón que montaste el domingo cuando llegué un poco tarde a casa? ¿A qué hora crees que les dejan llegar a mis amigos?

Contigo, aita, no me puedo comunicar. Y no es porque no lo intente.

Puede que sea porque tú no sepas cómo hablar conmigo o porque tus padres tampoco se comunicaron contigo; el caso es que cuando llegas a casa (cansado) saltas a la mínima. Cuando estás cenando hablas poco y te gusta que estemos en silencio. Claro que tam-poco es el mejor lugar para hablar con confianza. Lo malo es que luego también prefieres ver la tele a escucharme (¡y no digas que no!). Ya sé que no me vas a dar la razón.

¿Qué más me gustaría deciros?

No sé si les pasará lo mismo a todos los chicos de mi edad, pero última-mente estoy hecho un lío. Cosas que hasta hace poco eran importantes para mí, ahora ya no me dicen nada; y al revés.

Hay una chavala de clase que me gusta mogollón. Pero lo gordo del asunto es que me corta un montón hablar con ella. Digo yo si será la timidez, pero no suelo tener problemas para relacionarme con la gente.

A veces me deprimo o me cabreo sin saber por qué y me dan ganas de mandar todo por ahí. Y como casi siempre estáis vosotros sacando cinco pies al gato el follón está asegurado.

No os extrañe si de vez en cuando os cuento alguna mentirilla, porque todo el mundo tiene que contar menti-ras; lo malo es si te pillan. Pero todos los amigos mentimos en las mismas cosas porque a todos nos prohiben lo mismo. Y nos callamos las mismas cosas o nos hacemos los locos sobre ellas con vosotros.

Sin más, se despide vuestro hijo que os quiere ...

CHICO
15 años

VOCABULARIO

aprovechar la ocasión to take the opportunity

atreverse a to dare to

exigir to demand, have expectations

resulta bastante agobio I get pretty fed up

el mismo rollo the same old story

ama Mum (Basque)

te pones bastante pesada you give me quite a hard time

las posturas attitudes

el follón row, fuss

aita Dad (Basque)

puede que sea it may be that

saltas a la mínima you jump at the slightest thing

dar la razón to agree that I'm right

hecho un lío confused

me gusta mogollón I'm very keen on her

me corta un montón I get very embarrassed

deprimirse to get depressed

me cabreo I get annoyed

mandar todo por ahí to chuck it all in

sacar cinco pies al gato to see imaginary problems, exaggerate

una mentirilla a fib

Ejercicio 7

Busca la frase en la Carta A que corresponde a las siguientes:

1 Encuentro difícil deciros cara a cara.
2 Estoy harto de hablar siempre de la misma cosa.
3 Mi relación con vosotros podría ser mejor.
4 Toco la música demasiado fuerte.
5 Me tratas como a un niño pequeño.
6 . . . cuando me reñiste porque no volví a la hora debida.
7 Trato de hablar contigo pero no puedo.
8 En la mesa no dejas hablar a nadie.
9 El gran problema es que me pongo nervioso cuando quiero decirle algo.
10 Como buscáis problemas que no existen, claro que vamos a reñir.

Carta B

"¡AYUDADME, ME SIENTO INDEFENSA!"

Queridos padres:

Últimamente me encuentro rodeada de un mundo que me parece algo extraño, incomprensible en muchos aspectos.

Por las noches, o cuando estoy sola, me pongo a pensar y a veces me parece que este mundo no es para mí, que no sirvo para nada. ¿Para qué existo? Me encuentro insegura en muchas ocasiones, vergonzosa por lo que de mí pueda pensar la gente, por lo que incluso vosotros podáis pensar de mí. Durante el día apenas os veo y, cuando nos reunimos en torno a la mesa . . . todos juntos, parece que aunque todos estemos unidos yo estoy separada de ese bloque familiar; a veces empiezo a pensar en mil cosas y oigo una voz que dice: ¡Eh! ¡Despierta!

Al hablarme encuentro que todavía me tratáis como una cría.

Muchas veces vuestro consejo consiste en separar lo bueno de lo malo y seguir unas costumbres; en vuestro reproche hacia alguna forma mía de actuar me encuentro llena de defectos y hay algo dentro de mí que se une formándoseme una especie de nudo. ¡Tantas veces siento ganas de llorar y tantas lo he hecho! Sin una razón concreta, pero hay ocasiones que muchas se unen en una sola. ¡Quisiera entender tantas cosas!

Hace tiempo que dejé a mis amigas con las que yo, desde pequeña, había jugado en el colegio, incluso a la que yo consideraba mi mejor amiga; su indiferencia hacia mí y su forma "teatral" de comportarse contribuyeron a ello. Hoy en día apenas trato con ellas; algunas palabras quizás . . . todo superficial.

Dentro de mí siento, no sé, algo lleno de amor, de cariño que todavía no se lo he ofrecido a nadie; algunas veces siento interés por algún chico, pero luego nada.

Me gustaría superarme a mí misma, ser mejor, pero tantas veces siento angustia, temores . . . ¡Ayudadme, me siento indefensa!

CHICA
15 años

VOCABULARIO

vergonzoso ashamed
una cría a child
alguna forma mía de actuar my behaviour
el nudo knot, lump (in throat)
sentir ganas de to feel like
la angustia anguish, sorrow

Los hijos adolescentes tienen sus problemas

Ejercicio 8 ¿Verdadero o falso?

He aquí unas frases sacadas de la Carta B. Corrige las observaciones falsas.

1 La chica encuentra difícil comprender el mundo en que vive.
2 Nunca se pone a pensar a solas.
3 Está insegura porque la gente se avergüenza al pensar en ella.
4 Sentada a la mesa cenando, siente que no pertenece a la familia.
5 Piensa que sus padres le hablan como a una niña pequeña.
6 Está muy satisfecha de los consejos que le dan sus padres.
7 Cuando sus padres la riñen, se siente muy imperfecta.
8 No llora nunca.
9 Todavía sigue con las mismas amigas.
10 Dice que dentro de su personalidad hay un amor que no ha podido compartir con nadie.

Ejercicio 9

Explica en tus propias palabras las expresiones siguientes que ocurren en las dos cartas; luego escoge ocho y haz tus propias frases.

Carta A:

1 Me cuesta mucho concentrarme.
2 Como si fuese lo único que importase.
3 Contigo voy bastante bien.
4 A ver con quién ando.
5 No es porque no lo intente.
6 Lo gordo del asunto.
7 No suelo tener problemas para relacionarme con la gente.
8 Si os cuento alguna mentirilla.
9 Lo malo es si te pillan.

Carta B:

10 Fruto de mi propia mente.
11 No sirvo para nada.
12 Seguir unas costumbres.
13 Me encuentro llena de defectos.
14 Tantas veces siento ganas de llorar.
15 Hay ocasiones que muchas se unen en una sola.
16 Apenas trato con ellas.
17 Me gustaría superarme a mí misma.
18 Siento angustia, temores.

Ejercicio 10

A En las dos cartas, ¿cuáles son los aspectos de su vida que preocupan más a los dos jóvenes?
B Apunta las expresiones que emplean para demostrar sus frustraciones o sus emociones.

Encontrarás una tercera Carta en la Hoja. **2.3**

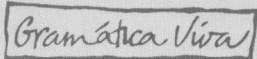

Ejercicio 11

A En la Unidad 1 practicabas *me gusta* y verbos *impersonales* de este tipo. Hay más en estas cartas. A ver si los encuentras.

B El chico dice: *me cabreo*. Hay ejemplos de verbos *pronominales* en las dos cartas. ¿Cuántos encuentras? Estudia el párrafo 33 sobre estos verbos en la Sección de Gramática. Haz una lista de los que ocurren en las cartas y luego tradúcelos a tu propio idioma. ¿Cuántos se traducen literalmente?

C Ahora haz unas diez frases tuyas, empleando unos verbos que has notado en las secciones A y B.

D 1 Busca en la Carta A los verbos en bastardilla.

. . . todo lo que *siento* y *pienso* . . . por eso *quiero* aprovechar la ocasión . . . me *cuesta* mucho . . . *vienen* luego los resultados . . . lo que *quieres* saber . . . *te acuerdas* . . . *puede* que sea . . . *prefieres* ver . . . no *suelo* . . . me *acuerdo* . . . *os cuento* . . . todo el mundo *tiene* que . . . *mentimos* . . .

2 Estudia este tipo de verbo en la Sección de Gramática y también el presente y pretérito de: *venir, querer, poder, tener*.

3 Estudia también las diferencias entre los verbos *ser* y *estar*.
(Véase el párrafo 65.)

4 ✒ Luego completa la Hoja ⟨ **2.4** ⟩.

Ejercicio 12 Discusión

A Hablad entre vosotros de los problemas que tengáis o hayáis tenido con vuestros padres. Considerad en particular los aspectos siguientes:

– la comunicación
– los amigos (del mismo o del otro sexo)
– la hora de volver a casa
– el trabajo escolar
– el desarrollo emocional
– el estado de tu dormitorio
– el tratamiento como niño o adulto.

B ¿Hasta qué punto podéis identificaros con el chico y la chica de las cartas?

C ¿Hay diferencias entre los problemas de los jóvenes en vuestro país y en España?

Ejercicio 13 Situaciones

Trabaja con un/a compañero/a para construir estas escenas – a ver si sentís lo que decís: ¡armad una verdadera bronca!

A La madre/el padre se queja de la falta de responsabilidad de su hijo/hija de 16 años. Éste/a se justifica. Los problemas son: la falta de orden en el cuarto del hijo/a, la música puesta muy fuerte, los deberes.

B Padre e hija riñen sobre una fiesta a la que ésta quiere asistir. El nuevo ligue, la hora de volver, lo que se va a beber, la posibilidad de haber drogas son algunos de los problemas.

C El hijo/la hija se queja al padre/a la madre que éste/a no le/la entiende. ¿Por qué? Consúltense las cartas.

D Acabas de conocer a un chico/una chica que te gusta *mogollón*. Preguntas a tu madre si puedes invitarle/la a comer en tu casa. Tu madre quiere saber más y tú no quieres decirle todo . . .

VOCABULARIO

el conocimiento
knowledge
intentar to try
la duda doubt
el acontecimiento
event
la meta aim, goal
rechazar to reject
la capacidad ability
la ternura tenderness,
affection
la emotividad being
emotional

VOCABULARIO

no seas así don't be like that

espera wait

mira look

oye, papá/mamá listen, Dad/Mum

¡ni hablar! no way!

¡qué va! oh yeah? not likely!

¡ojalá! I wish it was!, I wish you did!

estoy harto/a de . . . I'm fed up with . . .

pues si no . . . well, if not . . .

no digas tonterías don't talk rubbish

¡no me grites! don't shout at me!

¡no me chilles! don't yell at me!

¡déjame hablar! let me speak!

¡cálla(te)! shut up!

¡no me callo! I won't shut up!

prométeme promise me

el golfo layabout

vago lazy, idle

el/la sinvergüenza good-for-nothing

Ejercicio 14

Una madre habla de su hijo. Haz apuntes sobre lo que dice la madre al asunto de su hijo y . . .

1 . . . la ropa
2 . . . el horario
3 . . . las propinas (es decir el dinero que recibe de sus padres)
4 . . . la moto
5 . . . la música
6 . . . las amigas

No olvides apuntar las opiniones de la madre.

Ejercicio 15 ⚡

Escribe una carta a tus padres, confiándoles tus problemas tales como se describen en las cartas A y B. Si sientes que ya has dejado atrás tales problemas adolescentes escribe a tu hermano/a menor (¡verdadero/a o imaginario/a!), usando la Carta C (véase Hoja **2.3**) como modelo y dándole tus consejos.

D Los nuevos artesanos

La lucha contra el paro juvenil permite rescatar a través de las escuelas-taller viejos oficios casi olvidados.

ISABEL Gutiérrez, 18 años, y Carmen Sánchez, 20 años, se sienten felices entre esquejes y abonos en la Escuela de jardinería de la Alameda de Osuna (Madrid). Ellas son dos de los ocho mil jóvenes, todos ellos menores de 25 años, que aprenden en escuelas-taller profesiones ya casi desaparecidas en España. Son los nuevos artesanos que se forman a instancias del Ministerio de Trabajo cuyos responsables esperan que en el próximo curso académico se matriculen unos cincuenta mil estudiantes.

La idea partió hace seis años del humorista y arquitecto, José María Pérez González *Peridis*. Mezcló varios factores, como la existencia de muchos jóvenes parados sin motivación, profesiones que estaban desapareciendo y el rico patrimonio cultural español, y *vendió* su proyecto al Ministerio de Trabajo. Logró así la creación de unas originales escuelas-taller, donde los jóvenes aprenden,

cobrando, oficios tan dispares como cantería, albañilería, forja artística, vidriería o jardinería. Obtienen el graduado escolar y, además, sus prácticas no son ya el construir un muro y tirarlo, sino la restauración real de un monasterio o de un barrio de su ciudad.

Todo comenzó en 1985 en el monasterio de Santa María La Real, situado en Aguilar de Campoo (Palencia). La rehabilitación, idea de *Peridis* y realizada como centro de educación y escuela-taller, fue premiada recientemente con una medalla de la Federación Europa Nostra. El proyecto de las Escuelas es seguido ahora con sumo interés por otros países europeos con abundante patrimonio histórico, ya que es bien sencillo: jóvenes en paro se capacitan para un trabajo cualificado y de interés social, recuperan tradiciones artesanas y restauran al patrimonio artístico y natural. Durante los seis primeros meses el alumno recibe una beca de 550 pesetas al día, mientras que en los treinta meses siguientes, y cuando ya la mitad de la jornada la dedica al trabajo práctico, su sueldo equivale al cincuenta por ciento del salario mínimo interprofesional.

La experiencia se extendió meses después al Monasterio de San Benito, en Valladolid. En el patio de la hospedería aprenden en estos momentos un total de 96 jóvenes, de edades comprendidas entre los 16 y los 22 años. Los alumnos han ampliado su trabajo y colaboran ahora en la elaboración de vidrieras para el monasterio de Santo Domingo de la Calzada y de farolas para la decoración interior del Monasterio de El Escorial.

Julia Pérez y Pilar Díez
Cambio 16

Un grupo de jóvenes restaura el Parque del Capricho en Madrid

Ejercicio 16

1 ¿Cuál es la edad máxima para inscribirse en este proyecto?
2 ¿A qué clase de persona va dirigido el proyecto?
3 ¿Qué oficios se pueden aprender en las escuelas-taller?
4 ¿De qué manera resulta útil este proyecto a la comunidad?
5 ¿Y al joven?
6 Haz un resumen en unas 100–130 palabras del texto completo.

Ejercicio 17

A Escucha lo que dice cada uno de cuatro jóvenes participantes del proyecto (Elena, Carmen, María y Antonio), y apunta la información que le corresponde. Oirás estas palabras en la grabación:
  – **la maceta** stonecutter's hammer
  – **una chabola** shanty hut
  – **gitano** gipsy
  – **envidiar** to envy
  – **sexto de EGB** sixth year in primary school (age 12)
  – **la restauración** restoration
  – **negarse** to refuse
  – **el cantero** stoneworker
  – **un panteón** monument (to the dead)
  – **la moldura** moulding, frieze

B Y ahora escucha a Ángel Boullosa, cantero de 65 años:
  1 ¿Por qué cree que son unos cuartos (= dinero) bien empleados?
  2 ¿Por qué siempre tenía suficiente trabajo?

C Escucha otra vez a los cuatro jóvenes y apunta todos los detalles que puedes de lo que dicen.

VOCABULARIO

rescatar to rescue
el esqueje (plant) cutting
el abono manure, fertiliser
matricularse to qualify
el artesano craftsman
el patrimonio heritage
dispar assorted
la cantería building in stone
la albañilería masonry
la forja artística wrought iron work
la vidriería glasswork, glazing
capacitarse to become qualified
la beca grant
la hospedería hostelry
las vidrieras stained-glass windows

La alfombra mágica

Este extracto trata de los sueños de una autora cuando era niña

De niña, el cuento que más me gustaba era el de la alfombra mágica. Eso de que una simple y humilde alfombra, sin caballos, camellos o elefantes que tiraran de ella y sin motores chicos o grandes que la impulsaran, pudiera elevarse por los aires al solo conjuro de unas pocas palabras y trasladarse a cualquier parte del mundo, me parecía el hecho más extraordinario que ser alguno pudiera realizar.

Así que una y otra vez me hacía repetir el cuento, hasta el cansancio. El cansancio de quienes me lo contaban, entiéndase bien; porque yo jamás me cansé de oírlo. Días hubo en que yo me lo hice narrar por todas y cada una de las personas de mi familia, una tras otra, sin pausa. Y cuando el círculo de narradores estuvo agotado, todavía pretendí volver a empezar la ronda, pero me pararon en seco.

Por eso, a medida que fui creciendo y mi imaginación se desarrollaba (mientras se achicaba la paciencia de mis parientes), lo que hice fue contarme el cuento a mí misma. Para ello tenía todo un ceremonial. Esperaba estar completamente sola en mi cuarto y segura de que nadie vendría a interrumpirme; luego me instalaba en una pequeña alfombra que estaba al lado de mi cama, y me sentaba a la turca, con las piernas cruzadas hacia adentro, lo que entendía yo que armonizaba a las mil maravillas con el cuento; hecho esto, cerraba los ojos y dejaba la imaginación a pleno vuelo.

Entonces, como por milagro, paisajes y más paisajes desfilaban ante mis ojos cerrados. Tantos como no creo haberlos visto años después, cuando empecé a viajar con los ojos muy abiertos.

Y como de alguna manera quería que los demás participaran de mis viajes maravillosos, empecé a contarlos y luego, cuando dominé más o menos la gramática, empecé a ponerlos sobre el papel, negro sobre blanco.

Y así fue como empezó mi vocación de escritora.

María González Calvo
Petete

Ejercicio 18

A Completa las frases según el sentido del texto:

Cuando era . . . . . . le gustaba a la escritora María González oír el . . . . . . de la alfombra mágica. No . . . . . . de la alfombra ni caballos, ni camellos ni elefantes. Se . . . . . . cuando decías unas pocas . . . . . . y se . . . . . . a cualquier parte del mundo. María nunca se . . . . . . de . . . . . . el cuento. Cuando todos terminaron de narrar el cuento María quería que el . . . . . . empezara de nuevo.

Cuanto más su . . . . . . se desarrollaba, tanto más declinaba la . . . . . . de sus padres. María se imaginaba sus cuentos cuando estaba . . . . . . en su . . . . . . Se sentaba en la . . . . . . a la manera . . . . . . , es decir, con las . . . . . . Luego con los ojos . . . . . . , dejaba . . . . . . su imaginación. Pronto empezó a . . . . . . sus historias, porque quería que . . . . . . participaran de sus aventuras.

Gramática Viva

B Busca en el texto las frases siguientes:

- El cuento que más me *gustaba era* el de la alfombra mágica.
- Días *hubo* en que yo me lo *hice* narrar por todas . . . las personas de mi familia.

C Estudia en la Sección de Gramática los párrafos 38 y 39 sobre el pretérito y el imperfecto.

D Completa la Hoja **2.6** .

Ejercicio 19

A Trabajad en grupos de tres o cuatro. Preguntaos unos a otros ¿cuál fue el primer acontecimiento de tu vida de que te acuerdas bastante claramente? ¿De qué otros sucesos significativos de tu infancia te acuerdas con claridad? ¿Cuándo era? ¿Cuántos años tenías? ¿Dónde y con quién estabas? ¿Qué ocurrió?

B Un miembro del grupo tiene que hacer de reportero e informar a la clase de las experiencias de los miembros de su grupo. Por ejemplo: 'Helen se acuerda de que estaba . . . , Peter se acuerda de lo que ocurrió cuando . . . , yo me acuerdo del día en que . . . , todos nos acordamos de que . . .', etc.

Ejercicio 20

Trabajad en parejas o pequeños grupos. Inventad el cuento de un viaje en la Alfombra Mágica. ¿Qué dijisteis para que la alfombra despegara? ¿Adónde fuisteis? ¿Qué visteis? Describid cómo eran los paisajes, las ciudades y las personas que visteis.

Ejercicio 21

Escribe tu propia versión del cuento.

F El príncipe destronado

Este extracto de la novela *El príncipe destronado* de Miguel Delibes, trata de un niño muy travieso de 8 años, Quico. La Domi es la criada de la familia.

QUICO SE ENCARAMÓ en el triciclo rojo e hizo con la boca: "Ferren–ferren–ferren" y pedaleó hacia atrás con gran agilidad y, luego, salió disparado pasillo adelante. Frente a la puerta de la cocina dio vuelta al manillar y así, con él del revés, desanduvo el camino andado. De nuevo en el cuarto, tomó el fuerte astillado, buscó un cordel, lo amarró al asiento, se subió al sillín y pedaleó briosamente por el pasillo. El fuerte, al trompicar en el suelo, hacía "boom, booombooom, boooom", mientras la rueda delantera, al girar sobre el eje reseco, hacía "güi–güiiii–güi" y Quico dijo para sí: "La música" Volvía la rubia cara sonriente para admirar los saltos del fuerte amarrado y los retumbos y voceó con fuerza:

– ¡Juan, un camión con remolque!

Súbitamente descubrió la aspiradora tras las cortinas del vestíbulo y se apeó, tomó el tubo de goma y subió de nuevo al triciclo. En su habitación desató el fuerte y se dijo: "Ahora hay que echar gasolina"; se encaramó una vez más y con el tubo en la mano entró en el cuarto de baño rosa. Se apeó, forcejeó un rato tratando de meter el grifo por el tubo y, como no lo consiguiera, abrió el grifo y apretó el tubo contra la boca. Parte del agua salía despedida en abanico y le mojaba el jersey rojo y la cara y la cabeza, pero Quico no lo advertía porque sus ojos se concentraban en el otro extremo del tubo por donde escurría un hilillo de agua que caía sobre la parte trasera del triciclo:

–La gasolinera– se dijo Quico con una sonrisa radiante.

Dio otras tres vueltas al grifo hasta el tope, pero al irradiar el abanico con fuerza creciente, le hacía guiñar los ojos y reía al sentir las cosquillas del agua. De pronto, sin saber cómo ni por qué, apareció en el marco de la puerta la maligna cara de la Domi.

–Pero ¿puede saberse qué estás haciendo aquí tan callado?

Quico se apresuró, desmanotadamente, a cerrar el grifo y dijo:

–Sólo estoy echando gasolina al camión, Domi.

La Domi se llevó las manos a la cabeza:

–¡Huy, madre! Verás de que lo vea tu mamá. Ya verás si te da ella gasolina a ti– ladeó la cabeza para gritar—: ¡Señora!

Miguel Delibes

VOCABULARIO

encaramarse to perch

ferren-ferren-ferren brrm-brrm-brrm

disparado pasillo adelante shot down the passage

el manillar handlebar

desanduvo el camino andado went back the way he came

el fuerte fort

astillado shattered, broken

amarrar to tie, fasten

trompicar to bump along

el eje axle

los retumbos bumps

vocear to shout

el remolque trailer

apearse to get off

forcejear to struggle

salía despedida en abanico sprayed out

escurría un hilillo de agua water was trickling out

hasta el tope as far as it would go

guiñar los ojos to screw up one's eyes

desmanotadamente clumsily

ladear la cabeza to put one's head on one side

Ejercicio 22

Contesta a las preguntas siguientes:

1 ¿Dónde ocurrió este episiodio?
2 ¿Qué aparatos empleaba Quico para su juego?
3 ¿Qué ruidos hacían él mismo y sus juguetes?
4 ¿Qué imaginaba hacer, primero y más tarde?
5 ¿Qué utilizó como bomba de gasolina?
6 ¿Por qué no se dio cuenta Quico de que se mojaba?
7 ¿Le gustó mojarse?
8 ¿Cómo reaccionó la Domi al descubrirle?

Gramática Viva

Ejercicio 23

Ejercicio de gramática: haz dos listas, una de los verbos en pretérito, es decir los que indican las acciones de Quico y la Domi, y la segunda de los verbos en imperfecto, que describen lo que pasaba.

Ejercicio 24

Ejercicio de vocabulario: busca en el extracto las palabras de los tipos siguientes:

1 las piezas de un triciclo o de una bicicleta
2 las habitaciones o aparatos domésticos
3 las palabras asociadas con el agua

Ahora ¡apréndelas!

Ejercicio 25

Discusión

A ¿Cómo eras a los 8 años? ¿Eras travieso/a? ¿Qué cosas hacías? ¿Cómo reaccionaban los adultos? ¿y tu(s) hermano(s)? ¿Se reían de ti? ¿Se fastidiaban? ¿Te castigaban a veces? ¿Cómo? ¿Por qué hacen travesuras los niños? ¿Es una cosa natural de la niñez? ¿Cuáles podrían ser las causas si un niño/una niña es siempre travieso/a? ¿Hasta qué punto son los juegos imaginativos una parte de la niñez? ¿Tú empleabas tu imaginación de esta manera cuando eras joven? ¿Tú piensas que en la edad de los juegos de ordenadores los niños utilizan menos su imaginación? ¿o quizás más?

Un caso verdadero

B Piensa en una travesura tuya que cometiste siendo muy joven y describe lo que hiciste y lo que ocurrió. ¿Cómo reaccionaron los adultos? ¿Qué hicieron? ¿Qué dijeron? Puedes hacer este ejercicio oralmente o por escrito.

Ejercicio 26 ¡Date prisa!

1 Dos minutos para apuntar:
 – las expresiones coloquiales que has aprendido (ejemplo: *hecho un lío*)
 – las cosas de que se quejan los padres
 – los problemas que tienen los hijos/as adolescentes
2 Un minuto para:
 – los verbos que no tienen acento en pretérito
 – los que tienen –y– en la tercera persona de pretérito

Ejercicio 27 Anagramas

Todos ocurren en las Cartas de la Sección B.

- **LOLONGOM**
- **OBOGIA**
- **LONFOL**
- **CHAFOSETIS**
- **ESTULSODAR**
- **SANENFID**
- **GARUSINE**
- **RACI**
- **NOCESOJ**
- **FIERADININCE**
- **ÑOCIAR**
- **CHEPERRO**

Ejercicio 28 Temas para seguir pensando, hablando y escribiendo . . .

➡ Los padres ideales.
➡ ¿Se pueden evitar los problemas de la adolescencia?
➡ Carta de un padre a su hija.
➡ La respuesta de Elena Francis (véase Unidad 1) a la Carta A de esta Unidad.
➡ Las confesiones de un *'joven de la litrona'*.
➡ Por qué me rebelo.
➡ Por qué no me rebelo.
➡ Mi autobiografía.
➡ Pues, mira, estaba sentado en esta alfombrilla cuando de repente empezó a despegar . . .

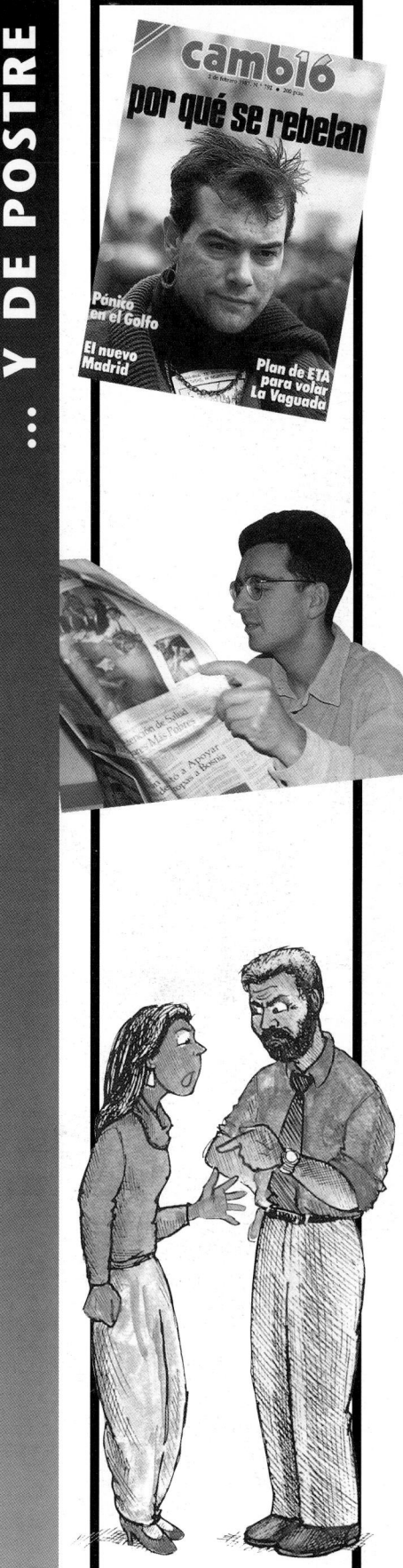

. . . Y DE POSTRE

A Vivo pendiente del qué dirán

«Estoy siempre pendiente de lo que los demás opinan, tanto como un actor o un músico, cuya carrera depende de las críticas. Y esto se ha convertido en un problema. **En la oficina apenas hablo por teléfono, ni siquiera hago llamadas de urgencia; no vayan a pensar que no soy responsable en mi trabajo.** Ni siquiera mi familia – salvo mis hermanos – conoce bien a David, mi novio. Y para colmo siempre pienso que los demás están hablando de mí, que están controlando todos mis pasos. Dice David que tengo los ojos puestos en mi ombligo. Quizá tenga razón porque, **si ahora cuento todo esto, es porque me he dado cuenta de que no puedo seguir así.** Y el caso es que nunca me he considerado una antigualla. Conozco a algunas personas jóvenes que son como yo, que piensan como yo. Pero, ¿cuál es mi problema? ¿Por qué me ocurre?» Esto es lo que dice Cristina, que ya empieza a tener muchos datos sobre *su problema*. Sabe, por ejemplo, que en realidad lo que está es muy pendiente de ella misma, que se mira mucho el ombligo, como dice su novio. Y por eso le importa tanto lo que piensan los demás, hasta tal punto que llega incluso a condicionar su vida.

Inseguridad y protagonismo unidos

Pero, aunque parezca contradictorio, las personas como Cristina viven con una angustiosa mezcla de inseguridad y protagonismo. No les importa tanto lo que dicen los otros, como que hablen mal de ellos. En el fondo, les encantarían las buenas críticas. Por otra parte, son demasiado críticos con ellos mismos. Como no se sienten muy seguros de lo que hacen, de lo que dicen, de cómo o con quién viven, están pendientes de que los demás expresen en voz alta lo que ellos mismos se han dicho tantas veces en voz baja. **Dejan en manos de los otros la aprobación de sus propias vidas; quieren que de alguna manera autoricen sus actos** o ratifiquen lo que ya tienen en proyecto o han decidido.

Es cierto que las opiniones de los otros afectan de distinta manera a dos tipos de personas que se pueden considerar dependientes en exceso de los demás. Los primeros tienen temor (es el caso que relatamos en esta página, el de una persona insegura), miedo de haber actuado de manera adecuada y justa. Los segundos son aquellos que tienen mala conciencia ante un acto realizado. Necesitan que los demás, al menos, les tranquilicen sobre su acción, pero, sobre todo, en el sentido de que les dejen seguros de que no se han dado cuenta de una falta que ellos son muy conscientes de haber cometido.

Begoña Castellanos
Mía

LA EXPERTA OPINA

"Se deben medir las opiniones"
Blanca Munguía, psicoanalista

«El temor a ser criticado o excluido por los demás se halla situado entre el temor del niño a perder el amor y la mala conciencia que pueda tener el adulto. Tener en cuenta a los demás es importante y es un temor social bastante fundado. La conducta del que carece de ese temor social y nunca tiene en cuenta la opinión ajena indica una perturbación del sentido de la realidad, que se puede considerar patológico. En el otro extremo está la persona que necesita la opinión de los demás para mantener su equilibrio mental, y que es un caso igual de peligroso».

Ejercicio 1

Busca en el primer párrafo del texto las palabras o expresiones que tienen más o menos el mismo significado que las siguientes:

1 piensan
2 urgentes
3 excepto
4 lo que es peor
5 continuar
6 una persona con ideas anticuadas
7 información
8 es muy ensimismada

Ejercicio 2

En el segundo párrafo encontrarás unas palabras adecuadas para completar las siguientes frases:

1 Las personas nerviosas suelen sufrir mucha . . . . . . en la vida.
2 Por lo general, estas personas temen a las personas . . . .
3 Como consecuencia, no son muy . . . . . . de sus actos.
4 Las personas que tienen este problema buscan . . . . . . de los demás.
5 Esperan que otras personas . . . . . . lo que hacen.

Ejercicio 3

Inventa dos personajes, cada uno de los cuales podría representar a uno de los dos tipos de personas que se mencionan en el último párrafo. Descríbelos, inventando unos ejemplos de lo que hacen y lo que dicen.

> VOCABULARIO
>
> **estar pendiente de** to be worried by
>
> **no vayan a pensar** I hope they won't think
>
> **para colmo** to cap it all
>
> **el ombligo** navel
>
> **una antigualla** an old-fashioned person
>
> **una mezcla angustiosa** an agonizing mixture
>
> **la aprobación** approval
>
> **ratificar** to confirm

B ## Secretos . . .

Lee el artículo con la ayuda del vocabulario.

PSICOLOGIA

Secretos: parte importante de la intimidad

Probablemente, las confidencias ajenas sean la primera fuente de curiosidad humana. Todos las guardamos celosamente, aunque a veces tengamos necesidad de compartirlas.

Guardar un secreto es una de las virtudes más valoradas en nuestra sociedad. Las personas que cuentan con verdaderos amigos, capaces de prestar su atención y su tiempo cuando éstos tienen ganas de desahogarse, o hacerles partícipes de una confidencia, se consideran gente afortunada. Es una opinión generalizada que un secreto tiene sentido precisamente cuando se confía a alguien contando con la seguridad de que no va a ser divulgado. El psicólogo Julián Fernández de Quero comenta a este respecto, que «la confianza en el otro se basa, sobre todo, en la complicidad; cada amigo conoce un buen número de intimidades del otro, lo que mutuamente les obliga a salvaguardar los secretos ajenos, no vaya a ser que se divulguen los propios». Sin embargo, cree que cuando alguien desea realmente preservar un secreto, jamás lo cuenta; «por el contrario», afirma, «cuando se confía en alguna persona, en el fondo, aunque sea inconscientemente, siempre se quiere que se sepa».

Habladores y discretos

A pesar de que ser fiel a un secreto, en ocasiones, implica morderse verdaderamente la lengua, hay muchas personas capaces de hacerlo. De hecho, todos deberíamos poder. Pero los psicólogos establecen diferencias claras entre los que son discretos y aquellos que son incapaces de respetar con el mínimo celo una intimidad ajena. «En el primer lugar, se trata de individuos narcisistas a quienes lo que más

▶

35

Si no se va a ser discreto, es preferible no escuchar.

cos chismosos presentan como característica común un alto grado de exhibicionismo. Básicamente, necesitan atraer la atención de los demás; quedar bien presumiendo de que conocen lo más íntimo de quienes les rodean, y esto significa para ellos un medio para reafirmarse ante su círculo social». No cabe duda de que la única manera de que un secreto siga siéndolo es no contarlo; pero, en ocasiones, guardarlo para uno mismo puede resultar una carga penosa. Es en ese

importa es lo que se relaciona estrictamente con ellos mismos, y el mundo exterior no les afecta, comenta el psicólogo; «por el contrario, los típi-

RESPETA TAMBIEN A LOS NIÑOS

Tan importante como preservar el secreto de un adulto es guardar el de un niño. Ellos probablemente sean el sector de la población más indefenso ante una posible violación de su intimidad. Además, piensa siempre que los niños actuarán como lo vean hacer a sus mayores. Si de pequeños no han sido respetados en su intimidad, nunca podrán aprender a respetar a los demás cuando sean adultos.

instante cuando nace la necesidad de compartirlo. Debemos tener en cuenta que, cuando alguien nos hace copartícipes de su intimidad, nos somete a una verdadera prueba de fuego. Nuestra lealtad de amigos quedaría gravemente lesionada si traicionáramos la confidencia. Finalmente, piensa que si tú no sabes callar, es posible que los demás tampoco. ■

R. C.

Mía

VOCABULARIO

las confidencias ajenas other people confiding in you

la primera fuente the first source

celosamente jealously

valoradas valued, appreciated

cuentan con verdaderos amigos they have real friends

capaces de prestar su atención capable of giving their attention

desahogarse to express one's feelings

hacerles partícipes de una confidencia to confide in them

se confía one confides

divulgado divulged

la complicidad complicity

la intimidad intimacy, intimate secret

salvaguardar to safeguard

Ejercicio 4

A Rellena los espacios en el texto siguiente con palabras adecuadas; tienes que buscarlas en el Texto B.

Un aspecto de la verdadera amistad es ...... los secretos que el buen amigo nos .... Un secreto sólo lo es cuando se le confía a un amigo sabiendo que no lo va a ...... a nadie. De este modo el ser ...... a un amigo consiste en ...... las intimidades .... Algunos son ...... de guardar un secreto, o porque son egoístas o bien porque no pueden resistir la tentación de ...... a los demás. Por eso a veces es mejor no ...... los secretos más íntimos con nadie, si podemos aguantar una ...... tan penosa.

B Busca en el Texto B las palabras que equivalen más o menos a las siguientes:

– estimado
– querer
– confiar un secreto
– revelar un secreto ajeno
– un secreto
– guardar un secreto
– leal
– guardar un secreto pero con mucha dificultad
– egoísta
– los que están alrededor

C Consultorio de psicología

 Escucha con atención este extracto de un programa de radio de tipo 'phone-in'. En este programa, un psicólogo está a la disposición de cualquier persona que quiera hacerle preguntas sobre sus relaciones matrimoniales; después de escuchar el problema, el psicólogo trata de sugerir soluciones posibles.

El psicólogo da sus consejos

Ejercicio 5

Utiliza las siguientes preguntas para hacer unos apuntes sobre el diálogo del Texto C. Luego escribe unas 150 palabras en español, explicando cuáles son los problemas de la mujer y cuáles son las soluciones sugeridas por el psicólogo.

1 ¿Cuántos años tiene la mujer, más o menos?
2 ¿Cómo eran sus padres?
3 ¿Cómo es su marido cuando están solos?
4 ¿Cómo es su marido cuando está con otras personas?
5 ¿Cómo trata a las mujeres?
6 ¿Cómo reacciona hacia las caricias de su mujer?
7 Según el psicólogo, ¿por qué trata la mujer de mostrar tanto cariño a su marido?
8 ¿Por qué no reconoce el marido este cariño?
9 ¿Qué es lo que promete el psicólogo a la mujer?
10 ¿Qué tiene que hacer la mujer para hacerse más atractiva?
11 ¿Qué tiene ella que decir al marido?
12 ¿Cuándo debería la mujer mostrarle su cariño a su marido?
13 ¿Qué tiene que hacer la mujer después de ver el resultado de todo esto?

---

ajeno belonging to others

no vaya a ser que se divulguen los propios to avoid one's own [secrets] being divulged

aunque sea inconscientemente even if it is unconsciously

siempre quiere que se sepa one always wants it to be known

ser fiel to be faithful

morderse la lengua to bite one's tongue, ie keep quiet

el celo zeal

individuos narcisistas self-centred people

el chismoso tale-bearer, gossip

quedar bien to make oneself popular

presumir de to show off

no cabe duda there is no doubt

la única manera de que un secreto siga siéndolo the only way to ensure that a secret remains secret

puede resultar una carga penosa may be a heavy burden

compartirlo to share it

el/la copartícipe sharer

nos somete a una verdadera prueba de fuego ... submits us to a real test

la lealtad loyalty

lesionado damaged

si traicionáramos if we were to betray

callar to keep quiet

tampoco neither

D Fidelidad con nosotros mismos

En muchas ocasiones hablamos de la amistad. ¿Pero realmente sentimos lo que significa para nosotros *tener amigos*? Esta pregunta seguramente nos la hemos planteado alguna vez y su respuesta la hallamos en frases ya bien hechas como: 'Mis amigos son aquellos en los que puedo confiar con certeza', 'Las personas a quienes aprecio y me gusta ayudar y que me ayuden', etc ...

Pero llega el momento en el que nos podemos dar cuenta de que hay gente a la que consideramos amiga y apenas sabemos qué puede ser lo que les gusta, interesa, preocupa, anhelan ...

Y realmente nos disgusta muchas veces, el no saber cómo manifestarnos, cómo mostrarnos ante los demás, para que éstos nos conozcan al menos un poco cómo somos en realidad y no hagan falsos juicios sobre nosotros.

Relaciones con los amigos . . .

Hay momentos en los que sólo somos capaces de 'volcar nuestro yo' en una sola persona, y con ello creer consolarnos, pero esto a la larga es relativo; pues hay circunstancias en las que debemos hablar con otros para confrontar más diversidad de opiniones e incluso poder solucionar algunos problemas, pero en esos momentos nos suele faltar valor y decisión, y sobrar bastante cobardía y orgullo.

Con respecto a quienes llamamos 'amigos' muchas veces no podemos tolerar en algunos de ellos su actitud con otras personas, es decir, ante éstas se muestran agradables y sinceras y cuando se dan la vuelta dichas personas, las primeras se pueden transformar en engreídas, orgullosas y hasta incluso dominadoras del otro. Esto, ciertamente, es algo que desanima a quienes dándose cuenta de ello

'no pueden gritarlo a los cuatro vientos', pues está muy mal visto eso de 'delatar a los amigos' y no te queda otra solución que aguantar, y no decírselo a la persona interesada por no herirla; aunque si realmente nos consideramos amigos suyos verdaderos, debemos decirlo a las claras pero con 'cierto tacto'.

Lo que más nos suele molestar del trato con los demás es el tener que estar supeditados a 'Los estados de ánimo', pues éstos no nos dejan mostrarnos a veces tal y como queremos con los que vivimos.

Pero, ante todo, lo que debemos intentar es ser fieles con nosotros mismos, y si no es mucho pedir, con los demás.

Mª José González Merlo
La Papelera, revista del
Colegio Obispo Perelló

Ejercicio 6

A Indica las palabras o frases del Texto D que corresponden a las siguientes definiciones:

- desear
- opiniones equivocadas
- resolver dificultades

- son simpáticos y honestos
- contarlo a todo el mundo
- ofender

B Explica brevemente en español:

- respuesta
- confiar
- apreciar

- consolarse
- orgulloso
- el estado de ánimo

C Busca en el texto parejas de palabras opuestas.

Por ejemplo:

valor – cobardía

¿Sabes explicar la diferencia entre ellas? Además de las que encuentres en el texto, inventa otras basadas en una palabra del texto.

Por ejemplo:

amistad – enemistad

Ejercicio 7

Busca todas las palabras que se pueden usar para describir las calidades de un amigo; haz dos listas, una de aspectos buenos, otra de aspectos malos. Luego usa estas palabras para escribir un retrato en palabras de un buen amigo y, quizás de un enemigo tuyo.

Ejercicio 8

En el Texto D, encontrarás varias preguntas y sugerencias acerca de las relaciones con los amigos: he aquí algunas sugerencias y consejos, cada uno de los cuales corresponde más o menos a uno de los párrafos del ensayo: ¿sabéis tú y tus compañeros establecer estas correspondencias?

- sinceridad en todas nuestras relaciones con los demás
- honradez al expresar a los amigos nuestra opinión sobre ellos
- mantener un carácter abierto para con los amigos
- ecuanimidad en nuestros tratos
- evitar el monopolio en cuanto a nuestras amistades
- tratar de conocer bien a los amigos
- tener ideas claras del verdadero valor de tener amigos

Ejercicio 9

Escribe un resumen en español del quinto párrafo usando unas 50 palabras.

Ejercicio 10

Traduce al inglés el primer y el segundo párrafo.

Ejercicio 11

¿Qué significan los amigos para ti, y cómo deberían ser? Utiliza algunas de las frases y sugerencias del texto para contárselo a tus compañeros. Si quieres, usa algunas de las palabras de la primera Unidad.

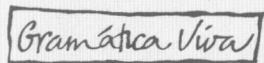

Ejercicio 12

> Busca todos los infinitivos que se usan en el texto. Hay treinta en total. ¿Sabes explicar las formas de usarlos? (Véanse la Seccíon de Gramática 35 y ¡AG! Capítulo 11.) Luego pide a tu profesor/a la Hoja 3.1 .

VOCABULARIO

plantearse una pregunta to ask oneself a question

frases ya bien hechas ready-made sentences/phrases

confiar en to confide in

con certeza safely

apreciar to value, esteem

apenas sabemos qué puede ser lo que ... we hardly know what ...

anhelar to long for

para que éstos nos conozcan so that the latter may get to know us

para que no hagan falsos juicios sobre nosotros in order that they should not judge us wrongly

'volcar nuestro yo' en una sola persona to confide in just one person

nos suele faltar we usually lack

nos suele sobrar we usually have too much

engreídas conceited

desanimar to dishearten

no pueden gritarlo a los cuatro vientos they cannot tell the world

está muy mal visto it is improper

delatar a los amigos to tell on your friends

por no herirla in order not to hurt him/her

a las claras openly

estar supeditados a to be subjected to

los estados de ánimo frames of mind

tal y como queremos just as we want

fieles con nosotros mismos faithful to ourselves

si no es mucho pedir if it is not asking too much

Gramática Viva

Ejercicio 13

 Busca en el texto un ejemplo de cada uno de estos pronombres relativos.
(Véanse la Sección de Gramática 71 y **¡AG!** Capítulo 4.)
Luego sigue en la Hoja 3.2 .

lo que
quien
el que

E 'Mamá, a Oscar le gusta una niña'

Lo has notado distraído, ensimismado, remolón en el parque. Pero no puedes creer que, a su edad, se haya enamorado de verdad. ¿Qué es lo que le pasa?

Casi ni lo recuerdas, han pasado tantos años ya. Ni siquiera fue tu primer amor – ese llegó después –, aunque en aquel momento te parecía el único. Todavía no sabías lo que era enamorarse, pero estabas segura de que jamás te podrías fijar en otro. Hoy, tu hija ha lanzado una frase acusadora sobre su hermano: «Mamá, a Oscar le gusta una niña que va al parque». Y Oscar, que tiene 8 años, se ha puesto como un tomate. Y, acto seguido, ha lanzado la más feroz de sus miradas en dirección a su hermana mayor. Tu ya habías notado que a Oscar le costaba más cada día regresar del parque y que, cuando al fin conseguíais arrastrarlo hasta casa, permanecía durante algunos minutos en otro planeta.

Amigas para ellos, héroes para ellas

Aunque algo temprano en casos como el de Oscar, ya hay signos del camino que se empieza a recorrer hacia la pubertad. Por lo general, son muy distintos en los niños y en las niñas. Éstas suelen llegar a la pubertad dos años antes que aquéllos. Y sus primeros amores casi siempre son héroes cinematográficos, televisivos o del mundo de la canción. Un ejemplo: la hermana de Oscar se ríe de los sufrimientos de su hermano por la niña del parque. En cambio, ella, que ya ha cumplido 12 años, cree tenerlo más claro: se ha enamorado del cantante de moda. Su platónico amor ocupa todos sus sueños, todo su tiempo. Su desilusión será menor, porque, seguramente, con el tiempo sustituirá a su mito por un adolescente de carne y hueso.

A cada edad, un tipo distinto de enamoramiento

Oscar, en cambio, sufrirá una decepción mayor cuando al fin compruebe que su *amada* ha crecido mucho más deprisa que él, y no sólo físicamente. Más o menos a partir de los 6 años el niño comienza a tener la necesidad de una cierta independencia. Por eso, creyéndose ya mayor, independiente, piensa que no debe mostrar ningún tipo de sentimientos ante sus padres, ni los que siente hacia ellos ni los que siente hacia otras personas. Ese temprano enamoramiento, sobre todo en los niños, desaparecerá cuando, a partir de los 9 o 10 años, haga aparición la pandilla. El pequeño empezará así su proceso de socialización más serio. Tiene, a la vez, un deseo de organizar su vida en común – y por eso necesita a los otros – y otro deseo de que los demás niños comprueben su valentía, su osadía, su poder ..., lo que él considera todos sus valores. Lo que los psicólogos estudian como «primer amor» llega algo más tarde, casi siempre aparece como fruto de esa convivencia en pandilla. Y éste será el que marcará la, casi siempre difícil, entrada definitiva en la adolescencia.

...Y «de lo que tiene el corazón habla la boca»

Se abre entonces una nueva etapa en la que ya hay cambios, porque el adolescente en algunos casos siente la necesidad del consejo paterno (o materno). Después de demostrarse que puede ser «independiente» de los lazos familiares, esa falsa independencia le hace sentirse desvalido ante esa nueva sensación.

Begoña Castellanos
Mía

Ejercicio 14

A Busca en el texto las palabras o frases que significan lo mismo que las siguientes:

- estabas convencida
- ha ruborizado
- era más difícil
- quedaba
- diferentes
- protagonistas
- por otra parte
- decepción

- querida
- revelar
- el grupo de amigos
- los demás
- el joven
- de los padres
- ilusoria
- inútil

B Explica brevemente en español:

- enamorarse
- permanecía en otro planeta
- su platónico amor

- el «primer amor»
- la adolescencia
- el consejo

VOCABULARIO

ensimismado lost in thought
remolón lazy
ni siquiera not even
fijarse en to notice
comprobar [in this context] to realise
la osadía daring
la etapa stage
los lazos familiares family ties

Ejercicio 15 ¿Verdadero o falso?

He aquí unas frases que se refieren al texto, algunas de las cuales tienen errores: corrígelas.

1 Oscar está enamorado.
2 Oscar cada día quiere regresar del parque.
3 El camino a la pubertad es diferente en los niños y en las niñas.
4 Los niños llegan a la pubertad antes que las niñas.
5 La hermana de Oscar está enamorada de un cantante popular.
6 La amada de Oscar crecerá más deprisa que él.
7 A la edad de 9 o 10 años, Oscar abandonará la pandilla.
8 El adolescente nunca necesita el consejo de sus padres.

Ejercicio 16

¿Qué opinas tú de lo que sugiere este artículo? ¿Es verdad que muchos chicos se enamoran a una edad muy temprana? ¿Las chicas son siempre más maduras que los chicos? ¿Puedes citar ejemplos personales o de amigos o conocidos? Si hay chicos y chicas en la clase, podéis hacer un debate entre chicos y chicas.

F El camino – *Miguel Delibes*

Los extractos siguientes se toman de una novela de Miguel Delibes – *El camino* – que es la historia de un chico joven que vive en un pueblo pequeño en la época de posguerra.

Germán, el Tiñoso, siempre fue un buen amigo, en todas las ocasiones; hasta en las más difíciles. No llegó, con Daniel, el Mochuelo, a la misma intimidad que el Moñigo, por ejemplo, pero ello no era achacable a él, ni a Daniel, el Mochuelo, ni a ninguna de las cosas y fenómenos que dependen de nuestra voluntad.

Germán, el Tiñoso, fue el que dijo de Daniel, el Mochuelo, el día que éste se presentó en la escuela, que miraba las cosas como si siempre estuviera asustado. Afinando un poco, resultaba ser Germán, el Tiñoso, quien había rebautizado a Daniel, pero éste no le guardaba ningún rencor por ello, antes bien encontró en él, desde el primer día, una leal amistad.

Entre ellos tres no cabían disensiones. Cada cual acataba de antemano el lugar que le correspondía en la pandilla. Daniel, el Mochuelo, sabía que no podía imponerse al Moñigo, aunque tuviera una inteligencia más aguda que la suya, y Germán, el Tiñoso, reconocía que estaba por debajo de los otros dos, a pesar de que su experiencia pajarera era mucho más sutil y vasta que la de ellos. La prepotencia, aquí, la determinaba el bíceps y no la inteligencia, ni las habilidades, ni la voluntad. Después de todo, ello era una cosa razonable, pertinente y lógica.

VOCABULARIO

su experiencia pajarera his expertise on birds

la prepotencia superiority

Ejercicio 17

Explica las siguientes palabras:

- intimidad
- voluntad
- asustado
- rebautizado
- rencor
- una leal amistad

- disensiones
- el lugar que le correspondía
- la pandilla
- imponerse
- el bíceps

Ejercicio 18

Lee el Texto D y contesta a estas preguntas.

1 ¿Quién era más fuerte, Daniel el Mochuelo o Roque el Moñigo?
2 ¿Cuál de los dos era más inteligente?
3 ¿Quién era más hábil en lo que se refiere a pájaros, Daniel o Germán?
4 ¿Quién llegó a más intimidad con Daniel – Roque o Germán?
5 ¿Cuál de los tres chicos era el más débil?
6 ¿Cuál de los tres era el más inteligente?
7 ¿Cuál de estas cualidades se valoraba más, la inteligencia, la fuerza, o la habilidad pajarera?
8 ¿Cuál fue el mejor amigo de Daniel, dirías tú, Roque o Germán?
9 Cuando iban en busca de pájaros, ¿quién cazaba más hábilmente?
10 En la escuela, ¿quién, en tu opinión, estudiaba más diligentemente?

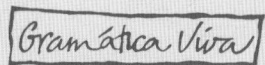

Ejercicio 19

Estos trozos usan el tiempo imperfecto y el pretérito. (Véanse las Secciones de Gramática 38 y 39 y **¡AG!** Capítulos 17 y 19.) Usando estos tiempos, describe en forma oral o escrita tus relaciones con los amigos que tenías a la edad de diez años.

Ejercicio 20 Situaciones

Práctica oral: escoge una de estas situaciones, y juega el papel que se define aquí. Tu profesor/a, tu lector/a de español o un/a compañero/a puede jugar el otro papel en cada situación.

1 Tu hermano/a menor acusa a tus padres de ser más generosos contigo que con él/ella. Tú tienes que persuadirle de que no es verdad, citando ejemplos.
2 Al ver a tu novio/a, te acusa de salir anoche con otro/a chico/a. Tienes que justificarte, explicando dónde estabas, qué hacías y con quién.
3 Te enamoras de un chico/una chica: explica a otro amigo/otra amiga quién es, cómo es y por qué te gusta tanto.
4 Te has enamorado de un chico/una chica, y te atreves a hablar con él/ella por primera vez. ¡Tienes que hacerle una fuerte impresión para que se enamore de ti también!
5 Te quejas de un amigo/una amiga que parece no tener más tiempo para ti: ya está casado/a, tiene hijos, una casa etc.
6 Tu mujer/marido se queja de que sigas pasando mucho tiempo con tu amigo/a de muchos años. Tienes que justificarte, diciendo que os conocéis desde vuestra niñez, que estudiasteis en el mismo colegio.
7 Tú y tu mujer/marido ya no os podéis ni ver: empezáis a pelear y termináis por decidir divorciaros. Dile por qué ya no le amas, qué propones etcétera.
8 Ya está decidido: os vais a divorciar. Sin pelear, tenéis que decidir cuál de vosotros se va a quedar con los niños, con el coche, la casa, con las deudas . . .

Ejercicio 21 Reportaje

He aquí unos artículos sobre varios aspectos de las relaciones personales. Tu profesor/a te dará uno de estos artículos. Léelo con la ayuda de un diccionario, si te hace falta, y cuenta a tus amigos lo que has leído. Al escuchar los resúmenes de tus compañeros, haz unos apuntes.

1 Amor, el sentimiento inevitable
2 Detecta y corrige la envidia
3 Creí que nuestra amistad era para siempre, pero . . .
4 El divorcio, etapa final

Ejercicio 22 ¿Verdadero o falso?

Después de escuchar los reportajes de tus amigos, tienes que decir cuáles de estas frases son correctas y corregir las que no lo son. Para hacerlo un poco más difícil, no están en el orden debido.

1 La envidia es una gran emoción que necesitan las buenas amigas.
2 El enamorarse nos hace sentir muy tristes.
3 Los padres no deberían hacer nada cuando uno de sus hijos envidia a otro.
4 El amor es difícil de definir.
5 El divorcio se concede cuando la pareja ha comenzado a vivir juntos.
6 Muchas personas no comprenden por qué pierden contacto con sus mejores amigos.
7 El niño envidioso tiene un fuerte sentido de amor ajeno.
8 La amistad entre hombres no suele ser tan profunda como la amistad entre mujeres.
9 La envidia casi siempre existe en las familias numerosas.
10 Con el divorcio uno puede volver a casarse.

Ejercicio 23

Usando tus apuntes sobre los resúmenes, o leyendo los extractos en su versión original, escoge uno de los temas para escribir 250 palabras dando tus propias opiniones.

Ejercicio 24

Escoge el horóscopo que corresponde a tu compañero y dale los consejos apropiados, añadiendo tus propios comentarios y sugerencias.

Horóscopo por Nike

Semana del 3 al 9 de octubre

ARIES
21 marzo–20 abril
Activo y decidido
Marte, retrógrado en tu signo, indica que la actividad y esfuerzo que realizas desde hace unas semanas todavía no ha acabado. De todas maneras puedes tomarte estos días con más calma y aprovecharlos para reflexionar sobre la mejor táctica a seguir. Los hermanos o parientes cercanos pueden complicarte en sus asuntos: también tus compañeros de trabajo pueden ponerte entre dos aguas. Tendrás éxito en los estudios. Días favorables el 5 y el 8.

TAURO
21 abril–21 mayo
Tendencia a los excesos
Cuando estás enamorado o apasionado por algo pierdes objetividad. En estos momentos debes tener cuidado con esta tendencia tuya. Quizás hagas o digas cosas de las que luego te arrepentirás. Tus deseos de pasarlo bien harán que vivas momentos muy divertidos pero también que te olvides un tanto de ciertos compromisos adquiridos. Cuida tu alimentación y vigila tu peso. Puedes verte inclinado a gastar con exageración. Días favorables el 4 y el 6.

GEMINIS
21 mayo–21 junio
Despilfarro
Tu entusiasmo y ganas de expandirte sin medida pueden ser, en algunos momentos, exagerados. De todas formas no te faltarán oportunidades para divertirte y hacer las cosas a tu modo. Fiestas, reuniones, quizás incluso en tu propia casa. Debes prestar más atención a tus hijos si no quieres caer en el desorden familiar. En el amor, tendencia a la aventura y a compromisos superfluos. Despilfarro y tendencia a gastos innecesarios. Días favorables el 4 y el 7.

CANCER
22 junio–22 julio
Cambios de humor
La Luna decreciente en tu signo puede hacer que te sientas algo pesimista. La nostalgia y las ensoñaciones serán el modo en que te expreses. Por otro lado tus responsabilidades familiares y profesionales no te dejan mucho tiempo para ti. Tendrás que estar al pie del cañón si no quieres que los acontecimientos te sobrepasen. Es en el terreno afectivo donde te sentirás más apoyado y comprendido por tu pareja. Días favorables el 5 y el 9.

LEO
23 julio–23 agosto
Buenos augurios
Observarás una marcha favorable de todos tus asuntos. Sobre todo en lo que se refiere a trabajo y profesión. Un nuevo impulso sostenido por la confianza que tienes en estos momentos en lo que estás haciendo dará sus frutos. Quizás en lo económico las cosas no estén tan ordenadas y puedas sufrir alguna pérdida. En el amor te mostrarás generoso aunque tal vez la persona que quieres no te lo agradezca como a ti te gustaría. Días favorables el 6 y el 9.

VIRGO
24 agosto–23 septiembre
Grandes posibilidades
Venus entra en tu signo dulcificando tu carácter y favoreciendo las relaciones humanas. En el terreno afectivo es una semana de buenas oportunidades. De todas formas puedes sentirte indeciso en una determinada relación. Tu atractivo es mayor. Por esto gustarás más, aunque tú eres más crítico con los demás. Es en todo lo que se refiere a dinero, negocios y adquisiciones de todo tipo donde se observan grandes posibilidades. Días favorables el 3 y el 9.

LIBRA
24 septiembre–23 octubre
Sociabilidad
Positivas configuraciones propician días tranquilos y felices. Momento oportuno si tienes que tratar con profesores, asuntos legales y papeleo en general. Las cosas te resultarán fáciles. También en tu hogar cualquier reforma o cambio de orden dará buen resultado. Mejor entendimiento con tu pareja, aunque es posible que ésta tenga algún problema que tengas que ayudar a resolver. Desilusión con respecto a proyectos de viajes. Días favorables el 3 y el 8.

ESCORPIO
24 octubre–22 noviembre
Fuerza mental
Semana favorable para los estudios y la comunicación en general. Si tienes que hacer una compra o una venta, éste es el momento apropiado. Por otro lado se ve que te tomas las cosas muy en serio y que tratas los temas en profundidad. Buenas operaciones económicas. Noticias referentes a dinero o bien para ponerte en contacto con una persona que te interesa para el trabajo. Sin embargo, no juegues a la lotería, pues no hay suerte. Días favorables el 6 y el 9.

... Y DE POSTRE

–¡Lo sé! ¡A mi tampoco me gusta!

–¡No hables mal de mi hermana!

¡SNAP!

... Y DE POSTRE

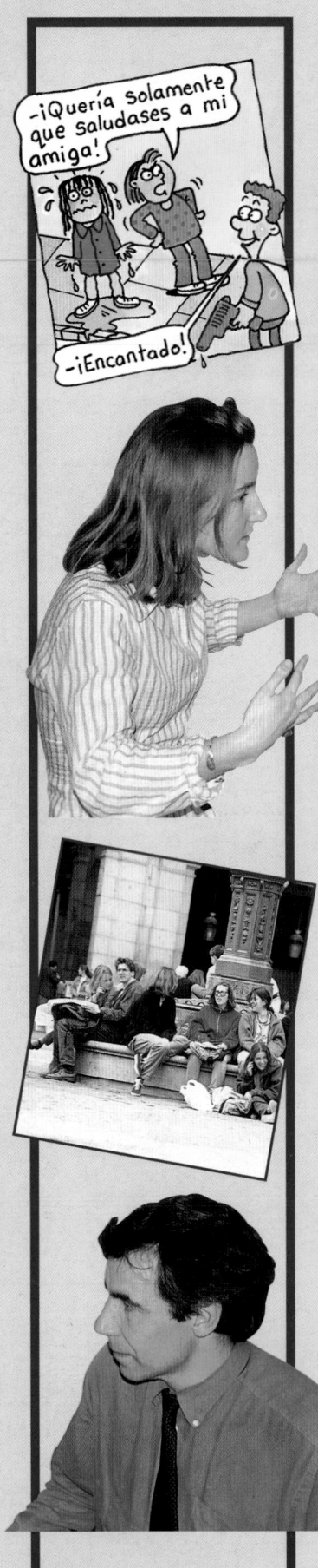

-¡Quería solamente que saludases a mi amiga!

-¡Encantado!

SAGITARIO

23 noviembre–21 diciembre
Mucho ajetreo

Entre la vida social intensa que tienes y tus ocupaciones laborales no vas a encontrar un minuto de descanso. Cierta tendencia a exagerar puede hacer que saques las cosas de quicio o que digas cosas que sean mal interpretadas. En lo afectivo, peligro de que idealices demasiado a una persona o esperes más de lo que puede ofrecerte. Cuida tu economía ya que estás gastando más de la cuenta. Evita excesos en la comida y en la bebida. <u>Días favorables el 4 y el 6.</u>

CAPRICORNIO

22 diciembre–20 enero
Relaciones con amigos

Días especialmente propicios para hacer buenas amistades o reunirte y hacer proyectos con amigos. En tu lugar de trabajo hay peligro de envidias o algún equívoco que llegará a ponerse en claro. Los nacidos en los primeros días vivirán situaciones que favorecen el enamoramiento, pero también alguna pelea o enfrentamiento fuerte. El resto del signo estará más tranquilo y amable. Momento favorable para arreglar averías de casa. <u>Días favorables el 4 y el 8.</u>

ACUARIO

21 enero–19 febrero
Incertidumbre en el amor

No te apresures en tus decisiones ni te metas, sin pensártelo dos veces, en una situación incierta. Es posible que lo pases muy bien si te lanzas a la aventura, pero puede que a la larga no te gratifique o bien que pierdas una relación que para ti es estable. Inquietud y prisas en el amor. Tampoco es conveniente que te arriesgues en una operación financiera. Tienes bastante tendencia a engordar. En el trabajo, mucha movilidad. <u>Días favorables el 3 y el 8.</u>

PISCIS

20 febrero–20 marzo
Espíritu aventurero

Algo cansado de la monotonía, estás dispuesto a que te pase cualquier cosa con tal de que ocurra algo. Las cuestiones sobre tu vivencia te preocupan. Quizás pienses en un cambio de domicilio o en alguna reforma. En tu trabajo todo va bien, salvo cierta tendencia al desorden o algunos cambios a la vista que no sabes en qué quedarán. Evita las situaciones que puedan provocar envidias o celos. No abuses del alcohol. <u>Días favorables el 5 y el 7.</u>

Ejercicio 25 Para hablar o escribir . . .

1 En tu opinión, ¿qué importancia tienen los amigos?
2 ¿Cómo es tu mejor amigo/a, y por qué lo es?
3 ¿Cuáles son las cualidades más importantes de un buen amigo?
4 ¿Qué problemas has tenido tú en tus relaciones con los demás?
5 ¿Qué opinas tú sobre el matrimonio y el divorcio?

Ejercicio 26 Sopa de letras

```
A M I S T A D I F
Y A L I O M A A N
U M R M R I M T O
D I A P L G A O C
A G R A D A B L E
R O E T M U L E L
X L S I N C E R O
V M G C N A M A S
G A H O N R A D O
```

Ejercicio 27 Palabra misteriosa

Primero tienes que completar estas definiciones: luego tomando la primera letra de cada palabra, trata de encontrar la palabra misteriosa.

1 La . . . . . . entre dos personas suele ser el resultado de la envidia.
2 Al casarse, es posible . . . . . . algunas viejas amistades.
3 Tus amigos siempre te . . . . . . si eres un fiel amigo para ellos.
4 Siempre debes ser . . . . . . con los amigos.
5 Cuando tienes problemas, un buen amigo tratará de . . . . . . te.
6 Una persona narcisista suele ser muy . . . .
7 Si tu amigo tiene muchos defectos personales, tienes que aprender a . . . . . . los.

A Cómo solucionar los problemas escolares de sus hijos

Lee el texto con la ayuda del vocabulario y de un diccionario si lo necesitas. Pero primero lee el artículo sin ningún tipo de ayuda. Verás que contiene muchos rasgos distintivos que ayudan al lector a 'navegar' por el texto: números, palabras en *cursiva*, nombres, acrónimos etcétera.

Dentro de unos días cinco millones de niños y adolescentes van a iniciar un nuevo curso. Muchos de ellos tienen problemas de aprendizaje, cuya consecuencia es el llamado fracaso escolar. Carencias fisiológicas, el nivel socioeconómico y cultural de la familia, la poca atención de los padres – demasiado ocupados –, la masificación y los métodos de enseñanza son algunas de las múltiples causas que influyen negativamente en su rendimiento escolar. En esta guía se explica cómo detectar el problema y a qué personas y centros hay que dirigirse para solucionarlo.

Juan **Manuel Masó**, como más de la mitad de los alumnos españoles, está preparándose para los exámenes de septiembre. Nunca ha sido una lumbrera, pero consiguió pasar todos los cursos limpio aunque con bajas notas.

Al principio sus padres lo achacaron al cambio de colegio; no le dieron mucha importancia y le buscaron unas clases particulares. Pagaba mil pesetas por cada hora de matemáticas y ochocientas por el resto de las asignaturas. No sirvió de nada y ha tenido que pasarse el verano estudiando. Una academia de las más baratas supone un desembolso de 30.000 pesetas al mes. Y, si se decide por un internado, ascenderá a cientos de miles de pesetas.

Los padres de **Juan Manuel** se preguntan si no será un caso más de fracaso escolar y no simplemente un vago. Las estadísticas dicen que el 30 por 100 de los alumnos españoles fracasan en la escuela. También está comprobado que los niños fallan el doble que las niñas, que hay más fracaso en el campo que en la ciudad y en los niveles culturales bajos más que en las clases altas.

El 30 por 100 de los escolares españoles fallan en la escuela. El fracaso de los niños es el doble que él de las niñas

«En los primeros años los niños con un nivel sociocultural alto compensan la falta de escolaridad o los problemas de aprendizaje o lo que les enseñan en casa. Otros niños no tienen estas ventajas», comenta **Pilar Aparicio**, psicóloga del Centro de Rehabilitación del Lenguaje.

El trabajo de los padres, el poco contacto con el niño, situaciones de droga o alcoholismo o situaciones menos problemáticas como un traslado de colegio o de ciudad influyen significativamente en el rendimiento escolar. La influencia del ambiente es tan decisiva que, incluso, hay un tipo de deficiencia mental que es de cultivo, el niño se vuelve más torpe con el paso del tiempo.

Otro factor es la propia escuela, demasiado masificada. Algunos especialistas consideran un claro trastorno el paso de un ciclo a otro. En los primeros años el fracaso es del 17 por 100 para pasar a un 47 por 100 al terminar octavo. Se va acumulando el fracaso según van avanzando los cursos, porque la recuperación no funciona, según **Santiago Molina**, especialista en fracaso escolar. Para el psicólogo **Jesús Gómez**, «*el fracaso forma parte del sistema*»

Otro problema se plantea cuando el niño sufre retraso escolar por estar hospitalizado, por un accidente o por necesitar tratamientos continuados que le impidan seguir el ritmo de su clase. «*Antes los niños perdían el contacto, ahora se procura que estén poco tiempo en el hospital por el retraso escolar y por los cambios que puede sufrir la personalidad del niño*», según **Mª Paz Vázquez**, psicóloga del Hospital del Niño Jesús de Madrid. En algunos centros hospitalarios hay maestros que van por las salas para ayudar a los enfermos infantiles.

Repetir curso

Hasta el momento sólo se consideraba que un niño fracasaba cuando llegaba con malas notas o tenía que repetir curso. **Andrés Meyniel**, director de un Gabinete de Psicología Aplicada, critica la actitud de los padres. «*Los problemas para ellos sólo existen cuando suspenden a sus* ▶

Los jóvenes en el colegio: ¿cómo asegurar su éxito?

hijos. *Las faltas de ortografía son graciosas hasta que le amenazan con no pasar de curso. Entonces intentan ponerte tiempos límites, que lo soluciones antes de mayo.»*

Las carencias físicas, los métodos de aprendizaje y la escasa atención de los padres influyen en los estudiantes de forma negativa

Las expectativas de los progenitores son, en muchos casos, superiores a la realidad. Intentan que sea el mejor de la clase, comparan sus calificaciones con la de los vecinos o los primos. *«El estrés infantil es tremendo, así como la angustia, en chavales de doce años, por el rendimiento que les exigen»*, comenta **Julián Pradera**, psicoanalista.

A veces, los padres mismos potencian esta sobreexigencia. Les llevan a natación, a alemán, a *karate*, a informática … Esto es especialmente grave cuando los niños tienen cualquier problema que les exiga más esfuerzo, como una leve dislexia. En algunas ciudades como Madrid, en la colonia del Viso, se han creado en los últimos años colegios para niños con retraso escolar, en los que la masificación no existe y un equipo de psicólogos o pedagogos sigue continuamente la evolución académica del niño o el adolescente.

Lo curioso del caso es que, generalmente, no son los menos dotados los que suspenden, *«sino que muchas veces los perdedores son los alumnos más imaginativos e inteligentes porque su inteligencia se ve atraída por múltiples intereses y no saben dirigirla sobre un solo objetivo en cada momento»*, advierte la terapeuta **Carmen Vijande.**

Otro vicio es pensar que cuando el niño saca malas notas es porque es perezoso o poco inteligente. Sin embargo, a veces, los alumnos con una inteligencia superior a la normal son los mayores candidatos al fracaso escolar y, como secuela, después en la vida laboral. Son chicos que siguen las clases sin problemas, pero a medida que avanzan los cursos empiezan a flojear, aprueban por los pelos e, incluso, repiten curso.

María J Espejo
Tribuna

VOCABULARIO

el fracaso failure

la carencia lack, deficiency

escaso scant

la masificación overcrowding

el rendimiento performance

una lumbrera bright light (here: outstanding pupil)

achacar to attribute

el desembolso outlay, expenditure

el internado boarder, boarding school

suspender (here) to fail

torpe slow-witted

la recuperación doing extra studying to retake an exam

la ortografía handwriting

los progenitores parents

potenciar to cause the risk of

la sobreexigencia excessive expectation

el/la terapeuta therapist

como secuela as a result

flojear to weaken

Ejercicio 1

A En este artículo, encontrarás palabras o expresiones que describen varios aspectos de la vida escolar. Busca las palabras que corresponden a las siguientes definiciones:
- un alumno muy inteligente
- clases dadas por profesores a quienes los padres tienen que pagar
- escuela donde viven los alumnos en el mismo edificio en que estudian
- el hecho de suspender los exámenes o una asignatura
- el proceso de aprender
- adjetivo que describe a un alumno no muy inteligente
- el método de tratar de mejorar su rendimiento en un examen
- profesor de niños muy jóvenes
- estilo de escribir
- asignatura que trata de computadores

B Explica brevemente en español:
- asignatura
- academia
- escolaridad
- el rendimiento escolar
- la masificación
- repetir un curso
- las calificaciones
- dislexia
- pedagogo

C ¿Por qué crees tú que suspenden más niños que niñas? Discute este asunto con tus compañeros de clase. ¡Os divertiréis sobre todo si tenéis una clase mixta!

Ejercicio 2

Haz una lista de todas las palabras que se refieren a aspectos de la vida escolar. Inventa una frase utilizando una de estas palabras, preferiblemente una frase que describa un elemento de tu vida escolar.

Ejercicio 3

En este artículo se citan las opiniones de varios expertos sobre los problemas escolares. He aquí otras versiones de las mismas opiniones: a ver si sabéis tú y tus compañeros cuál de éstas corresponde a cada experto:

1 'Algunos padres sólo se preocupan por sus hijos cuando reciben malas notas.'

2 'No siempre son los alumnos menos inteligentes los que tienen problemas, sino al contrario: a veces son los que son lo suficientemente inteligentes para tener muchos intereses, y que por eso no dedican bastante tiempo a sus estudios.'

3 'Los padres que tienen un nivel de vida bastante alto y que han hecho, ellos mismos, estudios de un nivel bastante alto, pueden ayudar mucho a sus hijos.'

4 'El sistema de volver a estudiar las asignaturas para luego hacer los exámenes no funciona como debería.'

5 'Dentro del sistema español de enseñanza, es natural que se suspendan gran número de alumnos.'

6 'Se trata de reducir al mínimo el período en que una enfermedad pueda afectar negativamente el progreso de un niño.'

7 'Las esperanzas exageradas que tienen los padres de que tengan mucho éxito sus niños en los estudios pueden causar mucho daño.'

Ejercicio 4

He aquí varias declaraciones que encabezaban las páginas del artículo del Texto A. Cada una corresponde con una de las preguntas que las siguen. Con la ayuda de tu compañero de clase, discute los problemas de la enseñanza de la forma siguiente: uno de vosotros representa al padre o a la madre de un alumno que tiene problemas, y el otro juega el papel del profesor o del consejero escolar.

A *El cambio de colegio, la separación y el trabajo de los padres influyen negativamente en el correcto aprendizaje del niño.*

B *Apuntar al niño 'karate', ballet, informática e inglés, por ejemplo, provoca, en algunos casos, situaciones de estrés infantil.*

C *La edad más adecuada para aprender a leer y a escribir son los cuatro años, y en ocasiones, a partir de los cinco o seis.*

D *Los niños que saben bailar y se sienten escuchados están más motivados para aprender a leer y a hablar con más rapidez.*

E *La familia tiene un papel importantísimo en el aprendizaje, pero en ningún momento debe sustituir la labor del profesor.*

F *Es difícil que un niño con problemas para leer o asimilar en 4.° de Educación Primaria logre realizar estudios superiores.*

G *En casos de retraso se puede optar por escolarizar al niño en un colegio con integración o por acudir a un centro especializado.*

H *Enseñar a un niño un segundo idioma antes de que esté preparado puede provocarle trastornos como la discalculalia o la dislexia.*

I *El tartamudeo, el ceceo, las faltas de ortografía o hacerse pis en la cama pueden ser una forma inconsciente de llamar la atención.*

Aprender el 'karate', ¿ayuda a los niños?

Una clase de ballet: ¿sacará mejores notas esta chica?

1 Diga por favor, ¿mis hijos, por qué tienen tantos problemas? El mayor no habla muy bien, la segunda hace muchos errores de ortografía, y el más pequeño se despierta casi siempre con la cama mojada . . .

2 ¿Cree usted que hacemos bien en mandar a Pepe a una academia para aprender el inglés? Ya tiene seis años . . .

3 Bueno, tenemos un hijo retrasado . . . ¿Qué deberíamos hacer para ayudarle?

4 ¿Cree usted que haríamos bien en ayudar a Mariluz a aprender a leer en casa? Tenemos un montón de libros para niños . . .

5 Conque José sigue teniendo problemas con sus estudios . . . lo que es natural, puesto que no sabe leer muy bien. Pero, ¿va a poder ir al instituto?

6 Diga, por favor . . . Juanín parece ser un bebé muy inteligente: ¿cuándo podemos empezar a enseñarle a leer?

7 Mis padres dicen que deberíamos ser muy estrictos con nuestros hijos: que deberían quedar callados en casa, y hablar sólo cuando les hablamos nosotros. ¿Tienen razón?

8 En su opinión, ¿cuáles son las cosas que podrían poner en peligro el progreso de nuestra hija?

9 Creemos que en los colegios los niños no tienen bastantes oportunidades. Pensamos mandar a nuestros niños a clases particulares para que aprendan otras cosas que no pueden estudiar en el cole . . . Tenemos razón, ¿no?

Ejercicio 5

Traduce al inglés los dos primeros párrafos de la sección que lleva el título de *Repetir curso*.

Ejercicio 6

Escribe un resumen en español de los dos primeros párrafos del Texto A usando no más de 50 palabras.

Ejercicio 7

En tu opinión, ¿cuáles han sido los problemas de tu vida escolar hasta ahora? Utiliza algunas de las palabras, expresiones y frases del Texto A para contárselos a tu clase. ¡No tengas miedo de confesarlo todo . . . ! ¡No habrá repercusiones!

¡Te he enseñado todo lo que sé y sigues siendo la última de la clase!

Ejercicio 8

Cuenta a un compañero de clase todo lo que hiciste ayer. Tendrás que usar el pretérito. (Véanse la Sección de Gramática 38 y **¡AG!** Capítulo 19.)

Ejercicio 9

Un compañero tuyo tiene que nombrar a un profesor o a una profesora que os enseñaba hace dos o tres años, o a otro alumno o alumna que ya no estudia en vuestro colegio. Tienes que describir a esta persona, y explicar todo lo que hacía. Tendrás que decirlo todo usando el imperfecto. (Véanse la Sección de Gramática 39 y **¡AG!** Capítulo 17.)

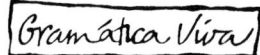

Ejercicio 10

Busca en el texto las frases siguientes:

. . . consiguió pasar todos los cursos . . .
pagaba mil pesetas por cada hora . . .

Usando unas 300 palabras, describe tu vida escolar hasta ahora; necesitarás el pretérito y el imperfecto. (Véanse las Secciones de Gramática 38 y 39, y **¡AG!** Capítulos 17, 19 y 20.)

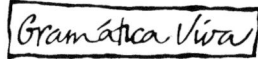

Ejercicio 11

Estudia otra vez los trozos del Texto A en donde se citan a varios expertos. Vuelve a escribirlos, cambiando estos trozos de estilo directo a estilo indirecto. Tendrás que poner muchos verbos en el pretérito o en el imperfecto. Empieza así:

– Pilar Aparicio dijo que en los primeros años los niños con un nivel sociocultural alto compensaban . . .

 **B** ## De etiqueta en el aula

El uso del uniforme escolar divide a los adolescentes españoles. Mientras, los centros de enseñanza privada amenazan con establecer mayor rigidez en su cumplimiento durante el presente curso

En el nuevo curso que empieza, cerca de un millón de alumnos van uniformados. Todos estudian en centros privados.

DÍA 14 DE SEPTIEMBRE. Pilar luce una de sus mini-faldas favoritas. A su lado, un grupo de amigos y amigas mueven por la calle las mallas ajustadas, los vaqueros, las camisetas, los deportivos. Los colores vivos de moda suben, bajan y aparecen alborotados con ellos.

Sólo un día después, las faldas largas, tableadas, de cuadros, no dejan ver las piernas de Pilar. Tampoco las de sus amigas. Los chicos han olvidado su aspecto deportivo. Los pichis, pantalones de tergal, corbatas, americanas se imponen. Los colores azules, grises y marrones desfilan con parsimonia en la misma ciudad. Comienza una nueva temporada escolar y los niños y niñas aparecen en grupos, todos vestidos igual. La ropa veraniega da paso al uniforme. El odiado y querido uniforme escolar.

– Me he cambiado de colegio, pero no me he librado de esto. ¡Cómo la odio! — comenta Pilar mientras señala la falda escocesa que cuelga de la percha de un gran almacén.

En el lado opuesto se encuentra Olga. Desde párvulos usa uniforme. Ahora, a sus 16 años sigue con él. Y

▶

51

Juan Lucas y José Angel odian el uniforme.

A Olga, le gusta. Y Patricia prefiere la «mini».

venta de uniformes de un día de temporada supone para el centro de Galerías Preciados de Goya en Madrid una recaudación de 2,5 millones de pesetas).

La llegada del uniforme se convierte anualmente en tema de debate entre los especialistas. Algunos como Pilar Zúñiga, psiquiatra infantil del Hospital de San Rafael, no creen en la influencia negativa del uniforme. Al contrario, opina que reafirma la identidad en los pequeños y el sentido de grupo en los mayores. Con ella coincide Santiago Martínez Farner, médico de medicina interna. Para él, el uniforme afianza el sentimiento de solidaridad del niño: «Creo que fortalece el sentimiento de grupo. La identificación, establece una relación solidaridad-rivalidad muy importante en la etapa escolar», afirma el doctor Martínez Farner.

no le importa. Al contrario, le gusta: «Es más cómodo que vestir de calle».

Pilar Hernández y Olga García Prieto son parte de esos 2.705.753 de estudiantes de BUP españoles que inician el nuevo curso. Dos jóvenes más de ese gran negocio que supone para los grandes almacenes la vuelta al cole (sólo la

Carmen Alvaro
Cambio 16

VOCABULARIO

las mallas ajustadas leggings

los deportivos trainers, sports shoes

alborotado riotous

tableado pleated

de cuadros chequered

el pichi knitted dress

el tergal terylene

la percha hanger

[la escuela de] párvulos nursery school

la recaudación takings

afianzar to support, secure

fortalecer to strengthen

Ejercicio 12

Explica en español las siguientes palabras y expresiones:

- las minifaldas favoritas
- los vaqueros
- de moda
- su aspecto deportivo
- corbatas y americanas
- una nueva temporada escolar
- la ropa veraniega
- el uniforme
- la falda escocesa
- la escuela de párvulos
- la recaudación
- la psiquiatra infantil
- la identidad
- la solidaridad

Ejercicio 13

Inventa frases para usar las palabras y expresiones del Ejercicio 12.

Ejercicio 14

Usa las palabras más adecuadas del Texto B para rellenar los espacios en blanco de las siguientes frases:

1 Desafortunadamente, después de seis semanas de vacaciones, para el alumno inglés llega . . . .

2 El uniforme típico de un alumno británico/una alumna británica consiste en . . . .

3 Antes del comienzo del nuevo curso . . . . . ., los precios del uniforme suelen . . . .

4 Normalmente, hay un sentimiento de . . . . . . entre los alumnos de la misma edad.

5 El uniforme contribuye a . . . . . . de los alumnos.

6 Cuando volvió al trabajo, mi hermana tuvo que buscar . . . . . . para su hijito de tres años.

Ejercicio 15

Habla con tus compañeros de clase sobre estos temas, y/o escribe una redacción que incluya todos los aspectos de esta serie de preguntas.

- ¿Tenéis uniforme en vuestro colegio?
- ¿Os gusta?/¿Os gustaría tenerlo?
- ¿Por qué existen los uniformes?
- ¿El uniforme ayuda a fomentar la disciplina o no?
- ¿Cómo debería ser un uniforme escolar moderno?
- ¿Qué pensáis tú y tus amigos de lo que opinan Pilar y Olga?

¿Qué piensan los jóvenes?

 **Los niños y el cole**

Ejercicio 16

Escucha esta conversación, y escribe un resumen de 50 palabras en español o en tu idioma.

Javier y Sergio

 **Conversación entre estudiantes españoles**

Ejercicio 17

Escucha la conversación y haz unos apuntes sobre:

1 Los cambios en el Instituto Goya.

2 Argumentos por/contra los institutos públicos españoles.

3 Argumentos por/contra los colegios privados.

C3 Ser estudiante en España

Ejercicio 18

Escucha lo que dicen estos estudiantes universitarios: ¿cuáles son sus problemas? Habla de ellos con tus compañeros.

D ¿Estudias o trabajas?

La estudiante . . .

. . . y la empleada.

Los diferentes sistemas de contratación laboral abren al empresario todo un mundo de posibilidades. Una de ellas es contratar a estudiantes por horas o media jornada. «Cada vez hay más estudiantes que quieren compaginar su estudio con el trabajo, lo que fomenta la competencia para conseguir el mismo puesto», afirma Victoria Villanueva, encargada de una de las tiendas de moda de la cadena Mango.

Dora Fernández tiene 21 años, estudia 3º de Empresariales en Madrid y trabaja media jornada en la cadena de ropa de moda Bershka Fashion, donde gana unas 75.000 pesetas al mes. «Compaginar trabajo y estudio requiere mucho esfuerzo y bastantes sacrificios y es evidente que repercute en las notas. Pero merece la pena, sobre todo si donde trabajas hay un ambiente agradable».

Los estudiantes, en general, trabajan bien, no exigen demasiadas prestaciones sociales, no necesitan ese dinero para subsistir, son educados, cultos, dinámicos y nada conflictivos. Al menos ésta es la imagen que tienen de ellos los empresarios que los emplean.

«Más de la mitad de los 8.000 emplea-dos que tenemos son estudiantes» asegura José Rodríguez Benaigas, director de recursos humanos de la filial española de Telepizza. Y añade: «Aquí, con horario flexible de mañana o tarde, mimamos al estudiante. Telepizza es una escuela de desarrollo humano y profesional».

Estudiar es una profesión dura y no remunerada. Algo en lo que están de acuerdo casi todos los que tienen como principal ocupación estudiar. Pero el estudiante no es un bicho raro que vive aislado del mundo. Como todos los mortales, tiene sus inquietudes y necesita dinero para hacerlas realidad. El camino más transitado para conseguirlo es el trabajo.

Compaginar estudio y trabajo no es fácil. «No se pueden hacer bien las dos cosas», afirma Clara Robledo, 26 años, empleada en Kentucky Fried Chicken, en Madrid. El año pasado estudiaba el curso de acceso a la Universidad para mayores de 25 años y suspendió.

Cambio 16

Ejercicio 19

Escribe un resumen en 50 palabras del Texto D en español o en tu propio idioma. Puedes usar estos títulos:

1 A los empresarios les gustan los estudiantes.
2 Los estudiantes necesitan trabajar.
3 Trabajar y estudiar es difícil.

E

El camino

He aquí un extracto de esta novela de Miguel Delibes, en el que se describe la vida escolar de Daniel, el Mochuelo, y sus amigos. Aquí, Daniel recuerda cómo le castigó don Moisés, el maestro, por haber quemado el gato de las Guindillas, unas viejas que viven en el pueblo.

Lee el texto con cuidado y con la ayuda del vocabulario.

Y Daniel, el Mochuelo, se preguntaba: «¿Por qué si quemamos un poco a un gato nos dan a nosotros una docena de regletazos en cada mano, y nos tienen todo un día sosteniendo con el brazo levantado el grueso tomo de la Historia Sagrada, con más de cien grabados a todo color, y al que a nosotros nos somete a esta caprichosa tortura no hay nadie que le imponga una sanción, consecuentemente más dura, y así, de sanción en sanción, no nos plantamos en la pena de muerte?». Pero no. Aunque el razonamiento no era desatinado, el castigo se acababa en ellos. Éste era el orden pedagógico establecido y había que acatarlo con sumisión. Era la caprichosa, ilógica y desigual justicia de los hombres.

Daniel, el Mochuelo, pensaba, mientras pasaban lentos los minutos y le dolían las rodillas y le temblaban las rodillas y le temblaba y sentía punzadas nerviosas en el brazo levantado con la Historia Sagrada en la punta, que el único negocio en la vida era dejar cuanto antes de ser niño y transformarse en un hombre. Entonces se podía quemar tranquilamente un gato con una lupa sin que se conmovieran los cimientos sociales del pueblo y sin que don Moisés, el maestro, abusara impunemente de sus atribuciones.

Miguel Delibes
El Camino

VOCABULARIO

el regletazo strike with a ruler

grueso thick

el tomo volume

la Historia Sagrada Sacred Scriptures, ie the Bible

el grabado illustration

someter to impose

desatinado extravagant

el castigo punishment

acatar to conform

la punzada stitch, pain

la lupa magnifying glass

impunemente unpunished

Ejercicio 20

Discute las siguientes preguntas con tus amigos, o escribe unas veinte palabras sobre cada una.

1 ¿Qué te parece el sistema de castigo en el colegio de Daniel?
2 ¿Crees tú que era justo que don Moisés pudiera castigar a sus alumnos físicamente? ¿Por qué/por qué no?
3 ¿Qué te parece el castigo físico?
4 ¿Qué sistema de castigo existe en tu colegio/instituto?
5 Si fueras tú director/a de escuela, ¿cómo impondrías y mantendrías la disciplina?

Ejercicio 21 Situaciones

Practica las siguientes situaciones con un/a compañero/a de clase. En cada caso damos unos ejemplos de preguntas o temas que podréis abarcar.

1 Entrevista con un profesor que está en huelga:

por qué está en huelga – qué va a hacer/no hacer exactamente – el efecto que va a tener sobre los alumnos – el efecto deseado

2 Entrevista con un estudiante que va a estar en huelga:

por qué quiere hacer huelga – cómo va a afectar sus estudios – qué piensan sus padres – el efecto deseado

3 Entrevista de un/a profesor/a de universidad a un/a estudiante que solicita admisión:

qué calificaciones tiene – por qué quiere ingresar en la universidad – qué asignaturas quiere estudiar – qué carrera quiere seguir

4 Entrevista entre un/a profesor/a de instituto y el padre/la madre de un/a alumno/a muy bueno/a o muy malo/a:

las notas que ha sacado – la reacción de los profesores – los problemas del/de la alumno/a – recomendación/consejos del profesor.

Ejercicio 22 Reportaje

Lee el texto elegido, y cuenta a tus compañeros de clase los elementos más importantes del texto.

1 No existe crisis en el sistema universitario.

2 La pesadilla americana.

3 Matricularse en la universidad.

4 El siguiente paso hacia tu éxito profesional.

... Y DE POSTRE

Ejercicio 23 Descubre la rapidez mental de tu hijo

Descubre la rapidez mental de tu hijo o más bien ¡de tu amigo/a! Pide a tu profesor/a la Hoja 4.3 y pon esta prueba a tus compañeros de clase para saber si son inteligentes o no.

VOCABULARIO

socorrido handy, well-tried

albergar to lodge

acertado correct

restar to subtract

sumar to add

a saber namely

el mochuelo night-owl

escaso limited

la agudeza sharpness

Ejercicio 24

Discute los siguientes temas con tus compañeros de clase, o escribe una redacción de unas 300 palabras.

1 Los días escolares: el período más importante de la vida.
2 ¿Quién tiene la responsabilidad en lo que se refiere a enseñanza: el gobierno o los padres del niño?
3 Los padres deberían controlar los colegios, los profesores no.
4 Por qué (no) me gustaría ser profesor/a.
5 ¿Vale la pena ir a la universidad?

Ejercicio 25 ¿Verdadero o falso?

¡No olvides que tienes que corregir las frases equivocadas!

1 Se estudia BUP en una escuela de párvulos.
2 Los profesores trabajan en un instituto.
3 El bachillerato se hace a los dieciséis años.
4 Son los profesores de cocina los que preparan las comidas del colegio.
5 Si fracasan, los alumnos españoles tienen que repetir curso.
6 Los españoles vuelven a sus estudios en septiembre.
7 Un alumno que sufre dislexia no sabe hacer matemáticas.
8 Algunos padres se preocupan por sus hijos cuando reciben malas notas.

Ejercicio 26 Sopa de letras

A ver si encuentras por lo menos 20 palabras de esta Unidad . . .

```
S  C  P  E  X  A  M  E  N  O
U  O  S  R  U  C  R  S  E  D
S  U  F  R  T  A  O  A  S  A
P  A  R  O  F  D  S  T  C  D
E  L  A  R  G  E  R  O  U  I
N  U  C  S  U  M  U  N  E  L
D  M  A  T  R  I  C  U  L  A
E  N  S  E  N  A  N  Z  A  C
R  O  O  I  G  E  L  O  C  O
```

A   Los profesionales más buscados por las empresas

Lee el texto con la ayuda del vocabulario.

El vecino del quinto A y el hijo del que vive en el segundo B buscan trabajo desde hace tiempo. Ambos estudiaron la rama Administrativa de la Formación Profesional y tienen similares conocimientos. Sin embargo, uno tiene muchas más posibilidades de encontrar trabajo que el otro. Él del quinto tiene dos años más que el del segundo y carné de conducir. Además, está casado.

Detalles tan singulares como éstos sobre las preferencias de los empresarios son desvelados por un voluminoso informe que ultima en estos días el Instituto Nacional de Empleo (INEM). El trabajo, fruto de un año de investigación, consigue, por primera vez en nuestro país, un listado de las profesiones que hoy demanda el mercado de trabajo. Incluye, asimismo, la respuesta que ofrece el conjunto de parados existentes y los desequilibrios entre unas y otra.

Tan valiosa información se completa con un perfil ideal de cada profesión, de acuerdo con las peticiones empresariales. Los resultados sorprenderán a más de uno que aconsejó, en su día, estudiar informática y desaconsejó, por el contrario, hacerse electricista.

INSUFICIENTE PREPARACION.
El problema fundamental

Encontrar trabajo de este tipo es fácil.pero ¡qué aburrido!

descubierto por el informe es el enorme desfase entre las actuales necesidades de la empresa española y la preparación profesional de los desempleados. Dicho de otro modo y en palabras del propio director general del INEM, Pedro de Eusebio: «La mayoría de las ocupaciones tienen salida en la España de hoy si se tiene un buen nivel de formación. Lo que sobra, en todos los sectores, es el peonaje.» El resultado, en la realidad, es que hay un importante número de profesiones u oficios – demandadas por las empresas – que no encuentran personas para cubrirlas.

La insuficiencia de preparación profesional no

es ajena a otro dato contenido en el informe: el deseo de los españoles, cada vez más acusado, de ganarse la vida con trabajos de *cuello blanco*. Este síndrome de *oficinismo*, y sus repercusiones a la hora de elegir estudios, es el que, por ejemplo, ha neutralizado el importante despegue de ofertas de empleo en el sector servicios. Su crecimiento ha sido incapaz de alcanzar el número de parados demandantes en este mismo sector.

Ello justifica que en los demás sectores: industria, construcción y agricultura, la proporción entre número de ofertas y demandas sea más equilibrada e, incluso, favorable, a los desempleados

respecto a las necesidades de trabajo. Esto es, en un país con casi tres millones de parados se da la curiosa paradoja de que miles de empresarios no encuentran mano de obra adecuada para cubrir vacantes o nuevos puestos de trabajo.

Esta apreciación numérica, sin embargo, no puede equivocar la conclusión a la que llega el informe: la mayoría de los parados no encuentra trabajo, a pesar de conocer un oficio, por su escasa formación en las nuevas necesidades empresariales.

De ahí, por ejemplo, que los innumerables alumnos de estudios básicos de informática, a pesar del buen

▶

futuro del sector, no añadan a sus *cualidades* laborales nada interesante para el mercado de trabajo. Es esta razón, también, la que justifica que exista un importante número de profesiones de las que hay más ofertas que parados demandantes para ocuparlas.

EMPLEOS NO CUBIERTOS.
Así las cosas, los puestos que las empresas *se ven negras* para cubrir, a pesar de existir teóricamente muchos españoles preparados para ellos, tienen en cabeza a profesiones tan comunes como carniceros, electricistas o cocineros.

En el tradicional sector terciario – servicios – son buscados con lupa los administrativos con amplios conocimientos, entre los que destacan las aplicaciones informáticas, y las secretarias de alta dirección. También resulta difícil a las empresas encontrar intérpretes, vigilantes jurados y camareros de una cierta categoría.

Las necesidades de cocineros, con el creciente uso de los restaurantes por parte de la población, no llegan a cubrirse ni en un 50 por ciento y la de monitores deportivos empieza a tener importantes problemas.

CONOCIMIENTOS QUE COBRAN FUERZA.
Los conocimientos añadidos son muy necesarios para el administrativo del futuro, según delatan los requerimientos de las empresas. En ellos cobra especial fuerza la informática, pero a nivel de usuario de oficina, no como programador. La siguen, a escasa distancia, la mecanografía, la contabilidad y los conocimientos sobre archivo. Los idiomas, incluidos en un apartado especial, tienen al inglés como rey absoluto, seguido de lejos por el francés y el alemán.

La edad más deseada es la de entre 25 y 35 años, aunque el primer lustro que sigue a los 20 años cuenta con muy parecido número de adeptos. Es significativo, también, que, a partir de los 35 años casi ninguna empresa desee a un administrativo.

Inmaculada Sánchez
Cambio 16

Ejercicio 1

A Explica las siguientes palabras y expresiones del Texto A:

- formación profesional
- conocimientos
- empresarios
- el mercado de trabajo
- parados
- el peonaje
- cuello blanco
- mano de obra
- puestos de trabajo
- la contabilidad

B Busca en el texto las palabras o expresiones que equivalen a éstas:
- buscan un empleo
- compañía
- trabajadores sin empleo
- conocimientos del computador
- desempleado
- falta de conocimientos necesarios para el trabajo
- trabajar en un despacho o en la administración
- cualificaciones para un trabajo determinado
- tienen muchas dificultades
- las cualificaciones exigidas por una compañía

C Describe lo que hacen los siguientes trabajadores mencionados en el Texto A. (Véanse la Sección de Gramática 64 y ¡AG! Capítulo 26.)
Por ejemplo:
carnicero – se gana la vida *vendiendo* carne

Ahora te toca a ti:

1 electricista 2 cocinero 3 administrativo 4 secretaria

Ahora busca otras profesiones mencionadas en el texto – encontrarás por lo menos media docena – y pregúntale a tu compañero/a:
¿Cómo se gana la vida un/a ......?
Luego pide a tu profesor/a la Hoja 5.1 y haz el ejercicio A. Pídele también la Hoja 5.2 y haz el ejercicio A.

VOCABULARIO

el empresario entrepreneur
el parado | unemployed
el desempleado | person
desvelar to reveal
ultimar to finish
el desequilibrio imbalance
el perfil profile
la petición demand
aconsejar to advise
desaconsejar to advise against
el desfase mismatch
el peonaje labouring
acusado (here) pronounced, sharp
a la hora de when it comes to . . .
el despegue taking off
la mano de obra labour
la formación training
delatar to reveal
el requerimiento requirement
la contabilidad accountancy
el lustro 5-year period

D En el texto encontrarás varias parejas de palabras más o menos sinónimas. Haz una lista de ellas, y luego compara la lista con las de tus compañeros.

Por ejemplo:

parado – desempleado

Ejercicio 2

He aquí un resumen de varios aspectos del Texto A. Rellena los espacios en blanco con las palabras más adecuadas de la lista que está al lado del texto.

- *informática*
- *Empleo*
- *trabajo*
- *desfase*
- *desempleados*
- *empresas*
- *profesiones*
- *falta*
- *parados*
- *contabilidad*
- *faltan*
- *oficios*

El Instituto Nacional del . . . . . . acaba de publicar un estudio del mercado de . . . . . . de España. Así, reúne las estadísticas de . . . . . . demandadas por el mercado y de . . . . . . que podrían cubrir los puestos vacantes. Desafortunadamente, hay un . . . . . . entre las necesidades de las . . . . . . y el nivel de preparación de la mayoría de los . . . . . . En muchos casos la . . . . . . de preparación adecuada es sorprendente, pues se nota que . . . . . . españoles preparados para . . . . . . comunes como carniceros o cocineros. Además, para los administrativos del futuro se exigen conocimientos que no tienen muchos, tales como la . . . . . . y la . . . . . . a nivel de usuario de oficina.

Ejercicio 3

Haz un resumen en español o en tu propio idioma de la sección del Texto A que se titula *Insuficiente Preparación*, usando no más de 150 palabras.

Ejercicio 4

Traduce a tu propio idioma la sección del Texto A titulada *Empleos no cubiertos*.

B ## Plan de empleo juvenil

He aquí dos planes para el empleo juvenil: uno formulado por el Gobierno de los años ochenta y noventa (es decir el partido PSOE), el otro por los sindicatos, o sea por la UGT (Unión General de Trabajadores), a quienes no les gustaba nada el plan del Gobierno.

PLAN DE EMPLEO JUVENIL DEL PSOE

- Dar trabajo a jóvenes sin experiencia menores de 25 años.
- Crear un nuevo contrato temporal, con duración de 6 a 18 meses.
- El salario para *menores* de 18 años será de 25.860 pesetas al mes.
- El salario para *mayores* de 18 años será de 42.150 pesetas al mes.
- El contrato puede ser de formación.
- Seguro de desempleo, un 75 por ciento del salario, según los meses trabajados.
- La empresa queda exenta de pagar la Seguridad Social.
- La empresa recibirá del Estado una subvención que puede llegar a las 200.000 pesetas por contrato.

PLAN DE EMPLEO JUVENIL DE UGT

- Potenciar los contratos ya existentes en la actualidad.
- Mayor número de contratos de *formación*, de una duración entre tres meses y tres años, con salario según convenio del sector.
- Aumentar el número de escuelas-taller.
- Contratos de ayuntamientos para trabajos de servicios públicos.
- Subvenciones a jóvenes que quieran crear su propia empresa o cooperativa.
- Dar un subsidio de desempleo a los mayores de 21 años que tengan responsabilidades familiares.

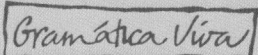

Ejercicio 5

Tienes que imaginar lo que ocurriría si se cumpliera cada uno de estos planes. Así, utilizando el tiempo condicional, tienes que escribir frases de este tipo:

El plan del PSOE *daría* trabajo a jóvenes . . .

CUIDADO: en algunos casos tendrás que usar el verbo *haber*. Luego, si queréis, puedes discutir con tus compañeros de clase cuál de los dos planes es mejor. (Véanse Secciones de Gramática 43 y 46 y **¡AG!** Capítulos 16 y 22.)

 Luego pide a tu profesor/a la Hoja 5.2 y haz los ejercicios B y C.

C Profesionales del verano

Lee el texto con la ayuda del vocabulario y, si te hace falta, con un diccionario.

SON JÓVENES, DESPIERTOS y no pierden un minuto. Son conscientes de que los «enchufes» funcionan en esta época mejor que nunca y saben que si quieren trabajar en verano tienen que ponerse las pilas en primavera. La mal bautizada Generación X no se duerme en los laureles y aprovecha los meses de vacaciones para «buscarse la vida y obtener un

dinero extra» con el que subsistir el resto del año.

Los empleos de socorrista en las playas y piscinas, camareros de terrazas y chiringuitos, profesor de asignaturas pendientes, becarios en empresas y monitores de campamento son los más frecuentes a la hora de conseguir dinero. Algunos prefieren combinar el trabajo con el aprendizaje de un idioma y trabajan cuidando niños, en hoteles o haciendo prácticas en empresas norteamericanas y europeas. En ambos casos, lo normal es que el sueldo sea escaso y que los contratos brillen por su ausencia, factor que en la temporada estival no preocupa demasiado. El objetivo es combinar trabajo y diversión. Los participantes en el programa estadounidense Work & Travel recuerdan la experiencia como una de las mejores de su corta vida y aseguran que ningún estudiante debería dejar escapar la opción de trabajar en verano realizando actividades diferentes.

También existe la posibilidad de apuntarse a una empresa de trabajo temporal, que se encarga de poner en contacto a los interesados con las empresas a través de una base de datos. Este tipo de «oficinas de colocación» proliferan en toda España.

Carla Pulín
Cambio 16

Ejercicio 6

He aquí unas posibles definiciones de algunas de las palabras y expresiones del texto. Tienes que buscar la palabra o expresión que corresponde a cada definición.

- no existen garantías sobre las condiciones del trabajo
- hacer grandes esfuerzos para conseguir algo
- no se debería perder la oportunidad de pasar las vacaciones haciendo un trabajo variado
- especie de edificio abierto en el que se puede comer y beber en la playa
- persona que ayuda a los alumnos a prepararse para repetir los exámenes
- manera de utilizar contactos para encontrar trabajo o pedir un favor
- conjunto de información almacenada en un ordenador
- persona que vigila una playa o una piscina
- la idea es divertirse trabajando
- joven que anima a los campistas a participar en las actividades organizadas
- estudio de una lengua extranjera
- buscar la ayuda de una agencia de trabajo eventual

Ejercicio 7

En este artículo se mencionan algunos de los tipos de trabajo buscados por los estudiantes españoles. En cada caso, describe lo que se tiene que hacer. Describe también cualquier trabajo que hayas hecho tú o un amigo tuyo: ¿cuáles fueron los aspectos que te gustaron, y cuáles los que no?

Ejercicio 8

Se podría decir que muchas empresas explotan a los jóvenes, y que éstos no tienen ningún tipo de protección. Discute con tus compañeros las ventajas y desventajas de trabajar durante las vacaciones, y las condiciones bajo las cuales trabajan los jóvenes. Entre otras cosas, podréis hablar de los siguientes temas:

- la necesidad que tienen los estudiantes de ganar dinero
- la explotación de los jóvenes
- la necesidad de la movilidad de mano de obra
- la necesidad de seguridad en el trabajo
- la posibilidad de compartir empleos
- la desigualdad en los salarios

– Pues trabajo en el hospital con mi padre, el cirujano principal. ¿Y tú?

– Sí, sí ... también trabajo con mi padre. Es un director famoso ...

Trabajar o no trabajar . . .

D1 ## Estoy desmotivada . . .

 Escucha este extracto de un programa de radio de tipo 'consultorio': se trata de una señora a quien no le gusta su trabajo. Después el psicólogo que presenta el programa le ofrece sus consejos.

Ejercicio 9

Escucha con cuidado y escoge la palabra que mejor convenga a estas frases:

1 La señora (Maribel) trabaja como *directora/secretaria/empresaria/camarera*.
2 Por la mañana no puede *trabajar/preocuparse/levantarse/interesarse*.
3 Su trabajo le resulta *interesante/indiferente/difícil/estimulante*.
4 Según el consejero, Maribel está *deprimida/estimulada/contenta/enferma*.
5 Dice que Maribel debería *planificar/encontrar/descubrir/cambiar* su empleo.
6 Maribel necesita más *dinero/estabilidad/trabajo/satisfacción*.

Ejercicio 10

Vuelve a escuchar la entrevista y busca las palabras que faltan en las transcripciones de estas frases:

1 Trabajo desde los 17 en una buena empresa como secretaria de . . . . . .
2 Mi . . . . . . no ha sido del todo mala.
3 Y lo que es peor, cada vez me cuesta más levantarme y . . . . . . a mi trabajo.
4 Pero ahora no encuentro . . . . . . ni siento . . . . . . alguno.
5 Necesitas una dosis más elevada de . . . . de los que actualmente tienes.
6 Si te encuentras en un . . . . . . sin . . . . . . que no hace justicia a tus capacidades reales, puede que necesites planificar de nuevo tu futuro, y . . . . . . de . . . .
7 La estabilidad emocional se puede trastornar gravemente por la . . . . . . de . . . . . . en el trabajo.

Ejercicio 11

Oirás dos veces cada una de cuatro frases sacadas de la entrevista: traduce cada frase a tu propio idioma.

Ejercicio 12

Discute con tus compañeros de clase los problemas de Maribel: en su lugar, ¿qué harías tú? ¿Por qué? ¿Conoces a alguien que tenga un problema parecido? En tu opinión, ¿qué sería más importante – el salario, el progreso profesional, el lugar del trabajo, los colegas, el estímulo profesional, las horas de trabajo, las posibilidades de promoción?

(D2) Cómo tratar a las empleadas del hogar

 Escucha este programa, en que se ofrecen algunos consejos a los que tienen empleadas de hogar.

Ejercicio 13

Escribe un resumen en tu propio idioma de las principales observaciones y recomendaciones del programa. Puedes tomar algunas notas mientras escuchas.

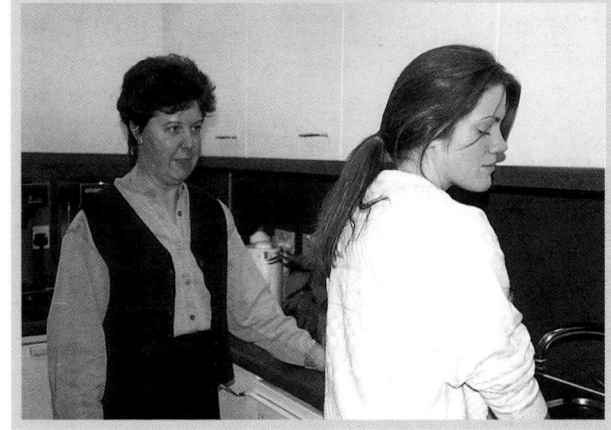

¿Una buena relación entre dueña y empleada?

Ejercicio 14

Contesta a estas preguntas:

1 ¿En qué trabaja Mercedes del Río?
2 ¿Cuáles son las normas que se deben establecer con la criada desde el principio?
3 ¿Cuáles son las cosas que debería escuchar la dueña de la casa?
4 ¿Cómo debería la dueña tratar a la criada?
5 ¿Por qué dice Mercedes que el trato con la empleada ha de ser similar al que un jefe tiene con una secretaria particular?
6 ¿Qué se dice del salario de una criada?

Ejercicio 15

He aquí algunas de las recomendaciones que hace Mercedes. Están un poco mezcladas: a ver si sabes poner un poco de orden.

- **escuchar** con la dignidad que corresponde a todo profesional
- **respetar** un comportamiento profesional
- **pagarle** una mínima categoría profesional en su empleada de hogar
- **darle** las indicaciones o sugerencias que le pueda hacer la empleada
- **exigir** un salario adecuado y un horario previamente pactado
- **tratarla** con delicadeza todo aquello que es necesario rectificar
- **exigir** dos pagas extras al año
- **corregir** sus horarios

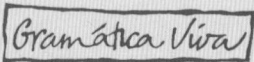

Ejercicio 16

Ahora imagina que eres Mercedes: dile exactamente a una dueña cómo debe tratar a su criada. Usa la forma imperativa. (Véanse la Sección de Gramática 63 y **¡AG!** Capítulo 27.)
Por ejemplo:
Respeta sus horarios.
Pide a tu profesor/a la Hoja 5.2, y haz el ejercicio **D**.

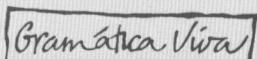

Ejercicio 17

Imagina que eres dueño/a de la casa y que explicas a una nueva criada lo que tiene que hacer: escribe una lista de los quehaceres domésticos, usando el infinitivo. Luego le dices lo que tiene que hacer. Pero no te oyó bien. Entonces dile a la criada (¡o sea a un/a compañero/a de clase!) lo que tiene que hacer, usando el imperativo. (Véanse la Sección de Gramática 63C y **¡AG!** Capítulo 27.)
Por ejemplo: **limpiar** la cocina
– Tienes que **limpiar** la cocina
– ¡**Limpia** la cocina!
Por fin te enfadas porque tienes que gritarle, usando un tono más formal, es decir la forma del imperativo que corresponde a *usted*. (Véanse la Sección de Gramática 63A y **¡AG!** Capítulo 27.)
– ¡**limpie** la cocina!

Igualmente, podéis imaginar otra situación en la que explicas a un/a empleado/a lo que tiene que hacer. Por ejemplo, si trabajáis los fines de semana, o durante las vacaciones, podéis escoger una situación que corresponda a vuestro trabajo.

 Los jóvenes y el trabajo

Ejercicio 18

A Escucha la conversación y haz un resumen de las ambiciones de:
 1 Luis
 2 Curro
 3 Verónica

B ¿Cuáles son los problemas principales que afrontan a los jóvenes españoles a la hora de buscar trabajo?

 Deficientes y muy eficientes

Lee el texto con la ayuda del vocabulario.

Una nueva vida, gracias a PROMI

«Este año hemos facturado 1.000 millones de pesetas; tenemos 400 trabajadores, en las 19 granjas avícolas hay más de 180.000 gallinas que producen 60.000 huevos diarios; poseemos una flota de 27 vehículos isotermos para la distribución de nuestros productos . . . Hemos comenzado a exportar muebles a Hungría e Italia y vamos a instalarnos en Guinea Ecuatorial.»

Ésta podría ser una alocución normal hecha por cualquier presidente de un *holding* de empresas ante su Consejo de Administración para presentar la memoria anual de actividades.

Pero todos estos datos no provienen de una empresa convencional. Esta actividad la realiza el Centro Especial de Empleo de PROMI (Asociación para la Promoción del Minusválido), que dirige su creador (el médico egabrense), Juan Pérez Marín, desde su creación en 1976. Aunque la sede central está en Cabra (Córdoba) tiene diversas instalaciones por toda Andalucía.

La mayor singularidad de esta empresa es que el 85 por ciento de los 411 trabajadores son minusválidos y de éstos sólo 43 son físicos. El resto son todos minusválidos psíquicos de todos los niveles.

DE VEGETAR A TRABAJAR. Muchas de estas personas provienen de hospitales psiquiátricos con una media de estancia entre 8 y 11 años. La mayoría no tienen familia o han sido abandonados por ella. Así que la primera actividad que hay que realizar con ellos es rehabilitarlos para en sucesivas fases incorporarlos a talleres ocupacionales y, posteriormente, a una vida profesional.

La vida de estas gentes sufre un giro de más de 360 grados. De vegetar pasan a desarrollar un trabajo, a vivir en casas normales, si están en condiciones, y algunos incluso a desarrollar una vida en pareja.

▶

Antonio Roldán Molero recordará 1980 como su año mágico. Hasta entonces su vida se había limitado a existir. Disminuido psíquico con un coeficiente intelectual de 0,30, llegó a Cabra y tras pasar por las fases de convivencia, desarrollo y capacitación, comenzó a trabajar en 1981 como oficial agrícola. Allí conoció a otra minusválida, Mari Luz, y decidieron casarse.

La familia aumentó posteriormente con dos hijos totalmente normales, viven con cierta holgura económica e incluso poseen unos ahorrillos de 700.000 pesetas.

La vida de estas personas se transforma de tal manera que sus familiares tratan por todos los medios de que salgan del refugio excesivamente protegido del hogar familiar.

Para Juan Casado, 29 años, afectado de polio en una pierna, la integración en esta empresa le ha supuesto su primer empleo y la posibilidad de independizarse de su familia y casarse con su novia, una chica de Medina de Rioseco a la que visita todos los fines de semana.

Nos dice Juan: «Es un trabajo bastante monótono, pero de todas formas estoy contento porque nunca había imaginado que podía trabajar en una fábrica.»

Pilar Diéz
Cambio 16

VOCABULARIO

el minusválido invalid, handicapped person

rentable profitable

facturar to gross (income of a company)

una flota fleet

el vehículo isotermo heated lorry

una alocución address, speech

la memoria report, statement

egabrense from Cabra, near Córdoba

la sede central headquarters

la holgura ease, comfort

los ahorrillos savings

Ejercicio 19

Contesta a las preguntas siguientes:

1   ¿Qué tipo de empresa se menciona al principio del Texto E?
2   ¿Qué te parece la afirmación de Juan Pérez Marín?
3   ¿En qué sentido es diferente esta empresa?
4   ¿Cómo es el historial de los empleados?
5   Haz un resumen del historial de Antonio Roldán Molero.
6   ¿Cómo ha cambiado la vida para Juan Casado?

Ejercicio 20

Completa estas frases que se refieren al Texto E con la palabra que te parezca más apropiada.

1   Entre otras cosas, PROMI produce . . . .
2   Distribuye sus productos . . . .
3   Esta empresa emplea a muchos . . . .
4   Muchos de los empleados han pasado varios años en . . . .
5   Con esta empresa, los minusválidos llegan a desarrollar una vida . . . .
6   Después de llegar a Cabra, Antonio Roldán Molero no sólo consiguió trabajo, sino también conoció a su . . . .
7   Juan Casado ya tiene su primer . . . .
8   Para él, el trabajo es algo . . . .

Ejercicio 21

Discute las siguientes preguntas con tus amigos, o escribe unas veinte palabras sobre cada una.

1   ¿Conoces a una persona minusválida? ¿Trabaja, o no?
2   ¿Crees que deberíamos hacer más para los minusválidos?
3   ¿Qué tipos de trabajo son más apropiados para los distintos tipos de minusválidos? ¿Cuáles les serían imposibles, y por qué?
4   Las oficinas y fábricas, ¿deberían permitir que trabajen en ellas los minusválidos físicos? ¿Los problemas? (por ejemplo el tamaño de las puertas, el diseño de los ascensores y de los servicios) ¿Y en los autobuses, trenes y otros lugares públicos?
5   Las compañías, ¿deberían tener una cuota mínima de minusválidos?

F Encuesta: los obreros están por los pactos

El trabajador español piensa que su objetivo fundamental es acabar con el paro, por lo que pide a los sindicatos que le consigan buenos pactos y al Gobierno que busque medidas especiales para dar trabajo a los jóvenes y a las mujeres. Éstas son las conclusiones de una reciente encuesta realizada por el Instituto IDES de Estudios Sociológicos y de Opinión Pública entre una amplia muestra de asalariados, en las que se pone de manifiesto que baja la confianza en el poder de los sindicatos y se abre un hueco para que se instale una tercera organización de carácter independiente.

La situación es tal que un veterano y concienciado dirigente de una central sindical de clase no tendría por menos que concluir en que los obreros, que mayoritariamente votan al PSOE, se han vuelto de derechas. Una decena de años de crisis económica ha consolidado una mayoría de asalariados solidarios y *pactistas*, empeñados en que el tener trabajo y mantenerlo es casi su primera y mayor conquista.

Según el estudio de IDES la respuesta de los trabajadores a la bonanza económica que empiezan a vivir sus empresas no es la de resarcirse de los años en los que han debido apretarse el cinturón. Una abultada mayoría del 80 por ciento quieren que ese dinero de más vaya a parar a inversiones generadoras de empleo frente a un exiguo, 4,8 por ciento que pide su distribución entre los trabajadores que lo han generado. En la misma línea están dispuestos a seguir esperando durante más tiempo servicios y mejoras sociales por parte del Gobierno siempre y cuando se dediquen esos fondos para tomar medidas especiales para emplear a los jóvenes desempleados – así se manifiesta un 92 por ciento – y a las mujeres – 89 por ciento.

Cuando lo que buscan es mejorar su situación económica personal entonces los trabajadores huyen de grandes movilizaciones, quieren, ante todo, el pacto. Según los datos recogidos por IDES harían bien Gobierno, patronal y sindicatos en apurar las últimas posibilidades antes de marcharse de las mesas de negociación sin lograr la concertación social un año más. La mitad de los trabajadores cree en ella, frente a solamente un 16,8 por ciento que no se declara partidario de este sistema, aunque tal vez la falta de acuerdos globales en los últimos años haya hecho que desciendan los entusiastas. Pese a este descenso las valoraciones que se hacen de sus efectos siguen siendo positivas.

Tanto creen los trabajadores en el pacto, aunque sea en el simple pacto en cada empresa, que lo que le piden a los sindicatos es que sepan negociar. El 42 por ciento de los encuestados piensan que lo primero que tiene que hacer un sindicato es representarles bien en las negociaciones con el Gobierno y con las organizaciones empresariales. El orden descendiente a esta inquietud se pide también que se ocupen de obtener buenos convenios colectivos – 22,6 por ciento – y mejorar las condiciones de trabajo – 36,4 por ciento.

Negociar pactos – mejor que huelgas

Luis Piero
Cambio 16

Ejercicio 22

A lo mejor, no necesitarás ni ayuda ni diccionario para este texto. Lo que sería muy útil es estudiar las palabras que no conozcas para saber cómo y por qué podrás adivinarlas. Primero vamos a analizar algunas palabras del primer párrafo; luego tú puedes analizar las demás y comparar tus listas de palabras con las de tus compañeros. Lo importante es darse cuenta de cómo se pueden adivinar muchas palabras nuevas, y de lo útil que sería adquirir esta habilidad.

A Haz una lista de todas las palabras que se escriben igual que en inglés.

Por ejemplo:

fundamental   opinión   conclusión

Verás que con estas palabras no hay ningún problema: todas tienen el mismo significado en inglés como en español. Pero, ¿*bonanza?* (se encuentra en el tercer párrafo). Sucede lo mismo: es decir que es una palabra de origen español que significa *muchas cosas buenas.*

B Haz una lista de todas las palabras que se parecen más o menos a una palabra inglesa: la mayoría de éstas significan lo mismo en español:

– español	– amplio	– pacto
– especiales	– carácter	– estudio
– público	– sindicato	– confianza
– organización	– instituto	– Gobierno
– objetivo	– manifiesto	– sociólogo
– reciente	– independiente	– instalar

Verás que es muy fácil adivinar este tipo de palabra, y además tienen casi siempre el mismo significado en inglés. Notarás varios tipos de cambio según la forma de escribir en español:

1 Quita la 'e' inicial de palabras tales como: *español, especial, estudio.*

2 Las palabras españolas que terminan con *-ción*, en inglés terminan con *-tion.*

3 Algunas palabras se escriben de una forma más simple que en inglés, por ejemplo: *objetivo, carácter, sindicato.*

4 Otras añaden una terminación española: *público, pacto* etcétera.

C Haz una lista de palabras compuestas de otra más sencilla que ya conozcas:

trabajador < trabajar
asalariado < salario

Se trata a veces de quitar un prefijo o un sufijo para llegar a la raíz de la palabra. Muy parecido es el caso de los verbos: *piensa < pensar,* que además se parece a una palabra inglesa.

D Haz una lista de 'falsos amigos' – es decir de palabras que se parecen a palabras inglesas pero que tienen un significado distinto. Tales como:

realizar – to carry out   (NOT to realize)
encuesta – survey   (NOT inquest)

E Además, a menudo se puede adivinar una palabra por el contexto: por ejemplo *consigan* – achieve: casi no podría tener otro significado dentro de la primera frase. Bueno, ¡ya puedes echar tu diccionario a la basura!

Ejercicio 23

Sin usar el diccionario, traduce al inglés el cuarto y el quinto párrafo, desde *Cuando lo que buscan es . . .* hasta *. . . 36,4 por ciento.*

Ejercicio 24

Haz un resumen en español de todo este texto, usándo no más de 150 palabras.

Ejercicio 25 Cuatro profesiones

Un ejercicio/juego para cuatro alumnos: a cada uno tu profesor/a le dará la descripción de un oficio o de una profesión. Después de leerla, tienes que explicar en español a tus compañeros cómo ganas la vida, para que ellos traten de adivinar tu profesión.

Luego explícales exactamente cómo llegaste a entrar en tu profesión y cuáles son tus pensamientos y opiniones sobre ella – utiliza la información contenida en la descripción que te corresponda.

Después, podrías inventar otras descripciones tuyas para continuar el juego de las adivinanzas.

Ejercicio 26 Para estos oficios hay trabajo

Imagina que quieres encontrar trabajo antes de terminar tus estudios. Vas a hablar con el profesor encargado de ayudar a los alumnos que buscan trabajo. Pide a tu profesor/a el póster en la Hoja 5.4 . Dile lo que quieres ser, o lo que quieres hacerte. verás en el póster algunos oficios para los cuales hay trabajo. Tienes que seguir estos modelos:

Me gustaría ser mecánico.
Quiero hacerme enfermera.

Gramática Viva

Ejercicio 27

- Tengo 22 años y cuidaría niños pequeños por las tardes de lunes a viernes entre 4 y 8. Llamar mañanas o tardes y preguntar por Merche, (968) 29 02 55.
- Diplomada en inglés daría clases a domicilio en Murcia capital. Niveles de EGB y BUP a 500 ptas. la hora. M.ª José, (968) 25 91 37.
- Tengo 18 años, el COU terminado, y estudios de inglés y máquina, busco trabajo dando clases, aunque no importaría de dependienta o similares. Lydia, (91) 208 29 40.
- Auxiliar de clínica cuidaría niños por la tarde, también trabajaría en consultas o guarderías. Llamar a partir de las 2 de la tarde. Milagros, (93) 466 41 70.

- Haría trabajos de contabilidad por horas. Gran experiencia. Antonio, (93), 417 86 66.
- Realizo toda clase de trabajos a máquina; también cuidaría niños, tengo experiencia. Inés, (91) 705 06 44.
- Profesor de EGB daría clases de recuperación a domicilio. Federico, (93) 309 52 93.
- Esteticista se ofrece para trabajar. Llamar a Antonia, (954) 51 88 39.
- Dos jóvenes chicas estudiantes se ofrecen diariamente como canguros. Mercedes, (93) 397 79 97.
- Puericultora y auxiliar de clínica cuidaría enfermos por las noches a precios asequibles. Llamar mediodías a Yolanda, (923) 23 04 69.

- Señorita de 26 años, seria y responsable, cuidaría niños fines de semana en Pozuelo, Madrid. M.ª Angeles, (91) 352 04 94.
- Desearía ser dependienta en comercios de ropa. Simpática y buena presencia. Pamplona o alrededores. Yolanda, (948) 33 00 26.
- Quiero aprender el oficio de charcutera, agradecería me dejasen trabajar como aprendiza, tengo 22 años. En Barcelona o Sitges. Llamar al (93) 231 08 06.
- Matrimonio con dos niñas necesita *au-pair* inglesa. Eliseo Carrera, (948) 82 73 82.
- Estudiante de Bellas Artes daría clases de pintura, dibujo y escultura. Laura, (91) 473 03 40.

Estudia estos anuncios, en los que se ofrece trabajo. Verás que en muchos se usa el condicional. (Véanse la Sección de Gramática 43 y ¡AG! Capítulo 16.)

1   Traduce estos anuncios a tu propio idioma.

2   Escribe dos o tres frases para decir lo que *harías* tú si hicieras estos tipos de trabajo.

3   Pide a tu profesor/a la Hoja 5.2 , y haz los ejercicios B y C.

Ejercicio 28 Situaciones

Practica las siguientes situaciones con un/a compañero/a de clase. En cada caso damos unos ejemplos de preguntas o temas que podréis abarcar.

A Te presentas para una entrevista. Tu compañero/a/profesor/a/lector/a es dueño de la empresa. Tiene que preguntarte sobre tus estudios, tu experiencia, tus aptitudes para el trabajo. Tú le preguntas acerca del salario, las horas de trabajo, las vacaciones, las posibilidades de promoción.

B Trabajas en una oficina. Un día te llama el director (tu compañero/a) para decirte que quiere ofrecerte un ascenso. Tendrías que ir a trabajar a otra ciudad, lejos de tu familia, de tus amigos . . . y de tu novia/o. Él te habla de las ventajas, tú le hablas de las dificultades que tendrás en decidirte.

C Trabajas en una fábrica. Un día te llama el representante de tu sindicato (tu compañero/a) para decir que quiere organizar una huelga: la dirección de la empresa quiere despedir a otros obreros por razones disciplinarias – alguien les ha sorprendido mientras robaban algo. Él insiste en que se haga la huelga para salvar a los compañeros; tú dices que no, pues necesitas tu salario, no quieres poner en peligro tu propio puesto.

D Trabajas en una tienda de moda; un día el/la dueño/a (tu compañero/a) le ofrece una promoción a un chico (si eres una chica)/a una chica (si eres un chico). Tú sabes que tiene mucho menos experiencia que tú, que no trabaja bien cuando no le miran los dueños, y que no se lleva bien con los clientes. Tú protestas a los dueños y les dices que deberían promocionarte a ti, que es cuestión de prejuicio/discriminación sexual . . .

Ejercicio 29 Reportaje

He aquí cuatro artículos relacionados con el trabajo. Lee el texto que te corresponde, luego cuenta a tus compañeros lo que acabas de leer.

1 Negreros a la española
2 Cómo se hace un ejecutivo
3 El Ejército no las quiere
4 Requisitos del lugar de trabajo

. . . Y DE POSTRE

Ejercicio 30

A Por cierto ya conocerás los nombres de muchas profesiones y oficios: describe a un compañero/a de clase lo que hace cada uno: tu compañero/a tiene que adivinar quién es.

Por ejemplo:
Da clases en un instituto – ¿Es profesor? – Sí.

B Juego: *¿En qué trabajo?* Cada miembro de tu grupo tiene que imaginar que trabaja en cierta profesión: los demás pueden hacerle preguntas para saber dónde y cómo trabaja, para adivinarla.

Por ejemplo:
¿Trabajas en el campo o en la ciudad?
¿Trabajas con la gente?
¿Eres dependiente/a?

Este juego también puede hacerse mediante un mimo del trabajo.

C Haz una lista de todas las profesiones que conozcas, poniendo las versiones *masculinas y femeninas* de los empleos.

Ejercicio 31

Escribe una redacción de unas 300 palabras sobre uno de los siguientes temas, o, simplemente, discútelos con tus compañeros.

1 El trabajo que me gustaría es . . .
2 ¿Por qué necesitamos trabajar?
3 En una edad tecnológica, las máquinas ponen en peligro la vida laboral de muchos obreros . . .
4 Si yo fuera dueño/a de una empresa, . . .
5 Carta a una empresa en dónde pides trabajo: tienes que incluir los temas que se mencionan en el Ejercicio 28 A.
6 Los ingleses tienen que trabajar más horas por semana que los obreros del resto de Europa. ¿Por qué es? ¿Es justo? ¿Deberíamos 'compartir' el trabajo?

Ejercicio 32

Palabras mezcladas: ¿cuáles son estas palabras? Usa la primera letra de cada una para formar una palabra importante de esta unidad.

- **VENOSEJ**
- **ROBERO**
- **JABARTRODA**
- **ROBEMOB**
- **RASITTA**
- **BRATILINDADE**
- **ADORALASIA**

... Y DE POSTRE

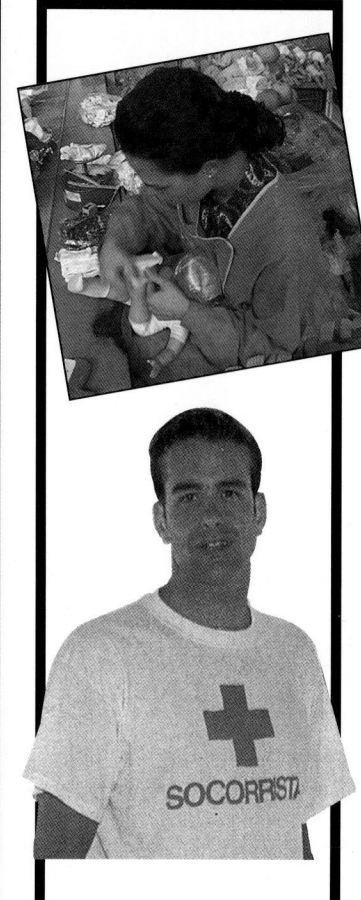

¡Vamos a esquiar!

 **Las estaciones de esquí españolas**

Pirineo

Aragonés

Candanchú es la estación más veterana del Pirineo Central. Cuenta con la posibilidad de ponerse los esquís sin necesidad de coger ningún remonte en Pista Grande, exclusivamente dedicada a las familias con niños. Asimismo tiene pistas difíciles como Mariposa – Pinos o el Tubo de la Zapatilla. El abono de temporada, excluidos viajes y alojamiento, vale 36.000 pesetas. Existe una oferta de cursillo y alquiler que incluye 17 horas de clase, seis días de remontes, *slalom* fin de cursillo y alquiler de material, de lunes a sábado, por 13.000 pesetas en temporada media.

Candanchú dista de Barcelona 385 kilómetros, 503 de Madrid, 297 de Bilbao y 226 de San Sebastián. La estación de tren más cerca es la de Canfranc, a seis kilómetros, y los aeropuertos de Zaragoza (181 kilómetros) y Pamplona (136 kilómetros). La oferta hotelera de la estación se amplía con la de Jaca, núcleo urbano a 33 kilómetros, que posee hoteles y apartamentos de todas las calidades y precios. Una semana en el Pirineo Aragonés, incluyendo hotel, remontes y cursillo, sale por unas 40.000 pesetas, aunque varía según la temporada y la régimen de alojamiento elegido.

¡Todas a las pistas!

A cinco kilómetros de Candanchú están situadas las pistas de Astún en las que la nieve se mantiene hasta después de Semana Santa. Además es la estación más soleada del Pirineo Aragonés. Sin embargo, carece de infraestructura suficiente por ser una estación joven. Trasladarse a Jaca para cenar o tomarse una copa es lo más usual. Formigal y Panticosa forman parte, junto a las dos estaciones anteriores, de la candidatura de Jaca a la Olimpiada de Invierno para 1998. Ambos están situadas en

el hermoso Valle de Tena. Formigal es un centro de esquí con abundancia de pistas difíciles.

Formigal dista 369 kilómetros de Barcelona, 319 de Bilbao, 488 de Madrid, 243 de San Sebastián y 166 de Zaragoza. La parada de ferrocarril más cercana es la de Sabiñánigo y en avión se llega hasta Zaragoza y Pamplona.

Los costes del paquete *ski–semana*, con alojamiento y uso de remontes, son de unas 30.000 pesetas, en temporada media.

Cerler es también una

estación con predominio de pistas difíciles. Cuenta con una zona, Llana de Ampriú, especialmente pensada para niños y debutantes.

Este centro de esquí dista por carretera 289 kilómetros de Barcelona, 318 de Pamplona, 547 de Madrid y 233 de Zaragoza.

Sierra

Nevada

Sierra Nevada es el centro de esquí que más horas de sol recibe al año y suele estar bien de nieve. Para recibir clases, se puede recurrir a cualquiera de las tres escuelas de esquí existentes, la Internacional, la Oficial y la Española. Ofrecen precios que rondan las 8.000 pesetas por semana, en temporada media, y programas de actividades. Para acceder a las principales pistas hay una telecabina, Pradollano–Borregiles y otro menor que llega a la cumbre del Veleta, que es la cota esquiable más alta de España. La estación está preparada para pruebas internacionales, con dos estadios de competición y un trampolín de saltos.

El acceso por carretera se hace desde Granada, que está a 30 kilómetros, además cuenta con un servicio de Renfe

▶

desde Madrid. Asimismo existe una línea regular que conecta Granada con la estación. El aeropuerto más próximo es el de esta misma ciudad.

Alfonso de Hohenlohe va a esquiar siempre a Sierra Nevada después de Navidad. «*Me gusta ir allí porque conozco a todo el mundo y siempre hay alguna cena o fiesta en casa de algún amigo. Además es la que más cerca me pilla.*»

El precio de Paquete Esquí: una semana con alojamientos y remontes incluidos cuesta unas 35.000 pesetas, en temporada media y 45.000 en temporada alta.

Lo que sube tiene que bajar…

Sierra de Guadarrama

Navacerrada, Valcotos y Valdesquí son las estaciones que quedan más cerca de Madrid. **Javier Pinacho**, presidente del Club Alpino Español, comenta la situación de estas estaciones: «*El aprovechamiento racional de las pistas no se pensó en Navacerrada. En realidad no hay voluntad política de potenciar el esquí en la Sierra de Guadarrama.*» Pertenecer a un club hará posible que usted pernocte en los chalés del complejo por 350 pesetas. Asociarse al Club Alpino

Español cuesta 7.500 pesetas al año.

A estas estaciones se accede desde Madrid por carretera. Están a 60 kilómetros. Poseen estación de ferrocarril propia que llega a Cercedilla y conecta con un funicular.

Otras estaciones son: Alto Campoo en Santander, La Pinilla en Segovia, San Isidro en León, Valdezcaray en La Rioja y Manzaneda en Orense.

Rocío G Abos y Lourdes Muños
Tribuna

VOCABULARIO

la pista *ski slope*
los bastones *sticks*
las botas *boots*
(de) alquiler *(for) hire*
alquilar *to hire*
el equipo *equipment*
las instalaciones *facilities*
los cursillos *courses*
el esquí *ski, skiing*
esquiar *to ski*
el/la debutante *beginner*
el/la monitor/a *instructor*
la telecabina *ski-lift*
la cota *slope*
las pruebas *trials*
el salto *jump*
el abono de temporada *season ticket*
el núcleo urbano *urban centre*
el remonte *lift (to ski-slope)*

Ejercicio 1

Como eres esquiador/a experto/a, te han pedido unos amigos españoles que hagas una comparación entre las tres regiones de España de que trata el artículo.
Considera los aspectos siguientes:

1 Su situación geográfica dentro de España (consulta el mapa).
2 Su distancia de las conurbaciones más próximas.
3 Modos y facilidad de acceso.
4 Precios (distingue entre los diversos tipos de alojamiento y curso).
5 Variedad de pistas según su dificultad.
6 Acceso a las pistas desde el centro de esquí.

 **Candanchú**

SERVICIOS ESPECIFICOS
ESTACION DE CANDANCHU

Nombre y dirección

Estación de Esquí de Candanchú
Ctra. de Francia, s/n
22889 CANDANCHU (Huesca)
Situada en el Valle del Aragón, junto al puerto del Somport, a 28 Kms. de Jaca.

Teléfonos

• Información:	974 - 37 31 94
	974 - 37 31 92
• Fax:	974 - 37 33 48
• Parte de Nieve:	974 - 37 31 92
• Dirección Estación:	974 - 37 32 63
	974 - 37 31 54
• Fax:	974 - 37 33 48

Remontes mecánicos

• 24 Instalaciones de remonte.
   - 1 Telesilla cuatriplaza.
   - 2 Telesillas triplaza.
   - 2 Telesillas biplaza.
   - 19 Telesquís.

51 Km. de pistas

• 9 Verdes • 8 Azules • 14 Rojas • 15 Negras.
• 4 Competición • 3 Rutas de esquí
• 1 Half-Pipe de Snowboard

19.650 esquiadores/hora

Cotas esquiables

• 1.560 - 2.400 m.
• 840 m. de desnivel.

4 Circuitos de fondo

• 5 Kms., 7,5 Kms., 10 Kms., y 35 Km.
(Candanchú Le Somport).

109 cañones de nieve

• 106 Alta Presión.
• 3 Baja Presión.
• 5,5 Kms. de innivación artifical.

Máquinas pisapistas

• 9 Máquinas pisapistas.
• Máquinas trazadoras.
• 3 motos de nieve.

Escuela de esquí

• 85 profesores.
• Esquí Alpino - Fondo
• Organización de pruebas

Guardería infantil

• Stadium de Nieve - Guardería "Candanchulandia",
(Niños de 2 a 5 años).

Servicios de pistas

• Self Service, Cafeterías, Bares-refugio, Alquileres material, Guardaesquís, Oficinas Escuela de Esquí e Información, Taquillas, Megafonía, Equipos de socorro y de pisters.

Núcleo residencial a pie de pista

• 3 Hoteles, 1 Aparthotel, 2 Agencias de alquiler de apartamentos, 1 Hostal, 4 Albergues, Restaurantes, Cafeterías, Bares, Discoteca, Pizzería, Burguers, Regalos, Deportes, Boutiques de nieve, Alquiler y reparación de material, Guardaesquís, Consultorio médico, Ambulancia, Farmacia, Peluquería, Salón de Belleza, Masaje, Sauna, Fotografía, Banco, Cajero automático, Teléfono público, Chocolatería, Servicio religioso, Galería comercial, Oficinas de Información y Reservas, Escuela de Esquí, Taquillas...

Apres Ski

• Programa de animación, dirigido por empresa especializada

Novedades temporada 94/95

• Ampliación de las zonas de pistas, balizadas y señalizadas.
• Nueva pista de Súper- Gigante; **Aludes-Stadium.**
• Nuevos Circuitos de Fondo: 2 - 5 y 7'5 Kms. Totalmente remodelados.
• Nueva Salida y automatización del Tq. Debutantes II.
• Ampliación y reacondicionamiento de los servicios en la zona: Telesquí Príncipe de Asturias.
• Nuevas oficinas de E.T.U.K.S.A., en la zona de Pista Grande.
• Nueva oficina de la Escuela de Esquí en Pista Grande.
• Ampliación del parking en carretera de Pista Grande.
• 2 Nuevas máquinas pisanieves.
• Renovación del sistema de expedición de abonos y control mediante banda magnética.

Ejercicio 2 Situaciones

A Los papeles: el empleado/la empleada de la agencia y tú.

Estás en una agencia de viajes y quieres pasar una semana esquiando en España con un grupo de amigos (sois cuatro en total). Tú le explicas al empleado/a la empleada lo que queréis: vivís todos en Madrid; queréis ir a principios de abril; dos sois esquiadores expertos y dos principiantes; como equipo, los principiantes sólo tienen botas de esquí; no tenéis coche; no os importa tener que viajar, ni el precio; queréis poder divertiros por las noches. El dependiente/la dependienta tiene que haceros preguntas y sugerir posibles estaciones de esquí (dentro de España).

Cursillos de esquí

Adulto

Temporada Baja:	15.800 pts.
Temporada Media:	16.800 pts.
Temporada Alta:	17.900 pts.
Temporada Extra:	22.800 pts.

Infantil

Temporada Baja:	14.500 pts.
Temporada Media:	15.500 pts.
Temporada Alta:	16.100 pts.
Temporada Extra:	21.700 pts.

Comprenden:

- Cinco días de remontes de lunes a viernes.
- 17 horas de clase colectiva con la Escuela de Esquí.
- Slalom fin de cursillo.
- Actividades Apres-ski.

Tarifas de Remontes mecánicos

Abono de día

- 1 día Adulto	3.000 ptas.
- 1 día Infantil	2.300 ptas.
- 1 día Federado	2.700 ptas.
- Senior 60 años	1.700 ptas.
- Senior 70 años	300 ptas.
- Medio día	2.000 ptas.
- 1 día Debutante	2.500 ptas. (Sólo Candanchú)
- Ida y vuelta Telesilla	800 ptas.

INFANTIL: Hasta 14 años.   1/2 día: A partir de las 14 horas.

Ski semana (Limitado a 5 días de lunes a viernes)

Adulto

Temporada Baja:	9.000 pts.
Temporada Media:	9.000 pts.
Temporada Alta:	10.000 pts.
Temporada Extra:	13.500 pts.

Infantil

Temporada Baja:	8.300 pts.
Temporada Media:	8.300 pts.
Temporada Alta:	8.500 pts.
Temporada Extra:	10.900 pts.

* INFANTIL: Hasta 14 años.
* Incluyen uso ilimitado de remontes de lunes a viernes, ambos incluídos. Indistintamente Astún o Candanchú.
* Es obligatoria una fotografía para los abonos de Ski Semana.
* Temporada Extra del 1 al 7 de Enero y del 9 al 15 de Abril.

Abono de temporada

Abono de temporada Astún-Candanchú:	**66.000 pts.**
Abono de temporada Astún o Candanchú:	**54.000 pts.**

Hotel Candanchú** Candanchú
Tlf.: (974) 37 30 25 - Fax. (974) 37 30 50

Hostal Somport* Candanchú
Tlf.: (974) 37 30 09

Apartamentos Loma Verde Candanchú
Tlf.:(974) 36 32 41 - 37 32 37 - Fax. (974) 36 32 26

- Baño Completo
- Calefacción
- Televisión
- Teléfono
- Vídeo
- Antena Parabólica
- Salón Social
- Salón T.V.
- Bar
- Cafetería
- Restaurante
- Asador
- Comedor
- Lencería, menaje
- Cocina
- Guardaesquís
- Alquiler Material
- Taller Reparación
- Parking Cubierto
- Parking Exterior
- Terraza Solarium
- Salón Juegos
- Piscina
- Galería Comercial
- Salón Belleza
- Disco-Bar
- Habitaciones Múltiples
- Aulas
- Baños comunitarios
- Varios edificios
- Centro ciudad o Estación
- Pie de pistas
- Pizzería
- Mini Golf
- Salón convenciones
- Mini Bar
- Regalos

B Los papeles: el hotelero/la hotelera y tú.

Habéis llegado tú y tus amigos al hotel en el que la agencia debía haberos reservado dos habitaciones, pero encontráis que todas las habitaciones están ocupadas. ¡Estáis muy enfadados!

Tú aseguras que la agencia reservó las habitaciones. Insistes en que el hotel os las alquile, o en que os busque otro alojamiento igual en el pueblo; en que os devuelva vuestro depósito, y que si no, vais a hacer una reclamación al servicio de turismo, etc.

El hotelero/la hotelera puede excusarse, hablando de la temporada de máxima ocupación, de los errores del ordenador, pero al fin, tiene que encontrar una solución al problema.

C Los papeles: el gerente/la gerenta del nuevo hotel y tú.

Por fin, os encuentran habitaciones en otro hotel de la comarca... pero todo no está bien – no estáis satisfechos. Puedes quejarte de las habitaciones, el servicio, las instalaciones, la comida... ¡todo! El hotelero/la hotelera tiene que defender su hotel y a su personal, pero al mismo tiempo tratar de responder satisfactoriamente a tus reclamaciones.

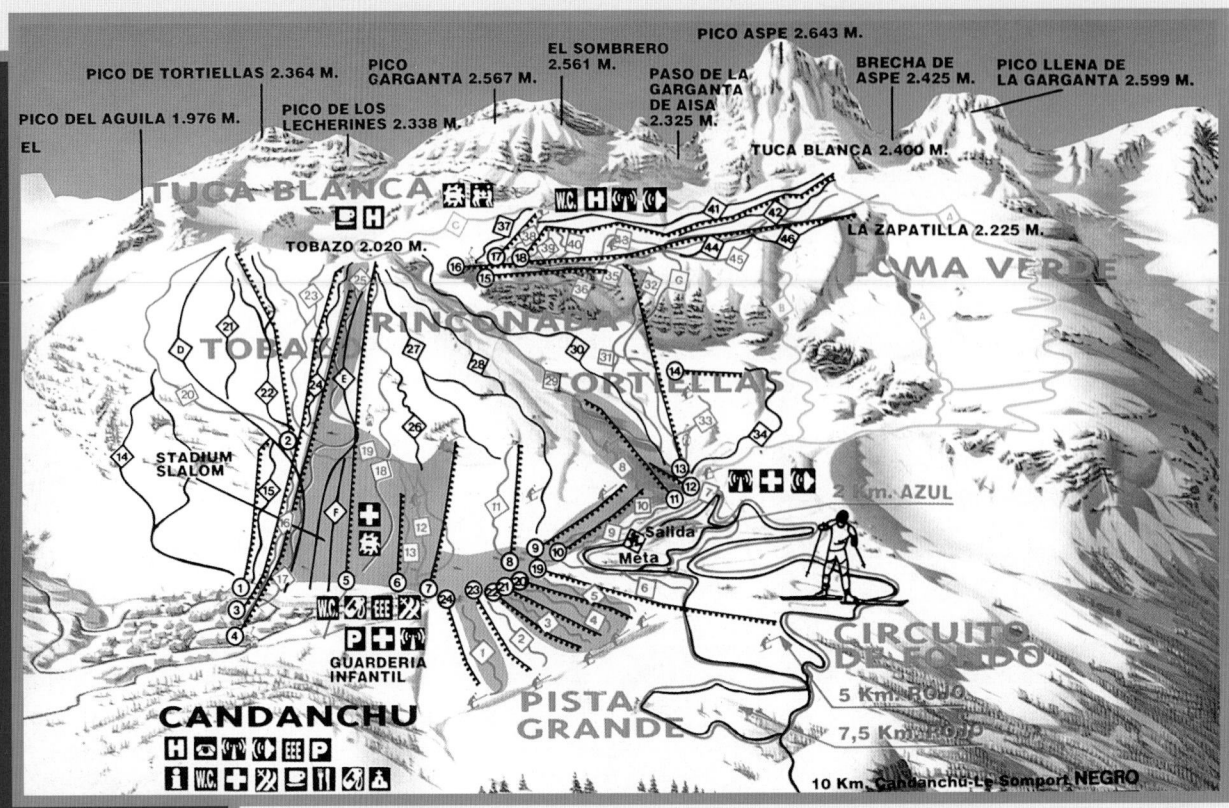

Ejercicio 3

A Vas a Candanchú con un grupo de amigos, entre los cuales hay un matrimonio con un bebé. Escoge uno de los hoteles del folleto que os parezca adecuado y escribe una carta a la dirección pidiendo informes exactos sobre los detalles siguientes:

– la guardería infantil
– el servicio médico en caso de accidente
– la proximidad a los remontes
– el alquiler del material de esquí
– el aparcamiento
– el transporte a otros centros
– lo que necesitáis como apartamentos/habitaciones

B Eres el empleado/la empleada de la agencia del Ejercicio 2A. Manda un fax al hotel que has escogido para tus clientes, describiendo las prestaciones que ellos te han detallado, y pidiendo que reserven habitaciones.

C Acabas de volver muy decepcionado/a de unas vacaciones en una estación de esquí (¡quizás la del Ejercicio 2A!). No estabas satisfecho/a de ningún modo del alojamiento ni de las condiciones de las pistas y los remontes. Escribe una carta a la dirección de la agencia de viajes que te vendió el 'paquete', lamentando estas faltas y pidiendo compensación.

D Estás muy preocupado/a por el daño ecológico que el desarrollo de los deportes de invierno pudiera hacer a las montañas y escribes una carta al periódico lamentando este aspecto de estos deportes. Puedes mencionar:

– el daño posible a las plantas debajo de las pistas y al hábitat de los animales y pájaros
– la «urbanización» de las zonas salvajes
– los edificios y estructuras feos en zonas de gran belleza natural
– el incremento del tráfico y de la contaminación que conlleva

Ejercicio 4

Escucha a esta señora que habla de su domingo en las pistas de la Sierra de Guadarrama
e indica si son correctas o falsas las observaciones siguientes y corrige las falsas.

1 De Madrid a Guadarrama siempre se tarda una hora.

2 La mayoría de la gente usa el transporte público.

3 La carretera es mala.

4 Había una cola enorme de gente que quería comprar tickets.

5 Había menos colas para las perchas y sillas.

6 Había tantos espectadores que los principiantes encontraban difícil aprender a esquiar.

7 La señora encontró agotador el domingo por haber esquiado tanto.

8 Aunque no haya esquiado, a la gente le gusta lucir a sus compañeros de trabajo las huellas blancas alrededor de los ojos.

Véase también la Hoja 6.1 .

B Trucos para pasar las vacaciones sin arruinarte

Las vacaciones están a la vuelta de la esquina y temes que se repita la odisea del año pasado: el gasto de verano te puso en un serio aprieto cuando llegaron las facturas de los libros, las matrículas y los uniformes de los niños. No te desesperes. Aunque te resulte difícil creerlo, es posible ahorrar en vacaciones. Existen muchas opciones baratas para pasarlo bien, incluso para los que se quedan en casa. Toma buena nota y verás como este año las cuentas no fallan a la vuelta. Lo ideal es hacer las reservas con tiempo, para poder elegir aquella propuesta que resulte más económica.

CAMPING
EN PLENA NATURALEZA

En la playa, en la montaña, el camping es una buena oportunidad para entablar amistades. En España contamos con cerca de 1.000, abiertos todo el año. Existen tres categorías en función de las prestaciones que ofrecen (peluquería, piscina...) pero todos cuentan con servicios para hombres y mujeres, agua potable, electricidad, botiquín, extinción de incendios y restaurante o cafetería.
Precios: a partir de 2.500 ptas/día, la parcela para dos adultos con coche.

La Secretaría General de Turismo publica una guía anual de los campings de España.

ALBERGUES
IDEALES PARA GRUPOS

Situados en los parques naturales, la costa o la montaña, los albergues combinan el ambiente familiar con la diversión, ya que muchas instalaciones ofrecen la posibilidad de practicar deportes como senderismo, rutas a caballo, etc. Aunque se utilizan para grupos de jóvenes y asociaciones, casi todos ofrecen alojamientos individuales. El carné de alberguista permite pernoctar en albergues de muchos países. Infórmate en la Dirección General de Juventud de tu Comunidad.
Precios: desde 700 ptas/día.

AUTOCARAVANA
DECIDE LA RUTA EN MARCHA

Si sois muchos, tal vez os interese alquilar una caravana o una autocaravana que ya lleva su propio motor. Esta peculiar forma de desplazarse permite diseñar la ruta, sin problemas de reservas hoteleras o sobreocupación, y sin renunciar a comodidades. Las caravanas modernas están dotadas de camas, sala de estar, cocina, frigorífico de gas, ducha y cuarto de baño con WC químico.
Precios: el alquiler de una autocaravana para 4 personas con baño, cocina y nevera cuesta 23.000 ptas al día. La tarifa incluye un seguro a todo riesgo, asistencia en carretera 24 horas, kilometraje sin límite y aparcamiento gratuito de coche.

TURISMO RURAL
UNA CASA EN EL INTERIOR

Granjas, cabañas, masías catalanas, caseríos vascos, pazos gallegos, cortijos andaluces. Disfrutar de los placeres del campo y la comida casera está hoy al alcance de cualquier bolsillo. El turismo rural es una alternativa para las vacaciones. Además, casi todos los programas incluyen actividades deportivas como senderismo, piragüismo o montañismo. Hay multitud de ofertas: desde alquilar una vivienda a una habitación con derecho a cocina.
Precios: a partir de 3.000 ptas habitación doble. En el Anuario de Turismo Rural, ed. Sussaeta, encontrarás información sobre 1.300 alojamientos.

▶

TALONARIO HOTEL
EL LUJO ASEQUIBLE

Son un recurso económico para conseguir alojamiento, billetes de tren o alquilar un coche. En algunos hoteles la oferta incluye cunas o camas supletorias gratis para dos hijos menores de 12 años que compartan la habitación. La reserva hay que hacerla con antelación y comunicar que vas a pagar con talonario.
Precios: ● Con cinco talones: Bancotel, 36.125 ptas. y Hotel Color, 35.000 ptas.
● Con siete talones: Agrocheque, válido para alojamientos rurales de Asturias, País Vasco, La Rioja y Navarra, 24.500 ptas.
● Con diez talones: talonario 10 del Grupo Sol, 36.380 ptas y Bono Hotel Plus, 34.000 ptas.

● Con doce talones: Bono Golf, 60.000 ptas.

CICLOTURISMO
VACACIONES DIFERENTES

La empresa Bicibús organiza rutas en bicicleta por España, Francia, Holanda, Irlanda e incluso Norteamérica y gestiona los billetes de avión o autobús y la reserva de alojamiento en campings, casas rurales, barcos, hoteles, albergues o apartamentos.
Precios: hay programas para grupos de amigos, colegios, parejas, viajeros, individuales y familias: una ruta de 5 días por los parques, jardines y canales de Holanda, con alojamiento en hotel, 39.900 ptas, desplazamientos aparte. 9 días por Oscos (Asturias) en bicicleta con alojamiento en

albergue, 49.800 ptas, traslado aparte.

RUTAS A CABALLO
UN DEPORTE EN AUGE

La equitación es un deporte al alcance de todos.
Precios: un fin de semana con alojamiento, clases, excursiones y media pensión, 15.000 ptas y una semana, entre 37.000 y 48.000 ptas.

CIRCUITOS
¡PARA MENORES DE 35 AÑOS!

Las mayoristas Mundo Joven, Unijoven, Eurojoven y Barceló organizan circuitos por España y el extranjero para jóvenes de menos de 35 años. Las rutas están pensadas para grupos: en casi todos los des-

tinos las habitaciones son para cuatro personas, aunque existe la posibilidad de pagar un suplemento para utilizar una habitación doble.
Precios: Costa del Sol desde 27.000 ptas una semana; Ibiza, 33.000 ptas; Paris, 45.000 ptas.

BALNEARIOS
APROVECHA LAS OFERTAS

Las estaciones termales se han convertido en lugares de descanso. España cuenta con más de cien y casi todas están rodeadas de bosques y montañas y tienen ofertas de 15 días con alojamiento, manutención y tratamiento.
Precios: en habitación doble con baño desde 2.500 ptas/día y baños termales de 500 ptas.

Mía

CARNÉS, DESCUENTOS PARA JÓVENES

● Carné Internacional del estudiante: para menores de 30 años. Concede descuentos en transporte, alojamientos y museos. Cuesta 500 ptas.
● Carné de la Federación Internacional de Organizaciones para Jóvenes (FIYTO): para menores de 26 años. Tiene ventajas en el alojamiento y transporte de la FIYTO. Vale 500 ptas.
● Carné de alberguista juvenil: da derecho a utilizar los 150 albergues de España y más de 5.000 en los países miembros de la Federación Internacional de Albergues hay varias modalidades: juvenil: de 14 a 25 años, 500 ptas.; adulto, de 26 años en adelante, 1.000 ptas; grupo, más de 10 personas, 2.000 ptas, y familiar, con hijos menores de edad, 3.000 ptas.
● Carné joven: da derecho de descuentos en cines, teatros, agencias de viajes, etc. en muchos Juveniles. Hay varias países europeos. Para jóvenes entre 14 y 26 años.

Ejercicio 5

El artículo ofrece varias sugerencias en cuanto al modo de pasar tus vacaciones. Tienes que decidir si las observaciones que encontrarás a continuación son correctas o incorrectas. ¡Corrige las incorrectas!

1 Hacer camping no vale si quieres hacer nuevos amigos.
2 Si te alojas en un albergue tienes que estar dispuesto/a a compartir una habitación con una persona desconocida.
3 Las caravanas hoy en día son muy cómodas.
4 Alquilar una casa es factible cualquiera que sea tu presupuesto.
5 Con un talonario hotel puedes conseguir billetes de tren.
6 Si quieres pasar tus vacaciones en bicicleta, tienes que buscar tu propio alojamiento.
7 Tienes que ser bastante rico/a para pasar tus vacaciones a caballo.
8 A pesar de su nombre, Mundo Joven arregla vacaciones para personas de cualquier edad.
9 En España hay por lo menos 100 sitios con baños termales.
10 Los jóvenes pueden comprar carne a un precio descontado.

Ejercicio 6

Encontrarás las frases que siguen en el artículo. Tienes que utilizar un sinónimo para explicar las palabras en *bastardilla*.

Ejemplo: *entablar amistades* = hacer/establecer amistades, hacer amigos.

1 Existen tres categorías *en función* de las prestaciones que ofrecen …
2 … Todos *cuentan con* servicios para hombres y mujeres …
3 Precios: *a partir de* 2.500 ptas/día …

4 ... *ya que* muchas instalaciones ofrecen la posibilidad ...

5 El carné de alberguista permite *pernoctar* en albergues ...

6 ... *tal vez* os interese alquilar una caravana ...

7 Esta peculiar forma de *desplazarse* permite *diseñar* la ruta ...

8 ... sin *renunciar* a comodidades.

9 Las caravanas modernas *están dotadas de* camas, sala de estar ...

10 *Disfrutar de* los placeres del campo ...

11 Hay *multitud de* ofertas ...

12 Son un recurso económico para *conseguir* alojamiento ...

13 ... *gestiona* los billetes de avión o autobús ...

14 ... Un deporte *en auge.*

15 Las rutas *están pensadas* para grupos ...

16 ... aunque *existe la posibilidad de* pagar un suplemento ...

17 Las estaciones termales *se han convertido* en lugares de descanso.

Ejercicio 7 Situaciones

A Los papeles: tu corresponsal español/a y tú.

Estás en España, en casa de tu corresponsal, cuyos padres han ofrecido pagaros una semana de vacaciones. Con la ayuda del artículo, os decidís qué tipo de vacaciones tomar. Al principio no estáis de acuerdo, pero por fin ¡tenéis que llegar a una decisión unánime!

B Los papeles: el/la agente y tú.

Esta vez pasas tus vacaciones en España con tu familia, y queréis hacer una semana de cicloturismo. Entonces llamas a la agencia Bicibús para arreglar el circuito por Asturias que has visto en su anuncio. Tú tienes que hacer todas las preguntas pertinentes y el/la agente tiene que darte respuestas satisfactorias.

Ejercicio 8

Trabajas como consultante autónoma de turismo. Diseña y escribe un folleto publicitario para una de las actividades de que se trata en el artículo. Tienes que subrayar lo económico de esta oferta.

C La furia española del taekwondo

¿El taekwondo: más maña que fuerza?

HA sido necesario llegar hasta Seúl para redescubrir el ímpetu ibérico. Ahora resulta que si en algo destacan los españoles es en un arte, de origen coreano, que consiste en conjugar la patada o *tae* con el puñetazo o *kwon*. La destreza de nuestros compatriotas ha dejado sorprendida a la opinión pública internacional ya que se han relevado, por el momento, como los grandes adversarios de los coreanos que, por otro lado, llevan milenios dedicándose al taekwondo (pronunciése *teicuondo*) en su país, dónde está considerado deporte nacional.

Así lo han demostrado los taekwondistas españoles: cuatro medallas de plata y cinco de bronce ha traído la Federación Nacional de Taekwondo consigo. Pero, por el momento, los deportistas deberán conformarse con medallas de bisutería, ya que se trataba de una competición de mera exhibición.

Así las cosas, en vista de los resultados y con la perspectiva de Barcelona 92, el presidente del Comité Olímpico Internacional, Juan Antonio Samaranch, reaccionó rápidamente y declaró que para dentro de cuatro años el taekwondo tendría el puesto olímpico que se merece.

Porque en España el taekwondo cuenta ya con un puesto privilegiado. Las artes marciales constituyen en este país el segundo deporte de mayor aceptación, tras el fútbol. Y dentro del mapa europeo resulta que España es el segundo país en razón del número de practicantes de taekwondo detrás de Alemania.

En tan sólo de dos años de vida, la Federación Española de Taekwondo ya cuenta con más de 60.000 licencias y se calcula que alrededor de 500 gimnasios impartan clases de esta especialidad deportiva por toda la geografía española.

¿Cómo se entiende este furor por las artes marciales orientales en España? ¿De dónde sale tanto adepto? ¿Qué tienen los españoles en común con los asiáticos? Para el sociólogo Enrique Gil la explicación estaría relacionada con los problemas básicos de esta sociedad, concretamente con las estadísticas de violencia juvenil y paro. «Somos la sociedad más violenta de Europa. Y ¿por qué? Porque tenemos el índice de desempleo juvenil más elevado junto con un exceso demográfico juvenil. Esto genera violencia que debe canalizarse. Y un instrumento para ello son los deportes de combate.»

Pero también se ha querido una relación entre el temperamental carácter latino y estos deportes de defensa personal.

Como escribía recientemente un comentarista español con buen sentido de humor «es natural que destaquemos los españoles en el arte de taekwondo, que es un deporte en el que lo bueno es sacudirle al rival una patada en los dientes. Los españoles hemos practicado largamente este deporte, y además sin casco.»

Enrique Gil también tiene una particular visión sobre el asunto: encuentra cierta similitud entre el arte de toreo y las artes marciales. «El toreo es un arte en que donde se valora la destreza del torear, de esquivar con filigrana. Es un señor débil frente a una máquina de fuerza que acaba conquistándola pero no con violencia, sino con inteligencia. Algo parecido ocurre en las artes marciales, en las que resulta más apropiado el refrán de *más vale maña que fuerza*, porque hay que saber explicar cierta estrategia para aprovechar la fuerza del contrario. Esto explicaría también por qué el boxeo no ha calado en nuestro país: tal vez debido a que es un deporte de una violencia más directa.»

Liz Perales
Cambio 16

Ejercicio 9

Lee estas frases, di si son verdaderas o falsas según el artículo y corrige las falsas:

1 Los taekwondistas españoles tuvieron mucho éxito en los Juegos Olímpicos de Seúl.
2 En 1988 el taekwondo no se calificó de juego oficial en la Olimpiada, pero se esperaba que lo fuera para el 1992.
3 El taekwondo es más popular en España que el fútbol.
4 Hay 500 gimnastas que hacen taekwondo en España.

5 Enrique Gil atribuye el éxito del taekwondo en España a la violencia y al paro juveniles.

6 Se habla en serio al decir que los españoles llevan muchísimos años practicando el taekwondo.

7 No se parecen nada las artes marciales al toreo.

8 También el boxeo es popular en España por requerir más maña que fuerza.

Ejercicio 10

Completa las frases según el sentido del texto:

1 El taekwondo consiste en unir el uso del pie con el del . . . . . .

2 La opinión pública quedó extrañada por la . . . . . . de los españoles.

3 Los coreanos practican el taekwondo desde hace . . . . . . años.

4 De momento las . . . . . . que reciben los españoles no son oficiales.

5 Después de . . . . . . el taekwondo es el deporte más . . . . . . de España.

6 Sólo hay más practicantes en . . . . . .

7 España es un país más . . . . . . que cualquier otro de Europa.

8 Las artes marciales son útiles para . . . . . . la violencia.

9 Es natural que los españoles destaquen en el taekwondo por ser una nación . . . . . .

10 El torero vence al toro no por su fuerza sino por su . . . . . .

Ejercicio 11

A Busca en el texto la frase 'lleva milenios dedicándose al taekwondo', y mira también los párrafos 35d y 39d de la Sección de Gramática. Capítulo 41 **¡AG!**.

B ¿Qué es un milenio? Bajando de un milenio, ¿sabes las unidades del tiempo hasta un segundo?

C ¿Cuánto tiempo llevas tú aprendiendo el español? También di cuánto tiempo llevas:

1 sentado/a aquí

2 viviendo en tu casa actual

3 haciendo esta Unidad

4 como estudiante en tu colegio actual

5 vistiéndote así

6 practicando tu deporte preferido

7 saliendo con tu novio/a actual

También puedes decir:

Hace tres años que estudio español.

Estudio español desde hace tres años.

Ahora expresa tus respuestas a las mismas preguntas según estos modelos. Refiérete ahora al párrafo de la Sección de Gramática 36d, y di, según las tres maneras, cuánto *tiempo llevabas* haciendo las acciones de las preguntas *cuando te lo preguntaron*.

Por ejemplo:

Cuando me lo preguntaron llevaba media hora sentado/a aquí.

Cuando me lo preguntaron hacía media hora que estaba sentado/a aquí.

Cuando me lo preguntaron estaba sentado/a aquí desde hace media hora.

-No comprendo porqué dices que nunca hacemos nada juntos... Desayunamos juntos, comemos juntos y cenamos juntos... ¡ y no olvides que también dormimos juntos!

Ejercicio 12

Tú eres secretario/a de tu club de taekwondo (fútbol, atletismo, tenis, ajedrez o cualquier otro deporte o juego). Quieres proponer una visita de tu club a una ciudad española para jugar unos 2 o 3 partidos contra clubes de la región. Escribes una carta al secretario/a del club del mismo deporte, dando algunos detalles de tu propio club y pidiéndole que arregle dichos partidos.

Tienes que dar las siguientes informaciones:

1 desde cuándo existe tu club
2 desde cuánto tiempo tú eres secretario/a
3 cuántos partidos juega por temporada y el nivel de juego
4 cuántas personas quieren hacer el viaje y sus edades aproximadas

y pedir las mismas informaciones acerca de los clubes contra los cuales jugaréis, además de dónde os alojaréis durante vuestra estancia.

Ejercicio 13 Discusión

A ¿Qué deportes practicas tú? Aparte de mantenerte en forma, ¿por qué te gusta hacer deportes? ¿Prefieres los deportes de equipo o los individuales? ¿Es verdad que los deportes de equipo ayudan a formar el carácter? ¿Deberían ser obligatorios los deportes en los colegios? ¿Hay otras actividades que proporcionan tanta relajación como los deportes? ¿Juegas para ganar o para divertirte nada más? ¿Te enfadas si tú o tu equipo no ganáis? ¿Crees que los deportistas nacionales o internacionales cobran demasiado dinero? ¿Qué influjo ha tenido el dinero sobre los deportes – y más importante, los deportistas – en los últimos años? Los juegos olímpicos se recrearon hace unos cien años para fomentar el deporte entre los aficionados: ¿crees que se va perdiendo este ideal al comercialismo y a la propaganda política? Si éste es el caso, ¿cómo se puede rectificar?

B El gobierno español ha decretado que cada alumno de los colegios e institutos españoles tiene que hacer tres horas de deporte obligatorio por semana. Tú escribes una carta al periódico (¡o al mismo Presidente del Gobierno si quieres!) dando tus opiniones sobre esta decisión.

 Encontrarás más informes y ejercicios sobre el taekwondo en la Hoja 6.2 .

Ejercicio 14

Escoge una de estas tareas escritas y escribe unas 300 palabras.

1 El taekwondo – matrimonio sorprendente pero perfecto de la espiritualidad oriental con el materialismo occidental.
2 La satisfacción que consigo con los deportes.
3 Cómo ser humano/a sin ser deportivo/a.
4 Una carta a un periódico o una revista lamentando los elementos comerciales y propagandistas en los juegos olímpicos.
5 Trabajas para una empresa que propone construir un complejo polideportivo en una ciudad mediana española. Tienes que escribir un folleto publicitario, destinado al Concejo Municipal, describiendo las instalaciones que tendría y los beneficios para los habitantes de la ciudad. Pero ¡cuidado!, porque sabes que no todos los concejales estarán de acuerdo con este edificio enorme, ¡ni por su aspecto ni por su precio!

Dos ciudades historicas

(D1) Ciudad Rodrigo

Vista áerea

Es, sin duda, el punto de partida ideal para introducirnos en la extensa comarca del Campo Charro, de la cual es el núcleo más importante. Ciudad Rodrigo es una de las ciudades más monumentales, mejor conservadas y de mayor carácter de toda la provincia. Desciende de la *Miróbriga Vettorum*, antiquísimo castra celta, que fue conquistado por Julio César. De la época romana conserva el monumento de las tres columnas, que figura en el escudo de la ciudad. Fue repoblada hacia 1100 por Alfonso VI junto con el conde Rodrigo González Girón, al que debe su nombre.

La ciudad está enclavada sobre una colina a orillas del Agueda, muy cerca de la raya con Portugal. Privilegiado enclave estratégico, ha sido protagonista de batallas y sitios: en la guerra de la Independencia fue tomada por las tropas francesas y liberada por el duque de Wellington (1812), que por ello recibiría el título de duque de Ciudad Rodrigo. Las murallas, que se conservan en buen estado, tienen un origen romano, aunque la mayor parte son del tiempo de Fernando II con posteriores restauraciones. El circuito mide unos 2.250 metros de perímetro, con muros almenados fabricados de guijarros y argamasa y una altura de 8,38 metros y 2,10 de espesor. Está flanqueado por cinco torreones. Una segunda muralla, con foso y contrafoso, rodea la ciudad salvo por la orilla del río Águeda. Sus puertas se conocen con los nombres Puerta del Rey, de la Colada, de Santiago, de don Pelayo y del Conde; posteriormente se añadieron las del Sol, del Alcázar y de la Santa Cruz. Su traza se atribuye al maestro gallego Juan de Cabrera. Hoy constituyen un original paseo que circunda la ciudad.

La plaza mayor con edificios platerescos, como el ayuntamiento y la casa de los Cueto, se convierte en escenario de dos acontecimientos de gran interés; uno arraigado y tradicional, como son los festejos taurinos que aquí se organizan durante su famoso carnaval, y el otro de reciente creación, la Charrada, que se organiza el sábado de Gloria y a la que acude lo mejor del viejo y depurado folklore de la tierra: danzas, música, trajes, instrumentos ...

Portada románica

En el aspecto monumental destacan el palacio de los Castros, de impresionante fachada; el de los Águilas, dentro del más puro estilo plateresco; las casas de los Silva, de los Miranda, de los Gómez de Silva, de la marquesa de Cartago, el antiguo alcázar de Enrique II de Trastámara, hoy Parador, y otros. La catedral edificada entre los siglos XII y XVI, tiene un bellísimo pórtico del Perdón y el Apostolado, tallado en piedra en la fachada principal, así como una excepcional sillería de coro, de Rodrigo Alemán, y el claustro gótico. Fuera del recinto amurallado se encuentran la iglesia románica de San Andrés, el convento de la Caridad y las ruinas del convento de San Francisco.
En la gastronomía

▶

local tiene fama el «farinato», embutido especial a base de miga de pan, grasa, pimentón y especias vegetales, y la «chanfaina» (arroz y menudillos de ave, caprino u ovino). Ciudad Rodrigo, cabecera de comarca, sigue manteniendo importantes ferias ganaderas y mercado todos los martes del año. En artesanía destacan la filigrana charra, los muebles y tallas en madera y las mantas de tiras.

Descubra España, Selecciones
Reader's Digest

VOCABULARIO

el castro hilltop castle

el escudo shield, coat of arms

enclavado perched

el sitio siege

las murallas battlements, city walls

el foso moat

plateresco plateresque: an architectural style used in 16th century Spain

el carnaval festival in February immediately prior to Lent

el claustro cloister

caprino goat meat

ovino mutton

ferias ganaderas cattle fairs

tallas carving, sculptures

mantas de tiras blankets made from strips of material

charro refers to Campo Charro, the area surrounding Ciudad Rodrigo

Ejercicio 15

Resume lo que se escribe sobre Ciudad Rodrigo bajo los títulos siguientes:

- situación geográfica
- historia
- importancia estratégica militar
- fiestas
- arquitectura
- cocina

Ejercicio 16

Busca las frases del texto que corresponden a las siguientes. No están en el orden del texto.

1 Por su situación estratégica ha visto mucha acción militar.
2 Los romanos construyeron las murallas originales.
3 Durante el año hay varias ferias donde se muestran y venden vacas y otros animales.
4 Los monumentos más significativos son …
5 Dos fiestas importantes se celebran en este sitio.
6 Es un centro perfecto para visitar la comarca.
7 Actualmente se puede ir andando alrededor de la ciudad.

> Ahora pide la Hoja **6.4** a tu profesor/a y escucha lo que cuenta Antonio Moreno sobre Ciudad Rodrigo.

Ejercicio 17

Tu vecino/a, que no entiende nada de español, va a pararse en el Parador de Ciudad Rodrigo, camino de Portugal. Quiere saber lo más importante acerca de esta ciudad. Escríbele un breve resumen en tu propio idioma para que lo lleve consigo.

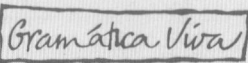

Busca en el texto las frases siguientes:

- **Fue repoblado hacia 1100 por Alfonso VI …**
- **La ciudad está enclavada sobre una colina a orillas del Águeda …**

> Estudia el párrafo 64B de la Sección de Gramática, la formación y el uso del participio pasado antes de hacer los ejercicios en la Hoja **6.5** . **¡AG!** Capítulos 29 y 30.

D2 Bradford on Avon

Tucked into the western corner of Wiltshire, the little town of Bradford on Avon straddles the river on the southern edge of the Cotswold Hills only 8 miles from Bath. With a hilly aspect the whole town directing its gaze towards the meandering river amid the mellow radiance of the local stone.

Just a few of the many things to see in
BRADFORD ON AVON
Saxon Church of St. Laurence
dating from about AD700
Tithe Barn
168 feet long with massive timber roof
Chapel on the Bridge
circa. Norman
Chapel of St. Mary, Tory
River Avon and Barton County Park
Ancient Packhorse Bridge
Town Bridge with its Chapel
circa 13th century
Weavers Cottages and
Clothiers Houses
The Hall
Jacobean Country House
Belcombe Court
Kennet & Avon Canal
now open from Bath to Devizes
19th Century Cloth and Woollen Mills
Holy Trinity Church

BRADFORD ON AVON
The hub of six counties, greets you . . .

Overlooked by sunny terraces of weavers cottages (reached by narrow passages and steps) this lovely old town has a colourful continental air with quaint streets and flower-bedecked shops.

The 'broad ford' across the River Avon was replaced in medieval times by a sturdy stone bridge, complete with chapel for the use of pilgrims. The view from the bridge encompasses the hill above the town where the old weavers cottages are situated, and along the river bank 19th century cloth mills, all of local stone. Wool and cloth having been Bradford's staple industry for six centuries until its demise at the beginning of the present century. The old opulent and decorative clothiers' houses and the humble and functional weavers' cottages are a source of endless fascination for anyone with an eye for genuine old worlde charm, of which Bradford has an abundance.

Imaginémonos que la pequeña ciudad de Bradford on Avon en Wiltshire, Inglaterra, acaba de hermanarse con una población parecida en España, quizás con Ciudad Rodrigo. Dentro de poco un grupo de la ciudad hermana española va a visitar Bradford on Avon, y las autoridades españolas han escrito pidiendo informes sobre la ciudad. Tú y tus compañeros/as, siendo los expertos en español de la comarca, vais a tener que ayudar a las autoridades de la ciudad.

Para hacer los ejercicios que siguen necesitarás las Hojas 6.6 y 6.7 .

Ejercicio 18

Como es normal, por desgracia, sólo se pueden obtener folletos turísticos en inglés, y por eso, tenéis que resumir en español el contenido de los folletos que hay. Discute con tus compañeros de clase las cosas que vais a describir en una carta al alcalde. Luego cada uno de vosotros escribe la carta para ver quién escribe la más informativa.

Ejercicio 19

En las descripciones de Bradford on Avon y otros pueblos y ciudades de la región se emplean varias expresiones que son típicamente inglesas. ¿Cómo explicarás las siguientes a un hispanohablante que conozca muy poco la vida británica?

- a Georgian city
- a duckpond
- a village green
- a stately home
- tea rooms
- a garden centre

- the National Trust
- a cottage
- a brass rubbing
- a tithe barn
- a jumble sale
- a fête

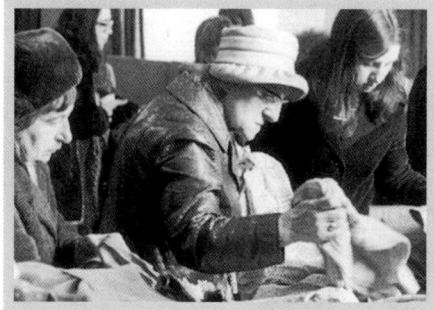

El 'jumble sale': ¿existe tal cosa en España?

¿Cómo explicar el 'tea room' inglés a un español?

VOCABULARIO

saxon sajón, sajona

tithe diezmo, tributo que se pagaba a la Iglesia en la Edad Media

chapel la capilla

country park el parque natural

packhorse el caballo de carga

weaver el tejedor

clothier el pañero, ropero

mill la fábrica

ford el vado

hub el eje

tennis court la cancha de tenis

sailing la vela

rowing el remo

canoeing el piragüismo

(canal) lock la esclusa

shooting el tiro

lock-up el calabozo

archery la arquería

guided tours visitas con guía

crafts artesanía

antiques antigüedades

Ejercicio 20

Los dos alcaldes han pedido que preparéis un programa para la visita. Los miembros del grupo querrán ver lo más importante de la ciudad, pero también les gustaría ver algo del paisaje y las ciudades y pueblos de la comarca además de tener algún tiempo libre para descansar, y conversar con las familias con las cuales estarán alojados. Llegarán en autocar desde el aeropuerto de Heathrow sobre las 16.00 del miércoles 16 de mayo y se marcharán el domingo 20 de mayo a las 15.00. El día de su llegada hay una reunión de los visitantes con sus familias y los dos alcaldes en el Priory Barn a las 20.00. Aparte de eso podéis sugerir lo que os dé la gana para el programa.

 Trabajad en parejas o grupos para discutir y preparar el programa. Uno/a será el/la secretario/a español/a del hermanamiento, que está de visita en Bradford on Avon. Luego presentad el programa que habéis proyectado a los otros miembros de la clase, explicando vuestra selección de actividades. Os hará falta la Hoja 6.6 .

Ejercicio 21

La alcaldesa de la ciudad española llama por teléfono, con varias preguntas. Tienes que apuntar lo que quiere saber para explicarlo al alcalde de Bradford on Avon (que puede ser tu compañero/a de clase, tu lector/a o tu profesor/a).

Luego tienes que preparar lo que vas a decir en respuesta a las preguntas para cuando tú llames a España.

Ejercicio 22

Ya habéis elaborado juntos el programa de la visita. Escribe una segunda carta a la alcaldesa española, mandándole el programa, con una explicación detallada de lo que habéis proyectado y por qué.

Ejercicio 23 Situaciones

Trabajad en parejas.

1 Uno/a de los visitantes está alojado/a en tu casa. Pero hay ciertos aspectos del programa que no le gustan y empieza a quejarse ... (Necesitaréis el programa que ya habréis establecido.)

2 Tu visitante no está acostumbrado/a a la comida británica – ni a las horas de comer, lo que plantea ciertos problemas ... Él/ella se queja, tú tratas de ser razonable, pero ... ¡A ver adónde os lleva esta discusión!

3 Tu visitante está acostumbrado/a a salir por la noche hasta las dos o más tarde – y a quedarse en la cama hasta mediodía. Esto empieza a causar fricción con tus padres. Tú tienes que explicarle por qué esto no es conveniente para tu familia, pero él/ella se defiende ...

Ejercicio 24

El alcalde de Bradford on Avon ha decidido que para las visitas en el futuro deberá haber un folleto sobre la ciudad en español. Claro que tú y tus compañeros/as de clase tenéis que producirlo. La sección 'Welcome to Bradford on Avon' es algo prolija y en un lenguaje bastante exagerado y florido y lo mejor será resumir su contenido, no traducirlo palabra por palabra.

Ejercicio 25

Ciudad Rodrigo y Bradford on Avon se parecen por su tamaño y su edad. Haz una comparación de estas dos ciudades, o de otro par de ciudades que tengan ciertas características en común, por su situación geográfica, su historia, su arquitectura, su respectiva esencia nacional, sus industrias, sus habitantes, etc. ¿Hasta qué punto se parecen y en qué se diferencian?

... Y DE POSTRE

Ejercicio 26 ¡Date prisa!

1 Tienes dos minutos para escribir todas las palabras que sabes acerca del esquí. ¡A ver cuántas sabes!

2 Ahora tienes un minuto para describir oralmente en qué consiste el taekwondo.

3 Tienes dos minutos para describir oralmente Ciudad Rodrigo, Bradford on Avon, u otra ciudad.

Ejercicio 27

Primero sin diccionario, y después para mejor ayuda, con diccionario, trata de encontrar palabras conectadas con la palabra dada.

Por ejemplo: esquí ➡ esquiar, esquiador/a, esquiable.

- jugar
- alquilar
- deporte
- boxeo
- mejor
- prescindir
- gimnasio
- turismo
- alojar
- tratar

Ejercicio 28 Anagramas

Estas palabras o frases son todas anagramas de palabras o frases importantes que han ocurrido en esta Unidad. El número de palabras en un anagrama es el mismo que en la frase original, pero no necesariamente el número de letras. Claro que faltarán los acentos.

- **UNOARATAVACA**
- **NEGORRA**
- **UMLALAR**
- **PESCOGUI MOLISOJ**
- **TORPEDO**
- **COSAC**
- **RILOSCUL**
- **LOCOCRUMITIS**
- **LEUGARBE**
- **SINO CEDES QUIETA**
- **ALALPIC**
- **QUE NURRATALPA**
- **TOLTICO SIROFLUTE**
- **RIOT**

Ejercicio 29

Temas para seguir pensando, hablando y escribiendo ...

➡ Una aventura en las pistas.

➡ ¡No entiendo cómo la nieve puede gustarle a nadie!

➡ El elemento del peligro en los deportes.

➡ No se puede hacer deportes de invierno sin tener dinero.

➡ Proyectos para una visita de un equipo de deportistas españoles a tu ciudad o pueblo.

➡ Las vacaciones como modo de 'recargarse las pilas'.

➡ Lo que nunca haría yo en mis vacaciones.

➡ Tienes un presupuesto máximo de £500 esterlinas y 3 meses de vacaciones. Planifica tu itinerario.

➡ El valor económico del turismo.

➡ Eres alcalde/sa de un pueblo del interior español. ¿Qué medidas podrías tomar para desarrollar el turismo en tu comarca?

➡ Los efectos del turismo sobre una ciudad histórica que conoces.

➡ Dentro de poco habrá que poner señales 'Se prohíben turistas'.

➡ Las atracciones de quedarse en casa durante la temporada turística.

➡ ¿Qué entiendes por 'turismo ecológico'?

➡ ¿Eres turista o viajero/a? ¿Hay diferencia?

➡ Más vale viajar que llegar.

➡ Una breve historia de mi ciudad o pueblo.

➡ Una ciudad histórica que me ha impresionado.

A Madrileños y barceloneses se sienten mutuamente maltratados

La controvertida rivalidad entre Madrid y Barcelona – Barcelona y Madrid es una realidad que sus habitantes manifiestan. El tópico funciona: el 34,4 por 100 de los madrileños y el 29,6 de los barceloneses creen firmemente que hay «poco» entendimiento entre ambos.

ALGUNAS preguntas – las relativas al carácter de madrileños y barceloneses – se han efectuado a lo ancho de toda nuestra geografía, lo que da como resultado que Madrid, vista por el conjunto de los españoles, aparece como una ciudad acogedora y «con ambiente», mientras que a Barcelona se la reconoce como «europea» y «moderna».

Más de la mitad de los madrileños se quejan de que, en Barcelona, se les trata peor que a los visitantes procedentes de otras ciudades, mientras que sólo un tercio de los barceloneses percibe ese «peor trato» cuando llega a Madrid. Al mismo tiempo, sólo una cuarta parte de los madrileños es consciente de tratar mal a los barceloneses; porcentaje que se repite, exactamente a la inversa.

Con respecto a los rasgos de carácter, los madrileños consideran que los habitantes de Barcelona son más trabajadores que ellos, pero les acusan de groseros, tacaños, antipáticos, falsos, deshonestos y orgullosos, en mayor o menor grado. Además, los madrileños manifiestan claramente estar satisfechos de sí mismos.

Por su parte, los barceloneses ven en los madrileños una esplendidez de la que ellos carecen, y piensan que ambos están equiparados en cuanto a amabilidad, simpatía y orgullo, mientras ven en sus 'rivales' acusados defectos de vagancia, deshonestidad y falsedad. Acerca de ellos mismos, los barceloneses tienen una actitud de autocrítica y sus respuestas han sido más moderadas y menos fanáticas que las de los madrileños.

En que no hay entendimiento se muestran tan de acuerdo unos como otros, aunque con matices: desde Barcelona, la opinión es ligeramente negativa y desde Madrid se niega de plano ese entendimiento. Como causas del

LAS RAZONES DEL ENFRENTAMIENTO	Porcentaje de madrileños y barceloneses que están de acuerdo en las siguientes afirmaciones como origen del tradicional «pique» entre las dos ciudades.				
	Se trata de dos poblaciones demasiado orgullosas	Existe rivalidad entre la capital económica (Barcelona) y la capital administrativa (Madrid)	Son las únicas ciudades españolas que por su tamaño pueden competir entre sí	Madrid es muy centralista	Barcelona envidia la capitalidad de Madrid
MADRILEÑOS	51,1	59,8	54,7	29,7	69,3
BARCELONESES	60,2	72,4	49,3	68,1	22,9

Entre Madrid y Barcelona ¿qué ciudad le parece más . . .?						
	acogedora	tranquila	moderna	monumental	europea	marchosa
Madrid	46,0	13,1	23,3	35,5	24,9	37,3
Barcelona	24,8	12,9	41,1	36,3	41,3	24,4
Ninguna	17,0	16,5	27,7	22,5	27,9	28,1
Las dos igual	9,9	53,8	3,7	2,2	2,6	2,4
NS/NC	2,3	3,8	4,1	3,4	3,3	7,8

▶

▶

mismo se establece el orgullo de ambas y la diferencia entre capital administrativa y capital económica del país, papeles que han desempeñado, tradicionalmente, Madrid y Barcelona.

Como resultado, y casi con idéntica contundencia, los habitantes de una ciudad rechazan a los de la otra.

Aurora Moya, Isabel Zúñiga,
Enrique Alcat y Ana Almargo
Tiempo

CUESTION DE TRATO
(Lo que piensan los barceloneses)

	Cómo tratan a los madrileños en relación con otros visitantes	Qué trato reciben los barceloneses en Madrid en relación con otros visitantes
Peor	24,2	33,1
Igual	70,4	58,7
Mejor	1,7	2,3
NS/NC	3,6	5,9

(Responden españoles de todas las comunidades)
¿Dónde preferiría vivir?

Madrid	30,8
Barcelona	29,9
Ninguna de las dos	36,7
N/s N/c	2,6

¿Qué grado de entendimiento existe entre barceloneses y madrileños?

	Según los madrileños	Según los barceloneses
Mucho	1,7	2,9
Bastante	13,6	25,5
Algo	32,1	35,3
Poco	34,4	29,6
Nada	13,7	5,3
NS/NC	4,6	1,4

CUESTION DE TRATO
(Lo que piensan los madrileños)

Cómo tratan a los barceloneses en relación con otros visitantes	Qué trato reciben los madrileños en Barcelona, en relación a otros visitantes	
25,1	55,0	Peor
65,3	35,9	Igual
3,9	2,3	Mejor
5,7	6,8	NS/NC

Madrid: los barrios de la ciudad

Barcelona: el puerto, Las Ramblas y el monumento de Colón

Ejercicio 1

A Mira los cuadros y el texto para ver si las afirmaciones siguientes son verdaderas o falsas. Corrige las falsas.

1 La mayoría de los madrileños no cree que su ciudad sea demasiado 'centralista'.
2 Los barceloneses quisieran que su ciudad fuese la capital.
3 Más o menos la mitad de los habitantes de ambas ciudades piensan que hay otras ciudades que se pueden comparar con Madrid y Barcelona por su tamaño.
4 Los madrileños piensan que son más perezosos que los barceloneses, pero más simpáticos.
5 Según los barceloneses, los madrileños son groseros y tacaños.
6 Los barceloneses reciben peor trato en Madrid que los madrileños en Barcelona.
7 Los madrileños más que los barceloneses opinan que los habitantes de las dos ciudades se entienden hasta cierto punto.
8 La mayoría de los españoles no quieren vivir ni en Barcelona ni en Madrid.

B Con la ayuda del cuadro *Entre Madrid y Barcelona ¿qué ciudad le parece más ...?*, busca otra evidencia sobre la relación de las dos ciudades.

VOCABULARIO

la encuesta survey
encuestar to interview for survey
el entendimiento understanding
percibir to perceive
el rasgo trait
grosero crude
tacaño mean
el orgullo pride
equiparado equal
la vagancia laziness
el matiz shade (of colour or opinion)

Ejercicio 2

A Barcelona se la reconoce como europea y moderna.
Contesta a las preguntas según este modelo.

1 ¿Cómo se trata a los madrileños en Barcelona?
2 ¿A qué porcentaje de los barceloneses se les trata mal en Madrid?
3 ¿Cómo se les considera a los habitantes de Barcelona en cuanto al trabajo?
4 ¿De qué se les acusa a los barceloneses?
5 ¿Y a los madrileños?
6 ¿A quiénes se les atribuye más amabilidad, simpatía y orgullo?
7 ¿De qué se les acusa a los barceloneses?
8 ¿A quiénes se les acusa de tener más orgullo?

Ejercicio 3

Busca en el texto las palabras o frases que tienen el mismo sentido que las siguientes:

- en todas partes de España
- el 55% de los habitantes de Madrid
- el 33,3% de los habitantes de Barcelona
- trabajan más
- descorteses
- mezquinos
- hasta cierto punto
- son igualmente simpáticos
- imperfecciones muy claras
- pereza
- se critican a sí mismos
- han contestado sin exagerar
- no se comprenden unos a otros
- se dicen contundentemente que no
- se vuelven la espalda unos a otros

Ejercicio 4

Según la evidencia que acabas de leer, ¿en cuál de las dos ciudades preferirías tú vivir? ¿Se puede en efecto diferenciar de tal manera entre los habitantes de dos ciudades? Piensa en tu propia ciudad – o pueblo – y considera si hay diferencias entre ésta y una ciudad vecina. ¿Se puede decir que el carácter de los habitantes depende del tipo de ciudad? Vuelve a leer las características que los madrileños y barceloneses se atribuyen unos a otros: ¿qué características atribuirías tú a los habitantes de tu ciudad? ¿Y a la ciudad vecina?

Siempre ha habido rivalidades entre ciudades y regiones, no sólo en España sino en nuestro propio país. Las ciudades pueden ser capitales regionales o sencillamente vecinas. Tú te acordarás quizás de un/a alumno/a que ha venido a tu clase desde otra región del país o de otro país anglófono, cuyo acento te ha sonado algo extraño. Escoge dos ciudades, pueblos o regiones que tú conozcas, y escribe un breve análisis de lo que tienen en común, y sus diferencias. Si puedes describir lo que los habitantes de la una piensan de los de la otra, tanto mejor.

(B) Todo Madrid más barato

Descuentos para mayores de 65 años y menores de 18 en el abono de transportes

Los mayores de 65 años y menores de 18 años cuentan desde ayer con descuentos del 66% y del 33%, respectivamente, en la tarjeta de abono mensual de transporte. El abono para jubilados costará 1.000 pesetas al mes para cualquier tipo de viajes en transporte público (metro, autobús y ferrocarril de cercanías), mientras que los jóvenes menores de 18 años pagarán una cuota que oscila entre las 2.000 y las 3.000 pesetas, según las demarcaciones territoriales.

La tarjeta de abono, que se solicita en los estancos y que hay que renovar mensualmente, mantiene el mismo precio que el año pasado: 3.000 pesetas para la zona A (municipio de Madrid), 3.500 para la B1 (Pozuelo, Alcorcón Leganés, Getafe, Coslada, San Fernando de Henares, Alcobendas), 4.000 para la B2 (Majadahonda, Las Rozas, Fuenlabrada, Móstoles, Parla, Pinto, Torrejón, Mejorada, Tres Cantos) y 4.500 para la B3 (Colmenar Viejo, Torrelodones, Galapagar, Arganda, Brunete, Humanes, San Martín de la Vega).

Unas 120.000 personas utilizan a diario el abono mensual, según datos facilitados por el Consorcio Regional de Transportes de Madrid. El número de tarjetas emitidas supera las 230.000, pero sólo la mitad de los usuarios se decide a renovar el abono mensualmente.

La Comunidad de Madrid calcula que unos 180.000 usuarios están perdiendo dinero a la hora de viajar por Madrid. El objetivo del consorcio regional, que espera reactivar la emisión de tarjetas con la nueva medida, es llegar a una cifra media de 300.000 usuarios que utilicen el abono.

El número de tarjetas emitidas, que en diciembre fue de 42.500, bajó ostensiblemente en febrero (17.000 nuevas tarjetas) y ha experimentado un ligero aumento a finales de año. El número de abonos mensuales se ha mantenido a lo largo del año en torno a los 70.000 para el municipio de Madrid, 20.000 para la zona B1, 15.000 para la zona B2 y 10.000 para la zona B3.

El País

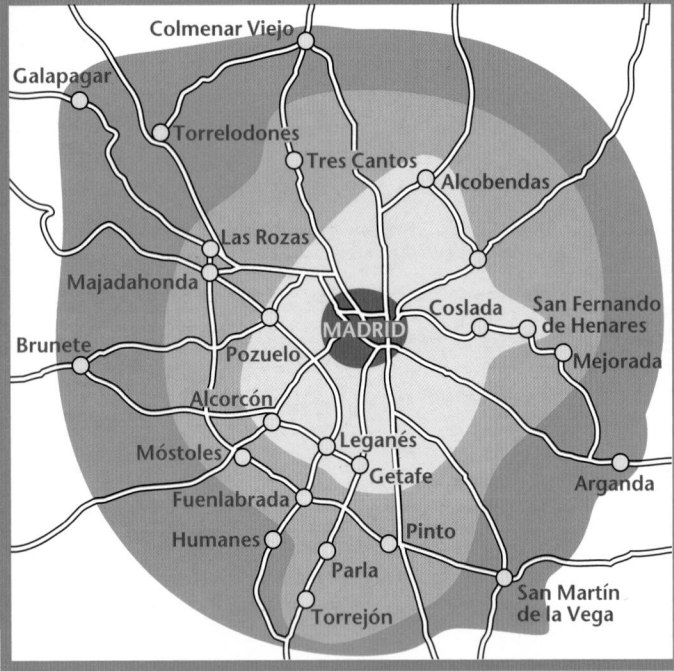

Ejercicio 5

Lee el artículo y rellena los espacios en blanco con la frase adecuada:

1 Te convendrá un Abono si utilizas a menudo . . . .
2 La validez de un Abono Transporte es de . . . .
3 Si tienes menos de 18 años pagarás un . . . . . .% menos que los adultos.
4 Para los jubilados con Abono no hay restricciones de . . . .

5 Yo, que tengo 48 años y vivo en Alcobendas, tendría que pagar . . . . . . ptas.
6 Mi hija, que tiene 16 años, sólo paga . . . . . . ptas.
7 La abuela, que está jubilada y vive en Colmenar Viejo, paga . . . .
8 El . . . . . .% de los que compran un Abono lo renuevan.
9 Las autoridades desean que unos . . . . . . se sirvan del Abono.

Ejercicio 6

Expresa en tus propias palabras las siguientes frases sacadas del texto:

1 Los mayores de 65 años y menores de 18 años.
2 Cuentan con descuentos de 66%.
3 Tarjeta de abono mensual.
4 Cualquier tipo de viajes en transporte público.
5 Según las demarcaciones territoriales.
6 Se solicita.
7 Mantiene el mismo precio.
8 Usuarios.
9 El número de tarjetas emitidas supera las 230.000.
10 El número de tarjetas ha experimentado un ligero aumento.

C   El peatón contra el coche

«Yo creo –dice Jiménez Cañas– que, de todos los proyectos, el más decidido, el que ha exigido más coraje político, es el de la remodelación de la plaza de Atocha.» Esta plaza se formaliza por el encuentro de varias calles, rematadas por la plaza con el importantísimo edificio de la estación. La consecuencia era que por la plaza tenían que pasar forzosamente muchos vehículos cuyo destino no era esa zona, convertida de paso. La idea del paso elevado, que se terminó en 1968, fue muy coherente con la época del desarrollismo. En un momento en que el coche se convertía en símbolo y ambición de las familias españolas, que dejaban atrás las penurias de la larga posguerra, sacrificar una plaza, un monumento o un jardín en aras de una mejor circulación parecía lo lógico. Así pues, se hizo el «scalextric» y el encanto del enclave desapareció bajo el ruido infernal, la perspectiva imposible y el humo de los tubos de escape pasando a cinco metros sobre las cabezas de los desventurados peatones.

«Era un verdadero desastre, algo que además era vivido así, como desastre, por la práctica totalidad de los madrileños. Así que hubo que tomar la difícil decisión de desmontarlo, sin agravar por ello el problema del tráfico. «Atocha es la gran puerta de Madrid, el rediseño de la glorieta ha sido una actuación importantísima, probablemente una de las actuaciones urbanísticas más importantes de Europa.»

Además de importante, la de Atocha ha sido una operación muy del gusto de los madrileños, que día tras día acudieron a contemplar, sin especial nostalgia, cómo las gigantescas grúas se iban llevando poco a poco los puentes elevados.

Cambio 16

VOCABULARIO

la directriz directive
la calzada roadway
la peatonalización pedestrianisation
el coraje courage
formalizarse to be formed
forzosamente by necessity
el paso elevado flyover
la época del desarrollismo period of development
la posguerra post-war period
en aras de on the altar of
el enclave the district
la glorieta roundabout, round square
la grúa crane

Ejercicio 7

Un/a amigo/a tuyo/a es concejal de una ciudad y le interesan mucho las reformas que acaban de cumplir en Madrid. Ya lo adivinas . . . quiere una traducción del texto sobre la reforma de Atocha.

Atocha sin 'scalextric'

Ejercicio 8 🎙

Escucha lo que dice esta comentarista acerca de las reformas de Atocha y la Puerta del Sol, y resume lo que dice, prestando atención a los siguientes puntos:

- el scalextric
- los resultados de los cambios políticos
- el nuevo aspecto de Atocha
- la diferencia para el tráfico
- la renovación de la Puerta del Sol
- la polémica sobre el alumbrado

El problema de la congestión – ¿qué hacer?

Lee esta carta escrita en desesperación por un madrileño a su concejal municipal.

Hermanos del Moral, 11
28019 Madrid

Muy señor mío:

Soy un ciudadano que vive en Madrid (zona sur) y que tiene que trasladarse al trabajo todos los días en la zona norte. Mi dilema cada mañana es el siguiente: ¿cojo o no cojo mi coche? Sé que yendo a trabajar con mi coche supone ahorro de tiempo y energías, aunque no de dinero.

¿Qué pasa con los transportes públicos en Madrid? Es verdad que quizás no sean tan caros como en otros países de la Unión Europea, pero son ineficientes, lentos e incómodos. No debe olvidar, señor concejal, que pago mis impuestos y no veo mejoras en el terreno de los transportes públicos en absoluto.

El sistema de circulación de los autobuses por Madrid es totalmente anárquico. Esperando en una larga cola, preguntas al que está enfrente a qué hora es el siguiente autobús y lo máximo que te puede contestar es que acaban de pasar tres al mismo tiempo o que llevamos 45 minutos esperando. ¿Qué se puede esperar de la eficacia de estos trabajadores en sus puestos de trabajo?

Supongo que el tema de los transportes públicos es un círculo vicioso. Los autobuses circularían mejor si la grúa fuera más eficaz. Los madrileños burlamos las normas porque sabemos que en muchos de los casos no se hacen cumplir por parte de las competencias encargadas. Si antes de sancionar una norma jurídica se pensara en las posibles consecuencias ¡todos seríamos más respetuosos con ellas!

No sé si hay suficiente vigilancia policial, pero lo que sí sé es que a las horas punta cuando todo el caos del tráfico madrileño está presente, no se ve por ningún sitio la presencia de agentes de circulación. ¿Dónde están?

Desgraciadamente yo no tengo la solución a este grave problema madrileño, pero lo que sí sé es que hay que hacer algo y pronto para no morir bien asfixiados por la contaminación o enterrados todos en un manicomio.

Atentamente

Frederico López Molino

Federico López Molino

VOCABULARIO

la grúa remolcador que se lleva los coches aparcados en sitios prohibidos

Ejercicio 9

A Haz una lista de todas las cosas de que se queja este ciudadano de Madrid.

B De las quejas que hace, ¿cuántas aplicarías a la ciudad en la que, o cerca de la cual tú vives? ¿Hay soluciones posibles que hayas visto poner en práctica en algún sitio en tu propio país o en otro? ¿Qué se ha hecho en tu ciudad o región específicamente? ¿Qué medida tomarías tú para controlar la invasión del coche? ¿Es práctico prohibirlo en los cascos urbanos? ¿Cómo se pueden mejorar los transportes públicos? Y el pobre peatón, ¿qué se puede hacer para que su vida sea un poco más cómoda y menos peligrosa? ¿Cuál es el problema mayor, los atascos o la polución? ¿Cómo te imaginas el centro de una ciudad grande como Madrid o Londres para el año 2030 o 2050?

C Trabajad en parejas. El uno/la una está a favor de prohibir los coches en el centro de la ciudad y de crear más zonas peatonales, el otro/la otra está a favor de mantener el acceso vehicular al centro. Considerad por un lado: la polución, el riesgo para los peatones, lo agradable de poder andar sin miedo de coches, más aparcamientos en el borde del casco urbano, con autobuses baratos que lleven a la gente al centro; por otro lado: el acceso para los minusválidos y los ancianos, el peligro de matar el centro, el inconveniente de tener que llevar todas sus compras en el autobús, el desarrollo en los últimos años de los centros comerciales y supermercados en las afueras, con sus enormes aparcamientos gratuitos, etc.

D   Madrid a través de los ojos y las palabras de un sociólogo: 'Hacia una ciudad crispada'

Se dice que ningún sociólogo es capaz de expresarse en una palabra donde puedan caber diez. Lee este artículo y luego haz los ejercicios que siguen.

a LOS cambios que se están experimentando en la sociedad española en los últimos años tienen una proyección muy especial en la ciudad de Madrid. El espacio físico de la ciudad está sometido a una serie de transformaciones profundas que son índice de las mutaciones sociales que se están dando.

b Como cualquier otra ciudad europea, Madrid ha ido frenando su crecimiento hasta el punto de llegar a tener un saldo migratorio negativo, que ronda los cien mil habitantes durante el período 1981–86, mientras que el descenso en el número de nacimientos llevaba a que el aumento de su población, en todo el Área Metropolitana, estuviera por debajo de las veinte mil personas anuales, lo que contrasta fuertemente con el crecimiento de las décadas pasadas.

c A pesar de su bajísimo crecimiento de población todavía hay un fuerte potencial de aumento de viviendas y edificios debido al incremento de los que viven solos que ha de pasar del 9,3 por ciento actual a cotas superiores al 15 por ciento y a la disminución del tamaño familiar, que es muy elevado (3,4 miembros por familia).

d Ese crecimiento inmobiliario que ha de venir tenderá a afirmar más el desarrollo suburbano de la ciudad en viviendas unifamiliares y pisos a la vez que mantendrá la revalorización del centro experimentada los últimos años.

e La saturación de las zonas de oficinas, en todo el eje de la Castellana, ha de llevar necesariamente a un desarrollo de las mismas en los municipios limítrofes a la capital. Para ello se están preparando los parques empresariales de Alcobendas, Majadahonda y las Rozas, de forma que la fuerte demanda que se está experimentando en este tipo de actividad tenga su salida, al igual que ocurre en otras ciudades, en las zonas de la periferia. Este proceso viene acompañado de un aumento del espacio industrial, que actualmente se encuentra bastante saturado y que tenderá a localizarse en los nuevos polígonos que se están preparando en zonas cada vez más alejadas, fundamentalmente en la extrema periferia del Suroeste de la ciudad.

f La reestructuración de las actividades va a afirmar el desarrollo de los servicios de índole personal: restaurantes, peluquerías, gimnasios, clubs deportivos y el consumo de manifestaciones culturales van a seguir aumentando como lo ha venido haciendo durante los últimos años, mientras que el comercio se sigue concentrando en unidades cada vez mayores que pasan de la tienda al supermercado y de éste al *híper*, de forma que la actividad de compra de los ►

madrileños se concentra en el tiempo y en el espacio, la compra diaria es sustituida por la semanal y ésta se realiza de forma concentrada en un único lugar al que se accede en muchos casos en coche.

Esos cambios en el espacio que se están produciendo llevan también a un cambio notable en las relaciones sociales que se dan en la ciudad.

g La vida en la calle, que ha constituido un signo diferencial de Madrid frente a otras ciudades europeas, tiende a sufrir un fuerte debilitamiento, el aumento del tiempo dedicado a ver la televisión, así como la transformación comercial y el incremento de la delincuencia están influyendo poderosamente en un retraimiento hacia el hogar y, por lo tanto, en una pérdida progresiva de las relaciones locales y de barrio.

h Ese sistema de relaciones sociales basado en la proximidad se ve sustituido en parte por otro que se apoya en ciertas formas de consumo. Los que no se ven en la calle intentan relacionarse en el restaurante, en el gimnasio o en cualquiera de las manifestaciones culturales que han experimentado un vertiginoso desarrollo en estos años, limitadas únicamente por los presupuestos comunitarios o municipales.

Jesús Leal Maldonado
Cambio 16

Ejercicio 10

Cada una de estas frases resume un párrafo del texto. Tienes que apuntar el número que corresponde con la letra.

1 Aunque haya menos gente, harán falta más casas.
2 La gente ya no se reúne en la calle tanto como solía hacer hace poco.
3 La gente tiende a reunirse ahora en restaurantes, clubs, u otro establecimiento al interior.
4 La gente tiende a hacer la compra en un solo sitio una vez por semana.
5 Los cambios de los últimos años en el ambiente de Madrid reflejan los cambios generales en la sociedad española.
6 Se construirán más oficinas y fábricas en las afueras de la ciudad.
7 Se irán creando más viviendas tanto en las afueras como en el centro.
8 Madrid ya no crece tanto como antes.

Ejercicio 11

Interpreta las frases siguientes con palabras o frases más sencillas:

Por ejemplo:
Madrid ha ido frenando su crecimiento.
Madrid ya no se hace más grande.
Madrid casi ha cesado de agrandarse.

1 Ahora tiene un saldo migratorio negativo.
2 Hay un fuerte potencial de aumento de viviendas.
3 Debido a la disminución del tamaño familiar.
4 Ese crecimiento inmobiliario tenderá a afirmar más el desarrollo suburbano de la ciudad.
5 Mantendrá la revalorización del centro.
6 Los municipios limítrofes a la capital.
7 Tenderá a localizarse en nuevos polígonos.
8 La actividad de la compra de los madrileños se concentra en el tiempo y en el espacio.
9 Un signo diferencial de Madrid frente a otras ciudades europeas.
10 La transformación comercial y el incremento de la delincuencia.
11 Un retraimiento hacia el hogar.
12 Los presupuestos comunitarios o municipales.

Ejercicio 12

Contesta en español a las preguntas siguientes:

1 ¿En qué se parece Madrid a cualquier otra ciudad europea?
2 ¿Qué cifra se da para el número anual de nacimientos en los últimos años?
3 ¿Por qué tendrá que aumentarse el número de viviendas?
4 ¿En cuáles de las ciudades cercanas a Madrid construirán oficinas?
5 ¿Dónde se localizarán la mayoría de las fábricas construidas en las afueras?
6 ¿Cuáles son los 'servicios personales' que se desarrollan?
7 ¿Cómo va la mayoría de la gente al hipermercado?
8 ¿Hasta ahora qué actividad ha distinguido a Madrid de otras ciudades europeas?
9 ¿Cuáles son las causas de que la gente no pase tanto tiempo en la calle?
10 ¿Qué ha tenido 'un vertiginoso desarrollo' recientemente?

Ejercicio 13

A Una joven española, Dolores, casada con un inglés, Derek, conversa con otra señora española algo mayor, Noli. Ambas acaban de volver a España después de vivir en Inglaterra, Dolores tres o cuatro años y Noli algunos más. Escucha lo que dicen Dolores y Noli acerca de los cambios que han notado en Madrid y lo que echaban de menos en su 'exilio'.

Completa las frases:

1 La gente tiene como más miedo de . . .
2 Cuando se marchó en el 83, se . . .
3 Ahora la gente está más concienciada de que hay . . .
4 En Inglaterra echaba Dolores de menos . . .
5 Sentía necesidad de pasar por Londres . . .
6 Londres parece . . .
7 Según Noli las tiendecitas pequeñas españolas . . .
8 Dolores se queja de que en Inglaterra hay que tener el estómago . . .
9 Noli echó de menos el tiempo madrileño aunque el invierno puede ser . . .
10 La lluvia es muy necesaria puesto que en Madrid ahora . . .
11 Otra cosa que Noli echa de menos son . . .
12 Te sentabas en una cafetería, una terraza y . . .
13 Todos contentos . . .
14 Y ahora en cambio . . .
15 No puedes . . .

B Escucha ahora lo que opina otra madrileña sobre la vida de Madrid, apuntando lo más importante de lo que dice bajo los siguientes títulos:

- la compra
- las actividades culturales
- contacto con la vida cultural extranjera
- la educación
- el tráfico
- la polución
- el contacto social

Vista aérea de Madrid

Ejercicio 14

Prepara un discurso de unos diez minutos que darás a la clase sobre un aspecto de tu propia ciudad o región. Puede tratarse de algún proyecto de 'revalorización' del centro o una 'urbanización' de un trecho del campo o del litoral. Tienes que presentar los argumentos en pro y en contra y luego decir qué punto de vista apoyas. Al terminar recibirás las preguntas de tus compañeros de clase y tu profesor/a o lector/a.

JOVEN PLANIFICADOR DEL AÑO

Ejercicio 15 ¡CONCURSO! El joven planificador del año

Imagínate que el concejo municipal de Madrid ofrece becas para estudiar las reformas que se han llevado a cabo y los proyectos que se proponen durante los próximos años en Madrid y otras ciudades españolas. Los jóvenes que deseen acogerse a estas oportunidades deberán presentar un trabajo individual sobre algún aspecto de la circulación del tráfico urbano.

Lo que escribes puede ser una redacción corriente de unas 300 palabras como siempre o podría formar la base de un proyecto relacionado a este tema. ¡Ojalá lo de la visita a Madrid fuese verdad, pero quizás tu profesor/a te regale un paquete de caramelos!

(E) Más bajo, por favor: el vecino escandaloso

Lee con cuidado el extracto siguiente, sacado del libro *Todos vosotros*, sobre los habitantes de Madrid, por el periodista Manuel Hidalgo. Como el extracto tiene un vocabulario bastante extenso, te aconsejamos utilizar el diccionario.

Para los escasos que gustan del oro molido del silencio la proximidad de un vecino apacible es una utopía esencial. La elección de un buen piso para vivir, amplio, bonito, céntrico y en zona bien comunicada, se volatiliza en amargura si nos toca, al lado, un vecindario alborotador y bramante, hasta el punto de que toda opción de compra y alquiler debería ir acompañada por una prospección sobre las características sonoras y los hábitos ruidosos del vecindario.

Los viejos tienden a hacerse acompañar, si viven solos, por las voces amigas de los locutores y presentadores radiofónicos y televisivos, voces enemigas cuando se entrometen en nuestro trabajo o nuestro descanso. Los viejos, además, duermen poco y mal, por lo que acostumbran a apurar todos los carrascales y onegas de medianoche, todas las madrugadas marconis para corazones solitarios y, convencidos de que cualquier día puede empezar el acabóse del mundo, se desperezan antes del amanecer con las noticias radiadas.

Quien tiene, tabique con tabique, a un vecino viejo y, por lo general, algo sordo, no se acuesta sólo con su mujer, sino que vive en la cama un triángulo a la fuerza con Pedro Altares, de manera que toda palabra de amor al oído de la amada se completa con las últimas cifras del paro. «Te quiero», le susurramos a ella, pero ella escucha además: «y no se descarta una intervención de los cascos azules al sur del territorio». Rara vez semejante cruce y multiplicación de mensajes redunda en beneficio del romanticismo y de la erótica de la situación.

Los jóvenes vecinos solteros son temibles por sus vídeos y sus compact atronantes. Tuve yo uno que, durante seis meses, tocaba diana con *Saturday night fever* a todo gas. Los solteros, además, celebran fiestas y guateques con apretada periodicidad, con nocturnidad, alevosía y notorio desprecio al sueño ajeno.

Los vecinos casados se enzarzan en tremebundas discusiones y en peleas horrísonas. Los patios, al caer la noche, son una Babel de insultos, imprecaciones y amenazas, y la tensión se cuela por doquier como el olor a berza de los pucheros matinales.

La feliz cercanía de una joven pareja bien avenida se va al traste por su natural desenlace: ella se queda embarazada. Después de algunas experiencias muy negativas, he llegado a vigilar tripas de jóvenes vecinas, aterrorizado por la posibilidad de encontrar en ellas el tierno abultamiento que preludia un futuro, primero, de lloros y trasiegos nocturnos y, después, de órdenes e intimidaciones: «¡Jesusín, a la cama! ¡Deja eso, que te parto la cara! ¿Qué te tengo dicho, qué te tengo dicho yo?»

Y cuando, a las cinco de la mañana, los sonidos se extinguen, las voces se acallan y cabe hacerse la ilusión de poder dormir un par de horitas, hasta que empiece el primerísimo de la mañana, la vieja de arriba se levanta a mear y tira mal de la cadena. El vientre de la cisterna ruge hasta que suena el despertador.

Manuel Hidalgo
Todos vosotros

Ejercicio 16

De las dos observaciones siguientes, sólo una es verdadera en cada caso. ¿Cuál es?

1   a   Hay que pagar mucho por un piso con vecinos tranquilos.

    b   Son escasos los españoles que prefieren un ambiente tranquilo.

2   a   Las agencias inmobiliarias deberían incluir en sus folletos información sobre el ruido de los vecinos.

    b   Es importante escoger un piso céntrico con buenas comunicaciones.

3   a   Son los viejos, viviendo solos, los que ponen la radio o la televisión muy alta.

    b   Son las voces de los amigos de los viejos que molestan a los vecinos.

4   a   Los viejos no ponen la radio hasta el amanecer.

    b   Los viejos escuchan la radio durante casi toda la noche.

5   a   La radio del vecino puede estropear la vida sexual de una pareja.

    b   A menudo el marido quiere hacer el amor pero su mujer quiere escuchar la radio.

6   a   Un joven soltero invitó a Diana a escuchar *Saturday night fever* en su compact disc.

    b   Los jóvenes solteros ponen compact discs hasta muy tarde sin preocuparse de sus vecinos.

7   a   Los matrimonios vecinos pasan mucho tiempo riñendo ruidosamente.

    b   Los vecinos se quejan del olor a berzas que se filtra por todo el edificio.

8   a   Al escritor le gusta tener parejas jóvenes como vecinos, porque sabe que pronto habrá niños.

    b   Al escritor no le gusta que sus jóvenes vecinas queden embarazadas.

9   a   A veces el escritor despierta a la vieja de arriba al ir al servicio.

    b   A veces la fontanería del piso de arriba no le deja dormir al escritor.

Ejercicio 17

En este extracto, el autor emplea varias palabras o frases un poco prolijas, como por ejemplo *las características sonoras y los hábitos ruidosos del vecindario* = *el ruido que hacen los vecinos*. Explica en un lenguaje más sencillo y básico las palabras o frases siguientes.

 1   un vecindario alborotador y bramante

 2   locutores y presentadores radiofónicos y televisivos

 3   el acabóse del mundo

 4   se desperezan . . . con las noticias radiadas

 5   tabique con tabique

 6   rara vez semejante cruce y multiplicación redunda en beneficio del romanticismo y de la erótica de la situación

 7   tocaba diana . . . a todo gas

 8   con apretada periodicidad

 9   con nocturnidad

10   con notorio desprecio al sueño ajeno

11   se enzarzan en tremebundas discusiones

12   los pucheros matinales

13   se va al traste por su natural desenlace

14   vigilar las tripas de jóvenes vecinas

Ejercicio 18

Discusión: ¿Es verdad que los españoles son una nación ruidosa? ¿Es peor el problema de la 'contaminación sonora' en España que en tu propio país? ¿Qué tipos de ruido existen en todas las ciudades del mundo? ¿Cuáles son los problemas sonoros de vivir en un inmueble de pisos? ¿Qué se puede hacer para reducir el problema? ¿Hay problemas de ruido en el campo? Y tú – ¿eres una fuente de contaminación sonora? ¿Y tus amigos . . . ?

Ejercicio 19 Situaciones

En parejas:

A Vas a estar trabajando un año en Madrid, y estás inspeccionando con el/la agente inmobiliario/a un piso que piensas alquilar. Mientras estáis viendo el piso, oyes varios ruidos procedentes de los vecinos que te rodearán. Tú mencionas éstos al/a la agente, mientras él/ella trata de tranquilizarte y persuadirte de lo conveniente, lo céntrico, lo bien equipado del piso.

B Has alquilado el piso, pero . . . a los pocos días de vivir allí, tienes una 'discusión tremebunda', como dice el extracto, con un/a vecino/a sobre alguna ocurrencia que no te ha gustado. Decidir la causa entre vosotros y luego . . . ¡a resolver el problema a gritos!

En grupos:

C Has formado una 'asociación de inquilinos', y juntos habláis del problema del ruido. Tratad de formular una lista de reglas que sea aceptable a la mayoría de los residentes del inmueble y un plano de acción contra los que no las acepten.

El Escorial – el monasterio y el pueblo

Ejercicio 20 ¿Ciudad o campo?

Escucha otra conversación entre Noli y Dolores que hablan de las ventajas e inconvenientes de vivir fuera de Madrid, en El Escorial.

1 ¿Por qué decidieron vivir en El Escorial?
2 ¿Qué aspectos de la vida allí les gustan?
3 ¿Qué pasa allí los fines de semana?
4 ¿Cómo es el teatro de El Escorial?
5 Según Dolores, ¿cuáles son las dificultades de criar una familia en el pueblo?
6 ¿Qué maneras hay de desplazarse entre Madrid y El Escorial?
7 ¿Qué ignoran algunos de sus amigos que dicen que viven muy lejos?
8 ¿Por qué están todos contentos de la guardería de los niños?
9 ¿Qué ocurrió cuando hizo viento?

Hay más ejercicios sobre Madrid en las Hojas 7.3 y 7.4 .

Ejercicio 21

Desde mi helicóptero, volando por encima de Madrid, veo algo que empieza con:

F   que forma parte del alumbrado público.

G   que se te lleva el coche.

C   a la parada del autobús.

O   alguien con un carnet que se acerca a tu coche.

C   a las horas punta en Cibeles.

P   en una gran nube debajo de mí.

Z   un barrio residencial.

A   varios gamberros están asaltando a una señora.

A   alguien ha dejado caer su billete mensual de transportes.

A   el tráfico no se mueve.

C   está haciendo un discurso en el Ayuntamiento.

PS han reemplazado el scalextric en Atocha.

G   la plaza circular delante de la estación de Atocha.

V   hay miles de ellas por toda la ciudad.

M   hay más de tres millones.

Ejercicio 22 Temas para seguir pensando, hablando y escribiendo . . .

➠   Los problemas de vivir en el campo.

➠   Barcelona debería ser la capital de España.

➠   Un habitante típico de mi ciudad o pueblo.

➠   El futuro de los transportes públicos.

➠   La sociología – la ciencia que solucionará todos nuestros problemas.

➠   La sociología – el arte de justificar el hacer lo que no se debe hacer.

➠   ¿Hay conflicto entre la estética y el tráfico en nuestras ciudades?

➠   Los tiempos cambian.

➠   La nostalgia por el pasado: ¿puede ayudarnos a planificar el futuro?

➠   La ciudad en que más me gustaría vivir.

➠   Retrato de mi barrio.

➠   Describe un día en que se prohibió por completo el uso del coche.

. . . Y DE POSTRE

¡Que no a la droga!

 **Mano dura contra la droga blanda**

Los expertos se oponen al Gobierno en la persecución policial de los consumidores

La Administración responde a las propuestas de legalización con mano dura.

A quienes se las prometían muy felices, tras la despenalización del consumo de drogas en 1983, se les vienen ahora negros nubarrones. Cuatro ministros, cuatro, cual caballos de la apocalipsis –Sanidad, Justicia, Interior y Asuntos Sociales –, anuncian el fin del libertinaje con un plan para penalizar el consumo de drogas en lugares públicos.

De entrada, heroinómanos y porreros parece que irán a parar al mismo saco de la clandestinidad. Una iniciativa, por otra parte, que ya ha sido llevada a la práctica por el alcalde de Toledo, José Manuel Molina García.

En la segunda patria del Greco, son multados hasta con quince mil pesetas todos aquellos que sean sorprendidos consumiendo drogas o arrojando utensilios (jeringuillas, cucharillas y demás menage) en lugares públicos. Partido Popular, en una circular interna, pretende extender este modelo a los más de dos mil ayuntamientos que rige.

La voluntad ministerial de «causar incomodidades» a los consumidores de drogas afectaría, en todo caso y según datos del Plan Nacional sobre Drogas, a los cien mil heroinómanos, ochenta mil cocainómanos y más de millón y medio de asiduos al *porro* que existen en España.

Pocos días antes de las declaraciones de Julián García Vargas, diversas plataformas de especialistas en materia de droga –desde la Plataforma Alternativa sobre drogas hasta al grupo catalán IGIA, pasando por la asociación judicial Francisco de Vitoria – hacían pública su propuesta de estudio de la legalización parcial de las drogas.

Una coincidencia que hace cundir la sospecha de que tras las palabras del ministro Vargas hay el propósito de salir al paso de esta iniciativa, sin plan articulado alguno a la vista.

«Yo creo que han sido unas manifestaciones desafortunadas, más que algo coordinado, pensado», explica Manuel Caña, responsable de CC.OO. de la policía local y miembro de la Plataforma Alternativa.

Para otros,

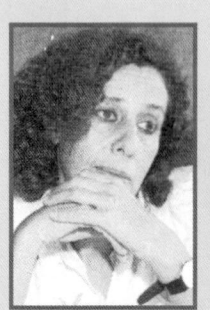

Carmena y García Vargas, posturas enfrentadas.

como el sacerdote Enrique de Castro, que se las ve a diario con la toxicomanía galopante en el arrabal madrileño del Pozo del Tío Raimundo, las declaraciones del ministro demuestran que «al final se va a penalizar al más débil, al consumidor, que por el hecho de consumir ya está de hecho penalizado».

«Además, ¿qué se entiende por lugar público? –se pregunta Enrique de Castro–. Yo ahora aconsejo a los chicos que no se droguen en sus casas para que éstas sean un lugar seguro, un santuario. Por lo menos que la heroína no entre en casa. ¿Qué van a hacer si no pueden drogarse en otro sitio?»

EL EFECTO «LEY SECA». Pero además de la repercusión que esta medida tendría sobre el colectivo socialmente más marginal, el de los heroinómanos, la persecución del consumidor tendría un efecto *ley seca* sobre los consumidores de drogas blandas, criminalizándolos.

«No todos los que se drogan son delincuentes – explica Manuel Caña –, es más, se asocia droga con delincuencia, con lumpen y chorizos, lo que en parte es cierto, pero si se pudiera conocer el número de políticos, de ejecutivos y de gente corriente que se droga nos íbamos a llevar una sorpresa.»

▶

La persecución del consumo público criminaliza a los jóvenes.

Y en el paraíso de la desmemoria quizá convendría recordar las declaraciones de Felipe González en 1979 calificando al porro de «bastante sano», el reconocimiento de Luis Yáñez de haber fumado algún porro o la anécdota del grupo de periodistas y diputados que, la misma tarde del 26 de abril de 1983 en que se despenalizó el consumo de drogas, fueron a fumarse unos petardos en los jardincillos frente a las Cortes, para festejarlo.

Cuando se les pregunta a porreros militantes – jóvenes de discoteca cubiertos de cueros – cunde la indignación:

«¡Lo que tenían que hacer es colgar a los heroinómanos! –espeta León, un chaval de dieciséis años del Barrio del Pilar–. El porro es como tomarse unas copas pero la heroína es una mierda. Si hasta te da asco verlos. Yo tengo dos vecinas que se pinchan. Antes estaban buenísimas y ahora están hechas unas cerdas.»

Lo que parece claro es que una presión sobre los consumidores incrementaría las dificultades *técnicas* de distribución en la calle y, con el riesgo, vendría el encarecimiento.

«La represión lo único que hace es aumentar el precio de las drogas», argumenta Manuela Carmena, dirigente de Jueces para la Democracia. En los países como Francia, donde se ha impuesto una legislación represiva, no se ha logrado reducir el consumo.

En la calle, hacerse con tres porros sale por quinientas pesetas, mientras que el gramo de cocaína está en doce mil. Por su parte, un heroinómano viene a gastar entre cuatro y diez mil pesetas diarias. El elevado precio de las drogas duras está en la base misma de la actividad delictiva de muchos drogadictos: costearse un vicio de diez billetes diarios no está al alcance de casi ningún bolsillo. Más aún si ese bolsillo lleva una eternidad criando telarañas en el paro.

El reproche unánime de cuantos disienten de las pretensiones gubernamentales de endurecimiento es que «la solución no pasa por detener a los camellos de poca monta o a los consumidores, sino por desarticular las redes mafiosas».

Manuel José Fajardo,
Cambio 16

Ejercicio 1

¿Sí o no? Corrige las observaciones falsas.

1 En 1983 el gobierno español legalizó ciertas drogas.
2 Ahora varios ministros del gobierno piensan que esto fue un error de juicio.
3 Si el gobierno cambia la ley, habrá leyes distintas para los consumidores de la droga blanda y los de la droga dura.
4 En Toledo el gobierno nacional ha prohibido el consumo de la droga en sitios públicos.
5 Los expertos sobre la drogadicción piensan que los ministros del gobierno han pensado bien y correctamente sobre la legalidad de la droga.
6 El cura, Enrique de Castro, opina que los adictos a quienes conoce deberían tomarse la droga en casa.
7 La propuesta ley haría criminales de los consumidores de la droga blanda.
8 Se sabe que no se droga ningún diputado de las Cortes.
9 A León le da igual tomarse el porro o la heroína.
10 Si se volviera a penalizar la droga blanda se haría más cara.
11 Con los precios actuales de la droga en las calles de España, cualquiera puede costearse este vicio.
12 Los que no están de acuerdo con los proyectos del gobierno dicen que es necesario destruir las organizaciones distribuidoras de la droga y no penalizar a los consumidores.

VOCABULARIO

la droga blanda soft drugs

la droga dura hard drugs

el drogadicto ⎫
el toxicómano ⎭ drug addict

el heroinómano heroin addict

el cocainómano cocaine addict

el porro 'pot'

el porrero 'pot' smoker

la jeringuilla syringe

el/la narcotraficante drug trafficker

drogarse to take drugs

legalizar ⎫
despenalizar ⎭ to legalize

penalizar to penalise, make illegal

inyectarse ⎫ to
pincharse ⎬ inject
  (slang) ⎭ oneself

una inyección injection

el SIDA Aids

el 'camello' drug pusher

el 'caballo' heroin (slang)

doparse to take 'dope', drugs

Ejercicio 2

Explica en tus propias palabras las frases siguientes, luego escoge seis de ellas y haz tus propias frases.

- se las prometían muy felices
- la apocalipsis
- la clandestinidad
- la segunda patria del Greco
- a los más de dos mil ayuntamientos
- que hace cundir la sospecha
- la toxicomanía galopante
- el arrabal
- una ley seca
- para festejarlo
- hacerse con tres porros
- costearse un vicio de diez billetes diarios
- las pretensiones gubernamentales de endurecimiento
- los camellos de poca monta

Gramática Viva

Busca estas frases en el texto:

Yo ahora aconsejo a los chicos que no se droguen en sus casas para que éstas sean un lugar seguro.

Por lo menos que la heroína no entre en casa.

Teniendo en cuenta estas frases, estudia en la Sección de Gramática la formación del presente del subjuntivo y sus usos en el párrafo 48 y haz el ejercicio A en la Hoja 8.1 . ¡AG! Capítulos 31–36.

(A2) Artistas, escritores y famosos confiesan sus relaciones con la droga

Algunos tienen la sinceridad de proclamar sus experiencias. Otros niegan la evidencia. También hay quienes muestran su desprecio por el mundo de los estupefacientes. Lo cierto es que la cocaína está instalada entre la *gente guapa* y en los circuitos más concurridos de la noche. Estas son las respuestas a las tres preguntas de la encuesta.

1. – ¿Considera un acto reprobable esnifar cocaína de vez en cuando?

2. – ¿En las reuniones sociales, fiestas privadas y lugares de diversión que usted frecuenta ha visto consumir coca?

3. – ¿Ha probado usted alguna vez cocaína? ¿Le importaría hacerlo?

Pepe Sancho. (*Actor.*) **1.** «Creo que "esnifar" coca es un acto social casi imprescindible. En todas las fiestas y lugares no se ve más que un constante ir y venir al baño, un toma y daca . . .»

2. «Claro que he visto "esnifar". La gente no se corta ni con un serrucho y, a veces, ves a doce, quince o dieciocho personas en cualquier sala prestigiosa de Madrid reunidas en el servicio. Es algo que está a la orden del día.»

3. «La tomé hace más de quince años en Costa Rica y no me interesó, ya que me quitó el sueño. La coca no es algo que me estimule, al revés, me produce dolor de cabeza.»

Pepe Sancho

Alejandra Grepi. (*Actriz.*) **1.** «No me parece ni bien ni mal. Cada uno hace lo que quiere con su cuerpo. Me parecería mal si eso fuese un medio de vida, algo necesario para vivir o actuar.»

2. «No he visto directamente "esnifar", aunque a las reuniones sociales a las que acudo, especialmente en discotecas, observo frecuentemente a grupos de chicos o chicas ir juntos al baño . . .»

3. «Nunca he probado, pero no me importaría. La verdad es que no me llama la atención; de hecho, no he fumado nunca en mi vida.»

Lola Flores. (*Cantante.*) **1.** «Todo lo que sea droga es horroroso. Los adultos pueden consumirla en un momento de depresión, pero lo peor son los jovencitos. Dentro de diez años no habrá muchachos de treinta. De la droga a la muerte hay un solo paso. Coca ha habido toda la vida, pero la adicción a ella debe desaparecer.»

2. «Sé que lo hacen, pero yo no lo he visto "esnifar" nunca. Intuyo que muchísimos amigos míos lo hacen, pero no delante de mí.»

3. «Yo la probé por primera vez cuando era muy jovencita, con temor y con miedo, mientras actuaba en Barcelona con Manolo Caracol. Pero la coca no es el "caballo". No me gustó y no la seguí tomando porque yo no necesito ninguna droga para darme marcha.»

Alejandra Grepi

Tribuna

Ejercicio 3

Lee lo que responde cada uno de estos personajes a las tres preguntas, haciendo apuntes y calificando las respuestas con:

- sí/no *más o menos, probablemente*
- sí/no *bastante seguro*
- sí/no *cierto*
- sí/no *categóricamente, enfáticamente*

Ahora escucha lo que dicen estos personajes respondiendo a las mismas preguntas, usando las mismas categorías.

1 Massiel
2 María Jiménez
3 Juanjo Rocafort
4 Nelsy Chelala
5 José Sacristán

¿Cuántos piensan que el acto de esnifar cocaína es reprobable y cuántos no? ¿Cuántos la han visto consumir? ¿Cuántos admiten haberla probado y cuántos estarían a favor o en contra de tomarla?

Ejercicio 4 Discusión

A ¿Qué opináis vosotros de lo que han dicho estos personajes? ¿Cómo contestaríais vosotros a las tres preguntas? ¿Creéis que la gente de la vida pública esté más susceptible a las drogas que la 'gente corriente'? ¿Debería estar legalizada la droga blanda? ¿Qué medidas se deberían tomar contra los narcotraficantes? ¿Cómo se puede ayudar a los drogadictos? ¿Hay centros de socorro en tu ciudad? Si supieras que un/a hermano/a tuyo/a era toxicómano/a, ¿qué harías? ¿Cuáles son los peligros de la drogadicción?

VOCABULARIO

reprobable
  reprehensible
imprescindible
  essential
un toma y daca give
  and take, ie you try
  some of mine and I'll
  try some of yours
coca = cocaína coke =
  cocaine
intuir to suspect

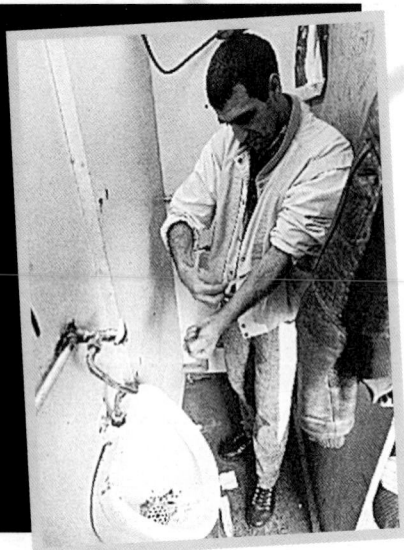

Un drogadicto se pica – éste no ha dicho que *no* a la droga

Situaciones

B Trabajad en parejas:

1 En la calle se te acerca un «camello», que trata de persuadirte a comprar alguna droga dura. ¡Desarrollad la conversación!

2 Descubres que tu mejor amigo/a está tomando una droga dura y que empieza a hacerse adicto/a. Tú le aconsejas que la deje y que tome medidas de desintoxicación antes de que sea demasiado tarde, pero él/ella se resiste.

3 Tienes una entrevista con el alcalde/la alcaldesa de una ciudad de la Costa del Sol en que tu familia posee o alquila un chalé. Estás muy preocupado/a por los evidentes toxicómanos que se ven en las calles y plazas de la ciudad y del peligro de agujas hipodérmicas abandonadas en la playa. El alcalde/la alcaldesa defiende las medidas que se toman en la ciudad, pero lamenta la falta de dinero para solucionar el problema.

Gramática Viva

 A ver cuántos negativos encuentras en el texto *Artistas, escritores y famosos confiesan sus relaciones con la droga*. Luego lee el párrafo 67 en la Sección de Gramática sobre el negativo y completa la Hoja **8.1** . **¡AG!** Capítulo 38.

Ejercicio 5

Escoge una de las siguientes tareas escritas:

1 ¿Qué medidas se pueden tomar contra los narcotraficantes?

2 ¿Se hace lo suficiente por los drogadictos?

3 El alcohol y el tabaco son drogas también.

B El lado duro de la igualdad

"Se ha dicho que las mujeres debemos conquistar la mitad del cielo; en Asturias tenemos que conquistar además la mitad del infierno". Esta frase abre un documento sobre el conflicto de la incorporación de mujeres al trabajo en las minas de Hunosa. Otras mujeres se enfrentan también a la incorporación en trabajos considerados *viriles* por su dureza: peonas, barrenderas, bomberas … No tienen el brillo de las ejecutivas. Son las que conquistan *el infierno*.

Ana Álvarez, junto a tres compañeros, fue escoltada por la Guardia Civil por primera vez en su vida. No se trataba de una delincuente ni de una política. Simplemente, una mujer que había ganado unas oposiciones y quería ponerse el mono y faenar entre la abundante mugre que se extiende por el lavadero de carbón de Sovilla, en la cuenca asturiana del Caudal. "Un trabajo sucio, desagradable y a veces muy duro", según sus propias palabras.

A su alrededor, varias decenas de paisanos y paisanas intentaban impedir como fuera que las cuatro mujeres ocupasen su puesto de ayudantes mineras de exterior, tras haberlo ganado en competencia con otros hombres y mujeres. A Ana Álvarez, 33 años, licenciada en Filología Hispánica, casada y con una hija de tres años, le impresionó el rostro de las mujeres de edad avanzada que se oponían con furor a que ejerciese su derecho al trabajo. "No sentía odio hacia ellas, sino lástima por lo que representaban: una vida de asumir la desigualdad".

El problema era sencillo, y como suele ocurrir, justos pagaban por pecadores. Hay paro. En muchas familias de las cuencas mineras se pasan necesidades. En ese contexto, la conciencia colectiva refuerza el papel simbólico de la mujer como miembro de la unidad familiar que no se concibe como individuo independiente. Para los que intentaban impedir la incorporación de Ana y sus compañeras era inconcebible que una mujer ocupase un puesto de trabajo mientras hubiese padres de familia en paro. Más aún si estaba casada y su marido trabajaba. La mujer, en casa, con la pata quebrada …

▶

Pero tal argumento encerraba otros prejuicios. Entre las feministas asturianas se recuerda como un hito histórico el día en que una de las nuevas mineras se paró delante de una asamblea de mineros, les hizo callar a gritos y les espetó: "El día en que uno de vosotros, casado con una mujer que trabaje, se vaya de la mina, yo también renuncio". Cuentan que se hizo el silencio.

Ana opina que el argumento del paro sólo fue esgrimido cuando las primeras mujeres pasaron las pruebas físicas, destrozando el primer argumento utilizado: las mujeres no valen para esto. Pero valían. Más de un año y medio después los mineros no amenazan con la huelga ni los convecinos pinchan las ruedas del coche de alguna compañera, pero todavía han sufrido improperios, y las malas caras y habladurías permanecen. Los compañeros las han aceptado y ya los sindicatos han abandonado la postura de ambigüedad, cuando no de rechazo, sobre su incorporación. Sin embargo, varios datos muestran que la igualdad entre sexos en la mina queda aún lejos.

En una convocatoria reciente, la empresa (Hunosa, perteneciente al Estado) reservaba, como era habitual, un número de puestos para hijos de empleados fallecidos en el ejercicio de su trabajo. Una hija de minero muerto se presentó. Dijeron que la prioridad absoluta era sólo para ellos, y en todo caso para los maridos de las hijas de fallecidos. Volvieron las protestas, y la solución fue salomónica: la prioridad absoluta para nadie. Un nuevo motivo de queja sobre las mujeres que quieren optar a un puesto de trabajo en libre competencia, a las que los candidatos a la prioridad perdida culpan ahora por la decisión de la empresa.

Las mineras de Hunosa están convencidas de haber logrado una gran conquista, aunque varias cosas han quedado en el camino. Piensan que si no se hubieran organizado y presionado no lo habrían conseguido, ya que tanto la empresa como los sindicatos dieron largas a las primeras solicitudes, presentadas en 1984. Además, un artículo de la Carta Social Europea las impide trabajar dentro de la mina, lo que les resta posibilidades. Están hartas de todo el follón, y varias de ellas se niegan a volver a hablar con la Prensa. Ana Álvarez está orgullosa de haber conseguido su trabajo, aunque muchas veces sea "desagradable".

Las mineras, las obreras, las mozas de carga de Renfe … necesitan, aseguran, demostrar que pueden hacer el doble que un hombre para que sus compañeros se crean que realmente valen para el trabajo. Sin embargo, la mujer se ha incorporado en otros tiempos a otras profesiones que demandan gran esfuerzo físico. Por ejemplo, han tenido una presencia tradicional en el trabajo agrícola en algunas zonas, como en Galicia, donde el 60% de las mujeres ocupadas trabaja en el campo, según datos de 1985. A finales del pasado siglo había más de 1.300.000 mujeres registradas como trabajadoras por más de 6.000.000 de hombres. Una trabajadora por cada cuatro hombres y medio. Actualmente se calcula que hay una mujer trabajadora por cada dos hombres y medio.

César Díaz
El País Semanal

Ejercicio 6

Contesta en español a las siguientes preguntas:

1 ¿Por qué escoltaba la Guardia Civil a Ana Álvarez?
2 ¿Cómo había conseguido Ana su puesto en las minas?
3 ¿Por qué no sentía Ana rencor hacia las viejas mujeres que le gritaban?
4 ¿Por qué no toleraban estas mujeres que una mujer trabajara en tal puesto?
5 ¿Bajo qué condiciones dijo una de las nuevas empleadas que renunciaría a su empleo?
6 ¿Qué tuvieron que hacer las nuevas empleadas para convencer a los dudosos de su validez en este trabajo?
7 ¿Qué evidencia hay de la mala voluntad de los habitantes de la comarca al principio?
8 ¿Hasta qué punto ha mejorado la situación?
9 En la mina de Hunosa ¿para quiénes hay puestos de trabajo reservados?
10 ¿De qué manera causó esto un problema y cómo se resolvió?
11 ¿Cómo afectó este juicio la actitud de los convecinos hacia las mujeres?
12 Según las mineras, ¿quiénes han sido responsables de los progresos que se han hecho en el empleo de las mujeres en tales puestos?
13 ¿Qué tienen que demostrar las mujeres en un trabajo que exige gran esfuerzo físico?
14 ¿Cuál es la proporción actual de mujeres trabajadoras en relación con hombres?

VOCABULARIO

escoltar to escort

la mugre muck

las ayudantes mineras de exterior auxiliary surface miners

el odio hate

el pecador sinner

con la pata quebrada with a broken leg, ie there she stays

el prejuicio prejudice

el hito landmark

espetar to 'lecture'

esgrimir to fence, fend off

amenazar con to threaten with

la huelga strike

el improperio offensive remark

la convocatoria job advert

fallecer to die

dar largo to hedge, not face up to

la Carta social Social charter

el peón labourer

Ejercicio 7 Discusión

¿Qué observaciones se hacen en el artículo que ilustran las desventajas que sufren las mujeres en el trabajo? ¿Cómo reaccionáis vosotros a estas observaciones? ¿Hay diferencia entre la situación de la mujer frente al empleo, especialmente en este tipo de trabajo, entre España y otros países? ¿Habéis encontrado vosotras, las chicas de la clase, evidencia de prejuicio laboral? ¿Qué se puede hacer para remediar la situación que se describe en el artículo? ¿Hay diferencias en la situación laboral de la mujer en España y en vuestro país? ¿Cuáles son?

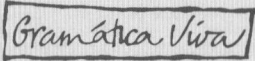
Gramática Viva

Busca esta frase en el texto:

el día que uno de vosotros . . . se vaya de la mina, yo también renuncio.

Ahora estudia los párrafos 48–61 de la Sección de Gramática y completa la Hoja **8.2**, ejercicio A. **¡AG!** Capítulos 30–36.

Ejercicio 8

A Escucha lo que dice Casilda acerca de la mujer en su país. Apunta lo esencial de lo que dice sobre

1 la situación general en la sociedad española
2 la mujer en el trabajo
3 las responsabilidades de la familia y el trabajo
4 la imagen popular y la realidad de la mujer española.

B Escucha lo que dice Marisol acerca de la mujer y el trabajo y rellena los espacios en blanco con lo que falta:

El hecho de que la mujer trabaja también . . . . . . es lo que ha dado lugar a . . . . . . Parece ser que al . . . . . . de la incorporación de la mujer al trabajo . . . . . . se pensó que muchos de los . . . . . . iban a cambiar. Pero este cambio fue más en . . . . . . que . . . . . . Sí que es verdad que muchos hombres ayudan a las mujeres en . . . . . . de la casa pero muy pocos toman . . . . . . por ellos mismos. Esto es consecuencia de la . . . . . . cuando eran niños en sus familias. A veces el hecho de que el hombre . . . . . . en casa es . . . . . . de la mujer. Se oye a veces estos . . . . . .: "prefiero hacerlo yo en vez de . . . . . . a mi marido; tarda mucho tiempo . . . . . .".

C Escucha hablar a Marisol sobre la mujer y el trabajo. Toma notas y luego compara lo que dice con lo que dijo Casilda en A.

Retrato del nuevo español

Nació cuando el país comenzaba a perder de vista el hambre y el terror de la Guerra Civil. Mayo del 68 le confirmó que España no podía seguir siendo diferente al resto de Europa. El nuevo español es más neurótico, solitario y ríe menos que el de antes, si bien se ha hecho más hogareño y se siente más feliz.

El nuevo hombre

Sl el bisabuelo de cualquier nuevo español levantara la cabeza es seguro que, a fuerza de sobresaltos, volvería a postrarla eternamente. No comprendería el comportamiento en casa del bisnieto varón, distribuyéndose, más o menos a la par, las tareas domésticas con la mujer. Se asombraría ante el afán de su descendiente por trabajar, por hacer dinero y gastar, que es la religión consumista del tiempo presente.

El bisabuelo sufriría el definitivo impacto mortal al contemplar, por ejemplo, el culto al cuerpo de su bisnieto, el armario lleno de ropas con colores de dudosa hombría, las colonias para oler bien, los aceites para tener tersa la piel, las lámparas de rayos para mantener un sempiterno bronceado ... En fin, llegaría a la conclusión de que España había degenerado y caído en un relajamiento afeminado de las buenas costumbres.

Seguramente es en el hogar donde más nítidamente puede advertirse la variación en las formas de conducta del nuevo español. La actividad de la mujer fuera de casa ha transformado el comportamiento del hombre en el domicilio familiar y, por supuesto, en al ámbito del trabajo profesional. Ya quedaron lejos los tiempos en los que el mayor esfuerzo, cruzando el umbral hogareño, consistía en quitarse los zapatos y buscar las pantuflas. *«Sin que la estructura machista se haya debilitado notablemente, hay una cierta redistribución en las tareas domésticas. El hombre suele fregar los cacharros, mientras la mujer continúa cocinando. El hombre no suele coser»*, señala **Jesús Ibáñez**, profesor de la Facultad de Sociología de la Universidad Complutense de Madrid. **Lorenzo Díaz**, sociólogo y periodista, afirma que *«gracias a las feministas los hombres nos hemos convertido en unos cocinillas»*.

La actual configuración doméstica ha afectado también al rol familiar. La tarea de educar a los hijos no corresponde axiomáticamente a las madres, en contra de lo que ocurría antes. En los colegios se observa que cada vez acuden más padres interesándose por la marcha escolar de sus vástagos. **Bernabé Tierno Jiménez**, psicólogo y psicopedagogo, constata, tras veinte años de experiencia profesional, que *«el español va adaptándose a los nuevos tiempos; va madurando, de suerte que el hombre de hoy se ha abierto a una nueva forma de relacionarse con su mujer y sus hijos, a quienes ve más como compañera y amigos»*.

En opinión de **Bernabé**, ahora existe más diálogo entre el padre y el hijo. *«Hay un aspecto que evidencia que el varón español está en proceso de cambio: ahora duda si está preparado para educar a sus hijos, ante lo cual intenta prepararse»*, manifiesta **Bernabé Tierno**, quien añade que el atareado nuevo padre de familia *«aunque sólo sean dos minutos, intenta hablar con su hijo todas las noches»*.

Padre menos estricto

La *foto* familiar callejera de ahora poco tiene que ver con la de hace unos años. Antes era impensable contemplar el espectáculo del *macho* español arrastrando el carrito del bebé o con el *canguro* colgado a la espalda. No obstante, producto del atavismo o del derecho consuetudinario, o quizá por la misma legislación vigente, en caso de divorcio, los hijos se quedan aún con la mujer, si bien comienza a apuntarse la elección contraria.

El padre español es menos estricto que el europeo, en contra de lo que pudiera pensarse. Transmite menos normas de comportamiento que otros vecinos del continente. Sólo en lo referido al sexo, con un 13 por 100 frente a un 11 por 100, estamos por encima de la media europea.

Otra característica del nuevo español: es más hogareño. *«El capitalismo de consumo* – dice el filósofo **Javier Sádaba** – *lo lleva a casa»*. El nivel de *confort* en cualquier domicilio ha aumentado considerablemente. Tampoco conviene olvidar que *callejear* resulta hoy un dispendio poco aconsejable en tiempos de recesión.

El profesor **Rafael López Pintor** apunta otra diferencia, la que existe entre el domingo del nuevo español y el de sus padres. *«Ahora la gente tiende a quedarse en casa. Con el vídeo tiene en casa hasta el cine. Cuelga la corbata en vez de sacarla para ir a misa. Se viste de «sport». Justo lo contrario que antes»*.

Este retraimiento puertas adentro, y el mucho tiempo consumido en el trajín profesional diario, explica que el español contemporáneo sea *«menos amigable»*, en palabras del profesor **López Pintor**; *«con más relaciones, pero menos intensas»*, dice **Juan Díez de Nicolás**; *«un urbanita solitario»*, afirma **Lorenzo Díaz**, quien asegura que alrededor del 9 por 100 de la población en las grandes ciudades vive solo.

Tiempo

VOCABULARIO

a fuerza de sobresaltos out of sheer astonishment

asombrarse to be astonished

consumista consumerist

el culto cult, worship

la hombría virility

el relajamiento relaxation

el umbral hogareño the threshold of the home

un cocinilla dabbler

axiomáticamente automatically, by right

el varón male

el atavismo tradition, convention

consuetudinario customary

la legislación vigente prevailing legislation

hogareño homely, home-loving

callejear to walk the streets

el dispendio frittering, squandering of money

el trajín . . . diario the daily grind

Ejercicio 9

Las frases siguientes resumen lo que dice la primera parte del artículo, pero de una manera diferente, usando sustantivos en vez de verbos, por ejemplo. Tienes que rellenar los espacios en blanco con una palabra que convenga de entre las que se encuentran a continuación. No debes utilizar una palabra más de una vez.

1 El nuevo español sufre más de . . . . . ., se encuentra más . . . . . ., y le falta la . . . . . . de sus antepasados.
2 Al bisabuelo le faltaría . . . . . . viendo cómo su bisnieto . . . . . . en casa.
3 Lamentaría la . . . . . . de España y la . . . . . . de costumbres afeminadas por los hombres.
4 Lo que . . . . . . la mujer fuera de casa ha hecho que el hombre . . . . . . su comportamiento puertas adentro.
5 El hombre se ocupa del . . . . . . de los cachorros y la mujer de la . . . .
6 Ahora las madres no . . . . . . necesariamente de la . . . . . . de los niños.
7 Los padres . . . . . . en como . . . . . . sus hijos.
8 Para el nuevo español ha sido cuestión de . . . . . . a los nuevos tiempos.
9 Padres e hijos . . . . . . más.
10 . . . . . . que el hombre español está . . . .

- educación
- se puede ver
- neurosis
- se hablan
- friego
- cambie
- degeneración

- adaptarse
- se ocupan
- adopción
- solo
- hace
- comprensión
- están interesados

- cambiándose
- se comporta
- estudian
- cocina
- risa

Ejercicio 10

Haz un resumen del artículo bajo los títulos siguientes:

1 lo que no comprendería el bisabuelo
2 los cambios en la actitud del hombre español hacia las faenas domésticas
3 los cambios en el rol del marido y padre de familia
4 cómo pasa sus ratos libres el español contemporáneo
5 las relaciones personales

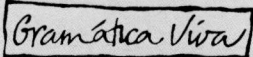

Gramática Viva

Busca en el texto la frase siguiente:

Sin que la estructura machista se haya debilitado notablemente, hay una cierta redistribución en las tareas domésticas.

Esta frase también se puede expresar así:

Hay una cierta redistribución en las tareas domésticas pero la estructura machista no se ha debilitado notablemente.

Lee con cuidado el párrafo 58 de la Sección de Gramática y completa la Hoja **8.2**, ejercicio B. **¡AG!** Capítulo 34.

Ejercicio 11 Discusión: El papel respectivo de los dos sexos

¿Hasta qué punto se puede diferenciar el papel de cada sexo? Explica la diferencia entre la virilidad y el machismo . . . y la feminidad y el feminismo. ¿Qué ha conseguido el movimiento feminista en los últimos años en España, y en tu país? ¿Qué queda todavía por conseguir? ¿Ha cambiado o va cambiando en realidad la actitud de la mayoría de los hombres hacia las mujeres? ¿Existe la posibilidad de una contrarreacción masculina? ¿Qué entiendes por *sexismo*? Piensa en algunas observaciones que pudieran ofender a una chica – o a un chico.

Recientemente se ha reportado en la prensa que las mujeres van teniendo más éxito en los exámenes escolares y por lo tanto se van calificando mejor que los hombres para el mundo del trabajo. ¿Qué problemas van a plantear estos éxitos para ellas? ¿Y para los hombres? ¿Cuáles son los problemas prácticos, o sea, logísticos, que encuentra la mujer frente a su carrera? ¿Cómo, por ejemplo, se acomoda su deseo de tener y criar una familia con el de adelantarse en su carrera? (Hay muchas profesoras que hacen precisamente esto – ¡haz estas preguntas a tu profesor/a!) ¿Qué efecto tiene sobre la familia tradicional 'nuclear' el hecho de que ambos padres trabajen? Hay los que atribuyen el aumento del crimen juvenil a que sus padres no estén en casa cuando los niños vuelven del colegio: ¿ qué opinas?

Ejercicio 12

Seguid discutiendo los temas siguientes y luego cada uno escoge un título y escribe una carta al periódico apoyando o rechazando una de estas observaciones hechas por un/a de sus periodistas:

- '¡Viva la diferencia!' Ya no queda justificable esta observación en cuanto a los papeles de los dos sexos.
- El siglo 20 habrá presenciado el triunfo de la mujer y la caída del hombre en la civilización occidental.
- Sí, las mujeres han progresado, pero queda tanto por hacer.
- ¿Cómo organizarías la vida doméstica para que la mujer y el hombre desempeñaran los papeles que les convinieran mejor y que produjeran la máxima armonía y eficacia en el hogar?
- Claro que las oportunidades tienen que ser iguales para ambos sexos, pero no se puede negar que hay ciertos trabajos que la mujer hace mejor que el hombre, y al revés.

Ejercicio 13 Situaciones

1 Una de las chicas de la clase se presenta a la entrevista para un puesto de trabajo. El jefe (uno de los chicos) tiene ideas muy tradicionales sobre el rol de la mujer en la sociedad. ¡Desarrollad la escena!
2 ¡Al revés! El chico se presenta, la chica es la jefa.
3 ¡Otra discusión con el abuelo! Tienes que convencerle de que las chicas deberían tener las mismas oportunidades que los chicos.
4 ¡Y otra! El abuelo se burla de que su nieto cuide el bebé y lave los platos, mientras que su mujer sale a trabajar. Tienes que defender tu punto de vista.

Cuestiones de idioma

Se habla español

Con el siglo XXI a la vuelta de la esquina, el español parece gozar de excelente salud. En el año 2000, por citar un dato significativo, 35 millones de norteamericanos serán de origen hispano y es un hecho admitido que, para entonces, el español, lengua hoy de 333 millones de personas, será la más hablada del mundo occidental.

No resulta extraño, pues, que según datos del Instituto Cervantes, los estudiantes de español en Estados Unidos entre los años 1986 y 1990 hayan aumentado en un 70 por ciento y en el mismo período, en Japón, el crecimiento haya sido del 80 por ciento. El director de éste organismo, Nicolás Sánchez-Albornoz, dice: «No se ha dado la suficiente importancia al español como medio de comunicación e incluso de contactos económicos. Yo creo que si los japoneses se interesan en el aprendizaje de nuestra lengua es porque se han dado cuenta de que en el mundo occidental aprender español es cada vez más importante. El español, además, tiene una ventaja adicional: es una lengua que se habla en varios países distintos, la comunidad hispana aparece repartida en nacionalidades y no como el chino que se habla prácticamente en un solo país e incluso el inglés que también es la lengua de relativamente pocos países, aunque éstos sean grandes y poderosos».

Con toda probabilidad el gran secreto de la resistencia del español ha sido su fuerte implantación desde el principio. El académico Gregorio Salvador Caja dice: «Los hispanoamericanos han sido más conservadores con el español que nosotros mismos. Su propia lejanía de la metrópolis y su necesidad de señas de identidad hizo que las clases cultas y gran parte del pueblo tratara la lengua con mucho cuidado. Por otra parte fueron los libertadores, los abanderados de la independencia, los que difundieron más que nadie el español».

Esta cultura civil, de la gente de la calle, como la define el escritor Carlos Fuentes ha recibido un insólito respaldo con la difusión de las telenovelas. Los inefables culebrones, tan denostados por la crítica culta, han resultado ser un espléndido factor de comunicación y unión entre los diferentes españoles.

Ramiro Cristóbal
Cambio 16

Ejercicio 14

He aquí una serie de pares de observaciones acerca del artículo *Se habla español*, de las que sólo una es correcta. ¿Cuál es la observación correcta?

1　a　Para el año 2000 habrá 333 millones de hispanohablantes.

　　b　En este momento hay 333 millones de hispanohablantes.

2　a　Hoy hay 35 millones de personas de origen hispano en los Estados Unidos.

　　b　Para el año 2000 la cifra de personas de origen hispano habrá alcanzado los 35 millones.

3　a　Para el año 2000 habrá más personas que hablan español que cualquier otro idioma del mundo occidental.

　　b　Para el año 2000 el español será la lengua más hablada de todos.

4　a　En el Japón ha crecido el número de estudiantes de lengua española menos que en los Estados Unidos.

　　b　En el Japón el crecimiento del número de estudiantes de español ha sido más grande que en los Estados Unidos.

5　a　Los norteamericanos se han dado cuenta de la importancia del español como medio de comunicación.

　　b　Los japoneses han visto las ventajas económicas de saber hablar español.

6 a Se puede utilizar el español en una variedad de países.

 b Se puede utilizar el inglés en más países que el español.

7 a Casi todos los hispanoamericanos han cuidado bien el español.

 b Sólo las clases cultas se han preocupado de la lengua española.

8 a Fueron los bandidos quienes difundieron más la lengua.

 b Fueron los que se rebelaron contra el imperio español los que hicieron más para fomentar la lengua.

9 a En nuestros días las telenovelas han deshecho esta unidad lingüística.

 b Las telenovelas han contribuido a la unidad lingüística.

7.45 Carta d'ajust.
8.00 Club Super 3. Programación infantil que incluye varias series de dibujos animados.
12.00 Videoxoc-concurs.
12.10 Motor a fons. Información deportiva.
12.40 El show de Jerry Lewis. Serie.
13.10 Amor a primera vista. Concurso presentado por Montse Guallar y Àlex Casanovas.
14.30 Telenotícies migdia. Espacio informativo.
15.00 El temps. Meteorológico.
15.05 Bona cuina. Gastronómico.
15.10 Club Super 3. Dibujos animados. *Les fabuloses tortugues Ninja.*
15.40 Tarda de cine. Largometraje. Sin determinar.
17.35 Mira què diu el nen. Serie.
18.00 M'hi vaig casar. Serie.
18.30 Pel.lícula. Largometraje. Sin determinar.
19.55 Bona cuina. Espacio gastronómico.
20.00 Telenotícies vespre. Informativo.
20.30 El temps. Meteorológico.
20.35 Actual. Reportajes de actualidad.
21.30 Sorteig Lottoshow.
21.40 El joc de segle. Concurso. Presentador: Xarli Diego. Dirección: Ramon Fusté.
22.25 Cine nit. Largometraje. Sin determinar.
0.05 T/N última hora. Informativo.
0.10 cinema de mitjanit. Largometraje. Sin determinar.
1.40 Fora d'hores.
1.55 Fi d'emissió.

11.38 Aurkezpena. Presentación de la programación del día.
11.40 Txirri mirri eta txiribiton. Incluye las siguientes series de dibujos animados: - *Kapitan planet eta planetariak.*
– *Ninja dortokak.*
13.25 ETB-ren eskutik.
14.00 Gaur egun. Programa informativo.
14.20 Sustraia. Programa informativo dedicado al sector agrícola y ganadero.
14.50 Ikimilikiliklip.
15.50 Marrazki festa.
16.15 Pantera Arrosa. Dibujos animados.
16.20 Kirolez kirol.
16.30 ETB kantxa.
18.00 Atletismo eta herri kirolak. Deportivo.
20.00 Gaur egun. Espacio informativo.
20.25 Futbola. Espainiako liga. Retransmisión del encuentro Albacete-Atlético de Madrid.
22.30 Nazioarteko futbola. Espacio deportivo.
0.10 Amaiera.

9.47 Preescolar na casa.
10.15 Parlamento.
10.45 Supersport.
12.00 Paixón motor.
12.30 Clipmanía.
13.00 Supermartes.
14.30 Telexornal fin de semana. Presenta Begoña Fontenla.
15.15 O tempo.
15.20 As tartarugas mutantes.
15.45 James Bond Junior.
16.10 A pedra dos soños.
16.35 Marian e Robin.
17.00 Inocente, inocente.
18.15 Entrada libre. *Siete noivos para sete irmás.*
20.00 Adianto informativo.
20.10 Fútbol. Albacete-Atlético de Madrid.
22.30 Telexornal fin de semana.
22.55 O tempo.
23.00 Entre amigos.
0.30 Butaca especial. *Paixón.*

Los idiomas de la península ibérica

El idioma que vas aprendiendo y que fuera de España se suele llamar *español*, es en efecto el *castellano*, es decir, el idioma de Castilla, o la parte central de España. Como se ve en el mapa (véase al dorso) hay otras lenguas habladas en otras regiones del país. Quizás la principal de las 'otras' lenguas de España sea el *catalán*, la lengua de Cataluña, en el noreste de España, cuya capital es Barcelona. Al sur de esta región, el *valenciano* es una variante del catalán y, en las Islas Baleares, el *mallorquín* es otra.

En el norte, desde el extremo occidental de la frontera con Francia hasta la raya con Cantabria más allá de Bilbao, se habla el *euskera* o el *vascuence*, es decir, el idioma del País Vasco. Este idioma es muy viejo y no está relacionado con los otros idiomas de la península ibérica, que tienen sus raíces en el latín.

En el extremo noroeste, en Galicia, se habla *gallego*. Este idioma se parece bastante al portugués, el cual hace un total de cinco idiomas hablados en la Península entera.

Durante la dictadura de Franco se fomentaba el castellano por encima de los demás idiomas, que se prohibían por decreto. Sin embargo, desde la democracia, y sobre todo desde la creación de las autonomías regionales en 1978, los otros idiomas se están fomentando, pero esto conlleva los problemas que se ventilan en los siguientes extractos.

Los idiomas de la península ibérica

 **D2** **Una vista extranjera del multilingüismo español**

Ventajas del español

Lo cierto es que en la edad de los grandes conjuntos resulta innegable que entender, escribir y hablar español es una baza, una ventaja y una suerte, porque se trata, obviamente, del segundo idioma internacional, cuya importancia mundial va creciendo (además de ser para nosotros, los hispanistas, el primer idioma por su belleza); así pues, es una lástima que algunos, en la propia España, se empeñen en hacer gala de idiomas merecedores de todo respeto por su pasado, eso sí, pero perfectamente desconocidos fuera de las *autonosuyas*, donde corren, por tanto, el riesgo de encerrarse, sin dar señas del sentido de un porvenir más amplio que el del espíritu de capillita.

Michel Royer
Le Vésinet (Francia)

La lengua de Valencia

Acabo de leer el *Especial Valencia* publicado en su excelente revista, y me ha interesado mucho.

Sin embargo, me gustaría hablar más de la capital del *país trencat*, me gustaría expresar en esta carta cómo me duele lo que pasa actualmente allí.

Me recibieron muy bien en aquella ciudad y su región: hice unos intercambios escolares y un cursillo en la Universidad, me alojé sucesivamente en casa de una profesora amiga y en un colegio mayor y de allí sólo son buenos recuerdos los que conservo, pero esta manera de imponer el valenciano y, sobre todo, de politizar la lucha entre los dos idiomas (valenciano-castellano), me sabe muy mal a mí.

Dentro de pocos años ya no se hablará castellano desde Port-Bou a Alicante y ya no habrá intelectuales hispanoparlantes que acudan a esta parte tan agradable y tan acogedora de España.

Sueño con volver a Valencia, con pasar allí unos meses como profesora de francés, pero lo que me importa, además de promocionar el estudio de mi propia lengua, es perfeccionar la lengua que enseño a diario: el castellano, y no sé si verdaderamente podré conseguirlo.

Señor director, dígales a los partidarios de las lenguas regionales que sus pretensiones nos plantean muchos problemas a los profesores de español en el extranjero, porque si es difícil hablar y escribir correctamente el español, ¿qué va a ser de nosotros si además tenemos que practicar el vascuence, el gallego, el catalán y el valenciano?

Por suerte, CAMBIO 16 todavía está escrito en castellano y no sabe qué alegría tengo cuando llega a mi casa, es como si España llamara a mi puerta.

Annie Herguido.
Périgueux, Francia.

Cambio 16

Ejercicio 15

Lee las cartas escritas por dos hispanófilos franceses:

1 Annie Herguido conserva buenos recuerdos de su estancia en Valencia menos uno: ¿cuál es?

2 ¿Qué aspecto de este problema le disgusta en particular?

3 ¿Qué tipo de persona cesará de ir a la costa este si no se resuelve el problema?

4 ¿Por qué le interesa especialmente la lengua que se habla en aquella región?

5 ¿Qué llamamiento hace a los que quieren imponer el valenciano como lengua?

6 ¿Qué importancia atribuye Michel Royer al conocimiento del castellano?

7 ¿Qué expresiones emplea para subrayar la falta de visión de los que quieren fomentar los idiomas regionales?

Ejercicio 16 Discusión

¿Hasta qué punto se puede justificar la insistencia en que las lenguas regionales se empleen en todas las circunstancias, incluso cuando el hablante de dicho idioma se encuentra fuera de su 'territorio regional'? ¿Es realidad o sentimentalismo esperar que un idioma regional florezca en un país cuyo idioma oficial sea de importancia internacional? ¿Se deben tomar en serio los idiomas regionales? Siendo éste el caso, ¿cuál sería la mejor manera de fomentarlos? ¿Hasta qué punto se pueden separar el idioma y la cultura general de tales regiones? ¿Sería verdad decir que el afán por un idioma tal como el euskera o el catalán sea un afán poco disfrazado del separatismo? ¿Existen casos parecidos en tu propio país? ¿Qué opinas de ellos?

Ejercicio 17

Pasaste tus últimas vacaciones con tus padres en el País Vasco, en coche. Tu padre se confundía con frecuencia – y se enfadaba – porque todas las señalizaciones de carretera estaban en euskera, y no sabía adónde iba. Por ejemplo, en vez de poner «San Sebastián», ponían «Donostia», y «Gasteiz» en vez de «Vitoria». Con la ayuda de las cartas de Michel Royer y Annie Herguido, escribe a las autoridades en la capital vasca, Bilbao (¡perdón, Bilbo!) describiendo los problemas para los extranjeros que visiten la región.

Ahora pide a tu profesor/a las Hojas $\boxed{8.3}$ y $\boxed{8.4}$.

... Y DE POSTRE

Ejercicio 18 Sinónimos

Busca a la izquierda la palabra o frase que tiene el mismo sentido que la de la derecha:

■ mugre	■ usual
■ fallecer	■ vascuence
■ odio	■ desempleo
■ escoltar	■ compañía
■ asombrar	■ casero
■ hombría	■ suciedad
■ consuetudinario	■ idioma
■ hogareño	■ morir
■ lengua	■ sorprender
■ empresa	■ aborrecimiento
■ euskera	■ acompañar
■ paro	■ masculinidad

Ejercicio 19 Temas para seguir pensando, hablando y escribiendo

➡ ¿Cuál es peor, el alcohol o el *porro*?

➡ Di que no al alcohol.

➡ Si se suprimieran las drogas corrientes pronto se descubrirían nuevas.

➡ Los riesgos de fumar.

➡ ¿Por qué necesita doparse la humanidad?

➡ El hombre contemporáneo es un cocinilla pero es mejor así.

➡ La mujer en el año 2050.

➡ Si se muere una lengua, se muere una cultura.

➡ ¿Debería haber una sola lengua universal?

➡ ¿Para qué aprender idiomas?

➡ El valor del español como lengua mundial.

LA ALDEA GLOBAL (¡EL MUNDO ES UN PAÑUELO!)

A El mundo de las comunicaciones

Lee el texto con la ayuda del vocabulario.

Durante estos últimos años y gracias a los avances de la electrónica, telecomunicaciones e informática, han surgido cantidad de servicios que prácticamente han revolucionado la gestión empresarial y nuestro diario vivir. Hasta hace poco estas repercusiones se observaban principalmente en oficinas y fábricas, pero ya han comenzado a extenderse al hogar. La verdad es que caminamos hacia la sociedad interconectada.

Los nuevos servicios están relacionados fundamentalmente con las telecomunicaciones y el procesamiento de información; es decir, el teléfono y el ordenador. En la oficina y la industria, se trata de que los directivos trabajen con mayor eficacia y optimicen los recursos a su disposición, tomen decisiones correctas y planifiquen su estrategia comercial en base a una información mejor y más exhaustiva. A estos efectos se ha desarrollado una amplísima gama de equipos (microordenadores, fotocopiadoras, redes diversas, facsímiles, modems, PABXs,

La informática en la oficina

etc.) y software y sistemas (software a medida, standard, hojas electrónicas, correo electrónico ...), con inmediatas repercusiones sobre diversas áreas industriales y de servicios de nuestra sociedad. Todo ello constituye un excelente soporte para lo que comienza a llamarse la «oficina electrónica».

Entre los servicios puestos a punto en estos últimos años, varios han sido implantados en las redes telefónicas públicas con conmutación o télex, mejorando estos sistemas de distribución automatizada de información. Entre éstos, pueden citarse el télex, telefax, comunicación de datos, videotelefonía y videoconferencia, videotex y teletexto.

Un reciente informe de Dataquest subraya que «los mercados de telecomunicaciones europeos, crecerán en un 9 por cien anual durante los próximos cinco años,

generando ingresos de más de 100.000 millones de dólares al año». El informe agrega que, dentro de este panorama habrá diferentes marcas entre diversos sectores de la industria. Las centralitas telefónicas públicas y privadas se moverán lentamente, mientras que las comunicaciones móviles, facsímil y comunicaciones de datos, experimentarán un explosivo crecimiento. Los facsímiles, alcanzarán los 4.300 millones de dólares desde los 1.600 millones en 1987 y los japoneses reforzarán su control sobre el mercado

Cambio 16

VOCABULARIO

la gestión empresarial business management

los directivos managers

la gama range

el software a medida tailor-made software

puesto a punto developed

subrayar to underline

el ingreso income/turnover

agregar to add

la centralita telefónica telephone exchange

experimentar to undergo

reforzar to reinforce

Ejercicio 1

A Explica las siguientes palabras y expresiones del Texto A:

- telecomunicaciones
- la gestión empresarial
- el ordenador
- estrategia comercial
- fotocopiadora
- modem
- correo electrónico
- oficina electrónica
- télex
- ingresos

ANUNCIAMOS A LOS
SEÑORES TELESPECTADORES
QUE EL PROGRAMA QUE VAMOS
A TRANSMITIR NO ES APTO
PARA NADIE

Por Juan Ballesta

B Busca en el texto las palabras o expresiones que equivalen a éstas:

– la ciencia de los ordenadores
– el almacenamiento y la difusión de la información
– gente que dirige una empresa
– computador pequeño
– máquina para mandar fotocopias a larga distancia
– programaciones de computador diseñadas para las necesidades específicas de una empresa
– sistema nacional de servicios telefónicos
– teléfono en que se puede ver al interlocutor
– unidad monetaria de Estados Unidos
– dominación del sector comercial

Ejercicio 2

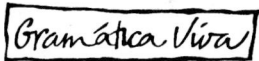

Inventa frases para utilizar todas las palabras del Ejercicio 1A; trata de utilizar el pretérito y el imperfecto (véanse las Secciones de Gramática 38 y 39).
¡AG! Capítulos 17, 19 y 20.

Por ejemplo:
Las telecomunicaciones revolucionaron el mundo de las oficinas.
En los años ochenta muchas familias compraban un ordenador para los niños.

Ejercicio 3

Rellena los espacios en blanco con las palabras más adecuadas sacadas del Texto A.

En los últimos diez años ha habido una revolución . . . . . . en las oficinas y fábricas del mundo occidental. Además del . . . . . . que ha hecho mucho más fácil y eficaz el trabajo de la oficina y de la industria, se trata de otros . . . . . . que tenemos a nuestra disposición. Ahora se pueden tomar decisiones y planificar . . . . . . disponiendo de una . . . . . . mejor y más completa. Una gama muy extensa de nuevos equipos se está utilizando cada vez más para que el trabajo de los . . . . . . sea más eficaz. Muchos de estos nuevos recursos están . . . . . . por medio de las redes telefónicas públicas. Todo esto está generando . . . . . . enormes para las compañías que han puesto a punto los nuevos sistemas de distribución . . . . . . de información.

Ejercicio 4

Traduce a tu propio idioma el último párrafo del Texto A.

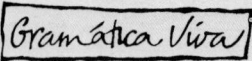

En el segundo párrafo del Texto A, verás que se usa varias veces el subjuntivo después de la expresión *se trata de que* . . . Para saber por qué se usa así, véanse las Secciones de Gramática 51–60 (y **¡AG!** Capítulos 31–34), y luego pide a tu profesor/a la Hoja **9.1**

B La chapuza de las carreteras

Lee el texto con la ayuda del vocabulario.

AUTOVÍAS SIMILARES A AUTOPISTAS. Ante la disyuntiva de autovías o autopistas, el Gobierno apostó por las primeras, descalificando absolutamente la realización de autopistas, demasiado caras. El resultado dado hasta ahora por las escasas autovías en servicio ha inducido al MOPU a realizar autovías «similares a las autopistas».

Las autovías, a diferencia de lo que ocurre en las autopistas, hacen los enlaces con otras carreteras al mismo nivel, llevando el trazado de cruces peligrosos. Permiten, además, el acceso a las fincas que bordean la autovía, y admiten todo tipo de tráfico, desde tractores a animales de carga. El resultado es que los pocos kilómetros de autovía ya en funcionamiento no han supuesto un descenso de accidentes en esos trazados. A la autovía de Valladolid a Palencia se la sigue llamando «la carretera de la muerte», por la

Otro atasco

cantidad de *puntos negros* que presenta su trazado. Ahora, después de su apertura, el MOPU piensa convocar un concurso de 800 millones para realizar en esa vía enlaces a distinto nivel que permitan reducir la peligrosidad.

OPCIONES SIMILARES. Otro argumento que ha llevado al MOPU a evolucionar desde las autovías hacia las «autovías similares a las autopistas» es que el coste de ambas opciones ha

comenzado a ser similar. En las primeras autovías se ha utilizado la carretera ya existente como una de las dos calzadas de la autovía. Pero con este sistema, inevitablemente, desaparece la carretera local, con lo que el tráfico que el MOPU denomina «de agitación» (y que incluye los pequeños desplazamientos entre localidades, el tráfico agrícola, etc.) no tiene más remedio que invadir la autovía, obstaculizando el tráfico de largo recorrido.

Ante el peligro que esto supone en las últimas autovías con aprovechamiento de la carretera actual como una de las calzadas de la autovía, se ha decidido la construcción de vías de servicio para ese tráfico que se ha denominado «de agitación». Con ello, el precio de las autovías se ha disparado aún más.

Javier Arce
Cambio 16

VOCABULARIO

la disyuntiva dilemma

la autovía dual carriageway

apostar por to bet on

descalificar to disqualify

escaso scarce

MOPU *Ministerio de Obras Públicas*

el enlace junction, intersection

el trazado plan, route

convocar un concurso to call for bids, throw open to tender

evolucionar to shift

la calzada road surface, carriageway

de agitación local (traffic)

el desplazamiento journey

de largo recorrido long distance

se ha disparado has shot up

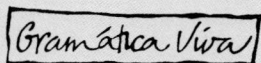
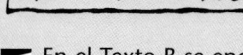

En el Texto B se encuentran 12 ejemplos del perfecto. Estudia la Sección de Gramática 44, y pide a tu profesor/a la Hoja │ **9.2** │. ¡**AG!** Capítulo 21.

Ejercicio 5

Explica en español las siguientes palabras y expresiones que se refieren a las carreteras.

- autovía
- autopista
- enlace
- carretera

- acceso
- tráfico
- kilómetro
- accidente

- trazado
- carretera de la muerte
- punto negro

- calzada
- de agitación
- largo recorrido
- vía de servicio

Luego pide a tu profesor/a la Hoja │ **9.3** │ y haz el ejercicio A.

Ejercicio 6

Haz un resumen en tu propio idioma del Texto B de unas 150 palabras. Luego – sin mirar el texto – vuelve a traducir tu resumen al español.

Ejercicio 7

Discute las siguientes preguntas y sugerencias con tus compañeros. Luego escribe veinte o treinta palabras sobre cada una.

1 ¿Cuál es mejor, una autovía o una autopista? ¿Por qué?
2 ¿Cuál es más costoso, una autovía o una autopista? ¿Por qué?
3 ¿Cuál es más importante, el tráfico local o el tráfico de largo recorrido?
4 ¿Cuál es el factor más importante en la planificación de las carreteras y de los transportes públicos, el coste o la seguridad?
5 ¿Cómo solucionarías el problema de la falta de dinero para pagar la infraestructura y las carreteras que necesitamos?
6 Las carreteras contra los ferrocarriles.
7 La velocidad excesiva en las carreteras causa muchos accidentes.
8 En Gran Bretaña se debería introducir el peaje en las autopistas.
9 No se debería permitir que los grandes camiones de recorrido largo viajasen en las carreteras.
10 Es más cómodo y más rápido viajar en tren o en avión.
11 El gobierno debería invertir más dinero en los medios de transporte público, y no en las carreteras.
12 Ya no tenemos el derecho de tener todos nuestro propio coche.

Ejercicio 8

Imagina que quieren construir una nueva autopista que pasará por el jardín de tu casa. Escribe una carta al periódico o al Ministerio dando tus opiniones sobre este proyecto.

C Vuele a su medida

Lee el texto con la ayuda del vocabulario y con un diccionario si te hace falta.

Viajar en avión puede ser un placer o una tortura. Detalles como el precio, la calidad de la comida, la comodidad de los asientos o el trato de la tripulación son fundamentales para volar a gusto. Éstos y otros aspectos han sido evaluados por 'El País Semanal' a lo largo de 10.000 kilómetros de vuelo en clase turista de nueve compañías aéreas europeas. Aquí están los resultados.

Aunque todos los aviones y todas las líneas aéreas parezcan iguales, no lo son. Por ejemplo, si quiere volar a París en el Aerobús A-320 de Air France, tendrá que encajonar sus piernas en los 21 centímetros que separan los asientos; más modesta, la compañía francesa Euralair ha permitido que en sus humildes Boeing-737 los pasajeros puedan estirar sus piernas en 34 centímetros, la máxima distancia encontrada en el análisis realizado. Esta línea, que vuela sólo desde Madrid y Valladolid a París, es la única que tiene tapicería de cuero en los asientos de no fumadores.

Del estudio realizado también se desprende que en un avión no se satisfacen gustos culinarios exigentes. Lo habitual es que los clientes prueben un poco de cada plato, se dejen la mitad, pidan un café y confíen en un buen almuerzo en su lugar de destino. Si hubiera que recomendar algún vuelo por sus alimentos, habría que destacar las comidas de Euralair y de Iberia y los desayunos de Swissair. El resto se mueve en un terreno muy parecido, a excepción de British Airways, cuyos *lunch* son bastante precarios, sobre todo para el paladar latino.

Si usted desea tomarse una copa durante el vuelo, es mejor que se la tome en Lufthansa, British Airways, KLM, Swissair o en Euralair: no le cobrarán nada. En el resto, un whisky le saldrá por unas 200 pesetas. A no ser que tenga más suerte que nosotros, para tomar una copa tendrá que esperar 70 segundos si viaja con Air France, 60 con Alitalia, 18 con Viva Air, 10 con Lufthansa, 8 con KLM, 7 con Euralair, 5 con British Airways y Swissair y 3 con Iberia, si es que la camarera está tan cerca de usted como en el vuelo en el que se hizo la prueba. Para obtener estos tiempos se llamó en dos momentos diferentes del vuelo a la tripulación auxiliar y se dedujo la media. Ni Alitalia ni Air France atendieron una de las dos llamadas.

Este aspecto está en relación directa con el número de azafatas que atienden los vuelos. En British Airways se encontrará con un mínimo de seis técnicos de cabina; seis hay también en el Aerobús de KLM; cinco cuidan el A-320 de Iberia y los de Alitalia; en Swissair viajará con cuatro auxiliares de vuelo; Lufthansa lleva un mínimo de tres personas, al igual que Viva Air y Euralair.

Las normas de seguridad están bastante unificadas en cuanto a información tanto de las salidas de emergencia como de las máscaras de oxígeno y chalecos salvavidas debajo del asiento. Esta información es más eficaz en aquellos modelos de aeronaves en los que se ha incorporado vídeo, como es el caso del 767 de British Airways – en el que las normas se explican también para sordomudos – y el A-320 de Iberia, dado que, inconscientemente, se presta más atención a los contenidos. En el resto de las compañías, las normas son explicadas por los técnicos de cabina de pasajeros, y en el caso de Alitalia y Air France no se hizo alusión al uso del chaleco salvavidas.

De los vuelos realizados por *El País Semanal* sólo se pudo escuchar música con cascos individuales en el vuelo de Iberia. Este aparato, un A-320, está equipado con vídeos cada dos filas, en los que durante el vuelo se emiten reportajes promocionales y turísticos.

No se puede sacar una conclusión definitiva del estudio. Cada compañía tiene evidentes ventajas y naturales inconvenientes. Sí se puede afirmar que la pesimista visión de Iberia no se corresponde, al menos en sus vuelos europeos, con la realidad. Que British Airways presta una especial atención a los pequeños detalles, y que su trato y servicio, a excepción de sus comidas, son excelentes; que las compañías centroeuropeas tienen ofertas similares, y que Viva Air, Alitalia y Air France, por este orden, fallan en algunos de los aspectos estudiados. Por último, sorprende el esfuerzo de la modesta compañía francesa Euralair, que, frente a la gran competencia del sector, ha conseguido una notable calidad de servicio.

Jesús Echevarría
El País Semanal

La comodidad de los asientos

	Tapizado	Distancia con el asiento delantero	Mesas (en cm²)	Distancia entre respaldos	Anchura del asiento
ALITALIA (A-300)	bueno	28	960	83,8	45,2
AIR FRANCE (A-320)	bueno	21	1.107	78,7	44,4
BRITISH AIRWAYS (B-767)	bueno	30	1.107	86	43
EURALAIR (B-737)	Muy bueno	34	1.118	89	47,5
IBERIA (A-320)	bueno	28	1.147,5	81	45,1
KLM (A-310)	bueno	27	1.064	81	45
LUFTHANSA (B-737)	bueno	30	910	86	43
SWISSAIR (MD-81)	bueno	27	945	81	53
VIVA AIR (B-737)	bueno	21	1.092	73	45,5

Todas las medidas son en centímetros
1 Medición de EL PAÍS SEMANAL. Se ha tomado como referencia la distancia entre el borde del asiento y el respaldo delantero.
2 Información facilitada por las propias compañías.

Impresión de los diversos vuelos

	Comodidad	BAR servicio/tiempo de respuesta tras llamada	Baños	Atención de la tripulación	Comidas	General
ALITALIA (A-300)	7	3	5	4	5	4
AIR FRANCE (A-320)	2	3	7	3	5	3
BRITISH AIRWAYS (B-767)	8	8	8	9	4	8
EURALAIR (B-737)	9	7	6	9	9	7
IBERIA (A-320)	8	9	5	9	8	8
KLM (A-310)	6	7	7	8	7	7
LUFTHANSA (B-737)	8	7	8	8	7	7
SWISSAIR (MD-81)	7	8	7	8	5	7
VIVA AIR (B-737)	4	6	6	8	7	6

VOCABULARIO

el trato treatment

la tripulación crew

encajonar to squeeze into

estirar to stretch out

la tapicería upholstery

realizado carried out

se desprende it emerges . . .

exigentes demanding

destacar to stand out

el paladar palate

la azafata air hostess

el chaleco salvavidas life-jacket

Ejercicio 9 ¿Verdadero o falso?

Corrige las frases falsas.

1 *El País* basó este reportaje en lo que dijeron algunos pasajeros.
2 Los asientos de Air France son los más cómodos.
3 Euralair sólo ofrece vuelos entre Francia y España.
4 La mayoría de los pasajeros deja sin comer la mitad de su comida.
5 British Airways sirve comidas muy buenas.
6 Hay que pagar las bebidas en todas las líneas aéreas.
7 En los vuelos de British Airways no atienden bien a los pasajeros.
8 Se obtiene mejor la información sobre las normas de seguridad en los aviones que tienen vídeo.
9 En Iberia, también se ofrecen auriculares a los pasajeros.
10 El servicio que ofrece Iberia es mejor que lo que sugiere su reputación en España.
11 Euralair es la peor de las líneas aéreas europeas.

Ejercicio 10

Mira los dos cuadros que revelan las estadísticas sobre la comodidad de los asientos y la impresión de los diversos vuelos. Luego discute con tus compañeros de clase cuál de las líneas aéreas escogeríais para vuestro próximo vuelo, dando vuestras razones.

Ejercicio 11

¿Cuándo viajaste en avión por última vez? ¿Tuviste que esperar mucho tiempo en el aeropuerto? ¿Has sido alguna vez víctima de huelgas aéreas? ¿Con quién viajabas? ¿Adónde ibais? ¿Cuánto tiempo tuvisteis que esperar? ¿Qué hicisteis mientras esperabais? Cuenta a tus compañeros lo que ocurrió en algún vuelo.

¡Escuchar bien!

(D)1 Yo no me bajo en la próxima, ¿y usted?

Ejercicio 12

Pide a tu profesor/a la Hoja **9.4** y escucha este reportaje. Se trata de los habitantes de un pequeño pueblo cerca de Cuenca que se quejan de que RENFE reduce el número de trenes en la línea Aranjuez–Cuenca.

(D)2 Pedro Piqueras, presentador de Telediario

Ejercicio 13

Escucha esta entrevista, en la que habla Pedro Piqueras; nació en Albacete, y después de trabajar en la radio llegó a ser presentador de telediarios. Pide a tu profesor/a la Hoja **9.5** .

(D)3 Publicidad

Ejercicio 14

Escucha los anuncios, y apunta todos los detalles que puedas sobre los productos anunciados. Luego, discutiéndolos con tus compañeros de clase, decidid en cada caso por qué (no) compraríais el producto: ¿cómo os persuadió el anuncio? ¿Cuál fue el estilo? Escuchándolos varias veces, ¡podríais preparar una transcripción de cada anuncio!

Desde el espacio

Lee el texto con la ayuda de estas frases, y si es necesario, de un diccionario.

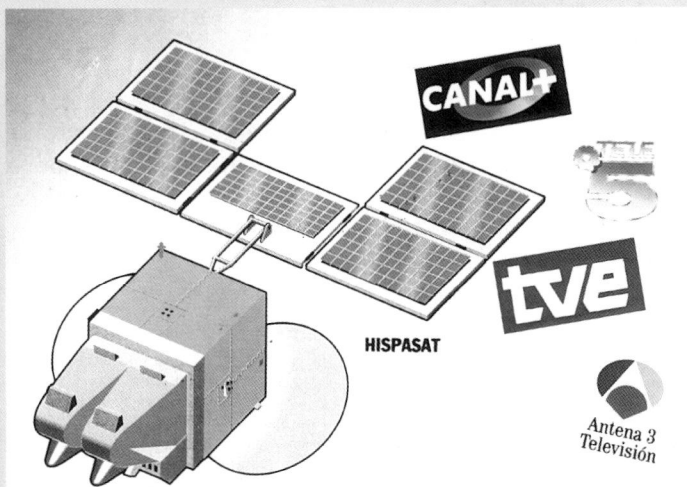

HISPASAT

Desde el espacio

La televisión por vía satélite ya es un hecho en España. Aunque con cierto retraso sobre Europa, cinco nuevos canales utilizan el Hispasat para emitir

NUNCA ANTES LAS TELEVISIONES ESPAÑOLAS, públicas y privadas, habían estado tan unidas. Olvidar la contraprogramación o la traición de los famosos que abandonan un canal para fichar por otro ha sido posible gracias al Hispasat. El satélite español emite una señal de hermandad entre las cadenas. Todas forman la sociedad Cotelsat, encargada de la comercialización de los canales por vía satélite que se sintonizan en España desde el 5 de septiembre.

Televisión Española ya puso en funcionamiento en febrero Tele Deporte y Canal Clásico, a los que se suman ahora Telesat 5 de Tele 5, Antena 3 Satélite de Antena 3 y Canal 31 de Canal 1. Los domicilios con antena parabólica son aún pocos en España y la rentabilidad de este proyecto, por lo tanto, todavía no está asegurada. Por ello en un principio y con el fin de conocer la reacción del público, todos los programas se emitirán en abierto.

A partir del 15 de diciembre la emisión será codificada.

Para la recepción de la señal del satélite es necesario instalar una antena parabólica o plana de 40 centímetros de diámetro, si se sintoniza desde la Península, o de 60, si se hace desde las Islas Canarias. El lugar más adecuado es la terraza, el tejado, la ventana o el jardín orientando la antena al Sur (30° Oeste). Además de ésta es necesario un receptor de satélite y el equipo doméstico habitual: la televisión y un vídeo, si se quiere grabar un programa. El precio de la antena oscila entre las 35.000 y las 40.000 pesetas.

La banda horaria en la que se pueden sintonizar los nuevos programas comienza a media tarde y se alarga hasta las primeras horas de la madrugada, a excepción de Tele Deporte que comienza los días de diario a las 13.00 y los fines de semana a las 12 del mediodía.

Este canal está dedicado exclusivamente al deporte. Gracias a él se pudieron contemplar los Juegos Olímpicos de Invierno en Noruega a principios de año y con él se asiste a los encuentros nacionales e internacionales más importantes del mundo deportivo. El Canal Clásico se constituye como el abanderado de la cultura ofreciendo documentales, películas, series, música, teatro y ópera. Canal 31 ofrecerá cuatro películas diarias, para continuar la línea cinéfila del canal privado. Los dibujos animados y la programación juvenil será la oferta de Telesat 5 y los programas de investigación, informativos, reportajes y deportes de Antena 3 Satélite.

Pero estos canales tienen un competidor muy próximo. En noviembre está previsto que se apruebe la ley sobre televisión por cable y ya existen dos sociedades que tienen preparada la distribución de programas por este sistema. Un duro competidor, especialmente para los canales de pago, pues el abono a la televisión por cable, que puede ofrecer más de diez canales temáticos, es más barato que el de las cadenas privadas. Este año pasará a la historia como el de la gran revolución en la telecomunicación española.

Cristina Santorio
Cambio 16

PANTALLA

LNB

RECEPTOR. El coste total del equipo completo de recepción no supera el precio de un vídeo.

VIDEO. El vídeo es necesario si se quieren grabar los programas emitidos.

ANTENA. El diámetro de la antena parabólica es distinto para la Península (40 centímetros) que para las Islas Canarias (60). Pero cuanto mayor sea aquel mejor será la calidad de la imagen. El precio oscila entre las 35.000 y las 40.000.

TELEVISOR

VOCABULARIO

fichar por to sign up for

la hermandad brotherhood

la cadena chain, network

sintonizarse to tune in

la rentabilidad financial viability

en abierto on an open access basis

la emisión broadcast

la madrugada early morning

el abanderado standard-bearer

el abono subscription

Ejercicio 15

En clase, explica a tus compañeros en español las siguientes palabras y expresiones del Texto E; luego escucha también las definiciones que te ofrecen ellos. Después de discutirlas, tenéis que escribir las definiciones más adecuadas, en menos de doce palabras. Luego cada estudiante de tu clase tiene que inventar instantáneamente una frase que utilice la palabra que tú le propones.

- la televisión pública
- la televisión privada
- el satélite
- Hispasat
- Cotelsat
- la comercialización
- la rentabilidad
- emitir
- codificar
- la antena parabólica

- el receptor de satélite
- sintonizar
- el documental
- el dibujo animado
- la programación juvenil
- la televisión por cable
- la distribución de programas
- el canal de pago
- el canal temático
- la telecomunicación

Ejercicio 16

Traduce al inglés la introducción y los dos primeros párrafos del Texto E.

Ejercicio 17

1 ¿Qué piensas tú de la televisión británica?
2 ¿Prefieres la BBC o la ITV?
3 ¿Tenéis una antena parabólica?
4 ¿Qué piensas de Sky, y de la televisión en satélite en general?
5 ¿Qué opinas de la televisión española, y de otros países extranjeros?
6 ¿Te gustan los anuncios, o crees que estropean los programas?
7 ¿Cómo debería financiarse la televisión?
8 ¿Crees que un sólo hombre debería poder controlar una cadena de televisión?

Escribe unas cien palabras, dando tus opiniones sobre estas cuestiones y haciendo una comparación entre las principales cadenas británicas.

F   Las oportunidades del nuevo AVE

Lee el texto con la ayuda del vocabulario.

Es una oportunidad para las empresas constructoras españolas. Un nuevo AVE comienza a ponerse en marcha con la construcción de una parte de la futura línea de alta velocidad que va a unir Madrid y Barcelona. Se trata de los trayectos entre Zaragoza y Lleida y el de Ricla a Calatayud.

"El volumen total de trabajo que hay que sacar a licitación es tal que permitirá que un número importante de empresas puedan participar en el desarrollo de los trabajos", afirma Antonio Monfort, director general de Infraestructuras de Transporte Ferroviario del Ministerio de Obras Públicas. El pasado 30 de mayo se convocó concurso para las obras de infraestructura de un primer subtramo entre

Zaragoza y Lleida. El plazo de recepción de las ofertas concluye el próximo día 17 de este mes. La adjudicación se espera que tenga lugar en otoño.

Los dos trayectos de alta velocidad que ahora se van a impulsar han sido considerados como prioritarios en la realización del futuro AVE que unirá Madrid y Barcelona. Se les concede esta

prioridad porque, aun sin estar en construcción el resto de la línea, estos tramos resolverán, tras su puesta en funcionamiento, problemas de estrangulamiento de la red actual.

EL TRAYECTO Zaragoza–Lleida va a tener una longitud total de 140 kilómetros, y el de Ricla–Calatayud, de 40 kilómetros. Las inversiones ▶

globales que van a ser necesarias son de 114.000 millones de pesetas para el primer tramo y de 42.000 millones de pesetas para el segundo. Aunque para la puesta en marcha del nuevo AVE se trata de conseguir la intervención de capital privado, las obras que ahora se inician se realizarán con cargo a los Presupuestos Generales del Estado.

PARA QUE LOS dos tramos puedan integrarse en la futura línea de alta velocidad Madrid–Barcelona, van a ir equipados con traviesas que permitan que el cambio al ancho de vía internacional pueda hacerse de una manera sencilla. Los trayectos contarán con electrificación de 25 kilovoltios en corriente alterna, ya preparada para la alta velocidad. Aunque toda la red nacional está equipada a 3.000 voltios en corriente continua, no habrá problemas de tracción porque las locomo-

El nuevo AVE unirá Madrid, Guadalajara, Zaragoza, Lleida, las proximidades de Tarragona y Barcelona.

toras actualmente en funcionamiento, las 252, pueden circular con ambas tensiones.

UNOS TIEMPOS CORTOS

En la Administración se destaca la rapidez en el desarrollo de las obras como una de las conclusiones importantes que se pueden extraer de los trabajos que se realizaron para el trayecto del AVE entre Madrid y Sevilla.

Una conclusión que ahora se tiene también presente al comenzar la construcción de una nueva línea de alta velocidad.

"En el primer AVE, los tiempos de construcción fueron muy cortos. Cualquier inversor sabe siempre que reduciendo el tiempo de inversión se favorece enormemente el ahorro en el coste total de la operación", señala Antonio Monfort, director

general de Infraestructuras del Transporte Ferroviario. "Debemos de mantener unos tiempos de construcción lo más cortos posibles para que el coste sea todo lo económico que se pueda y, en segundo lugar, para que la puesta en valor de la inversión sea la más rápida posible".

En la Administración se califica la experiencia de las obras entre Madrid y Sevilla como de éxito sin precedentes. "La participación de las empresas fue clave", afirma Antonio Monfort. "La obra ha tenido una calidad magnífica, como se ha podido ver en los más de tres años que se lleva de explotación".

Ejercicio 18

Haz un resumen escrito en inglés de los aspectos más importantes de este artículo, usando no más de 200 palabras.

Ejercicio 19

Busca las palabras del texto que corresponden más o menos a los siguientes sinónimos:

- rapidez
- viaje
- compañía
- competición
- congestión
- sistema de ferrocarriles
- dotados de
- incorporarse
- empezar
- se describe

Explica en español las siguientes palabras y expresiones del texto.

- ponerse en marcha
- Infraestructura
- puesta en funcionamiento
- estrangulación
- Presupuestos del Estado
- traviesas
- ancho de vía
- electrificación
- voltio
- el ahorro

VOCABULARIO

AVE Tren de Alta Velocidad

la licitación tender, bidding

convocarse to summon

el subtramo sub-section of route

el plazo time limit

la adjudicación award of contract

la inversión investment

la traviesa railway sleeper

la tensión (here) voltage

clave (adj.) of key importance

Ejercicio 20

Pide a tu profesor/a la Hoja [9.7] para hacer una traducción de tu propio idioma al español.

G 'En la radio me molesta la falta de ilusión de la gente'

ROBERTO MARTIN
Onda Cero

Ciego de nacimiento, ha superado muchos obstáculos sociales para llegar donde está. Desde su programa «Un mundo sin barreras» trata de combatirlos

SU PERRO BOSCO, DE 12 años, le acompaña a todas partes, tal vez por eso sea su mejor amigo. Roberto Martín es ciego de nacimiento, natural de Ávila. A sus 42 años ha trabajado en Radio Nacional de España, en la Cope y hoy lo hace en Onda Cero, en el programa *Un mundo sin barreras*, donde además es director de seguimiento de antena.

P. *¿Ha tenido que derribar muchas barreras en su carrera profesional hasta alcanzar su posición actual?*
R. Unas cuantas.

P. *¿Cuál es la que más le ha costado?*
R. La comprensión humana.
P. *Por su condición de invidente, ¿tiene algún sexto sentido para oler las noticias?*
R. En absoluto, no. Únicamente utilizas más los otros sentidos. Pero no por el hecho de no ver tienes mejor oído. ¡Qué va! Simplemente te fijas más en otras cosas, simplemente.

P. *¿Qué obstáculo corre más urgencia derribar?*
R. El mental. De nada sirve sacar una ley de supresión de barreras, cuando un conductor aparca su coche en una salida por donde tienen que pasar sillas de ruedas.

P. *¿Algún día el ciudadano se concienciará de las personas con minusvalías?*
R. Falta tiempo, pero creo que sí.
P. *¿Cuál es el perfil del oyente de su programa?*
R. Nos escucha muchísima gente y de todo tipo. Pero en especial gente a la que le interesan los problemas culturales y sociales.

P. *¿Cree que este tipo de programas son efectivos de cara a los minusválidos?*
R. Para mí es importante que sean efectivos tanto para la población que tenga minusvalía como para el resto de la sociedad. Me preocupa tanto el dar información a una persona con minusvalía como que un ciudadano sepa que este tipo de persona puede llegar a realizar determinados trabajos. Es muy importante que un empresario sepa eso.

P. *¿Como director de seguimiento de antena, qué es lo que más le incomoda de la radio que se hace en la actualidad?*
R. La falta de ilusión en la gente. Eso se nota mucho en antena. La burocracia de esa persona que está haciendo un trabajo y no le gusta. Vamos, que lo hace con desgana.

P. *¿Usted trabaja y hace las cosas con entusiasmo?*
R. Hombre, yo creo que sí.

P. *¿Y qué es lo que le engancha a la radio?*
R. El aprender. A mí me falta mucho por aprender. Y a casi todo el mundo.

P. *¿Cree que la radio de provincias tiene algún matiz especial que no tenga la de grandes capitales?*
R. En la radio de provincias se trabaja con menos medios que aquí. Por lo que hay que tener en cuenta las dificultades con la que los profesionales se enfrentan allí. A veces tienen que ser su propio productor, su propio técnico . . . Por ello les respeto muchísimo.

P. *¿Cree que la gente se ha cansado de la palabrería que abunda en la radio?*
R. No. A la gente le gusta escuchar las opiniones de unos y de otros. Critican las tertulias pero las siguen escuchando.

P. *¿No piensa que sobran tertulias y faltan más programas como el suyo?*
R. Hombre, está clarísimo que tendría que haber más programas de temática social porque la competencia es buena y son temas que hay que divulgar. Son historias que primero se decían que no daban temas

▶

y afortunada o desgraciadamente sí que los dan. También dijeron que no atraían oyentes y bueno ahí están las llamadas que nosotros recibimos cada tarde.

P. *¿Usted que ha trabajado en la radio pública y ahora lo hace en una privada qué ventajas y qué desventajas tienen una y otra?*

R. Quizá no se lo pueda aclarar mucho. Porque si bien es cierto que Onda Cero es una radio comercial, su filosofía es muy social. Lo que sí le inculparía a la radio pública, una radio que en realidad pagamos todos, es que al tener cubierto su soporte económico deberían dar más servicios a los colectivos que más lo necesitan. O sea que de la misma manera que existe Radio 2, una emisora de música clásica, debería existir una radio más social.

P. *¿Cree que los medios de comunicación deben tomar tanto partido como lo están haciendo últimamente en la política?*

R. Es que a mí la política no me gusta.

P. *¿Qué es lo que le gusta fuera de la radio?*
R. Vivir lo mejor posible. Viajar, los perros . . .

Pilar Romero
Cambio 16

Ejercicio 21

Lee esta entrevista y luego contesta a las preguntas. Se trata de un presentador de radio en Onda Cero.

1   ¿Por qué siempre va Roberto acompañado de su perro?
2   ¿Cuáles han sido las dificultades que ha experimentado antes de ser presentador de radio?
3   ¿Cómo logra 'oler' las noticias?
4   Según Roberto, ¿cuál es para él el mayor obstáculo?
5   ¿Qué dice Roberto acerca de su audiencia?
6   Según Roberto, ¿por qué es más difícil trabajar en la radio provincial?
7   ¿Qué tipo de programa es el de Roberto?
8   Según lo que dice Roberto, ¿cuáles son las diferencias más significativas entre la radio pública y la privada?

Ejercicio 22

Vuelve a leer la entrevista y busca las palabras que corresponden a las siguientes definiciones:

- la capacidad de identificar novedades de interés al público
- persona que sufre cierta incapacidad física
- exceso de preocupación en lo que se refiere a la administración
- persona responsable de la realización de un programa
- exceso de verbosidad y de palabras huecas
- cadena radiofónica que pertenece al estado
- empresa de medios de comunicación – de televisión o radio

Gramática Viva

Ejercicio 23

Escribe en estilo indirecto todo lo que dijo Roberto Martín, cambiando todos los verbos al pasado cuando sea necesario. (Véanse las Secciones de Gramática 38, 39, 40, 41 y 44.) **¡AG!** Capítulos 17–20 y 21.

Por ejemplo:
Roberto Martín dijo que su perro Bosco le acompaña a todas partes.

El camino/El coronel no tiene quien le escriba

Ejercicio 24

Con tus compañeros de clase, lee estos dos trozos sacados de novelas muy conocidas, y discute los efectos que han tenido los transportes y comunicaciones sobre la vida de todo el mundo.

A veces, Daniel, el Mochuelo, pensaba que su valle era como una gran olla independiente, absolutamente aislada del exterior. Y, sin embargo, no era así; el valle tenía su cordón umbilical, un doble cordón umbilical, mejor dicho, que le vitalizaba al mismo tiempo que le maleaba: la vía férrea y la carretera. Ambas vías atravesaban el valle de sur a norte, provenían de la parda y reseca llanura de Castilla y buscaban la llanura azul del mar. Constituían, pues, el enlace de dos inmensos mundos contrapuestos. En su trayecto por el valle, la vía y la carretera se entrecruzaban una y mil veces, creando una inquieta topografía de puentes, túneles, pasos a nivel y viaductos. La vía del tren y la carretera dibujaban, en la hondonada, violentos y frecuentes zigzags; a veces se buscaban, otros se repelían, pero siempre, en la perspectiva, eran como dos blancas estelas abiertas entre el verdor compacto de los prados y maizales. En la distancia, los trenes, los automóviles y los blancos caseríos tomaban proporciones de diminutas figuras de «nacimiento» increíblemente lejanas y, al propio tiempo, incomprehensiblemente próximas y manejables. En ocasiones se divisaban dos y tres trenes simultáneamente, cada cual con su negro penacho de humo colgado de la atmósfera, quebrando la hiriente uniformidad vegetal de la pradera. ¡Era gozoso ver surgir las locomotoras de las bocas de los túneles! Al Mochuelo le agradaba aquello más que nada, quizá, también, porque no conocía otra cosa. Le agradaba constatar el paralizado estupor de los campos y el verdor frenético del valle y las rachas de ruido y velocidad que la civilización enviaba de cuando en cuando, con una exactitud casi cronométrica.

adaptado de *El camino*
por Miguel Delibes

– El avión es una cosa maravillosa – dijo el coronel. – Dicen que puede llegar a Europa en una noche.
– Así es – dijo el médico, abanicándose con una revista ilustrada.
– Pero no deja de tener sus peligros – dijo el coronel. – La humanidad no progresa en balde.
– En la actualidad es más seguro que una lancha – dijo el médico. – A veinte mil pies de altura se vuela por encima de las tempestades.
– Veinte mil pies – repitió el coronel, perplejo, sin concebir la noción de la cifra.
– Hay una estabilidad perfecta – dijo el médico. Además, en el mar hay barcos anclados en permanente contacto con los aviones nocturnos. Con tantas precauciones es más seguro que una lancha.
El coronel lo miró.
– Por supuesto – dijo. – Debe ser como las alfombras.

Gabriel García Márquez
El coronel no tiene quien le escriba

Ejercicio 25 Situaciones

Practica las siguientes situaciones con tus compañeros de clase. En cada caso damos unos ejemplos de preguntas o temas que podréis abarcar.

1 entrevista con un viajero que acaba de oír que se ha suspendido su vuelo a Londres.
  – ¿adónde viajaba, y por qué?
  – ¿cuánto tiempo lleva esperando?
  – ¿cómo va a viajar ahora?
  – ¿qué opina de los trabajadores de las líneas aéreas?

2 entrevista con una persona que vive cerca del trayecto de una nueva línea de ferrocarril, proyectado para trenes de alta velocidad.

- ¿por qué protesta en contra de la línea proyectada?
- ¿cómo va a afectar su casa?
- ¿por qué no quiere mudarse de casa?
- ¿cómo va a continuar su cruzada en contra de la línea?

3 entrevista en la radio con un/a famoso/a cantante de música pop.

- ¿qué efecto tiene en su vida la fama que ha conseguido?
- ¿a qué atribuye el buen éxito de sus discos?
- ¿cómo va a progresar su carrera de aquí en adelante?
- ¿está contento de ser famoso/a? (las ventajas y desventajas)

4 entrevista con una secretaria bastante vieja que ha tenido que adaptarse a las nuevas máquinas y a los grandes cambios que ha habido en el trabajo de una oficina.

- su trabajo, ¿es más fácil, o más difícil hoy en día?
- ¿cuáles han sido los mayores cambios en su trabajo?
- ¿cuáles son las máquinas más útiles y por qué?
- ¿cuáles de las novedades han hecho más difícil su trabajo, y por qué?

Ejercicio 26 Reportaje

Lee el texto elegido, y cuenta a tus compañeros de clase los elementos más importantes del texto.

1 El defensor del telespectador
2 El destino en sus manos
3 Sube
4 Gratis y en un santiamén

... Y DE POSTRE

Ejercicio 27

✈ Pide a tu profesor/a la Hoja [9.8].
Lee el artículo y haz el ejercicio al pie de la Hoja.

Ejercicio 28

Discute los siguientes temas con tus compañeros, o escribe sobre uno de ellos una redacción de unas 300 palabras.

1 El teléfono es el invento más útil dentro del mundo de las comuni--caciones . . .
2 La televisión ha destruido el arte de la conversación.
3 El Gobierno debería dar subvenciones suficientes como para mantener los transportes públicos.
4 ¿No deberíamos apoyar los transportes públicos en vez de los coches privados que suelen viajar medio vacíos?
5 Libertad de la prensa, sí. Pero abuso del derecho a la privacia, nunca.
6 El Gobierno debería hacer ilegales las huelgas en los transportes públicos.

Ejercicio 29

Busca las palabras que se definen en las siguientes frases. La primera letra de cada una te dará las letras de una palabra muy importante para el tema de esta Unidad.

1 Carretera de dos carriles que no tiene cruces.
2 Vía que lleva el tráfico de una ciudad a otra.
3 El facsímile es una máquina de . . . . . . electrónico.
4 Aparato para hacer rápidamente cálculos muy complicados.
5 Ciencia de la clasificación y difusión de datos.
6 En los vuelos de . . . . . ., las azafatas atienden muy rápidamente a los pasajeros.
7 El Ministerio de . . . . . . Públicas es el que es responsable de las carreteras.
8 Igual que el número 4.
9 Aparato para conectar un computador con la red telefónica.
10 Pedro Piqueras hacía diarios hablados en Radio . . . .
11 Las autopistas no tienen enlaces al mismo . . . .
12 Ante el peligro que esto supone en las . . . . . . autopistas . . . .

A   ¿Llevas una vida sana?

El agotamiento y el estrés suelen estar a la orden del día y, en ocasiones, puede ocurrir que, repentinamente, algo nos avise de que estamos al borde de la catástrofe si no ponemos con decisión los medios para atajarla.

1 Aunque resulte más cómodo usar el ascensor, ¿tienes como norma subir o bajar las escaleras andando?

2 A lo largo del día, ¿haces las cosas con parsimonia y lentitud?

3 Cuando te acuestas por la noche, ¿consigues dormirte habitualmente en seguida, sin desvelarte?

4 A pesar de las nuevas normas de circulación, ¿te gusta conducir el coche fuera de los límites de velocidad establecidos?

5 Si fumas, ¿has intentado dejar de hacerlo en más de una ocasión sin éxito?

6 ¿Consideras que hacer ejercicio físico sólo sirve para perder el tiempo?

¿Llevas una vida sana?

El culto al cuerpo es un valor en alza, pero el ritmo de vida actual es tan intenso que no nos permite ocuparnos de nuestro bienestar físico.

7 Cuando tienes tiempo libre, ¿prefieres dedicarlo a caminar, o ver la televisión?

8 ¿Has comprobado que casi siempre que engordas ha sido por llevar una vida demasiado sedentaria?

9 ¿Podrías afirmar, sin mentir, que bebes como máximo una copa de cerveza o similar al día?

10 Si te arrastra el cansancio o tus nervios se disparan, ¿echas mano de algún medicamento?

11 Cuando vas de vacaciones, ¿sueles llevarte siempre tus toallas y sábanas «para evitar contagios»?

12 ¿Has tomado en ocasiones alguna bebida alcohólica junto con un tranquilizante o similar?

13 Al conducir, ¿usas el cinturón de seguridad sin ninguna sensación de ridículo?

Valora con dos puntos cada respuesta afirmativa lograda con pregunta impar, y con otros dos, cada negativa conseguida con pregunta par. Suma los puntos.

Antonio Arias
Mia

RESULTADO DEL TEST

De 0 a 6 puntos: Vas por la vida arrastrándote; sin querer te estás matando. Le niegas a tu cuerpo los cuidados que necesita. Te empeñas en querer demostrarte que eres fuerte y que puedes aguantar todos los excesos habidos y por haber. Lo único que estás consiguiendo es acabar con tu vitalidad. Eres muy rebelde; necesitas mentalizarte para tratar de lograr un estilo de vida más sano.

De 8 a 12 puntos: Debes cuidar algo más tus costumbres. A veces cometes excesos que, a la larga, perjudicarán tu salud. Empieza ahora a proporcionar a tu cuerpo esos cuidados físicos que tanta pereza te dan. Verás cómo te lo agradeces.

De 14 a 20 puntos: Estás de enhorabuena: sabes cuidar de tu salud, dando a tu cuerpo los cuidados que necesita. Sin embargo, no olvides que también hay que cuidar la mente. Por eso, si un día necesitas alegrar tu espíritu, no te importa hacerlo con unas copas y unos buenos amigos porque conoces la forma de contrarrestar el pequeño exceso, para mantenerte en equilibrio.

Mas de 20 puntos: En lo que se refiere a tu salud, no pasas una. Siempre estás pendiente de lo que te conviene y de lo que te perjudica. Vives en una continua zozobra por temor a que te contagien cualquier cosa. Tu preocupación es exagerada.

Ejercicio 1

A Lee y contesta a las preguntas del 'test'. ¿Cuántos puntos ganas? ¿En qué grupo estás? ¿Cómo podrías mejorar tu modo de vivir?

B Compara tu total con el de tus compañeros/as de clase y de tu profesor/a. ¿Quién lleva la vida más sana? ¿Quién toma más riesgos en cuanto a su salud? ¿Quién se preocupa demasiado?

C Lleva el test a casa. Explica a los miembros de tu familia lo que significan las preguntas y elicita sus respuestas. ¡Tendrás que explicarles el significado de su total! ¿Quién de tu familia tiene el estilo de vida más sana? Compara a los miembros de tu familia con los de tus compañeros.

D Ahora extiende la encuesta a otras personas que conoces – tus profesores/as, amigos/as en otras clases, compañeros/as de fuera del colegio, etc. Cuando hayas recopilado los 'resultados', por lo general, ¿cómo se cuidan la salud la mayoría de tus amigos? Compara sus respuestas con los amigos de tus amigos: ¿quién tiene los amigos más sanos?

VOCABULARIO

el agotamiento exhaustion
atajar to stop, forestall
con parsimonia steadily, economically
desvelarse to stay awake
arrastrar to drag
disparar (here) to be on edge
par/impar even/odd (no.s)
empeñarse en to persist in
habidos y por haber that there have been and can still be
mentalizarte to put yourself in the frame of mind
perjudicar to prejudice
contrarrestar to redress
no pasas una you're very fussy
la zozobra anxiety

B En diez minutos: gimnasia de iniciación

Ejercicio 2 ¡Si Simón lo dice, hazlo, y si no lo dice, pues no lo hagas!

A Lee con cuidado la serie de ejercicios, prestando atención especialmente a las instrucciones. Cuando tú y tus compañeros las entendáis todas, empezad a trabajar en parejas. Uno/a da las instrucciones al otro/a, que tiene que obedecer si le dices que Simón lo dice, y no si Simón no le dice nada. Continuad hasta que se equivoque, cambiad de rol, y seguid.

B Ahora seguid haciendo los ejercicios, pero *uno/a* solamente grita las instrucciones a toda la clase. La persona que gane seguirá dando las instrucciones hasta que os canséis.

VOCABULARIO

tonificar to tone up
flexionar to flex, bend
reposar to rest
repetir (i) to repeat
mover (ue) to move
inspirar to breathe in
espirar to breathe out
estirar to stretch
endurecer to harden
contraer to contract, pull in
elevar to raise
realizar to carry out
invertir (ie, i) to reverse
girar to turn
aumentar to increase
adelantar to put forward
balancear to swing
saltar to jump
tocar to touch
mantener recto to keep straight
volver to return
cruzar to cross
practicar to practise

EN 10 MINUTOS

Gimnasia de iniciación

Los ejercicios que te proponemos están indicados para personas que habitualmente no hacen gimnasia o que tienen cierta edad. Realízalos lentamente y te irás notando mucho más ágil.

1 Tonifica las articulaciones
En el suelo, con los brazos a lo largo del cuerpo, flexiona las piernas en ángulo recto y llévalas alternativamente de adelante hacia atrás. Hazlo 8 veces, reposa unos segundos y repítelo otras ocho.

2 Mueve las piernas
Con los brazos en forma de uve, inspira, flexiona las piernas y, a continuación, estíralas en ángulo recto con los pies hacia arriba sin separar la espalda del suelo. Espira y vuelve a la posición inicial. Repítelo al menos 8 veces.

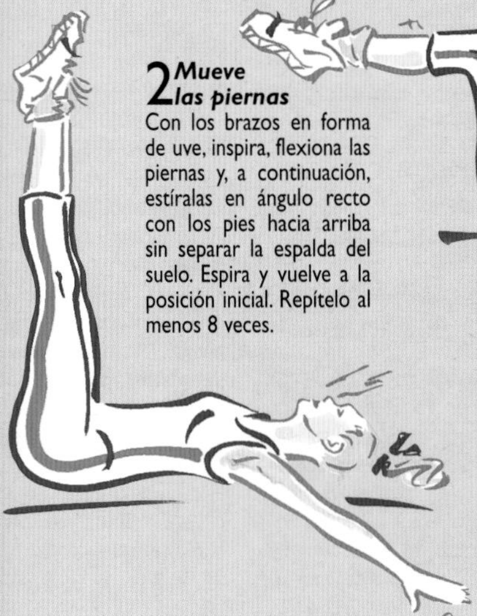

3 Endurece el vientre
Con la espalda bien pegada al suelo, las manos cruzadas detrás de la nuca y las piernas flexionadas y ligeramente separadas. Contrae el vientre y eleva la cabeza hacia las rodillas sin levantar los hombros. Repítelo 8 veces.

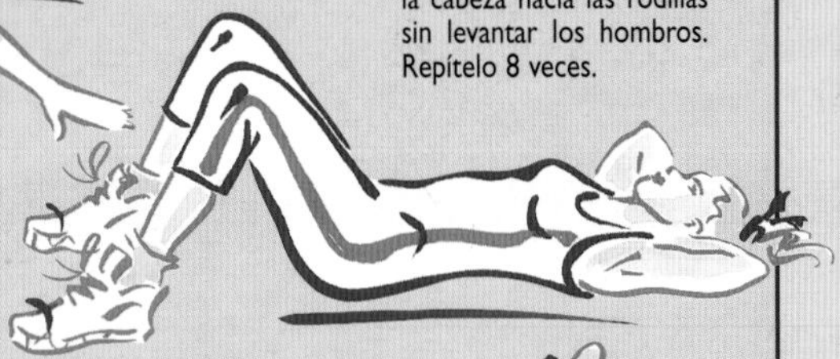

Un consejo. Realiza los ejercicios por la mañana: es la mejor forma de prepararte para la jornada. Pero no olvides hacerlos con suavidad, sobre todo si llevas tiempo sin hacer gimnasia.

4 Refuerza la espalda
Sentada, con las piernas flexionadas y las plantas de los pies apoyadas una contra la otra. Con la espalda muy recta, estira los brazos y realiza pequeños rebotes hacia adelante 10 seg. Repítelo 4 veces.

María Jesús R Monasterio
Mía

Ejercicio 3

A Rellena los espacios en blanco en las instrucciones, escogiendo de entre las palabras siguientes. No todas son necesarias ni aptas.

- invierte
- flexiona
- gira
- empieza
- repítelo

- aumenta
- adelanta
- endurece
- vuelve
- balancea

- contrae
- haz(lo)
- da
- lleva
- mueve

- realiza
- reposa
- estira

B Al terminar esta tarea, vuelve a escribir las instrucciones para que se den a más de una persona, es decir, en plural.

EN 10 MINUTOS

Gimnasia sin agujetas

Si has decidido hacer ejercicio con el nuevo año, es conveniente que empieces por movimientos suaves. Te ayudarán a tonificar el cuerpo y a no estar cansada.

1 Brazos arriba
De pie, con las piernas juntas, ... el brazo izquierdo hacia arriba. En esta posición ...... los brazos hacia atrás con golpecitos muy suaves. ...... 10 veces e ...... la posición.

2 Hacia delante
...... los brazos hacia delante y ...... giros del tronco hacia el lado derecho, ... a la posición inicial y ...... al lado izquierdo. Realízalo unas 10 veces.
Un consejo: ...... haciéndolos sólo 10 veces y cuando ya tengas un poco de práctica ...... el número de repeticiones.

3 Tronco flexionado
...... un pie a la vez que flexionas el tronco en ángulo recto. ...... los brazos bien estirados hacia delante y hacia atrás.

4 Saltos y balanceos
Colocada en la posición de la foto, ... dos veces los brazos y, con el impulso, ...un salto cambiando la posición de las piernas....... 10 saltos.

VOCABULARIO

la dieta *diet*
el régimen
hacer dieta *to diet*
adelgazar *to slim, lose weight*
engordar *to put on weight*
la anorexia nerviosa *anorexia nervosa*
cuidarse la línea *to watch one's figure*
los 'michelines' *'spare tyre'*
la obesidad *obesity*
las calorías *calories*
la grasa *fat*
la proteína *protein*
el peso *weight*
pesar *to weigh*
la fibra *fibre*
sentir hambre *to feel hungry*
el metabolismo *metabolism*
las enfermedades cardíacas *heart disease*
el infarto *heart attack*

Ejercicio 7

A Busca un régimen de adelgazar en un libro, revista o periódico de tu propio país, explica a la clase en qué consiste, el objectivo del régimen, y las razones por qué te gustaría probarlo o no. O si quieres, un régimen que hayas probado y el éxito que hayas o no hayas tenido con él.

B Comparad los varios regímenes que habéis traído a clase. ¿Cuál sería el más atractivo? ¿El menos severo? ¿Cuántas calorías te permite cada uno? ¿Cuántos kilos te promete perder en cuánto tiempo? ¿Sería costoso comprar el alimento correcto? ¿Hay avisos sobre las contraindicaciones que pueda haber? A tu parecer ¿sería eficaz cualquiera de estos regímenes?

Ejercicio 8

¿Para qué hacer una dieta? Discutid entre vosotros las razones y el valor de comer a dieta, o por lo menos comer una dieta equilibrada. Apuntad en dos listas los puntos en pro y los en contra.

Caramelos, galletas – todo azúcar

Ejercicio 9

A Escribe una carta a una revista en la que ha aparecido una dieta que acabas de seguir durante unas semanas. No estás satisfecho/a porque has perdido muy poco peso, has tenido algunos malos efectos y además la comida que has tenido que comprar te ha costado bastante. Tienes que quejarte al redactor de todo esto y avisar a los otros lectores para que no adopten esta dieta.

B Escribe un artículo para una revista explicando la importancia que atribuyes a una dieta equilibrada.

Ejercicio 10

Trabajando en parejas, haced diálogos de las situaciones siguientes:

A Tienes un amigo español que tiene cuarenta y tantos años y que pesa demasiado para su edad, come, bebe y trabaja demasiado. Tú estás muy preocupado/a por su salud. Tienes que convencerle de la necesidad de controlarse más pero él no quiere renunciar a ninguna de sus malas costumbres.

B Tu hermana o mejor amiga no come nada a causa de una preocupación irracional por su línea. Tú temes que se ponga anoréxica y tienes que convencerle para que coma más y explicarle las consecuencias si no.

C Estás cenando en casa de unos buenos amigos, pero estás siguiendo un régimen porque has empezado a engordar. Ya te has quitado dos o tres kilos, pero los padres de tu amigo/a se porfían en ofrecerte mucha más comida de la que necesitas ¡y no quieres volver a poner esos kilos! ¿Cómo vas a declinar firme pero cortésmente lo que te ofrecen?

D Trabajas como vendedor/a de una empresa farmacéutica que acaba de perfeccionar (¡según dicen!) un producto que garantiza (¡según dicen!) que la persona que lo tome adelgazará muy rápidamente. Tú tratas de venderlo a un/a cliente/a.

 Ahora pide a tu profesor/a la Hoja │ **10.3** │.

D El tabaco

Texto 1

Texto 2

Fuma demasiado y quiero que deje el tabaco

Tengo 21 años y salgo desde hace tiempo con un chico de 22. El problema es que fuma mucho y no sé qué hacer para que abandone ese hábito. Lo he intentado todo, pero es inútil. Me preocupa mucho que el tabaco le produzca alguna de las enfermedades de las que tanto se habla, como cáncer de pulmón, y, aunque no ceso de repetírselo, no me hace caso. Por favor, dígame si hay algún sistema con el que pueda ayudarle a dejar de fumar de manera definitiva.

RESPUESTA

Para que tu novio deje de fumar, ha de ser él mismo quien adopte la resolución. Hoy en día, casi todo el mundo conoce los negativos efectos que entraña el uso abusivo del tabaco pero teniendo en cuenta que, en la mayoría de los casos, se fuma por ansiedad, la repetición insistente de los peligros a los que está sometido no

hace más que aumentar la tensión y el miedo del fumador, y por lo tanto, más ganas le darán de encender el próximo cigarrillo.

Algunas personas abandonan el tabaco guiadas de un repentino impulso de miedo, o por presiones externas, pero generalmente recaen en el hábito cuando cede la presión o el

> **« Ha de guiarse por sus propias convicciones »**

temor desaparece. Por eso es importante que la decisión sea meditada y que se establezca un cuidadoso plan de deshabituación, eligiendo preferentemente una época sin muchos agobios de trabajo, en la que se sienta relajado.

Es conveniente dedicar un tiempo previo a observar cómo funciona su adicción, ya que cada fumador utiliza el tabaco de manera

muy diferente: como sedante para reducir sus sentimientos de miedo en los momentos de crisis o de ansiedad; como placer, recreándose en aspirar el humo; o sin tregua, encendiendo un pitillo detrás de otro sin siquiera darse cuenta de lo que hace. Esta observación permitirá conocer cuáles son los momentos más peligrosos en los que aumenta la probabilidad de encender un pitilio. En principio será útil que tenga siempre a mano un paquete de chicles o caramelos sin azúcar para los momentos más tensos. Puede también valerse de alguna técnica de relajación para que no decaiga su voluntad.

Por último, no es aconsejable que estés todo el día encima de él, repitiéndole que lo deje. Pues sabe de sobra lo preocupada que estás. ■

Mía

Tabaco

MANUEL VICENT

Después de un tiempo de meditación he decidido abandonar el tabaco. Nunca volveré a aspirar el aroma de un cigarrillo por la mañana a la hora del café, y en la alegre sobremesa, y en el crepúsculo de la ciudad junto a la copa con los amigos. He sido derrotado. Hasta ahora yo sólo fumaba por solidaridad con los pobres, los negros, las mujeres y los albañiles. Me he pasado al otro bando. Cuando ya no existen derechas ni izquierdas, hoy el tabaco se ha constituido en una de las claves para descifrar la ideología: la clase dominante no fuma, los explotados siguen apurando con avidez todas las colillas. Me he ido con los poderosos. A cambio de eso las encuestas me prometen que dentro de algunos años seré un viejo sonrosado, totalmente saludable, si antes no me aplasta un coche.

Manuel Vicent
El País

Estudia en el párrafo 63 de la Sección de Gramática el imperativo de la segunda persona. ¡AG! Capítulo 27.

Ejercicio 15

Teniendo en cuenta lo que acabas de estudiar en las Secciones C y D, ¿qué recomendaciones harás a un amigo para que se mantenga lo más sano posible? Haz una lista de diez cosas que tiene que hacer y diez que no.

Por ejemplo:

sí	*no*
come fibra	no comas demasiado azúcar

Ahora haz una lista parecida dirigida a todos tus amigos:

Por ejemplo:

sí	*no*
comed fibra	no comáis demasiado azúcar

Ejercicio 16

Trabajad en parejas haciendo diálogos de las situaciones siguientes:

A Como la chica del Texto C tienes un/a amigo/a que fuma mucho. Tú tienes que disuadirle/la y él/ella no quiere . . .

B Estás en un departamento de no fumadores en un tren. Un pasajero está fumando y no quiere parar. Tú le pides que cese, pero él/ella insiste. Primero le/la tratas con cortesía, pero . . .

C Trae un anuncio para tabaco o cigarrillos que has encontrado en una revista o periódico. Uno/a representa la empresa responsable del anuncio, que lo defiende, el otro/la otra se opone y lo critica.

Ejercicio 17

A Escribe una carta al periódico lamentándote de la falta de posibilidades de escaparte del humo ajeno en los sitios públicos. Haz algunas sugerencias para remediar el problema.

B *El decálogo del no fumador.* Escribe diez frases que disuadan a la gente joven de fumar. ¡Tienes que poner las razones además de las recomendaciones!

C ¡Los fumadores contraatacan! Escribe una defensa del tabaco.

E La medicina preventiva

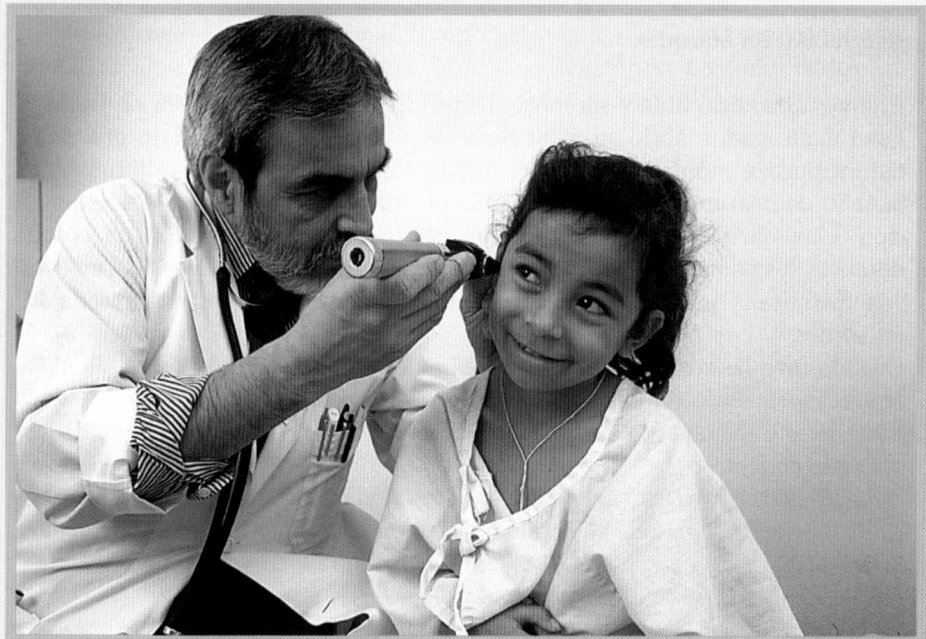

Los chequeos: aspecto importante de la salud

Ejercicio 18

Escucha la cinta y rellena los espacios en blanco con las palabras que faltan:

1 Se trata de evitar los . . . . . . antes de que aparezcan.
2 Las . . . . . . y los . . . . . . pueden conseguirlo.
3 El objetivo es que lleguemos a la . . . . . . en las mejores condiciones . . . .
4 El chequeo es un sistema para atajar la aparición de . . . . . . a través de . . . . . . rutinarias.
5 Los chequeos han sido propiciados por los . . . . . . técnicos.
6 Más vale . . . . . . que curar.
7 Se trata de un estudio sistemático y exhaustivo de todos los . . . . . . y . . . . . . vitales.
8 Permite efectuar un . . . . . . precoz de determinadas . . . . . . que a la larga podrían ser . . . .
9 Pueden pasar desapercibidos por falta de . . . . . . aparentes.
10 El chequeo aporta los . . . . . . necesarios para establecer con suficiente . . . . . . la posibilidad de que aparezcan . . . . . . orgánicas.
11 Si se . . . . . . y trata correctamente a un . . . . . . se habrá evitado la aparición de una posible . . . .
12 Nos permiten disponer de un estudio . . . . . . de nuestra persona, y nos indican si tenemos . . . . . . o . . . . . . especial a un determinado mal.

Ejercicio 19

Vuelve a escuchar la cinta y con la ayuda de las frases que has completado en el Ejercicio 18 escribe un resumen en tu propio idioma de su contenido.

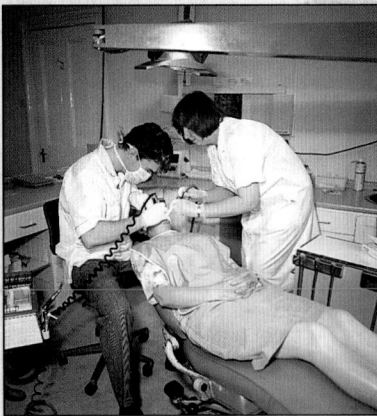

¿El sillón de horror?

Ejercicio 21

Gramática Viva

Busca en el cuento las frases siguientes:

- Siéntese
- Séquese las lágrimas

¿Qué le dice el médico o el dentista a una persona a quien trata de *usted* cuando quiere que haga las acciones siguientes?

- levantarse
- acostarse (!)
- incorporarse
- ponerse cómoda/a (!)

- lavarse las manos
- quitarse la camisa
- decir 'ah' (!)
- abrir la boca

- cerrar los ojos
- enseñarle la lengua
- enjuagarse la boca (!)
- cortarse las uñas

¿Y cómo lo diría tuteando?

Ejercicio 22

A Estás discutiendo con tu hermano menor quien no le gusta ir al dentista. Él busca pretextos de no ir y tú tienes que convencerle de la necesidad de visitas regulares.

B Tu dentista quiere sacarte una muela porque dice que ya no vale, pero no estás convencido/a y tratas de persuadirle a que te ponga un empaste. Si lo saca te hará falta un diente postizo y no lo quieres.

... Y DE POSTRE

Ejercicio 23 Crucigrama

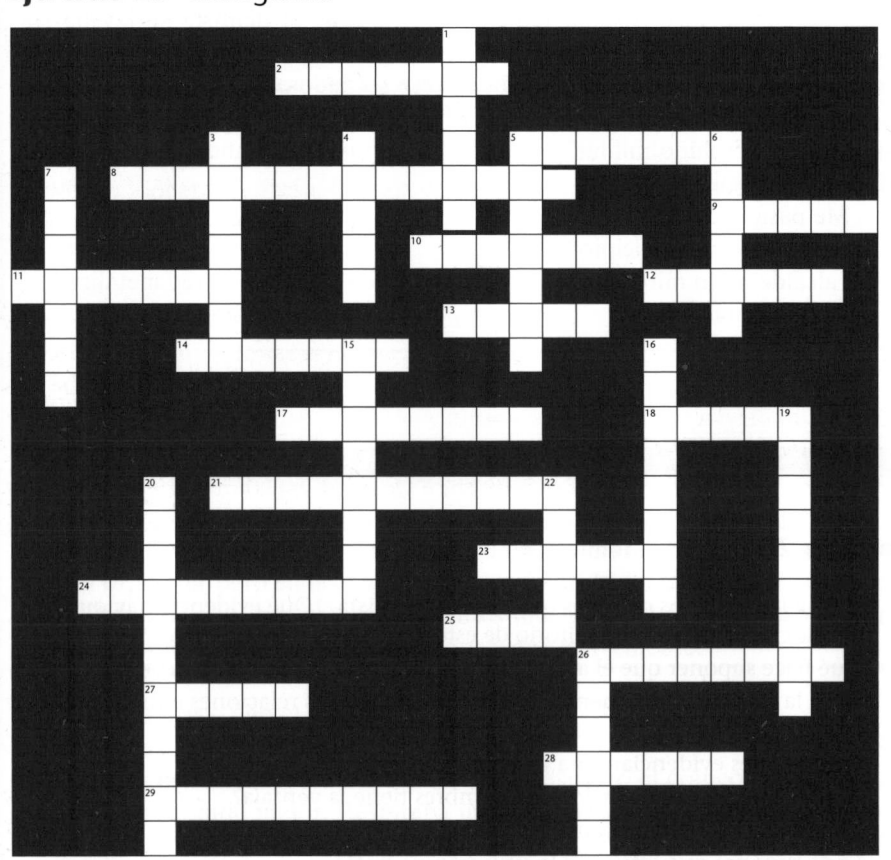

HORIZONTALES

2 Tripas
5 Revisión médica
8 Donde una parte del cuerpo se une a otra
9 Si tienes demasiado, eres gordo
10 No muy bien
11 Late
12 Tumor maligno
13 Hacer mejor
14 Dorso
17 Respiras con ellos
18 Régimen
21 Cuando saben lo que tienes
23 Dientes
24 Mujer cuyo sistema produce demasiado azúcar
25 Fuerza de gravitación
26 Poner peso
27 Tu forma visual
28 Órgano situado junto al estómago
29 ¡Si los tienes eres demasiado gordo!

VERTICALES

1 Los usas para levantar cosas
3 Las necesitas para andar
4 Tienes que cuidarla
5 Sin él no puedes pensar
6 Instrumento musical dentro del cuerpo
7 Glándula que secreta la orina
15 Enfermedad
16 Perspira mucho
19 Perder peso
20 Cambio de materia y de energía entre el organismo vivo y el medio exterior (definición del diccionario)
22 Demasiado gordo
26 Extiende

Ejercicio 24 ¡Un minuto, por favor!

Habla sin interrupción y sin parar durante un minuto sobre:

1 Los efectos del tabaco.
2 La necesidad del ejercicio.
3 La necesidad de comer prudentemente.
4 Cómo evitar las visitas al dentista.
5 El vocabulario del instructor/la instructora de gimnasia.

Ejercicio 25 Sigue pensando, hablando y escribiendo . . .

➡ Los ingleses, ¡qué raza tan malsana!
➡ Sólo tienes un cuerpo ¡cuídalo!
➡ Una semana completa de dieta: comidas suculentas pero no engordadoras.
➡ El futuro de los servicios médicos en tu país.
➡ Un día en la vida de un/a médico.
➡ El tabaco, ¿vaca gorda para el Gobierno o clavo de ataúd para sus súbditos?
➡ 'Las bocas que he conocido.' Confesiones de un/a dentista.

(A) Un mundo feliz, al fin

PARECE ser que cada vez que algún ciudadano se refresca los alerones con un golpe de desodorante en spray, está poniendo su granito de arena en la definitiva destrucción del universo.

Los clorofluoruros carbonados que entran en la composición de sprays y de circuitos cerrados de aire acondicionado son los culpables del deterioro de la capa de ozono. Sin ozono, se acaba el oxígeno y sin oxígeno se acaba todo lo demás.

España pretende que la Comunidad Europea reduzca la producción de clorofluoruros carbonados al 15 por ciento de lo que se está produciendo hoy y que la medida sea adoptada por Estados Unidos, Canadá y Japón. Mucho nos tememos que no vaya a ser fácil conseguirlo.

El aerosol es un invento muy reciente. Pero se ha metido en la vida cotidiana tan intensamente que resulta difícil comprender cómo se

El peligro doméstico

las arreglaba la humanidad antes de su aparición. ¿Cómo ha sido capaz el ser humano de vivir sin sprays, sin televisión, sin teléfono y sin automóviles?

En los años 60 vivíamos bajo la amenaza de la guerra nuclear. En cualquier momento, el mal humor de un solo señor podía desencadenar una catástrofe planetaria. Ahora ya sabemos que una posible catástrofe nuclear no es nada comparado con lo que inevitablemente va a suceder, producto de la utilización, llamada pacífica, de la energía nuclear. Los deshechos y residuos radiactivos conservan su efecto nocivo durante cientos y miles de años, por mucho que los enterremos o los tiremos al mar.

En los últimos 50 años el deterioro ambiental ha sido mayor que en los previos 4.000. Haría falta un milagro para que en los próximos 50 el deterioro progresivo pueda no sólo reducirse sino simplemente frenarse.

Si el ser humano ha sido capaz de llegar a este punto, de poner en marcha un mecanismo sin prever las consecuencias últimas, lo más probable es que no cambie y siga adelante, inventando el ozono artificial, los bosques artificiales, los animales artificiales al servicio del hombre artificial – ya inventado – que no necesita ventilar el alerón con un spray.

Carmen Rico-Godoy
Cambio 16

VOCABULARIO

los alerones armpits (slang)

la capa (here) layer

la medida measure

cotidiano daily

arreglárselas to manage, get by

desencadenar to unleash

el deshecho waste

nocivo harmful

enterrar to bury

frenarse to brake, slow down

prever to foresee

Lee el texto con la ayuda del vocabulario. (Muchas de las palabras científicas son muy parecidas a la versión inglesa.)

Ejercicio 1

A Explica las siguientes palabras y expresiones del Texto A:
- el desodorante
- la definitiva destrucción del universo
- el aerosol
- una catástrofe planetaria
- los residuos radiactivos
- el deterioro ambiental

- el ser humano
- el hombre artificial

B Busca en el texto las palabras que equivalen a estas definiciones.

- gas que se usa en los aerosoles
- sistema para mantener una temperatura razonable en un edificio
- parte de la atmósfera que consiste en un gas que nos protege de los efectos nocivos de los rayos del sol
- gas esencial que sostiene la vida de los animales
- conflicto en que se usa la bomba atómica
- manera de producir la electricidad mediante una central atómica
- consecuencia desagradable de una cosa
- acontecimiento increíble que no se puede explicar con razones científicas

Ejercicio 2

Vuelve a estudiar el Texto A y luego completa estas frases según lo que acabas de leer.

1 En lugar de abandonar las actividades que afectan el . . . . . . inventaremos . . . .
2 Los clorofluoruros carbonados que se usan en la fabricación de . . . . . . están destruyendo . . . .
3 En los años recientes el hombre ha causado mucho más . . . . . . que antes, y va a ser casi imposible . . . .
4 Al usar un aerosol, contribuyes a . . . .
5 La guerra nuclear pudiera haber sido causada por . . . . . ., pero ahora producimos muchos . . . .
6 España espera que los países del oeste adopten la medida de reducir . . . .
7 Hasta hace poco lográbamos vivir sin . . . .

Probablemente te darás cuenta de que cada una de estas frases corresponde a uno de los párrafos del Texto A. Ahora tienes que ponerlas en el orden correcto y traducirlas a tu propio idioma para tener un resumen del texto.

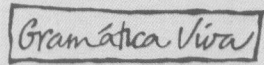

Ejercicio 3 Repaso: los verbos

Haz una lista de todos los verbos que se usan en este artículo y analiza cada uno.

Por ejemplo:
parece – tercera persona al singular del presente del verbo *parecer*

Verás que aquí hay gran variedad de tiempos: explica en cada caso por qué se usa aquel tiempo. (Véanse las Secciones de Gramática 34–46.)
¡AG! Capítulos 12–22.

Ejercicio 4

Imagina que vives en el siglo XXI: se abandonó el uso de las sustancias nocivas al medio ambiente hace cincuenta años. Describe los efectos que producían en el siglo XX los clorofluoruros carbonados, los materiales radiactivos y otras sustancias nocivas. ¿Por qué tendrás que usar el imperfecto y el pretérito? (Véanse las Secciones de Gramática 38 y 39. **¡AG!** Capítulos 17, 19 y 20.)

B La contaminación no tiene fronteras

¡Qué bien es respirar aire fresco . . .

El pequeño planeta azul en el que vivimos es muy vulnerable, pero no parece que tengamos aún clara conciencia de ello. Desde hace unos veinte años comenzamos a interesarnos por los problemas del medio ambiente; sin embargo, continuamos causándole daños irreversibles. El aire, el agua, la tierra, nuestros alimentos están contaminados, en gran medida por nuestra culpa. Hemos hecho del desarrollo industrial, en desmedro de la calidad de vida, el índice de la civilización de los pueblos. Destruimos los bosques, dando paso a la desertificación y a las inundaciones. El tabaco, las chimeneas inadecuadas y los componentes nocivos de algunos materiales contaminan los lugares en que vivimos y trabajamos. Ya no es posible desatender las advertencias de los científicos más competentes del mundo entero. Es hora de medir las consecuencias de nuestros actos cotidianos si no queremos que las generaciones futuras estén condenadas a vegetar en un planeta moribundo.

En un principio el aire era puro, pero ha dejado de serlo desde que la cantidad de gases contaminantes que se evacúan a la atmósfera supera con creces la capacidad de absorción de la naturaleza. El equilibrio ecológico se ha roto y las amenazas se multiplican: efecto de invernadero, adelgazamiento de la capa de ozono, cambios climáticos, aumento del nivel del mar. ¿A qué se deben estos fenómenos? El proceso de industrialización incrementa el consumo de energía, pero ninguna fuente energética es totalmente inocua. El fuego es un plasma, es decir un gas a alta temperatura en el que se producen violentas reacciones químicas, en particular la formación de óxidos de carbono, de azufre y de nitrógeno, así como todo tipo de moléculas, algunas muy tóxicas. Dado que la madera contiene cloro, un simple fuego de chimenea despide dioxina (substancia que el accidente de Seveso hizo tristemente célebre en el mundo entero) en cantidades que, aun siendo ínfimas, vienen a sumarse a otras sustancias nocivas, sobre todo si las habitaciones están mal ventiladas. El uso de combustibles fósiles (carbón, petróleo, gas natural) está cada vez más difundido y su demanda no cesa de aumentar. Las actividades industriales, los transportes y la calefacción producen contaminantes atmosféricos en cantidades que pueden parecer insignificantes en relación con el volumen de aire que rodea la Tierra pero cuyos efectos nocivos son considerables.

France Bequette
El Correo

Ejercicio 5 ¿Verdadero o falso?

¿Cuál de estas frases son correctas, y cuáles no, según el significado del Texto B?

1 La Tierra no corre ningún peligro.
2 Nos preocupamos por el medio ambiente desde hace dos decenios.
3 Juzgamos el nivel de civilización de un país según su estado de industrialización.
4 El humo del tabaco tiene efectos nocivos para la capa de ozono.
5 Los científicos nos advierten del peligro desde hace muchos años.
6 La naturaleza puede seguir absorbiendo los agentes contaminantes.
7 El fuego es un gas a alta temperatura.
8 La madera, al quemarse, echa sustancias nocivas.
9 No se está incrementando el uso del petróleo.
10 Las actividades humanas producen pocos contaminantes.

Ahora corrige las frases incorrectas. Hecho esto, si quieres, puedes usar las diez frases para escribir un resumen del texto.

Ejercicio 6

Haz un resumen en tu propio idioma del Texto B, usando no más de 100 palabras.

Ejercicio 7

Haz una lista de todas las palabras de los Textos A y B relacionadas con el medio ambiente. Luego, en clase, explica en español cada palabra que te toca.

Ejercicio 8

A Busca en el Texto B las palabras que se relacionan con las palabras siguientes: en cada caso se trata de una palabra cuyo significado ha sido modificado añadiendo un prefijo o un sufijo.

– causar
– absorber
– viento
– desierto
– clima
– significar
– adecuado
– energía
– ciencia
– formar

B Ahora tienes que hacerlo al revés: a ver si encuentras la palabra que forma la raíz de cada una de éstas . . .

– irreversible
– adelgazamiento
– atmosférico
– inundación
– industrialización
– considerable
– desatender
– totalmente
– moribundo
– tristemente

Ejercicio 9

Tu profesor/a tiene seis hojas que contienen cada una uno de los párrafos que siguieron el artículo *La contaminación no tiene fronteras*, en la revista *El Correo*; cada una trata de un aspecto de la polución. Tienes que elegir al menos uno de estos párrafos. Léelo con la ayuda de un diccionario, apuntando todas las palabras nuevas. Luego cada miembro de la clase tiene que dar a los demás su lista de palabras nuevas. Pero – ¡tened cuidado de escoger el significado más apropiado de cada palabra!

Al terminar, cada uno da a la clase un resumen oral, en términos sencillos, del contenido de su párrafo: los demás tienen que tomar notas, que se usarán para escribir una versión del artículo entero. Al final tenéis que decidir cuál de los siguientes títulos conviene mejor a cada párrafo:

1 El efecto invernadero
2 Impurezas en el aire
3 El basurero planetario
4 El desmonte
5 Dar juntos la batalla
6 Los gestos cotidianos

VOCABULARIO

en desmedro de to the detriment of
la desertificación process of causing land to become desert
la inundación flood
desatender to disregard
la advertencia warning
medir to measure
cotidiano daily
moribundo dying
con creces increasingly
el efecto (de) invernadero greenhouse effect
el adelgazamiento (here) thinning
inocuo harmless
el azufre sulphur
el cloro chlorine
ínfimo minute
difundido widespread

. . . y beber agua pura!

Es más fácil prevenir que curar

C1 Podríamos extinguirnos

Ejercicio 10

Escucha esta entrevista con un científico; luego vuelve a escuchar por segunda vez, y haz frases correctas de estas frases mezcladas. Por ejemplo: 'José Luis Sanz es prácticamente el único paleontólogo español especializado en el estudio de los saurios. Profesor de la Universidad Autónoma de Madrid y miembro de la Asociación Española de Paleontología, ha participado en diversas excavaciones de yacimientos prehistóricos . . .'

1 José Luis Sanz es
2 Sanz ha participado en
3 El estudio de los saurios ofrece
4 Se relaciona la extinción de los saurios
5 La desaparición de las especies animales es
6 Los bruscos cambios climáticos influyeron
7 El hombre manipula y destruye
8 Tenemos los medios para
9 Podríamos
10 El hombre no puede sustraerse

A un fenómeno que se repite muchas veces
B la naturaleza
C diversas excavaciones
D en la desaparición de los saurios
E una información científica
F con la posible extinción de los hombres
G a la naturaleza
H extinguirnos
I evitar la extinción
J científico

C2 Los rojos se vuelven verdes

Se trata del accidente nuclear de Chernobil, que ocurrió en 1986. Los efectos se observaron no solamente en la ex-Unión Soviética, ¡sino en casi toda Europa! Efectivamente, la nube de radionúclidos llegó al País de Gales, y durante cierto tiempo no se podía comer la carne de las ovejas de aquel país, por miedo a la contaminación.

Ejercicio 11

Escucha el reportaje dos veces. La primera vez, trata de comprenderlo en términos generales y después escribe un resumen en tu propio idioma – ¡no hay límite de palabras! La segunda vez, escoge una palabra de cada pareja de las listas siguientes. La primera lista consiste en palabras más o menos sinónimas, mientras que en la segunda se ponen palabras que, al oírlas, se parecen un poco unas a otras. En cada caso, se oye sólo una de las palabras.

A – aeroplano/avión
– zona/región
– lago/pantano
– polucionados/contaminados
– reserva/depósito

– ocultado/escondido
– causada/provocada
– furor/descontento
– organización/grupo
– continuamente/sin cesar

B – resolver/disolver
 – área/aire
 – harta/alta
 – especialidad/especialista
 – tecnológicos/técnicos
 – desconocer/reconocer
 – siguiente/según
 – coste/costa

 – rublos/rubios
 – solución/selección
 – la riegan/la arriesgan
 – redactores/reactores
 – en serio/en serie
 – reacción/redacción
 – naturales/nacionales

Ejercicio 12 ¿Verdadero o falso?

(¡No te olvides de corregir las frases falsas!)

1 La zona de Kasbi tiene muchos lagos.
2 Explosionó un depósito de alta radiactividad en 1956.
3 Después de la explosión de Chernobil se produjo una nube de polución radiactiva.
4 En la ciudad de Kiev, a la gente le gusta la energía nuclear.
5 Alrededor de Chernobil hay una zona de 100.000 kilómetros de diámetro afectada por alta radiactividad.
6 Trabajan diez mil personas en el trabajo de descontaminación.
7 Los soviéticos arrancan la tierra contaminada y la tratan como residuos de alta radiactividad.
8 Los soviéticos riegan la tierra contaminada todas las semanas.
9 La sociedad Atommash producirá ocho reactores atómicos al año.
10 A los antinucleares no les gustan los recursos naturales.

C3 Covadonga

 Escucha con cuidado este reportaje en el que se trata del Parque Nacional de Covadonga, el primero de los parques nacionales que se establecieron en España para proteger algunos de los espacios naturales del país.

Ejercicio 13

Completa estas frases, escogiendo entre las dos posibilidades que se ofrecen en cada caso. Verás que se usan muchos números.

1 Hace 60/70 años, concretamente el 23/22 de julio de 1918/1919, se establecía por ley el primero de los Parques Nacionales Españoles.
2 Se fundó el Parque de Yellowstone en 1862/1872.
3 El agua constituye uno de los principales factores ecológicos/tecnológicos de este parque nacional.
4 El río Cares limita el parque por el este/oeste.
5 La especie arbórea más importante del parque es el haya, que se encuentra desde los 800/8.000 metros hasta los 1.500/1.050 metros de altitud.
6 Algunas hayas llegan hasta los 40/14 metros de altura.
7 Los bosques defienden los suelos, protegiéndolos de la erosión/polución y creando una rica capa húmica/húmeda que favorece un rico sotobosque y la propia regeneración natural.
8 En el río Cares, los salmones saltan contra/con la corriente.
9 Las águilas recorren los picachos nevados/los bosques de haya.
10 Covadonga ha sido el cementerio/cimiento sólido sobre el que se ha asentado toda una política proteccionista.

Covadonga – primer parque nacional de España

151

(C4) El *Sirius* intercepta un barco que realiza vertidos tóxicos

Ejercicio 14

Escucha este reportaje, apuntando los números que se usan y las palabras a las cuales se refieren.

Ejercicio 15

Vuelve a escuchar el reportaje y luego escribe un resumen en español o en tu propio idioma. Después, escribe unas 50 palabras sobre por lo menos uno de estos temas. Si lo preferís, podéis discutirlos en clase, quizás antes de escribir.

- Greenpeace – ¿la organización más sensata del mundo?
- El problema de los residuos tóxicos: ¿cómo deshacernos de ellos?
- Los efectos de las sustancias nocivas vertidas al mar.
- Los intereses comerciales: mayores vándalos del mundo.
- Los métodos de Greenpeace . . .

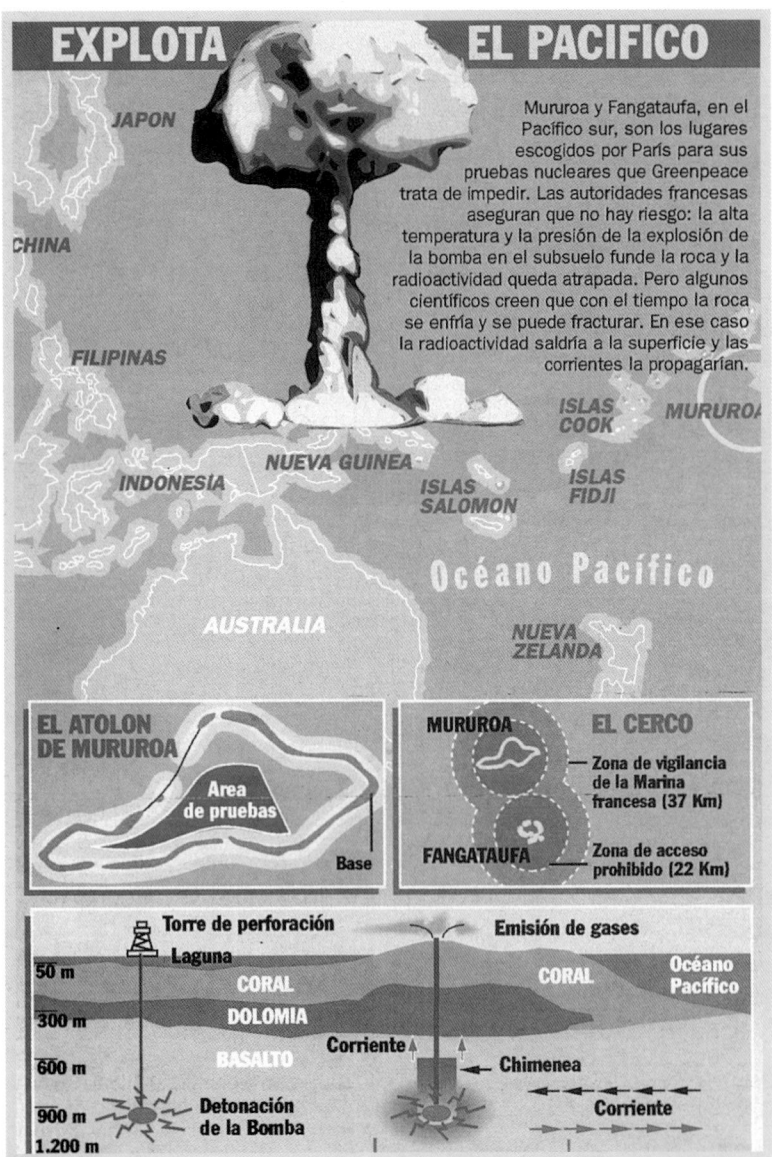

EXPLOTA EL PACÍFICO

JAPÓN

CHINA

FILIPINAS

INDONESIA

NUEVA GUINEA

ISLAS COOK

MURUROA

ISLAS SALOMÓN

ISLAS FIDJI

Océano Pacífico

AUSTRALIA

NUEVA ZELANDA

Mururoa y Fangataufa, en el Pacífico sur, son los lugares escogidos por París para sus pruebas nucleares que Greenpeace trata de impedir. Las autoridades francesas aseguran que no hay riesgo: la alta temperatura y la presión de la explosión de la bomba en el subsuelo funde la roca y la radioactividad queda atrapada. Pero algunos científicos creen que con el tiempo la roca se enfría y se puede fracturar. En ese caso la radioactividad saldría a la superficie y las corrientes la propagarían.

EL ATOLÓN DE MURUROA
Área de pruebas
Base

MURUROA — **EL CERCO**
Zona de vigilancia de la Marina francesa (37 Km)
FANGATAUFA — Zona de acceso prohibido (22 Km)

Torre de perforación
Laguna — Emisión de gases
50 m
CORAL — CORAL — Océano Pacífico
300 m — DOLOMIA
600 m — BASALTO — Corriente — Chimenea
900 m — Detonación de la Bomba — Corriente
1.200 m

Luego habla o escribe para contestar a estas preguntas:

1 ¿Conoces algún caso en que Greenpeace trabaje en tu país?

2 ¿Qué opinión tiene el Gobierno de tu país de Greenpeace?

3 En tu país, ¿se vierten residuos tóxicos a un río o al mar?

4 ¿Crees que Greenpeace tuvo razón en 1995 en el caso Brent Spar y al tratar de impedir las pruebas atómicas francesas en el Pacífico?

5 ¿Qué opinas de la organización Friends of the Earth?

6 ¿Qué sabes de la organización ICONA? Pregunta a tu profesor/a.

(Tu profesor/a te hablará de algunos casos contenciosos en los años recientes en que Greenpeace se ha enfrentado con una empresa o un gobierno.)

D) Agobiados por el ruido

Lee el texto con la ayuda de un diccionario.

Madrid – una de las ciudades más ruidosas del mundo

DESDE que a principios del siglo XVIII Bernardino Ramazzini, médico italiano que dio origen a la medicina laboral, estudiara la «sordera de los caldereros», los trastornos auditivos han ido en aumento hasta convertirse en uno de los principales problemas en las grandes concentraciones urbanas.

Madrid, tan sólo superada por Tokio, es una de las ciudades más ruidosas del mundo. La contaminación acústica que sufre la capital es según los expertos tan peligrosa para la salud como la contaminación atmosférica. El incremento de las enfermedades auditivas en los últimos años tiene una relación directa con el incremento de los ruidos por encima de los límites aconsejados, que según la Organización de Cooperación y Desarrollo no debieran sobrepasar los 70 decibelios.

De todos los ruidos que produce la gran ciudad, el tráfico rodado representa el 80 por ciento de la contaminación acústica. En el caso de Madrid el ruido producido por el tráfico rodado ha ido

Las discotecas – otro peligro para el oído

aumentando al ritmo de un decibelio por año, llegándose a más de 70 en algunas calles.

En las zonas especialmente ruidosas el 60 por ciento de la población padece perturbaciones del sueño que con frecuencia provocan depresiones y trastornos en el carácter.

Los excesos acústicos de la capital de España son sólo un símbolo del desmadre sonoro nacional. Una legislación prácticamente inexistente en esta materia, las deficiencias en las viviendas que no están convenientemente preparadas para hacer frente al ruido y la insuficiencia de las ordenanzas municipales sobre insonorización de locales e industrias, dejan desprotegido al habitante de las grandes ciudades.

Otras zonas especialmente castigadas por los ruidos son las poblaciones próximas a los aeropuertos. Cada vez que un avión aterriza o despega en el aeropuerto de Barajas, en Madrid, los habitantes de Alcobendas, San Sebastián de los Reyes, Coslada y Torrejón deben resignarse a soportar las vibraciones de los cristales de sus viviendas y a esperar que la lámpara que cuelga del cielo raso acabe de una vez por todas de estrellarse contra el suelo. Al cabo de varios años de soportar una situación semejante no es de extrañar que se presenten dificultades auditivas, trastornos de carácter, irritabilidad, neurosis y depresiones.

«Alrededor del 35 por ciento de los niños que estudian en el colegio San Esteban de Coslada, situado a 2 kilómetros de las pistas de aterrizaje de Barajas, se ven afectados en su rendimiento escolar» según Cristina Recoder, ex directora de este centro.

Manuel Valero, portavoz de la Coordinadora de Ciudadanos Agobiados y Cabreados, explica que «no se puede seguir considerando todo esto como un mal necesario. Nosotros estamos luchando por la existencia de una legislación adecuada y severa».

Mientras tanto, el culto al ruido como atributo de los tiempos modernos se extiende incluso a dominios musicales: más de un rockero lleva camino de emular a Beethoven, aunque sólo sea en su sordera.

Edgardo Oviedo
Cambio 16

Ejercicio 16

Escribe un resumen en español de 40 palabras del segundo párrafo del Texto D, luego otro de 40 palabras en tu propio idioma del párrafo 'Otras zonas . . . neurosis y depresiones.'

Ejercicio 17

Busca en el texto los sinónimos de estas palabras. No están en el orden debido.

- ciudades
- en exceso de
- excedida
- unas leyes
- el personaje
- vecinas
- exceder
- a comienzos

- confrontar
- la polución
- el aumento
- vulnerable
- enfermedades del oído
- los automóviles
- el ruido nocivo
- casas

- al paso de
- el techo
- estorbos
- causan
- parecida
- continuar

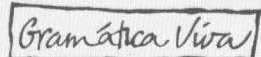

Gramática Viva

Ejercicio 18

 Notarás que el Texto D contiene muchos participios pasados. Haz una lista de ellos, luego al lado de cada uno escribe el infinitivo del verbo. Luego después de estudiar las Secciones de Gramática 35 y 44, pide a tu profesor/a la Hoja ⬚11.1⬚. ¡AG! Capítulos 11 y 21.

Ejercicio 19

Contesta a estas preguntas, o discútelas en clase.

1 ¿Hay mucho ruido en tu pueblo/ciudad? ¿De dónde viene?
2 Tu pueblo, ¿tiene otros problemas parecidos?
3 ¿Prefieres vivir en el campo o en la ciudad? ¿Por qué?
4 ¿Vives cerca de un aeropuerto? ¿Te gustaría o no?
5 ¿Te gusta oír música muy fuerte en la discoteca?
6 ¿Te gustaría vivir al lado de una discoteca?
7 ¿Cómo se puede reducir el ruido de los motores, de los aviones etcétera?

E La marea colonial

En muchos países existe el problema de la polución de las playas, por ejemplo en el suroeste de Inglaterra. Lee el texto – sin diccionario si puedes – y haz los siguientes ejercicios.

JERINGUILLAS, tubos con sangre y semen convenientemente clasificados, agujas con y sin protección, medicamentos, guantes, inhaladores, goteros ... Toda una gama de desechos sanitarios y de laboratorio sorprendió a Pilar de la Casa cuando paseaba por la playa de El Chinarral, en la bahía de Algeciras, a mediados del mes pasado.

No le hubiera extrañado encontrar los residuos domésticos que ya forman parte del paisaje habitual de esta bahía, de cerca de treinta kilómetros. Pero el peligro que entrañaban los nuevos hallazgos la dejaron estupefacta. ¿De dónde podía salir una cosa así?

Entre el resto de la población de la Bahía, que se reparte en cuatro municipios (Algeciras, San Roque, La Línea y Los Barrios), también cundió la alarma. Razones no faltaban. La aparición de este estercolero sanitario superaba hasta límites desconocidos el nivel habitual de contaminación de la bahía, una de las más hermosas del Sur español y, también, una de las más castigadas por el desarrollo industrial acelerado de los sesenta.

BASURERO MARINO. En aquella mañana de septiembre los dedos del vecindario no dudaron al señalar al culpable: un vecino que se divisa al fondo de la bahía. Gibraltar.

Había ocurrido otras veces, pero casi siempre se trataba de desperdicios domésticos. A los peculiares métodos que tiene Gibraltar para desprenderse de sus basuras, se sumaba ahora una avería en el incinerador de basuras. Con los residuos

sanitarios hicieron entonces lo mismo que con los demás: tirarlos al mar. El viento se encargó de redondear la faena.

Un factor añadido a la polución originada por las empresas asentadas en la bahía como Acerinox, Cepsa, Interquisa o las dos centrales térmicas de la Compañía Sevillana. Entre unas y otras han destrozado el entorno ambiental, aunque aún hay quien se atreve a desenfundar su cuerpo en la playa de Guadarranque, utilizando por sombrilla las chimeneas.

En la zona, es un secreto a voces que por el Estrecho no sólo navegan barcos y submarinos. También salen a la mar las barcazas con que Gibraltar lleva sus residuos a las aguas profundas del Estrecho. Los ecologistas algecireños aseguran que incluso conocen sus nombres.

Sin embargo, con la aparición de los residuos sanitarios

cundió el pánico. Tras varias denuncias presentadas por la Asociación Gaditana para la Defensa y Estudio de la Naturaleza (Agaden) un informe de la Sociedad General de Residuos de Algeciras sobre el asunto explica cómo «da la casualidad de que las autoridades de los *llanitos* sólo tienen incineradores de basuras con capacidad para eliminar tan sólo el 40 por ciento de las basuras que producen. Siempre en el supuesto de que la instalación esté en perfecto estado, lo que no suele ocurrir porque está largas temporadas averiada».

La basura restante, cerca de toneladas a la semana, las autoridades gibraltareñas se la quitan de encima fácilmente: al agua. «Si sopla levante y coincide con el vaciado de la planta de incineración, la playa de Algeciras vuelve a tener inquilinos de desecho. Si

sopla poniente, se recibe un *goteo* permanente de basura y el resto se lo lleva mar adentro», señala el informe.

El viceconsulado británico de Algeciras respondió la pasada semana asegurando que el incinerador que se encontraba fuera de servicio había sido reparado y que se habían iniciado investigaciones para averiguar los vertidos sanitarios, que según las leyes gibraltareñas, no deberían haberse producido.

Preguntado por *Cambio 16*, el Ministro Principal de la colonia, Joe Bossano, admitió que se trata de un problema grave, muy difícil de resolver, «que se ha incrementado enormemente desde la apertura de la verja». Sin que se le haya buscado solución alguna.

Liz Perales
Cambio 16

¿Te gustaría bañarte aquí?

Ejercicio 20

En cada uno de estos grupos de palabras sobra una. Búscala, y explica por qué no pertenece al grupo. A veces, desde cierto punto de vista, todas tienen algo en común; explica esto también.

1 jeringuillas/tubos con sangre/píldoras/inhaladores/goteros
2 Algeciras/Gibraltar/La Línea/Los Barrios/San Roque
3 contaminación/polución/basura/residuos domésticos/arena
4 Gibraltar/Cepsa/Interquisa/Sevillana/Acerinox
5 barcazas/chimeneas/incineradores/desechos/vertedero
6 Joe Bossano/Pilar de la Casa/los llanitos/los gibraltareños/el viceconsulado británico.

Ejercicio 21

Contesta a estas preguntas.

1 ¿Cómo reaccionó Pilar de la Casa al ver lo que había en la playa?
2 ¿Qué habría pensado si hubiera visto solamente residuos domésticos?
3 ¿Por qué serán peores los desechos sanitarios?
4 ¿Cómo reaccionó la población de la Bahía?
5 ¿A quiénes echaron la culpa?
6 ¿Qué hicieron la Agaden y la Sociedad General de Residuos?
7 ¿Qué trató de hacer el viceconsulado británico de Algeciras?
8 ¿Qué iban a hacer las autoridades gibraltareñas para encontrar a los culpables de los vertidos sanitarios?
9 ¿Cuál fue la contestación de Joe Bossano a las quejas?
10 ¿A qué atribuía los problemas de la basura gibraltareña?

Ejercicio 22 Situaciones

Si fueras español, ¿qué le dirías tú a un llanito? Y, siendo al revés, ¿qué le dirías a un español? Con dos o tres compañeros, organiza un diálogo en que se representen algunos de los siguientes personajes:

1 Pilar de la Casa
2 un habitante de La Línea
3 un llanito que trabaja en una de las barcazas de basura
4 Joe Bossano
5 El viceconsulado británico de Algeciras

Si prefieres, podrías escoger una de las situaciones sugeridas por las siguientes preguntas:

A ¿Vives cerca de una playa? ¿Aceptarías un aumento en el precio del agua para pagar la limpieza de la playa?
B ¿Eres aficionado al windsurf? ¿Qué piensas del estado del agua y de las playas en las que practicas el windsurf?

Ejercicio 23 Reportaje

Lee el texto elegido, y cuenta a tus compañeros de clase los elementos más importantes del texto.

1 La ría de Guernika busca protección
2 Madrid no respira por falta de lluvias
3 El fantasma del 'Casón' ronda
4 La invasión de los bárbaros

... Y DE POSTRE

Ejercicio 24 Contaminación

Lee este artículo, y luego tradúcelo a tu propio idioma.

NOTICIAS

Contaminación

La cada vez más frecuente contaminación ambiental de las grandes ciudades produce efectos tóxicos en el organismo.

De las sustancias contenidas en el aire polucionado dos perjudiciales son el ozono y el dióxido de nitrógeno, pues en excesivas cantidades, como sucede en el aire contaminado, se combinan con las grasas del cuerpo originando mutaciones celulares que favorecen la aparición de enfermedades como el cáncer, la arterioesclerosis y el envejecimiento prematuro.

Hay mecanismos de defensa contra estas reacciones adversas; uno de los factores principales de protección es la vitamina E, que está contenida en los aceites vegetales, cereales, huevos, verduras y nueces principalmente; se recomienda una dosis diaria entre 12 y 15 Unidades Internacionales, por lo que si la alimentación es pobre en los productos mencionados no hay más remedio que suplirla medicamentosamente.

Cambio 16

Ejercicio 25

He aquí un artículo que ofreció consejos a los lectores de *Supertele* para que gasten menos energía. Por una razón u otra, ¡las frases están un poco revueltas! Trata de emparejar las dos partes de cada frase, y ponlas en el orden correcto.

AHORRAR ENERGÍA EN CASA

Si gastamos poca energía no sólo estaremos ahorrando dinero, sino también contribuyendo a mejorar el medio ambiente. Y para ahorrar, nada mejor que empezar a hacerlo en nuestra propia casa.

1
  a Al cocinar, procure tapar siempre las cazuelas ...
  b ... junto a la ventana, en la terraza, el balcón.

2
  a No utilice recipientes de un tamaño menor ...
  b ... haga uso de la olla exprés.

3
  a Siempre que pueda ...
  b ... que la placa o el hornillo.

4
  a Si la cocina es eléctrica, apague la placa diez minutos antes ...
  b ... así no despilfarrará calor.

5
  a No abra la puerta del horno cada vez que quiere comprobar si la comida está hecha ...
  b ... y procure utilizar bombillas de bajo consumo (pídalas así en la tienda).

6
  a Aproveche el horario de verano para leer, coser, etcétera con luz natural ...
  b ... seguirá desprendiendo calor.

7
  a No meta los alimentos calientes en el frigorífico, y procure descongelarlo ...
  b ... Bastará con que encienda la luz. Cada vez que lo abre pierde entre 25°C y 50°C de calor.

8
  a Aunque tenga previsto regresar en un momento, no deje encendidas las luces ...
  b ... cuando la escarcha tenga una capa de más de 1,5 cm.

Ejercicio 26

Estudia el dibujo titulado 'El invernadero tierra', y explica en tus propias palabras los procesos que llevan al efecto invernadero. Igualmente, podrías hacerlo por escrito.

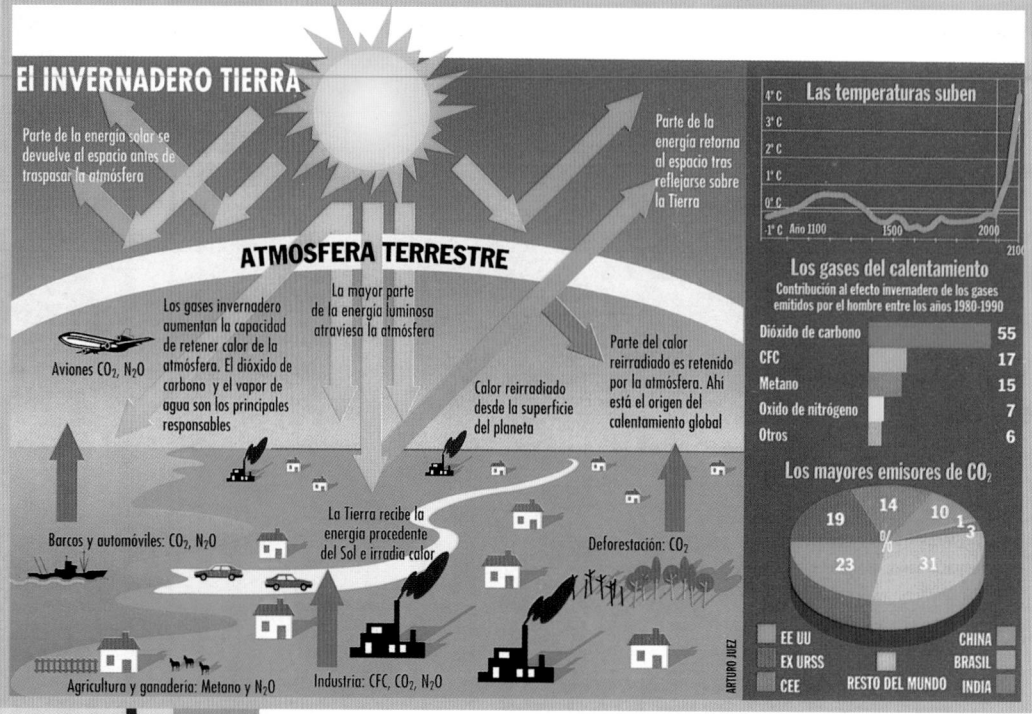

El INVERNADERO TIERRA

Parte de la energía solar se devuelve al espacio antes de traspasar la atmósfera

Parte de la energía retorna al espacio tras reflejarse sobre la Tierra

ATMÓSFERA TERRESTRE

La mayor parte de la energía luminosa atraviesa la atmósfera

Los gases invernadero aumentan la capacidad de retener calor de la atmósfera. El dióxido de carbono y el vapor de agua son los principales responsables

Aviones CO_2, N_2O

Parte del calor reirradiado es retenido por la atmósfera. Ahí está el origen del calentamiento global

Calor reirradiado desde la superficie del planeta

La Tierra recibe la energía procedente del Sol e irradia calor

Barcos y automóviles: CO_2, N_2O

Deforestación: CO_2

Agricultura y ganadería: Metano y N_2O

Industria: CFC, CO_2, N_2O

ARTURO JUEZ

Las temperaturas suben

4° C
3° C
2° C
1° C
0° C
-1° C Año 1100   1500   2000   2100

Los gases del calentamiento
Contribución al efecto invernadero de los gases emitidos por el hombre entre los años 1980-1990

Dióxido de carbono	55
CFC	17
Metano	15
Óxido de nitrógeno	7
Otros	6

Los mayores emisores de CO_2

19   14   10   1 3
       %
   23   31

EE UU   CHINA
EX URSS   BRASIL
CEE   RESTO DEL MUNDO   INDIA

Ejercicio 27

A Faltan varias palabras de este artículo, que nos cuenta algo del nivel de contaminación sufrido por la Ciudad de México. Escoge las palabras más adecuadas entre la lista que se ofrece abajo – pero ¡cuidado! ¡Sobran palabras!

EL INFIERNO MEXICANO

México DF, la ciudad más grande del mundo y la más poblada, es también la de mayor ...... de contaminantes. Dióxido de ...... y plomo circulan por la capital sin descanso, ayudados por las montañas que rodean el valle y que dificultan la entrada de ...... Buena parte de los ...... proviene de los automóviles. Pero el grueso se debe a las 30.000 ...... asentadas en el Valle de México.

Unos tres millones de automóviles y otro millón de ...... públicos movilizan a los 18 millones de personas que viven en la capital. Las ...... informan hora a hora de los índices de contaminantes. Cuando suben mucho se prohibe a los niños jugar en el patio o se les manda a casa. El año pasado sólo hubo 23 días de aire ...... Los automóviles, según su matrícula, dejan de ...... un día a la semana. Todos deben pasar una revisión semestral para analizar sus ...... Taxis y microbuses están modernizándose paulatinamente, obligándolos a usar una ...... con menos plomo.

Los estudios sobre enfermedades son aún incompletos. Pero se han detectado problemas ...... en los niños, más enfermedades ...... en adultos y menor rendimiento entre los deportistas. También son frecuentes las ...... que se curan en cuanto el enfermo abandona el Valle de México.

– vientos	– camiones	– circular
– clorofluoruros	– alergias	– autoridades
– puro	– industrias	– pulmonares
– respiratorios	– lluvias	– autobuses
– emisiones	– índices	– chimeneas
– rendimientos	– combustible	– contaminantes
– azufre	– gasolina	

B La situación de México DF es extrema: ¿te parece que algunas de las medidas tomadas por las autoridades podrían ser útiles en tu pueblo o ciudad? Discútelas con tus compañeros de clase.

Ejercicio 28

Discute los siguientes temas con tus compañeros, o escribe sobre uno de ellos una redacción de unas 300 palabras.

1 El desarrollo técnico: o sea la maldición de la Tierra.
2 ¿Cómo se resolverán los problemas del efecto invernadero?
3 ¿Qué harías tú si fueras Presidente del Parlamento Mundial?
4 En pro y en contra de Greenpeace.
5 Cómo solucionaría yo los problemas de polución en mi pueblo/ciudad.
6 El sistema ecológico: nuestra posesión más importante.

Ejercicio 29

Busca las palabras que se definen en las siguientes frases. La primera letra de cada una te dará las letras de una palabra muy importante para el tema de esta Unidad.

1 Mezcla de gases que respiramos los animales.
2 Greenpeace usa frecuentemente unas . . . . . . neumáticas.
3 Muchos científicos temen el . . . . . . invernadero.
4 El gas esencial para la vida es el . . . .
5 En las playas de Algeciras, hasta se encontraban . . . .
6 El . . . . . . nos protege de los rayos nocivos del sol.
7 Los . . . . . . se usan mucho en los sprays.
8 Medicamento que usan los asmáticos.

Ejercicio 30

Palabras mezcladas: después de encontrarlas, inventa una frase para usar cada palabra.

- **NOTAMICANCION**
- **OCURROFORLULO**
- **ELOGICAO**
- **DETERVERO**
- **OXCITO**

- **VERANODEFERECINTO**
- **NOZEODOPACA**
- **FERSAMOTA**
- **COLUPINO**
- **NEGRECEPEA**

... Y DE POSTRE

¡Viva España!

¿Para qué nos quieren?

Lee el texto con la ayuda del vocabulario.

1985. España se incorpora a la Comunidad Europea de la mano de Felipe González.

El 12 de junio se cumplió el décimo aniversario de la entrada de España en la Comunidad Europea. ¿Ha sido una década positiva o negativa para los intereses españoles? En general, el balance es positivo por la llegada de fondos de ayuda europeos, la mejora de la industria y el acceso de los consumidores a más productos extranjeros. En cambio, las relaciones comerciales se han visto perjudicadas al superar las importaciones a las exportaciones y hay dos sectores afectados negativamente: la agricultura y la pesca. «Bruselas ha vendido a los marineros que no entienden nada de política», afirma José López pescador vigués afectado por la guerra del fletán. «Europa me ha dejado reducido a las subvenciones, es decir, a la limosna», se lamenta Dionisio Moraleda, agricultor y ganadero. Estas quejas muestran el aumento del euroescepticismo, como lo demuestran dos encuestas del Centro de Investigaciones Sociológicas: si en 1988 dos de cada tres españoles opinaban que este país había mejorado con la incorporación a Europa, en 1994 esa opinión bajó al 44,6 por ciento e, incluso, más de la mitad piensa que ha sido perjudicial para nuestros precios. Con todo, ¿debe seguir perteneciendo España a Unión Europea (UE)? Los políticos responden que sí. Ana Miranda, eurodiputada del PSOE, destaca que se olvida que España «estaba expulsada de muchos caladeros de pesca hasta su incorporación», mientras que Josu Jon Imaz, eurodiputado del PNV, denuncia que este sector «es discriminado». Rafael Arias Salgado, del PP, sostiene que nuestra presencia en la UE «es irrenunciable». Carles Gasoliba, eurodiputado de Convergència i Unió, advierte: «Debemos dar más dimensión política a la UE, porque si no corremos el peligro de la disgregación o de reducirla a una zona de librecambio». En definitiva, ¿para qué nos quieren? Aportamos un mercado, la mayor reserva natural y, según los políticos, somos imaginativos y con capacidad de organización. Al fin y al cabo, Europa estaría incompleta sin España.

Cambio 16

Ejercicio 1

1 Explica las siguientes palabras y expresiones del Texto A1.
- la Comunidad Europea
- el balance
- la mejora
- las relaciones comerciales
- las importaciones
- la agricultura
- las subvenciones
- la Unión Europea
- el caladero de pesca
- la disgregación
- la zona de librecambio
- la reserva natural

2 Busca en el texto las palabras que equivalen a estas definiciones:
- ayuda financiera
- gente que compra servicios o productos
- productos vendidos al extranjero
- me han obligado a vivir de los subsidios, nada más
- dinero que se da a los pobres
- actitud de rechazar los principios de la UE
- gente que se dedica a la vida política
- no se le permitía pescar en ciertos sitios
- miembro del Parlamento Europeo

Ejercicio 2

¿La verdad? . . . Bueno, casi . . . Cada una de las siguientes frases lleva una o dos palabras equivocadas. Tienes que reemplazarlas con palabras más adecuadas para hacer una frase correcta. Si puedes, hazlo sin volver a mirar el texto.

1 Al escribirse este artículo, España ya llevaba veinte años como miembro de la Unión Europea.
2 En general, España se ha beneficiado económicamente de su incorporación a los Estados Unidos.
3 La industria española ha sufrido.
4 España exporta más que importa.
5 Dionisio Moraleda vive de su trabajo en la granja.
6 El euroescepticismo ha disminuido en España.
7 Los políticos quieren que España salga de la Unión Europea.
8 Josu Jon Imaz cree que los pescadores de España han ganado mucho con la incorporación de España a la Unión Europea.
9 Carles Gasoliba opina que en la UE se debería dar más importancia a la vida económica.
10 Los europeos quieren a los españoles porque España los necesita.

VOCABULARIO

los fondos de ayuda financial aid

perjudicado disadvantaged

superar (here) to exceed

vigués native of Vigo

la guerra del fletán the green-halibut war [between Spanish fishermen and Canada in 1995]

la subvención subsidy

la limosna alms, charity

el ganadero cattle farmer

la encuesta survey

la incorporación membership

perjudicial prejudicial

el/la eurodiputado/a Member of European Parliament

destacar (here) to pick out

el caladero fishing ground

sostener to insist

irrenunciable irreversible

la disgregación disintegration

la zona de librecambio free-trade area

Note the following names of political parties:

PSOE – Partido Socialista Obrero Español

PNV – Partido Nacional Vasco

PP – Partido Popular

Convergència i Unió (the leading Catalan political party)

A2 Cómo nos ven

El artículo del texto A1 apareció con las siguientes impresiones de cómo ven los europeos a los españoles.

GRAN BRETAÑA
Rompa los discos de Julio Iglesias

El diario sensacionalista londinense The Sun, que tiene una tirada de tres millones y medio de ejemplares, recomendaba hace tan sólo unas semanas a sus lectores que rompieran directamente los discos de Julio Iglesias, que no bebieran más cerveza San Miguel y que desecharan España como destino de veraneo y se fueran a Grecia.

Recordaban que sir Francis Drake ya machacó a los españoles una vez y que si fuera necesario lo harían de nuevo. Éstas eran sus conclusiones después de la guerra del fletán.

En la misma línea, el primer ministro, John Major, prometía en el Parlamento, para deleite de los diputados, que la gloriosa Armada británica protegería a sus pesqueros cuando este verano se acerquen a pescar atún al golfo de Vizcaya.

El arquetipo del español para los británicos es Manuel, un camarero catalán, personaje de la serie de TV Fawlty Towers: bajito, moreno, con bigote y sin saber nunca por dónde van los tiros. ■

FRANCIA
Los agricultores son el enemigo

Agricultura y pesca son los puntos más conflictivos en la relación con el país vecino, aunque en otros aspectos la relación política España-Francia haya mejorado en los últimos años. Pero eso influye escasamente en las opiniones globales del ciudadano medio.

Los agricultores y pescadores franceses son los que esgrimen unas opiniones más radicales y consideran a los españoles como enemigos que traspasan las fronteras con el temible propósito de conquistar su mercado y quedarse con sus clientes. Los enfrentamientos que se producen periódicamente entre ellos son una buena muestra y no tienen una solución inmediata.

El resto de los franceses son, por encima de todo, franceses. La grandeur de Francia no les permite detenerse demasiado en sus vecinos, como lo prueba el mínimo espacio que dedican a los asuntos internacionales en sus informativos. El atentado de Aznar sólo mereció un comentario de 15 segundos y la muerte de Lola Flores, apenas un breve. ■

ITALIA
Excesivos, radicales y atrasados

Radicales, excesivos y atrasados. Con estas tres palabras definen los italianos a los españoles. Piensan que en su país las cosas llegan al drama y un segundo después se disuelven en el pacto o en el acuerdo, mientras en España se alcanza la tragedia porque se llevan las cosas al extremo y se adoptan posiciones numantinas, por orgullo, soberbia o por una propensión genética a la sangre caliente. «Manca finezza» (falta finura) solía decir algún famoso político democristiano, al contemplar los vaivenes de la transición.

Como país, nos sitúan en el furgón de cola de la Unión Europea. Nuestras estadísticas no cuentan y ellos sólo se comparan con alemanes, británicos y franceses.

Ninguna clasificación incluye jamás a España. La imagen ajena en Italia está siempre deformada por un chovinismo agudo, el gran pecado nacional, que repite la idea de que el país es la séptima potencia mundial y que defienden lo italiano como lo mejor, sobre todo, si se compara con sus vecinos españoles, ciudadanos de muy inferior categoría. ■

PORTUGAL
Ni vientos ni casamientos

De España, ni vientos ni casamientos». El sentimiento de los portugueses se refleja en este viejo refrán. La entrada de ambos países en la Comunidad Europea hace diez años ha cambiado algo esta opinión, aunque los portugueses siguen mirando a España con una mezcla de recelo y cierto complejo. Al fin y al cabo, es el único vecino, más fuerte y poderoso, con un nivel de vida superior. Ahora los pescadores están indignados por la aceptación del tratado de pesca con Canadá y los agricultores opinan que el mercado está invadido por los franceses. ■

BELGICA
Simpáticos, pero caóticos

Los ciudadanos de Bélgica nos ven con simpatía, aunque califican nuestro modo de ser de «caótico». Pero no han olvidado los estragos que hicieron las tropas españolas durante la ocupación de los Austrias y así está simbolizado en la cervecería Le Roi d'Espagne, donde unos muñecos colgados recuerdan las correrías de los españoles. A los holandeses, les llama la atención nuestra costumbre de comer caliente dos veces. Y a los luxemburgueses les cuesta diferenciarnos de los portugueses, aunque no nos califican de ciudadanos de tercera como a ellos. ■

ALEMANIA
Sol, playa, toros, flamenco y vino

Una de las referencias más omnipresentes de España en Alemania es la publicidad de las agencias de viajes sobre las islas Canarias. España es el primer país de destino de los turistas alemanes, que siguen considerándolo la tierra del sol, la playa, el flamenco, los toros y el vino. Aunque algunas minorías han perdido ciertos prejuicios (como la falta de puntualidad o las dificultades para trabajar en equipo), la opinión pública más general está aún formada por estereotipos.

A los alemanes les gusta viajar a España por su clima y por su gente. Consideran que saben disfrutar mejor y con mayor espontaneidad de sus fiestas y de la vida y, en este sentido, existe un cierto sentimiento de sana envidia. ■

Ejercicio 3

Después de estudiar los trozos del texto A2, cada miembro de la clase escoge una de las nacionalidades y tiene que explicar a los demás la opinión que tiene de España y de los españoles. Otro tiene que defender a España y a los españoles: ¡la discusión será, sin duda, bastante divertida!

B Los problemas de Gibraltar

Resulta difícil ahora creer que hace tan sólo veinte o treinta años las relaciones entre España y el Reino Unido eran bastante difíciles, a causa de la anomalía de Gibraltar: territorio británico en tierra española, como resultado de ciertos acontecimientos históricos.

He aquí un artículo que describe una de las etapas en la historia de esta colonia. Se trata de un artículo que apareció poco antes de la apertura de la verja que separó Gibraltar de España de 1969 a 1985.

España y el Reino Unido conversarán sobre los problemas de Gibraltar

Las autoridades españolas están dispuestas a levantar todas las restricciones en la frontera de la colonia británica de Gibraltar si prospera una serie de negociaciones secretas que llevan a cabo representantes de Madrid y Londres desde el pasado mes de abril.

El Reino Unido hizo una primera oferta de cara a la completa apertura de la verja que separa a España de la colonia para llevar a cabo una aplicación adelantada sobre las medidas de circulación en vigor entre los países de la CEE. El Gobierno de Madrid consideró insuficiente la petición porque no iguala en derechos a los españoles residentes en la colonia y envió una contraoferta a Londres.

Los ministros de Asuntos Exteriores de España y el Reino Unido, Fernando Morán y sir Geoffrey Howe, respectivamente, hablarán del tema durante la sesión de la Asamblea General de la ONU en Nueva York a finales de este mes, y si se llega a un acuerdo, España lo considerará una revitalización de los acuerdos de Lisboa sobre Gibraltar, bloqueados desde 1982.

El Peñón: la piedra más grande en el zapato

Las tensas relaciones hispano-británicas a raíz de la guerra de las Malvinas, han mejorado, y el Reino Unido pretende un acuerdo bilateral sobre el Peñón antes de que sea efectiva la adhesión de España a la CEE.

septiembre 1984, *El País*

Ejercicio 4

Cambia los verbos al pasado, visto que todo esto ocurrió hace ya muchos años. Tendrás que utilizar no sólo el pretérito y el imperfecto, sino también el pluscuamperfecto. (Véanse las Secciones de Gramática 38, 39 y 45 y ¡AG! Capítulos 17, 19, 20 y 22.)

C2   La España ocupada

A los españoles no les gusta a todos el nivel de inversión extranjera que ven hoy en día. (Esta fue la situación en 1988; después, lee el texto D para saber cómo es la situación hoy en día.) Ahora Antxon Sarasqueta nos habla de algunos de los problemas.

Ejercicio 10

He aquí varias frases que oirás en el reportaje *La España ocupada*. Tienes que reconocerlas, pero no están en el orden debido. Todas tienen una letra; sólo tienes que escribir la letra para cada número, así, por ejemplo: 1 c, 2 f etc. Notarás también que en cada una falta una palabra. Si quieres, escucha la cinta otra vez para sacar las palabras que faltan. Estúdialas bien y luego vuelve a escuchar la cinta.

a   No se ha producido una . . . . . . nacional suficientemente competitiva.

b   La apertura española ha sido un auténtico . . . . . . para las inversiones extranjeras.

c   Entre las . . . . . . primeras empresas del mundo, sólo hay diez españolas.

d   El sector del . . . . . . está por completo en manos de industria extranjera.

e   La mayor parte de éstas corresponden al sector energético y . . . . . ., con una masiva intervención estatal.

f   Las razones que han provocado esta situación no están sólo en el . . . . . . estructural y la debilidad del capital español.

g   El esfuerzo de la industria española es creciente, pero insuficiente para . . . . . . globalmente la participación y competencia.

h   Hay factores políticos y . . . . . . que han influido decisivamente en las limitaciones de la industria nacional.

Ejercicio 11

Escucha el reportaje con cuidado, y busca las palabras que tienen los siguientes significados:

- caída de rocas o de nieve
- empresa que tiene sucursales en muchos países
- algo que se relaciona con los aviones
- dinero que invierten los individuos particulares
- conjunto de posibles clientes en muchos países
- material para cuartos de baño
- lo que gasta una empresa en los sueldos de sus trabajadores
- las empresas que construyen coches
- los sectores que producen lo que la gente come y bebe
- conjunto de todas las empresas fabricadoras del país
- prensa, radio y televisión de otros países
- personas que compran y consumen los efectos de consumo
- sistema político-económico
- período de problemas económicos que afectó a todo el mundo en 1973
- el sistema económico de España

C3   España ha salido beneficiada con Europa

En esta entrevista, el secretario de Estado de las Comunidades Europeas, Carlos Westendorp, habla de los beneficios que la Unión Europea ha traído a España.

Ejercicio 12

Escucha la entrevista del texto C3, y haz apuntes sobre lo que dice Carlos Westendorp acerca de:

1   el efecto de los conflictos pesqueros y agrícolas
2   las ventajas y desventajas para España de la UE
3   los conflictos que quedan por resolver
4   los objectivos de la presidencia española de la UE

D   La reconquista de América

Este artículo revela que la situación que describen los textos C1 y C2 ha cambiado bastante: ahora le toca a España invertir dinero en otros países – sobre todo en Latinoamérica. Lee el texto con la ayuda del vocabulario, y de un diccionario si te hace falta.

Primero fue Telefónica, luego Iberia, los grandes bancos y las constructoras. En la actualidad, una veintena de empresas españolas, entre ellas las principales del sector energético y las prestadoras de servicios, totalizan casi el 35 por ciento de la inversión extranjera que se canaliza a los países latinoamericanos. España ha sustituido al vecino del Norte, Estados Unidos, en el flujo de inversiones hacia la parte más septentrional del continente latinoamericano. Con la explosión devaluatoria en México, algunas de estas empresas contuvieron la respiración a primeros de año, pero el horizonte se ha despejado en las últimas fechas. Afortunadamente, el denominado *efecto tequila* se ha disipado en la mayor parte de los países continentales y, de momento, una corriente de optimismo domina esta nueva reconquista de América por parte de los «galeones» españoles.

En Telefónica, por ejemplo, los números de sus inversiones en América Latina son concluyentes. Incluso su última apuesta, la realizada en Perú, recibida con fuertes críticas tras un desembolso de más de 250.000 millones de pesetas, se ha convertido en una de las más rentables. En apenas un año, la compra de dos operadoras, hoy fusionadas como Telefónica del Perú, han totalizado un valor en bolsa próximo a la cifra desembolsada. Las expectativas de un negocio en régimen de monopolio y la corriente de empresas españolas que han acudido a la «miel» telefónica justifican de por sí la inversión, especialmente rentable para constructoras y suministradoras de material telefónico.

De alguna manera, Perú se ha convertido en el nuevo Dorado. Sumido en una profunda crisis como consecuencia de la acción devastadora de Alan García y luego de las dudas iniciales del primer Gobierno de Fujimori, la estabilidad y el rigor económico han vuelto a este país poco antes de la última victoria electoral del presidente de origen asiático. En apenas un año, la guerrilla ha desaparecido, la moneda se ha estabilizado y se ha recuperado la confianza empresarial, con la vuelta del capital exterior. El desencadenante, sin duda, ha sido su proceso privatizador. Un fenómeno muy similar al vivido por Chile tras el final de la etapa Pinochet y que ha provocado, por ejemplo, que una entidad del tamaño del BBV se pueda convertir, con su inversión en el Banco Continental, tercero del país, en el elemento más dinamizador del anquilosado sector financiero peruano. El BBV, con Repsol e Iberdrola optando al proceso privatizador de su sector energético, es hoy, sin duda, el primer grupo bancario extranjero presente en Perú.

La filial chilena y Telefónica Internacional van a servir de cabeza de puente para acudir a otros procesos de privatización en América Latina, como los casos de Bolivia, Brasil y México. Con las redes actuales, a las que añadirá los futuros acuerdos que se puedan establecer, Telefónica está montando la Red Panamericana, que unirá por cable, fibra óptica o satélite todas sus operadoras en el continente y Europa. Será una alternativa al tráfico telefónico del Norte o un gancho

Telefónica unirá por cable, fibra óptica y satélite sus operadoras europeas y americanas

para que el gigante AT&T se asocie a la empresa española.

La aventura americana de Telefónica ha servido de imán para las constructoras españolas y las empresas suministradoras de telefonía, que han generado un volumen de negocio de varios miles de millones de dólares. Dragados, Amper, Radiotrónica y las empresas energéticas, como Repsol, Endesa e Iberdrola, se han instalado en el continente en una apuesta que puede suponer, a medio plazo, una de las bazas internacionales de estas empresas. En medio de esta corriente está aún la duda de Iberia, quizá la inversión más difícil de todas ellas. La compañía compró Aerolíneas Argentinas, una participación en la chilena Ladeco y la venezolana Viasa. Salvo la chilena, que funciona bien y que puede servir de entrada en Lan-Chile el resto está en fase de consolidación. Este año, sin embargo, los primeros datos son buenos en Argentina y las expectativas más. ■

Alberto Valverde
Cambio 16

Ejercicio 13

Este artículo utiliza muchos términos especializados: haz una lista de las palabras que corresponden a los siguientes títulos:

1 economía
2 política
3 telecomunicaciones
4 países y nacionalidades

Luego compara tus listas con las de tus compañeros. Repartiendo las palabras entre todos los miembros de la clase, inventa una definición en español de cada palabra o expresión. Si queréis, podéis apuntar las definiciones.

Ejercicio 14

Completa las siguientes frases según el significado del texto.

1 Telefónica e Iberia invirtieron dinero en . . . .
2 Unas veinte . . . . . . españolas totalizan casi el 35 por ciento de la inversión extranjera en Latinoamérica.
3 Las empresas españolas han sustituido a las . . . . . . en cuanto a sus inversiones en Latinoamérica.
4 La explosión devaluatoria en México se ha . . . . . . recientemente.

5 Los nuevos conquistadores de . . . . . . se sienten muy optimistas.

6 Telefónica ha . . . . . . mucho dinero en Perú.

7 Muchas empresas han sido atraídas por la . . . . . . de las iniciativas de Telefónica.

8 El presidente de Perú es de familia . . . .

9 El . . . . ha llevado a la estabilidad de la moneda peruana.

10 El BBV es el . . . . . . extranjero más importante de Perú.

11 La llegada de Telefónica llevará a más . . . . en Latinoamérica.

12 Telefónica está construyendo una red de . . . . . . que unirá los países latinoamericanos y Europa.

13 Varias . . . . han seguido a Telefónica a América.

14 Iberia ha invertido dinero en varias . . . . . . latinoamericanas.

E España está de moda

Paco Herrera coloca sus banderillas en la plaza de toros, Fréjus, Francia

En Olivia Valera, la discoteca en boga de París, todas las noches arrancan por rumbas y sevillanas a cuyo ritmo se contonean los parisinos, algunos de ellos vestidos con ropas que evocan las prendas tradicionales andaluzas. Diez mil italianos se han inscrito en cursos universitarios de su país para aprender español, uno de los tantos síntomas del idilio iniciado no hace mucho con los ciudadanos de la otra península mediterránea. En la londinense King's Road, los escaparates de tiendas exclusivas exhiben modelos de Sybilla y Pedro Morago; y en una de las calles más caras de Londres, South Molton Street, Adolfo Domínguez vende sus propias creaciones, que también gozan del éxito en un punto tan distante como Tokio. Varios artistas *pop* europeos han empezado a cantar sus canciones en castellano. En la lejana Argentina, los telespectadores se emboban con la serie española *Turno de oficio* que continúa el fervor despertado por otras series y representaciones teatrales y cinematográficas de la *madre patria*. Neoyorquinos y parisinos han descubierto recientemente con arrobamiento y entusiasmo la ingente riqueza creativa de la pintura española de las últimas centurias.

España está de moda por primera vez, quizás, en los últimos cuatro siglos. Y por motivos

▶

VOCABULARIO

energético (here) energy generating

las prestadoras de servicios service industries

septentrional northern

devaluatorio devaluing

contener la respiración to hold one's breath

despejar to clear

disipar to clear

la apuesta (here) investment

el desembolso outlay

rentable profitable

fusionado amalgamated

un valor en bolsa stock-market value

la suministradora provider

sumido immersed

devastador destructive

la confianza empresarial business confidence

el desencadenante cause, trigger

el proceso privatizador privatisation process

anquilosado paralysed

el imán magnet

a medio plazo in the medium term

la baza trick (at cards)

bien diferentes. Lo decía el semanario francés *Paris Match* pocos meses atrás: «España arrasa en Francia y en Europa. Sus diseñadores de moda, su música, su pintura, su cine, se han puesto de moda en el Continente y es difícil que alguien los desbanque de esa posición». O la revista norteamericano *Newsweek*: «La vieja España somnolienta se ha convertido en el país más caliente de Europa, no desde el punto de vista climático, sino financiero.» Es que este país, subrayaba hace unos días el prestigioso *International Herald Tribune*, «está montado en la cresta de una notable ola de prosperidad que muestra pocos indicios de quebrarse».

«Vigorosa», «joven», «dinámica», «alegre y divertida», «próspera», «creativa», son algunos de los piropos que la prensa internacional echa a España. Muchos parecen azorados, descubriendo un nuevo y desconocido país que renace de una hibernada siesta de siglos, donde hay algo más que burros y panderetas, toros y castañuelas, dramas pasionales de navaja y marqueses rostrilargos.

Para desencanto de algún trasnochado viajero romántico, España ha dejado de ser una reserva etnográfica del *tercer –mundismo* europeo. Pese a sus inevitables rémoras y contradicciones, hoy, este viejo país seduce en el mundo con su cultura

y su vitalidad apoyadas en una ola de prosperidad sorprendente.

La economía española creció el año pasado el doble que las otras economías europeas y el ritmo continúa este año, sostenidamente. La peseta se ha convertido en una de las monedas fuertes del mundo. España presidirá la CEE este año. Empresarios y financieros hacen llover sobre España, desde el exterior, capitales milmillonarios en inversiones (a un ritmo que, incluso, resulta preocupante), como palpable demostración de la confianza extranjera en el futuro del país.

Ricardo Herres
Cambio 16

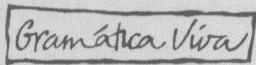

Ejercicio 15

Lee el texto con la ayuda de un diccionario si lo necesitas. Luego explica cuáles son los elementos españoles que están de moda en el extranjero, y por qué atraen a los extranjeros. Tienes que inventar por lo menos diez frases que contengan una de las siguientes expresiones: *querer, saber, poder, deber, interesar, gustar, encantar*. (Véanse la Sección de Gramática 68 y ¡AG! Capítulo 25.) He aquí varias posibilidades:

Por ejemplo:
A muchos parisinos les gusta/encanta/interesa bailar rumbas y sevillanas, pues van a la discoteca Olivia Valera.
Muchos parisinos van a Olivia Valera porque quieren aprender a/saber bailar rumbas y sevillanas.
Los parisinos a quienes les gusta bailar flamenco pueden/deben ir la discoteca de Olivia Valera.

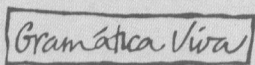

Ejercicio 16

Busca en el texto y haz una lista de todos los adjetivos que se usan para describir a España o un elemento de su vida y cultura o de sus productos y economía. Luego busca y apunta otras expresiones lisonjeras.

Por ejemplo:
. . . la ingente riqueza creativa . . .
. . . el país más caliente de Europa . . .

Luego inventa una frase para utilizar cada adjetivo y cada expresión.

Por ejemplo:

España es un país muy vigoroso.

En este momento, España es el país más caliente de Europa en el sentido financiero.

Ejercicio 17

Usa las siguientes preguntas para estimular una conversación sobre España.

- ¿Has estado alguna vez en España?
- A ti, ¿te gusta estudiar el español?
- ¿Te gusta el baile flamenco? Y, ¿la música?
- ¿Sabes bailar flamenco? ¿Te gustaría aprender?
- ¿Tenéis lector/a español/a? ¿Sabe bailar flamenco? ¿Sabría enseñároslo? ¿Por qué no se lo pedís?
- ¿Tienes alguna prenda española? ¿Qué te gusta de la moda española?
- ¿Conoces alguna canción o disco en español?
- ¿Te gusta la música pop española? Y, ¿la clásica?
- ¿Te gustan las películas o la televisión españolas?
- ¿Conoces las obras de los grandes pintores españoles? ¿Te gustan?
- ¿Qué piensas tú de la España de hoy?
- ¿Te gustan los españoles?
- Y, ¿les gustan a todos tus compatriotas? ¿Qué piensan y dicen de los españoles tus amigos que no estudian el español?

El flamenco – ahora se baila en muchos países

 Europa la vieja

Ejercicio 18

Felicidades. La cacofonía de la cumbre de Formentor ha sido profundamente europea. En absoluto europeísta, pero sí muy europea. Esa imposibilidad de alcanzar un consenso sobre ningún asunto, excepto, por supuesto, la belleza del lugar, la amabilidad del anfitrión, la excelencia de los vinos y la necesidad de seguir discutiendo; esa casi imposible de seguir geometría variable de los intereses y las alianzas es lo que constituye Europa. La Europa real, la histórica. El europeísmo es otra cosa: una construcción del espíritu que pretende elevar semejante realidad a otra dimensión, la que

De izquierda a derecha, el canciller Kohl, el presidente Chirac y el presidente de la Comisión Europea, Jacques Santer, en Formentor (Mallorca)

Víctor Hugo enunció en 1850: "Llegará un día en que se verá a esos dos grupos inmensos, los Estados Unidos de América y los Estados Unidos de Europa, tenderse la mano por encima de los mares".

A tenor de lo ocurrido en Formentor, la vieja Europa goza de buena salud, pero el europeísmo contemporáneo está algo pachucho. Allí estaba el viril Jacques Chirac, mirado de reojo por sus pares a causa de su empeño en hacer explotar artefactos radiactivos en Mururoa y su negativa a eliminar las fronteras de Francia con sus vecinos del Grupo Schengen. Y el ojeroso Felipe González,

▶

Ejercicio 21

¿Crees que España merecía la crítica del asistente? ¿Te parece bien que Santi haya contradicho así al asistente? (Le castigaron después.) Habla con tus compañeros sobre los prejuicios y opiniones erróneas que tiene o tenía mucha gente de España y de los españoles. ¿Qué piensan los españoles de tu país?

Ejercicio 22 Situaciones

Imagina que te han invitado a participar en un programa de radio, y que eres una de las personas siguientes: un/a compañero/a de clase puede ser entrevistador/a de Radio Nacional de España.

1   Director/a de una empresa que se ha beneficiado de la entrada en la UE
2   Director/a de una empresa que ha sufrido de la entrada en la UE
3   Cliente de un supermercado español que acaba de comprar varios productos franceses
4   El Presidente del Gobierno Español, después de una reunión con el primer ministro del Reino Unido

Ejercicio 23 Reportaje

Lee el texto elegido, y cuenta a tus compañeros los elementos más importantes del texto.

1   Vía Gibraltar
2   España será el asilo de Europa en el año 2000
3   Invasión de 'canguros'
4   Relevo en los Balcanes

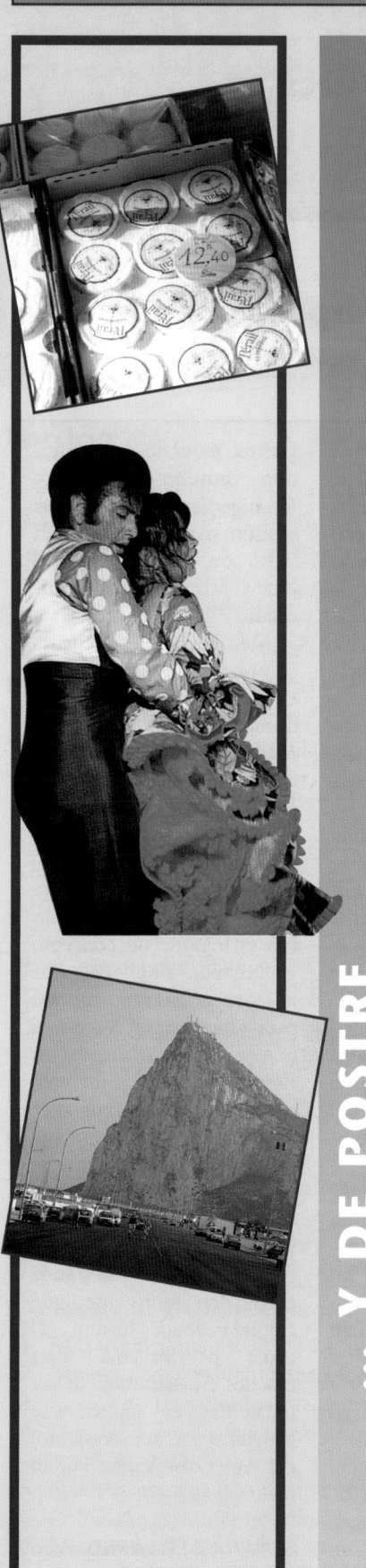

... Y DE POSTRE

Ejercicio 24

Discute los siguientes temas con tus compañeros, o escribe sobre uno de ellos una redacción de unas 300 palabras.

- En pro y en contra de la UE
- El poder político de la UE
- España – ¿se ha beneficiado o no de ser miembro de la UE?
- Gibraltar – piedra en el zapato de España – ¿o en el del Reino Unido?
- Gibraltar – la solución
- España, un país que ha recuperado su prestigio

Ejercicio 25 Sopa de letras

Encontrarás más o menos 20 palabras que habrás leído en esta unidad.

```
S  D  R  E  L  A  C  I  O  N  E  S
O  R  O  A  R  R  E  U  G  E  X  U
C  O  M  U  N  I  D  A  D  O  P  E
I  E  X  T  R  A  N  J  E  R  O  S
T  S  E  U  R  O  P  E  A  M  R  I
I  P  A  C  T  O  M  O  D  A  T  F
L  A  X  A  N  A  U  D  A  M  A  G
O  N  D  A  D  I  N  U  M  O  C  A
P  A  R  I  S  I  N  O  P  A  I  S
O  L  L  O  R  R  A  S  E  D  O  Q
I  M  P  O  R  T  A  C  I  O  N  A
```

11 Unos 20 millones de ciudadanos estadounidenses hablan español.

12 El canal 41 de Nueva York es de habla castellana.

Ejercicio 4

Contesta a estas preguntas y discute con tus compañeros de clase los problemas del nacionalismo británico.

1 ¿Cómo se llama tu país?

2 ¿De qué nacionalidad eres?

3 Tu país, ¿consiste en una sola nación?

4 ¿Cuáles son las naciones del Reino Unido?

5 ¿Hay alguna diferencia entre Gran Bretaña y el Reino Unido?

6 ¿Cuáles son las Islas Británicas?

7 ¿Cómo reacciona un escocés, un irlandés o un galés si le llaman inglés?

8 ¿Te consideras inglés/a/escocés/a/galés/a/irlandés/a más bien que británico/a? O sea, ¿eres patriota? ¿De qué país?

9 El Reino Unido, ¿de verdad está unido? ¿Por qué (no)?

10 ¿Crees que deberíamos tener, por ejemplo, un equipo de fútbol *británico*?

B ## Estamos en guerra

Hace muchos años ya, Latinoamérica tenía varios países que cambiaban de gobierno frecuentemente, casi siempre por medio de golpes de estado. En general, se trataba de un continente poco estable, en lo que se refiere a la política. Ahora, las cosas han cambiado, y la mayoría de los países latinoamericanos son estados democráticos. A pesar de los cambios, aún existen los prejuicios: el siguiente cuentecito constituye una caricatura típica ... Después de leerlo o escucharlo, podríais representarlo como un pequeño sketch. ¿Creéis que ofrece una imagen exacta/positiva/negativa de Latinoamérica? ¿Dónde se podría obtener una imagen más correcta?

Luis Fernando Veríssimo
Monóxido 16

¿Se han imaginado una guerra en Hispanoamérica? ¿Una guerra de verdad, ejército contra ejército? Sería el caos. En el momento de la movilización, cada ejército, por reflejo condicionado, derribaría a su propio gobierno.

– ¿General? Habla el presidente.

– Ordene usted, señor presidente.

– ¿Cómo va nuestra guerra, general?

– Muy bien, señor presidente. La tropa ya marcha sobre la frontera.

– Imbécil. ¡La tropa acaba de penetrar a mi palacio!

– ¡Imposible!

– Hay aquí un coronel que pretende entregarme aquel ultimátum impreso con el que ustedes ya me derrocaron en 1937, en 1952 y en 1961. ¿Qué clase de broma es ésta, general?

– Póngame con el coronel, señor presidente.

– ¿Hola?

– Hola, coronel. ¿Qué historia es ésta?

– ¿Quiere decir, general, que no veníamos a derrocar al gobierno?

– ¿Acaso dije yo que fueran a derrocar el gobierno, coronel?

– No, pero . . .

– Coronel . . . ¿alguien más mencionó que debía derrocar el gobierno?

– No, mi general. Pero . . .

– Entonces ofrézcale disculpas al señor presidente, y váyase de inmediato a la frontera, coronel.

– Sí, mi general. Es que cuando vino la orden de movilización general, pues todos pensamos naturalmente que . . .

– Pues pensaron mal, coronel. Estamos en guerra.

y debemos considerar que nuestro país es uno de los de mayor renta anual "per cápitan" del mundo

– ¿Guerra, mi general?

– Guerra. Usted seguramente ya ha oído hablar de guerras, coronel. Nuestro ejército contra un ejército enemigo. Trincheras, disparos, cañones, bum-bum . . . ¿comprende ahora, coronel?

– ¿Quiere . . . quiere decir que vamos a tener que disparar contra extranjeros?

– ¿Tiene alguna objeción, coronel?

– No sé . . . Pelear aquí, contra gente nuestra, es una cosa. Ahora: pelear contra gente de fuera . . . No sé. Puede ser hasta falta de ética, general.

– Coronel, ¿le he pedido acaso su opinión? Usted ha sido formado en ciencias políticas, coronel. No tiene que vacilar en asuntos militares. Limítese a cumplir órdenes. Salga ya mismo para la frontera.

– Sí, señor. Solamente quisiera comentarle una cosa.

– ¿Qué cosa?

– Nuestros tanques sólo tienen combustible suficiente para llegar al Palacio Presidencial, derrocar el gobierno y regresar al cuartel.

– ¿Cómo dice?

– Mi general conoce el nuevo reglamento. En el último golpe militar algunos de los muchachos abusaron, se pasearon por la ciudad en los tanques, molestaron por ahí . . . Ahora los tanques sólo reciben combustible suficiente para un golpe. Ni una gota más. Va a ser difícil llegar hasta la frontera.

– Muy bien coronel, regresen al cuartel.

– ¿General? Espere . . . el señor presidente quiere hablar con usted.

– Hola, señor presidente. Fue un malentendido. Yo . . .

– Está bien, está bien. Tengo buenas noticias. No necesitamos preocuparnos más por la guerra. El gobierno enemigo fue derrocado por un golpe militar. ¡El ejército de ellos también se equivocó! Vamos a hacer una cosa. Usted me derroca, se toma el poder y discute la paz con los generales enemigos. ¿No le parece una buena solución? Además, ya estamos a tiempo de que me derroquen. Hace meses que no se produce un golpe militar aquí.

– Cierto, señor presidente.

– Solamente una cosa, general.

– ¡Ordene, señor presidente!

– ¡Este ultimátum impreso no lo acepto más! ¡Está roto, sucio, grasoso, hasta tiene manchas de comida!

¿Quién dijo "guau"?

Ejercicio 11

Imagina que eres chileno/a y que tus compañeros también lo son. Antes de las elecciones estáis hablando de cómo pensáis votar. En el artículo encontraréis algunas ideas en pro y en contra de votar a Pinochet.

C2 Pinochet, derrotado por su pueblo, se aferra al poder

Ejercicio 12

Vas a oír un reportaje hecho dos o tres días después del plebiscito chileno de octubre 1988. Empieza con el mensaje final de Salvador Allende, que dio poco antes de morir luchando en el Palacio de la Moneda. Lee las preguntas del Ejercicio 13, escucha con atención, y toma algunas notas en español o en tu propio idioma.

Ejercicio 13

Usando tus apuntes, contesta a estas preguntas en español.

1 ¿Cuál fue la actitud de Salvador Allende al morir?
2 ¿Qué le prometió Allende al pueblo chileno?
3 ¿Cuál fue el resultado del plebiscito?
4 ¿Cuándo se celebró la victoria en la alameda O'Higgins?
5 ¿En qué consistía el Comando del *No*?
6 ¿Cómo reaccionó Patricio Aylwin ante la multitud que rodeó el Palacio de la Moneda?
7 ¿Cómo terminó la fiesta?
8 ¿Cómo murieron dos jóvenes?
9 ¿Cómo atropellaron a otro joven?
10 ¿Cuáles fueron las palabras de Lucía Pinochet?
11 ¿Cuál será el futuro de la oposición victoriosa?
12 ¿Cuándo deberá Pinochet abandonar el poder?
13 ¿Qué fue lo que asombró tanto a los enviados especiales y a los observadores extranjeros?
14 ¿Cuántos votaron por el *No*, y cuántos por el *Sí*?
15 ¿En qué sentido fue sorprendente la votación de las mujeres?
16 ¿Cuál es la decisión que debe tomar el ejército chileno?
17 En cuanto al futuro de Chile, el reportero ¿es pesimista u optimista? ¿Por qué?
18 ¿Qué ha ocurrido en Chile desde este episodio?

Ejercicio 14

Escribe 80 palabras, preferiblemente en español, sobre lo que ha tenido que sufrir el pueblo chileno bajo la dictadura de Pinochet. Si no recuerdas nada, escucha otra vez el reportaje, o pide la transcripción a tu profesor/a.

Augusto Pinochet

VOCABULARIO

la alameda avenue
colmar to fill
la sede headquarters
el apagón blackout
balear to shoot
la muletilla pet phrase
erizado bristling
la trampa pitfall
aferrarse a to cling on to
soslayar to evade
el varapalo beating, setback
el acosado the pursued
la sensatez good sense

C3 · Pinochet: 'Es la hora de callar'

El ex presidente y actual Comandante en Jefe del Ejército chileno, general Augusto Pinochet, envolvió ayer miércoles en el misterio su postura frente a un esfuerzo gubernamental para acabar con las pugnas entre civiles y el poder militar y echar las bases de una reconciliación nacional, cinco años después del fin de su régimen de mano dura.

"En esta hora, por las cosas que pasan, hay que solamente felicitarnos entre nosotros … y guardar silencio", dijo el ex-gobernante, en inesperada escueta respuesta a un efusivo saludo de subalternos castrenses en el aniversario 22 de su asunción a la jefatura de la rama castrense.

Pinochet, 79 años, recibió este lunes en las puertas de su residencia a una delegación de la Guarnición de Santiago, que dijo representar a todo el Ejército.

"Queremos expresarle nuestro profundo respeto, profundo afecto, y nuestra irrestricta lealtad a su gestión de mando", dijo el general Carlos Krumm, que encabezó el grupo.

"Su Ejército, mi general, está y estará siempre a su disposición", afirmó el oficial, aplaudido por una treintena de mujeres que vitorearon reiteradamente a Pinochet y lanzaron panfletos de adhesión.

"Quien enloda a las Fuerzas Armadas y de Orden (policías), no ama a la Patria", decían las hojas.

En un discurso a la nación, el Presidente Eduardo Frei advirtió el lunes que la convivencia chilena está gravemente deteriorada y al día siguiente pidió al Congreso la aprobación de tres proyectos de ley que buscan abrir caminos a la clausura de las pugnas heredadas del régimen autoritario de Pinochet.

"Los militares se sienten acosados y perseguidos, víctimas de una revancha política y, de en la otra parte, importantes sectores de la sociedad chilena piden que los militares no tengan privilegios", dijo el mandatario.

Frei pidió legislar sobre un mecanismo judicial para cerrar los casos de los detenidos desaparecidos durante el gobierno de Pinochet (1973–1990), considerados el peor problema en la secuela de los crímenes políticos atribuidos a ese régimen.

Una segunda propuesta pidió acabar preeminencias castrenses en el Consejo de Seguridad Nacional, reorganizar el Tribunal Constitucional y eliminar la institución de los senadores designados en representacion de las fuerzas armadas y otras instancias del estado.

El tercer proyecto de Frei pretende restituir la facultad presidencial de llamar a retiro a generales y almirantes que comentan falta, como ocurría en el pasado histórico hasta la llegada de Pinochet a la presidencia.

El Diario (Nueva York)

VOCABULARIO

la pugna conflict
la guarnición garrison
el discurso speech
la convivencia coexistence
la aprobación approval
el proyecto de ley bill
la clausura ending
acosado hounded, harassed
la revancha revenge
el mandatario head of state
los desaparecidos the 'disappeared' [victims of Pinochet's repressive dictatorship]
la secuela prosecution
castrense military

Aun cinco años después de perder el poder, Augusto Pinochet siguió causando problemas para el gobierno democrático de Chile. Lee este artículo con la ayuda del vocabulario.

Ejercicio 15

Después de leer el texto C3, haz todos los apuntes que puedas acerca de:

- Augusto Pinochet
- Eduardo Frei
- Carlos Krumm
- Los militares chilenos

F Cuba, el país más antiguo del porvenir

Cuba es el país más antiguo del porvenir. Es una estación experimental para científicos y políticos y el escenario de las penurias para sus conejillos de Indias (Occidentales) que somos todos los cubanos.

Lo que aquí pasa no ha pasado, no está pasando y, por fortuna, no pasará jamás en ningún otro sitio del planeta.

Esta nación es un laboratorio que atrae también a periodistas y escritores, a académicos y curiosos, a ingenuos y masoquistas.

Pero siempre es La Habana el foco de sus pareceres y miradas. Son muy pocos los que entran en contacto con la geografía rural, con esa zona íntima, cálida, visceral que aquí llamamos el interior. Los pueblos y otras comunidades más pequeñas, los nobles caseríos que se aferran a los bordes de las carreteras, han ido perdiendo su carácter, su timbre personal, su forma de producirse.

Todos son iguales. En el mismo rango de pobreza y aburrimiento. Marcados por un paisaje donde las viejas construcciones se deterioran en el abandono y los nuevos edificios son hoscos cajones descoloridos con un aporte criollo a la arquitectura regional: los parqueos de bicicletas.

Ningún rasgo particular. Casi nada que recuerde los elementos que le otorgaron a una población individualidad y prestigio.

Son pueblos de viejos vestidos con ropas que concibió un huraño diseñador del Ministerio de Comercio Interior. Sentados frente a una mesa de dominó, con la sombra de las cinco en el rostro y asombrados por el paso de un Toyota del año, rentado por un extranjero, o por la celebridad municipal del momento: un visitante de la comunidad.

Hay, eso sí, dos puntos claves y eternos. El *tiro* de ron y la pizería. En el primero, un esporádico alcohol pendenciero o disipador. En las pizerías, una contribución de la gastronomía cubana que convoca en un mismo plato a Garibaldi y al indio Hatuey: pizza de yuca.

En las desvencijadas cafeterías, infusiones de romerillo, hierba buena y hojas de naranjas. Las vidrieras desnudas, sin pudor ni mercancías.

HOMBRES SIN DÓLARES

Ese es el mundo de los hombres sin dólares. Hay otro: pequeño, exclusivo, brillante, insertado en este paisaje con un temblor de prótesis.

Son las tiendas, los garajes, quincallas y cafeterías que se inauguran todos los días en la república y donde una discreta empleada te susurra en la puerta: "Señor, la mercancía que ofrecemos sólo se puede adquirir con divisas".

En La Habana, dispersa en sus barrios y en sus dos millones de habitantes, es imagen de las instalaciones modernas con sus ropas de marca, sus alimentos enlatados, y sus envases llamativos, puede ser menos hiriente que en los atribulados pueblecitos del interior de Cuba, donde la gente sólo ve los dólares en las películas de los sábados por la noche.

Parece que la vida allí se mueve en un *tempo* otro. Una cámara lenta en el fondo y una especie de vigor de capitalismo de *ten cents* en dos o tres puntos del municipio.

Se notan otros signos, otros latidos en los pueblos del interior que anuncian que, por lo menos, está viva la esperanza. Y la esperanza sabe mucho de remedios.

> **RAÚL RIVERO** es un poeta y periodista que vive en La Habana. Ganó el Premio David para escritores jóvenes en 1968, el Premio Nacional de Literatura en 1972, y en 1982 el Premio Casa de las Américas. Fue expulsado de su trabajo, de la Unión de Periodistas y de la Unión de Escritores en 1990, por solicitar la democratización. Está desempleado a la fuerza.

Raúl Rivero
El Diario/La Prensa

Ejercicio 20 ¿Vocabulario?

Antes de buscar las siguientes palabras y expresiones en el diccionario, trata de adivinarlas. Ponemos las palabras tal y como vienen en el texto. ¡Un punto por cada palabra correctamente adivinada! ¡A ver quien saca más puntos en tu clase!

- porvenir
- estación experimental
- científicos
- escenario
- conejillos de Indias
- masoquistas
- foco
- se aferran
- carácter
- rango
- marcados
- se deterioran

- descoloridos
- arquitectura
- parqueos de bicicletas
- recuerde
- prestigio
- concibió
- diseñador
- rentado
- celebridad
- pizería
- esporádico
- convoca

- insertado
- inauguran
- mercancía
- enlatados
- llamativos
- hiriente
- pueblecitos
- esperanza
- remedios
- expulsado
- democratización

Pistas:

1 Tienes que decidir, mirando el contexto, si la palabra que adivinas es adjetivo, sustantivo, verbo etc.

2 Muchas palabras que en inglés empiezan con *sc-*, *sp-*, *st-*, en español empiezan con *esc-*, *esp-*, *est-*.

3 En algunos casos hay expresiones compuestas de dos palabras que ya conoces.

4 En muchos casos las palabras se parecen a la forma inglesa, pero con una ortografía diferente – normalmente más sencilla.

5 En algunos casos reconocerás la palabra quitándole un prefijo o un sufijo para llegar a la raíz de la palabra.

6 Ya te habrás acostumbrado a varios prefijos y sufijos que se usan en español, y que tienen el mismo valor que sus equivalentes en inglés.

7 Casi siempre, el contexto te ayudará a comprender la palabra.

Ejercicio 21

Resume en cincuenta palabras lo que viene en el Texto F sobre al menos uno de los siguientes temas:

1 El nivel de vida de La Habana
2 El nivel de vida de las zonas rurales de Cuba
3 Los pueblos del interior de Cuba
4 El contraste entre La Habana y el interior
5 Raúl Rivero

Ejercicio 22 Cumbre en Miami del turismo latino

Rellena los espacios en blanco con una de las palabras de la lista que sigue al texto.
Sólo se puede usar cada palabra de la lista una vez, pero ¡ten cuidado, porque sobran palabras!

La Cumbre de Turismo 1995, considerada la conferencia ...... más importante de Latinoamérica, fue ...... el martes con la participación de 500 agencias de viajes y operadoras del sector en la región.

"La cumbre es el evento de ventas más importante para los mercados ...... de Latinoamérica y el Caribe", declaró Margaret Megee, ... de Turismo de la Oficina de Convenciones y Turismo de Miami, uno de los organizadores de la reunión. Los ...... de 25 países de Latinoamérica tendrán oportunidad de reunirse con ...... de unas 400 empresas proveedoras de servicios turísticos en Estados Unidos, como hoteles, ... y arrendadoras de ....

De acuerdo con los organizadores de la reunión, que tiene como ...... el Centro de Convenciones de Miami Beach, se espera que las mayores delegaciones ...... sean las de Argentina, Brasil, Colombia y México. Megee ...... también que la Cumbre de Turismo representa una oportunidad ...... para que Miami pueda ...... sus atractivos turísticos en Latinoamérica, que ...... aproximadamente el 41 por ciento de los visitantes a esta ciudad.

Cifras oficiales ...... que 337 mil 631 venezolanos visitaron Miami en 1994, ... por brasileños (273 mil 834), argentinos (243 mil 163), colombianos (164 mil 801) y mexicanos (152 mil 526).

La Cumbre de Turismo, que ...... por primera vez en 1990, se organiza anualmente y la ciudad de Miami es su sede cada dos años. Durante ...... que concluirá hoy jueves, se podrían cerrar ...... hasta por 450 millones de dólares, con aproximadamente un 10 por ciento para el ...... de Florida, cuyas principales ...... son las playas y el Mundo de Disney. En cerrada ...... con Florida por el mercado latinoamericano están distintos ...... turísticos en los ...... de California, Nevada, Boston y Nueva York.

El Diario/La Prensa

A Hasta que el cuerpo aguante

Los mexicanos contemplan con apatía y desesperación el hundimiento económico del país

Detrás de la verja de la catedral metropolitana, en la plaza del Zócalo de la capital de México, los maestros de Chiapas y Oaxaca han extendido sus tiendas de campaña para permanecer allí en espera de que se les haga justicia. Los maestros protestan por la carestía de la vida y exigen democracia en el interior del Sindicato Nacional de Trabajadores de la Enseñanza (SNTE), que está controlado por los caciques del partido gubernamental.

José Landín, de 39 años, casado y sin hijos, explica que su sueldo mensual es de 80.000 pesos (no llega a 10.000 pesetas) y con rabia muestra su camisa y dice: "Esta camisa cuesta 5.000 pesos (unas 600 pesetas) y el pantalón 10.000 pesos (1.200 pesetas)". A su lado, un joven maestro de Chiapas dice que su Estado "vive en la ignorancia y la marginación. Es bastante productivo, pero todo va a los que tienen el poder. El pueblo está explotado".

René Castillo enseña en Chiapas, tiene 28 años y tres hijos y gana 114.000 pesos mensuales (no llega a 14.000 pesetas). Explica René que "tenemos que restringirnos para comer. Casi no bajamos al pueblo, porque es una gastadera. Comemos frijolitos, chile y tortilla, como los campesinos, porque no hay otra posibilidad".

Algunos precios: un bollo de pan cuesta 3 pesetas; un litro de leche, 34 pesetas; un litro de aceite de girasol, 95 pesetas. Por 24 pesetas se compra una cerveza en el supermercado y un kilo de azúcar vale 18 pesetas. Los mexicanos pagan 2,50 pesetas por un viaje en *metro* y 19 por un litro de gasolina.

Poco antes de las ocho de la noche, antes de que cierre sus puertas la céntrica librería, cuatro chicos llegan con un montón de pesos en metálico para cambiarlos en billetes. Enrique, 14 años; Eduardo, 13; Alfredo, 12, y Julio, 11, han terminado un día más su *jornada laboral*, que empezaron al terminar la escuela en la vecina ciudad de Netzahualcóyotl, que es hoy día un barrio más del gigantesco Distrito Federal de México. Los cuatro chicos vienen hasta el centro de la ciudad y allí se dedican durante seis horas todos los días a limpiar los parabrisas de los coches que se paran en el caos del tráfico.

SOBREVIVIR

El balance de cada día depende de "cómo esté el tráfico. Si se paran mucho los coches, es mejor para nosotros. El mejor día es el viernes y los fines de quincena, porque la gente ha cobrado y da más dinero". Al cabo del día han sacado de 500 a 600 pesos (de 60 a 72 pesetas), y uno de los cuatro asegura que él llega hasta 1.000 pesos diarios (120 pesetas).

Eduardo, Julio y Alfredo andan desharrapados y huelen un poco a mugre. Tienen en la cara costras y eccemas. Van a la escuela, y dos de ellos dicen que quieren ser doctores cuando sean mayores. Otro se inclina por ser bombero, y al cuarto le gustaría ser policía. No tienen problemas con sus familias, que

Estos niños no conocen otra casa que su chabola en la Ciudad de México

les dejan "venir a trabajar" al centro. Tampoco con la policía, que "nos da *chance*, nos dicen vete *chavo*, que va a pasar el presidente. Nada más que pasa nos volvemos".

A su edad ya aprenden en la calle el principio más elemental que preside hoy día la vida de muchos mexicanos: la lucha por la supervivencia cotidiana en medio de las duras condiciones económicas por las que atraviesa el país. A sus años ya han comprendido que "no me gusta el Gobierno, porque da muy caras las cosas. Sube todo". A uno de ellos sí que le gusta, "pero a veces es malo, porque suben tanto las cosas . . .". Otro, más crítico, asegura: "El Gobierno siempre roba y malgasta el dinero".

¿Hasta cuándo? La pregunta que está hoy en la boca de todos es hasta cuándo podrá resistir el país sin producirse un estallido social ante el deterioro de la economía, el empobrecimiento de la población y los atropellos del poder.

El deterioro en la alimentación empieza a ser alarmante. Según un estudio de Demetrio Sodi, coordinador general de Abastos del Distrito Federal, "existen casos de alimentos cuyo crecimiento en el índice de precios alcanzó hasta 1.200% de 1982 a este año. La consecuencia de estas subidas de precios es el incremento de la desnutrición en amplias capas de la sociedad mexicana". Se calcula que un 5% de los niños nacidos en México muere en los primeros años de vida por enfermedades relacionadas con la desnutrición.

José Comas
El País

Ejercicio 1

A Explica en español las siguientes palabras y expresiones del Texto A:

- la tienda de campaña
- la justicia
- restringirse
- un bollo de pan
- el metro

- en metálico
- la jornada laboral
- el caos del tráfico
- la costra
- la supervivencia
- crítico

- el deterioro
- el atropello
- el índice de precios
- la desnutrición

B Busca en el texto las palabras que equivalen a estas definiciones:

1 alto coste de la vida
2 jefe de un partido político
3 la cantidad que se gana al mes
4 se exige mucho trabajo al pueblo, pero se le paga poco
5 persona que vive y trabaja en el campo
6 ventana delantera de un coche
7 dos semanas
8 muy mal vestido
9 persona cuyo trabajo consiste en apagar los incendios
10 sustancia que se come

Ejercicio 2

Contesta a estas preguntas:

1 ¿Por qué protestan ciertos ciudadanos de México?
2 ¿Qué es un maestro?
3 ¿Cuáles son los problemas económicos de José Landín?
4 ¿Por qué tienen que trabajar los chicos?
5 ¿Cómo ganan dinero?
6 ¿Por qué les gusta el viernes?
7 ¿Cómo son los chicos y cómo están vestidos?
8 ¿Cuál es la ambición de los chicos?
9 ¿Cuál es el principio que domina la vida de los mexicanos?
10 ¿Les cae bien el gobierno? ¿Por qué (no)?
11 ¿Qué teme el autor de este artículo?
12 Según el autor, ¿cuáles son los principales problemas sociales?
13 ¿Cuál ha sido el mayor nivel de crecimiento en el índice de precios?
14 ¿Por qué hay tanta desnutrición en la sociedad mexicana?
15 ¿Por qué mueren tantos niños?

Ejercicio 3

Traduce a tu propio idioma toda la primera sección (hasta . . . *en el caos del tráfico*).

Ejercicio 4

Pide a tu profesor/a una sección del resto del artículo, y haz un resumen en español para tus compañeros de clase.

Ejercicio 5

Escribe un reportaje de unas 100 palabras sobre los métodos de ganar dinero que se puedan observar en las calles de tu pueblo o ciudad.

VOCABULARIO

la carestía de la vida high cost of living

el cacique boss

restringirse to cut corners

una gastadera waste of money

los frijolitos kidney beans

el chile chili

la tortilla corn-meal cake

el girasol sunflower

la quincena fortnight

desharrapado ragged, shabby

la mugre dirt, filth

la costra scab

la eccema eczema

la supervivencia survival

cotidiano daily

el estallido explosion

el atropello abuse, excess

el índice de precios retail price index

la desnutrición malnutrition

la capa layer

Ejercicio 8

Rellena los espacios en blanco con una palabra de la lista que sigue. Sólo puedes usar cada palabra una vez, pero ¡ten cuidado! ¡Sobran palabras!

La mayoría de los países del mundo han recibido a . . . . . . que abandonaron su país . . . . . ., y este fenómeno sigue ocurriendo hoy en día. Se debe a varias causas: a . . . . . ., hambre, guerra, ..., deseo de una mejor . . . . . ., necesidad de trabajo. Algunos países que ya no quieren recibir más inmigrantes siguen . . . . . . a inmigrantes . . . . . .: africanos que . . . . . . el . . . . . . de Gibraltar, ... que llegan a las costas de Flórida, mexicanos que cruzan . . . . . . la frontera norteamericana, albaneses que trataron de entrar en Italia. ¿Cuál es el . . . . . .? Justicia, ..., planes de desarrollo . . . . . . y económico, sobre todo cuando se trata de evitar el hambre en los países pobres y . . . . Por encima de todo, se necesitan compasión y . . . . . .: en fin, humanidad.

- agricultural
- jamaicanos
- industrial
- vida
- inmigrantes
- remedio
- subdesarrollados
- cubanos
- cruzan
- nativo
- Estrecho
- ilegales
- clandestinamente
- ricos
- comprensión
- paz
- igualdad
- atrayendo
- injusticia
- pobreza

Ejercicio 9

A ¿Qué pensáis tú y tus amigos sobre este asunto? ¿Existe el problema en vuestro país? ¿Cuál es la actitud del Gobierno hacia los inmigrantes – legales e ilegales? ¿Hay racismo en vuestro país? ¿Conocéis a algún inmigrante? ¿Por qué vino a tu país? ¿Cuáles son las consecuencias de la inmigración sin límites? ¿Qué opináis de lo que dicen Juan José Rodríguez y Juan María Bandrés? ¿Qué opináis de lo que propone Marisa Álvarez?

B Imagina que eres Jean Pierre Ndoumbe: escribe la historia de tu vida, desde el momento en que decidiste abandonar tu país hasta tu llegada a España. Luego cuenta tu historia a tus compañeros de clase.

Ricos y pobres

C1 **América Latina reclama soluciones para el problema de su deuda**

Escucha con atención este artículo en forma de diario hablado, con la ayuda de las siguientes palabras.

Ejercicio 10

Haz un resumen en tu propio idioma de cada sección.

VOCABULARIO

la deuda debt

el foro forum, discussion

BID Banco Internacional de Desarrollo

crediticia to do with credit

el deudor debtor

sostenido sustained

inaugurarse to inaugurate

la asamblea assembly

ejercer to exercise

otorgar to authorise

polarizar to polarise

aportar to contribute

el poder de veto power of veto

el préstamo loan

el comunicado statement

UNCTAD Naciones Unidas para el Comercio y el Desarrollo

entablar to set up

el acreedor creditor

enfocar to focus

Ejercicio 11

Completa las siguientes frases como mejor puedas:

1 Los países Latinoamericanos se muestran insatisfechos con . . .
2 Los participantes en la Conferencia de la ONU . . .
3 El presidente del BID y el secretario del Tesoro estadounidense . . .
4 Estados Unidos quiere . . .
5 El comunicado emitido por los países latinoamericanos afirmó que . . .
6 Costa Rica concluyó que . . .
7 El ministro de Finanzas de México advirtió que . . .

C2 Conversación de dos bolivianas sobre la pobreza y el Tercer Mundo

 Escucha la cinta y pide a tu profesor/a la Hoja 14.2 .

D Tener o no tener

Lee este artículo sin usar el diccionario, si puedes.

Josep Rocamora: trabajador durante 70 de sus 83 años, ahora marginado.

Pese a la recuperación económica y al tirón general del conjunto del país, nos estamos dejando en la cuneta a varios millones de españoles", comentaba recientemente con pesar un ministro socialista. En España hay ocho millones de ciudadanos a los que se puede considerar técnicamente como pobres, es decir que obtienen unos ingresos inferiores a la mitad de la renta per cápita, según datos de Cáritas Española.

– "Dios aprieta, no ahoga, pero te deja colgado", se lamenta Juan Pérez Ortega, mientras en su habitáculo, "peor que una cueva", según él mismo, en un extrarradio metropolitano, ruge desde el casete a pilas *Carmen*, de Paquiro: "Pero ella se fue de mi lado/ Dejándome tan sólo el recuerdo/ Carmen/ Carmen dime dónde estás que quiero verte . . .'. Carmen, su mujer, que desde hace cuatro años trabaja en una barra de alterne, se ha marchado de casa otra vez. Juan está parado y ella *colgada* de la heroína. Los tres hijos, por los caminos de Cáritas.

La pobreza es pobre hasta en datos. No se sabe exactamente cuántos ciudadanos españoles están afectados. Tampoco cuántos de ellos son atendidos por los servicios sociales de administraciones y organizaciones privadas. Lo indiscutible es que "ser pobre es considerado por muchos que lo son, y por la mayoría de los que no lo son, como algo desagradable", como ha escrito con ironía y agudeza el profesor John K. Galbraith.

– "Me quedé parado otra vez. Comenzamos a acumular recibos y, cuando llevábamos un año sin poder pagar el alquiler, nos desalojaron", explica Juan García, ciudadano adscrito ▶

a la pobreza de siempre y al desempleo en más de seis ocasiones. Sus tres hijos son la Carmen, que tiene ahora 13 años, la Juani, que tiene ocho, y el Antonio, el pequeño, de seis años. Una de tantas veces Juan Pérez robó para obtener víveres.

Pagó el delito con 12 días de cárcel. Cuando los hijos llegaron a la organización benéfica que les cobija desde hace dos años, estaban "completamente desnutridos y desatendidos higiénicamente", dicen los profesores de la escuela. "En el recreo, Antonio se quedaba absorto mirando los bocadillos de sus compañeros". Juan mide 1,85 de altura. Carmen le ha vuelto, con los brazos pinchados. Juan García tiene una cueva y es carne de estadística.

La estadística es dura.

Los ocho millones de españoles situados por debajo del umbral de pobreza que contabilizaba Cáritas en 1984 son los que ingresan "la mitad del ingreso medio per cápita, es decir unas 12.647 pesetas/mes" para dicho año, partiendo de que la renta media anual era de 303.516 pesetas.

Estos ocho millones pueden reducirse o aumentarse, entre cinco y 12 millones, según concluye un estudio oficioso que maneja la administración, y que incorpora el elemento subjetivo: el número de personas que tienen la *sensación* de estar en situación de pobreza.

Aproximadamente uno de cada siete hogares, "cerca del 15% de las familias españolas viven un estado de extrema necesidad", como indica Luis

Vila, director de Investigación de la Dirección general de Asuntos Sociales del Ministerio de Trabajo.

La familia Tortajada es una de ellas:

– "Estas latas me las dan en los pueblos por donde pido", explica Juan Tortajada al enseñar su despensa. Tiene 37 años, lleva parado desde que tenía 23, cuando cerró la panadería en la que trabajaba. Vive en un cuchitril a 15 minutos de la Rambla barcelonesa, en compañía de su madre, de un hermano mayor, también parado, y de su hija pequeña, de cinco años.

Hace diez meses que debe el alquiler, 3.000 pesetas mensuales. Su madre, Antonia, comparte la habitación con su hijo mayor. Se alumbra con una vela: "No tenemos luz desde toda la vida".

La pobreza es vieja. Y también es viejo el interés por ella. Pero desde las antiguas preocupaciones, muchas veces teñidas de espíritu benéfico, hasta una auténtica política social han pasado muchos siglos.

El moderno Estado del Bienestar hace un gran esfuerzo para satisfacer las necesidades básicas. Entre 1960 y 1975, en los países de la Organización para la Cooperación y el Desarrollo Económico (OCDE) "los gastos sociales aumentaron más aún que los gastos públicos en general, y casi doblaron en su ritmo de crecimiento al Producto Interior Bruto (PIB)", como ha escrito el profesor Demetrio Casado.

Xavier Vidal-Folch
y Alex Rodríguez
El País

Ejercicio 12

Contesta a estas preguntas:

1 ¿En qué sentido son pobres ocho millones de españoles?
2 ¿Cómo es la casa de Juan Pérez Ortega?
3 ¿Quién es Carmen, y dónde está?
4 ¿Se sabe cuántos pobres hay en España?
5 ¿Por qué tuvo Juan García que dejar su casa?
6 ¿Cuántas veces se ha quedado sin trabajo?
7 ¿Por qué tuvo que ir a la cárcel?
8 ¿Cómo estaban Antonio y sus hermanos al llegar a la escuela benéfica?
9 ¿Más o menos cuántos pobres hay en España, según el estudio?
10 ¿De verdad son pobres todos los que se consideran pobres? Explica.
11 Según Luis Vila, ¿qué proporción de las familias españolas son pobres?
12 La familia Tortajada, ¿cómo obtiene algo de comer?
13 ¿Dónde viven los Tortajada?
14 ¿Cuáles son los otros problemas que tienen?
15 ¿Qué es el 'Estado del Bienestar'?

Ejercicio 13

Traduce a tu propio idioma los dos primeros párrafos del Texto D.

Ejercicio 14

Habla con tus compañeros de clase sobre el tema de la pobreza en tu propio país.
Podéis usar las siguientes preguntas:

1 ¿Se ven personas pobres en tu pueblo o ciudad? Si no, ¿dónde?
2 ¿Por qué son pobres? ¿Cómo se sabe que lo son?
3 ¿Dónde viven? Y, ¿si no tienen casa?
4 ¿De dónde sacan el dinero? ¿En qué lo gastan?
5 ¿Crees que hay alguna diferencia entre varias regiones del país?
6 ¿Cuáles son estas diferencias, y por qué existen?
7 ¿Cuáles son las organizaciones caritativas de tu país?
8 ¿Crees que el gobierno hace todo lo que debe para los pobres?

Ejercicio 15

Escribe un reportaje de unas 100 palabras sobre las manifestaciones de la pobreza que
se puedan observar en tu pueblo o ciudad.

E El pecado de ser niño

Lee este artículo con la ayuda de un diccionario si lo necesitas.

V CUMBRE IBEROAMERICANA

**En América Latina hay 15 millones de niños de la calle y 30 millones
de menores que trabajan. Los más olvidados son los indígenas y la
marginación de la mujer hace que lo peor sea nacer niña y negra o
indígena**

Durante esta década nacerá en América Latina y el Caribe la generación más numerosa hasta ahora, más de 13 millones anuales de nacimientos. Puede ser la primera *generación del cambio* en el tránsito al siglo XXI o convertirse en la última *generación perdida* del siglo XX. Para ellos no habrá otra oportunidad. Unicef realizaba esta advertencia en su informe de 1992 titulado *Los niños de las Américas*, un año después de que la Conferencia Iberoamericana anunciara, en su primera reunión de 1991 en la ciudad mejicana de Guadalajara, su determinación de iniciar «un proyecto de cooperación basado en la solidaridad» con la obligación de «promover la supervivencia, la protección y el desarrollo integral de la infancia».

«La salud, la educación y el desarrollo integral de la infancia son –según Unicef– eslabones de una misma cadena sin cuyo engranaje no funciona el mecanismo general del desarrollo humano».

Y los datos indican que hay mucho por hacer. De los 440 millones de habitantes que había en 1992 en América Latina y el Caribe, 180 vivían entre la pobreza y la miseria. Este diagnóstico de Unicef ha empeorado desde entonces como consecuencia de las políticas económicas que han reducido los recursos para los servicios públicos y sociales. La concentración en la propiedad de la tierra empuja a las familias hacia las grandes ciudades donde tampoco hay trabajo para todos. La degradación de la vivienda, la alimentación, la salud y

Niño de la calle. Padece violencia social y miseria.

la enseñanza amenaza a la nueva generación de latinoamericanos para la que Unicef pide una esperanza de cambios: «Es necesario asumir un nueva ética que conceda la máxima prioridad a los más vulnerables».

▶

Unicef resume la situación con una frase: «La mayoría de los niños son pobres y la mayoría de los pobres son niños». Un millón de niños menores de 5 años mueren anualmente por la miseria, las enfermedades y la violencia. Nacen en familias sin posibilidades, no tienen acceso a una adecuada atención sanitaria, no van a la escuela o la tienen que abandonar muy pronto para buscar un mal trabajo, peor pagado y en muchos casos los supervivientes se convierten en niños de la calle que padecen la violencia social. Lo peor es que el más grave desamparo de estos olvidados se produce en países con recursos donde la riqueza se concentra en muy pocas manos.

Brasil es reiteradamente señalado como el país de la mayor desigualdad. Allí, el niño de 7 años Damião trabajaba durante diez horas en los campos de algodón para mantener a su abuela. Los padres emigraron en busca de empleo y el chaval, que nunca pudo ir a la escuela, hizo lo mismo cuando murió la anciana. En las calles de Río de Janeiro limpió zapatos, durmió en los portales y tuvo que robar para alimentarse. Antes de cumplir los 10 años, el vigilante de un supermercado lo mató de un disparo por la espalda cuando intentaba escapar con la compra que le había quitado a un cliente.

En una emisora de radio que abrió los micrófonos a sus oyentes para comentar lo sucedido, una indignada mujer dijo que le parecía muy bien la eliminación de los futuros delincuentes porque «nadie los va a echar de menos».

Todos los años aumenta la presencia de millonarios latinoamericanos en la lista de privilegiados que acumulan fortunas de más de mil millones de dólares. Un escenario en el que los más olvidados de los olvidados son los niños indígenas y donde la marginación de la mujer hace que lo peor sea haber nacido pobre, niña y negra o indígena. Cada vez son más los que advierten que las sociedades que tratan así a quienes deben ser su futuro se están suicidando.

En América Latina y el Caribe, la participación en el ingreso del 20 por ciento más rico de la población es 15 veces superior a la participación del 20 por ciento más pobre. Hay por lo menos 15 millones de niños de la calle y 30 millones de menores trabajando. La Conferencia Iberoamericana reconoció esto al anunciar: «La infancia necesita protección, alimentación, salud y educación». Y esto depende de las iniciativas de los gobiernos.

La Agencia Española de Cooperación Internacional (AECI) está financiando el programa de la Organización Internacional del Trabajo (OIT) contra la explotación laboral de los menores en América Latina. La Comisión de Justicia e Interior del Congreso de los Diputados encargó al Gobierno español «promover, programar y financiar

Los indígenas son los más marginados.

proyectos de protección a la infancia en aquellos países donde sufre violaciones y malos tratos» y «trabajar en el seno de la Comunidad Iberoamericana de Naciones y de las Cumbres Iberoamericanas anuales para promover programas concretos de ayuda a los menores con problemas de marginación, pobreza y violencia».

José Manuel Martín Medem
Cambio 16

Ejercicio 16 ¿Verdadero o falso?

¡No olvides corregir las frases incorrectas!

1 En Latinoamérica, nacerán más de 13 millones en un año típico de esta década.
2 Unicef publicó un informe sobre las Américas en 1992.
3 Unicef quería iniciar un proyecto de cooperación.
4 180 millones de los habitantes de América Latina son pobres.
5 En las grandes ciudades, no hay trabajo para todos.
6 La mayoría de los niños pobres viven en América Latina.

7 Muchos niños trabajan en la escuela.

8 Damião trabajaba con sus padres.

9 La mujer creía que el agente tenía razón al matar a Damião.

10 En Latinoamérica hay cada vez más millonarios.

11 Lo peor es nacer pobre y suicidarse.

12 15 millones de niños trabajan en la calle.

13 La Conferencia Iberoamericana declaró que se debe proteger a los niños.

14 La AECI ha organizado una campaña contra la explotación de los niños.

15 Las Cumbres Iberoamericanas promoverán la marginación, la pobreza y la violencia.

Ejercicio 17

Escribe un resumen en no más de 100 palabras de la situación que existe en tu país, por ejemplo de los jóvenes sin hogar.

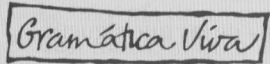

Ejercicio 18

Imagina que han pasado 50 años – y que ya se ha solucionado el problema de los niños pobres y abandonados de Latinoamérica. Escribe un resumen desde el punto de vista histórico, usando el pretérito, el imperfecto etcétera. (Véanse las Secciones de Gramática 38 y 39, y ¡AG! Capítulos 17, 19 y 20.)

F   16 de octubre, Día Mundial de la Alimentación

Lee el texto con la ayuda del vocabulario.

16 de Octubre, Día Mundial de la Alimentación

La FAO fue establecida en una conferencia celebrada en Quebec el 16 de octubre de 1945. Desde 1981, esa fecha se celebra como el Día Mundial de la Alimentación.

Este organismo intergubernamental de las NU tiene como objetivo elevar los niveles de nutrición y de vida; mejorar la eficiencia de la producción, elaboración, comercialización y distribución de todos los alimentos y productos agropecuarios del campo, bosques y pesquerías. Asimismo, busca promover el desarrollo rural y mejorar las condiciones de vida de las poblaciones rurales y, por conducto de tales medios, eliminar el hambre.

Para alcanzar estos objetivos, esta institución promueve las inversiones en la agricultura, el perfeccionamiento de la producción agrícola y de la cría de ganado, la transferencia de tecnología a los países en desarrollo, y actividades de investigación agrícola en esos países.

También, fomenta la conservación de los recursos naturales, en particular de los recursos genéticos vegetales, y la utilización racional de fertilizantes y plaguicidas. Del mismo modo, estimula el desarrollo de las pesquerías marinas y en aguas interiores, así como el de la piscicultura y las fuentes de energía nuevas y renovables, en particular de la energía rural, y promueve la gestión sostenible de los recursos forestales.

Programas para el desarrollo

Mediante sus planes especiales, la FAO ayuda a los países a prepararse para hacer frente a situaciones de emergencia alimentaria y presta socorro en caso necesario.

Otros programas se proponen mejorar la producción y distribución de semillas en los países en desarrollo y prestar asistencia a los países en la oferta y aplicación de fertilizantes.

Recientemente la FAO ha iniciado un programa especial sobre producción de alimentos en apoyo de la seguridad alimentaria en países de bajos ingresos con déficit de alimento, y un sistema de prevención de emergencia de plagas y enfermedades transfronterizas de animales y plantas.

La Época (Chile)

Ejercicio 15

Estudia atentamente el texto del discurso. ¿Por qué habla Felipe González en forma de un *llamamiento*? Y ¿por qué se dirige específicamente a ciertas instituciones y organizaciones? ¿Tienen algo en común estas organizaciones? ¿Qué recelos pudo haber tenido aquella noche? Busca e identifica frases en el texto que indiquen que pisaba con mucho cuidado.

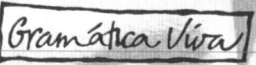

 Busca en los Textos A1, A2 y B las frases siguientes y luego completa la Hoja **15.4**

1 Ahí están las deferencias en las que puede leerse la alegría *por* reunir a las familias en territorio español. (Texto A1)

2 *Para* evitar todo tipo de equívoco. (Texto B, ejercicio 11)

3 Salió la orden *para que* el Foreign Office y la embajada británica en Madrid *se pusieran* a trabajar. (Texto A1)

4 Estas palabras fueron pronunciadas . . . *terminada la ceremonia de inauguración* . . . (Texto A2)

C Derecho a la huelga: España no es diferente

Metro de Paris. Sólo hay ley de huelga para los servicios públicos.

Derecho a la huelga: España no es diferente

La gran diferencia entre los conflictos sindicales españoles y los que se producen en el resto de Europa es que las organizaciones sindicales y patronales de este país no disponen aún de la experiencia negociadora de la que gozan los otros europeos. El marco legal es, sin embargo, similar al del resto de los países comunitarios.

En España todavía no hay ley de Huelga, tal y como se establece en la Constitución. Pero en la mayoría de los países europeos tampoco, y se rigen mediante jurisprudencia y decretos gubernamentales. El PSOE se comprometió en su programa electoral de 1982 a promulgar una ley de huelga, y ha tardado hasta noviembre de 1986 en iniciar los trabajos para la elaboración del proyecto. La comisión encargada de ello está integrada por altos cargos de los Ministerios de Trabajo y de la Presidencia, así como por los catedráticos Federico Durán, de la Universidad de Córdoba, y Carlos Palomete, de la de Salamanca.

Razones de prudencia política, según fuentes del Ministerio de Trabajo, aconsejaron al Gobierno retrasar algunos años la elaboración de la ley. Así se concedía un tiempo de rodaje a los sindicatos y empresarios, mientras aprendían a negociar y pactar soluciones a los conflictos. Publicar una ley de huelga sin esa experiencia negociadora sería como poner en marcha una máquina sin engrasar. Mientras tanto, la regulación de la huelga se realiza mediante un decreto-ley de 1977 reformado por una sentencia del Tribunal Constitucional de 1981 y la jurisprudencia emanada desde entonces.

El punto flaco del ordenamiento jurídico actual de las huelgas es, sin duda alguna, el mantenimiento de los servicios mínimos para la comunidad. O, lo que es lo mismo, la garantía para el resto de los ciudadanos de otros derechos, como son el de tránsito por el territorio nacional (transportes públicos), seguridad (policía), sanidad (médicos) e incluso la normal circulación por las calles de las ciudades sin que la cotidiana manifestación de cada día enturbie aun más el tráfico viario.

El problema, en España y en el resto del mundo democrático, se resuelve mediante un pacto entre sindicatos y empresarios para la fijación de los servicios mínimos, aquellos que deben continuar funcionando durante el tiempo de la huelga. El resultado del pacto se presenta al Gobierno, quien lo legaliza mediante un decreto.

Sin embargo, los sindicatos españoles han demostrado cierta falta de atención y de respeto hacia los derechos del resto de los ciudadanos: se fijan huelgas en los transportes públicos en vísperas de vacaciones, se realizan huelgas en días, e incluso en horas, alternativos causando confusión entre los usuarios, y no se duda en convocar manifestaciones en el casco urbano a las horas de mayor tráfico.

En otros países con más experiencia sindical y negociadora se lleva a cabo la llamada autorregulación del derecho a la huelga. Los sindicatos realizan sus convocatorias de manera que se perjudique lo menos posible a los otros ciudadanos. Al final, hasta los mismos trabajadores en huelga salen beneficiados por esta actitud, ya que la opinión pública no se enfrenta necesariamente con sus reivindicaciones e intereses.

En Alemania la huelga está aceptada, pero no regulada específicamente. Se hace referencia a ella en el artículo noveno de su Constitución y existe reiterada y abundante jurisprudencia. Las huelgas alemanas, para que puedan ser calificadas de lícitas, se deben someter a referéndum y alcanzar el 75 por ciento de los votos entre los trabajadores involucrados.

Los belgas tampoco tienen regulado su derecho a la huelga. En Bélgica está muy extendida la conciliación previa, bien a través de representantes sindicales o por vía de las llamadas Comisiones Paritarias Interprofesionales. En caso de no avenencia en el acto de conciliación, se da un preaviso, cuya duración, no está reglamentada y que en la práctica es un plazo de reflexión de unos ocho días.

En Francia sólo existe ley de huelga para los servicios públicos. Destaca el papel de la jurisprudencia en la distinción entre huelgas legales y huelgas ilícitas o abusivas. Es obligatorio el preaviso de cinco días, con la exposición de los motivos del conflicto cuando sea en el sector público. En el sector privado es obligatoria la conciliación. Resulta normal que los convenios fijen el procedimiento para la conciliación o el plazo de preaviso a la huelga.

La jurisprudencia es la única norma legal para la regulación de la huelga en Holanda. No hay obligación legal de conciliación ni de preaviso, pero en la práctica sí se da. En Italia está legalizada hasta la llamada *huelga salvaje*, sin preaviso ni conciliación. En el artículo cuarto de la Constitución italiana se reconoce el derecho a la huelga y existen diversas leyes que la regulan.

En Gran Bretaña se sustituye la legislación sobre huelgas por una serie de inmunidades por delitos cometidos en situaciones de conflicto colectivo. En los servicios públicos, el ministro correspondiente puede imponer un *período de enfriamiento* de sesenta días o la celebración de un referéndum antes de la declaración de la huelga.

Aunque no puede hablarse de un derecho propiamente europeo de huelga, existen rasgos que se encuentran en todas las legislaciones, como son el mismo reconocimiento del derecho a la huelga, el efecto suspensivo que engendra sobre el contrato de trabajo y la condena de determinadas acciones colectivas que se juzgan como excesivas: huelgas políticas, de disminución del rendimiento, las huelgas salvajes (salvo en Italia) o las de solidaridad. ∎

Cambio 16

Ejercicio 16

Contesta a las preguntas:

1 ¿Existe una ley de la Huelga en la mayoría de los países europeos?
2 ¿Cuál es la situación respecto a tal ley en España?
3 ¿Por qué se le aconsejó al gobierno retrasar esta legislación?
4 ¿Cuál es el defecto principal de la legislación vigente?
5 ¿Dónde, según el artículo, se debería garantizar un servicio mínimo?
6 Explica cómo se resuelve este problema, tanto en España como en otros países.
7 Según el artículo, ¿cómo no han respetado estas normas los sindicatos españoles?
8 ¿Cómo se ha resuelto este problema en otros países?
9 ¿Por qué sacan beneficio los trabajadores de tales acuerdos?
10 Haz una comparación de la legislación en los diversos países que se citan. ¿Qué tienen en común y qué diferencias hay?

Ejercicio 24

Crucigrama sin pistas. He aquí el crucigrama completado: ¡a ver quién hace las mejores pistas!

	Horizontales		Verticales	
	3	16	1	10
	4	17	2	13
	7	20	3	15
	8	21	4	18
	11	23	5	19
	12	24	6	22
	14		9	23

Ejercicio 25

Más temas para pensar, hablar y escribir . . .

⟹ Si yo fuera Rey/Reina . . .

⟹ Si yo fuera Primer Ministro/Primera Ministra . . .

⟹ La España democrática – un milagro moderno.

⟹ 'Bajo Franco vivíamos mejor.'

⟹ No hay monarquía que valga.

⟹ La única diferencia entre la democracia y la dictadura es que se puede votar por un gobierno incompetente.

⟹ En una democracia donde no haya la representación proporcional, se elige entre dos dictaduras.

⟹ 'Yo tengo derecho a ponerme en huelga' 'Claro, pero ¿qué pasa con mi derecho a poder desplazarme?'

⟹ España ya no es diferente – ¡ni mucho menos!

. . . Y DE POSTRE

La mili: ¿un mal necesario?

A1 Treinta mil jóvenes se libran de la 'mili'

Los que no quieren hacer la 'mili'

Jesús está de enhorabuena. Ha conseguido que sea realidad el sueño de su vida: «librarse de la mili». «No ha sido fácil conseguirlo, pero al final ha merecido la pena tanto sacrificio.» Jesús, que no quiere revelar cuáles son sus apellidos, hace unos meses consiguió un puesto de trabajo como ingeniero técnico en una fábrica. Pero tenía un problema: este año se le terminaban las prórrogas por estudios y debía cumplir con el deber constitucional de hacer el servicio militar. Por eso, decidió jugarse todo a una carta y fingió que estaba enfermo.

De pequeño, padeció una taquicardia y ahora, cuando tiene 24 años, todavía padece algunas molestias en el corazón. Pensó que si fumaba demasiado y practicaba mucho deporte podía provocar su vieja enfermedad y alegarla ante las autoridades militares. Y así fue. Pasó un examen médico y le declararon nulo para la 'mili'.

El ejemplo de Jesús es seguido por muchos jóvenes que no desean cumplir el servicio militar obligatorio. Así, este año, de los 360.122 mozos que se encuentran en la edad para hacer la «mili», un 8,5 por ciento (30.645 jóvenes) no van a ir a los cuarteles por razones de enfermedad.

De estos 30.000 jóvenes, 25.200 están excluidos totalmente del servicio militar, mientras que 5.445 tienen que pasar análisis médicos periódicos para concederles la exención definitiva.

Muchos de estos mozos realmente padecen enfermedades graves, pero otros simplemente se inventan cualquier excusa: comen mucho para estar gordos y librarse de la 'mili' por exceso de peso; se fuerzan la vista leyendo con poca luz y sin gafas; utilizan zapatos deformes para alegar pies planos; se autolesionan; se hacen los locos; se casan y tienen hijos o, simplemente, se buscan un *enchufe*.

«No es fácil superar los exámenes médicos. Hay que estar muy bien preparado porque los militares analizan todo concienzudamente. Pero siempre

Todo por la patria

hay resquicios por donde se les puede engañar», explica a *Cambio 16* Serafín, otro estudiante universitario que ha seguido los pasos de Jesús.

«Está claro que la 'mili' es una pérdida de tiempo y estoy dispuesto a hacer cualquier cosa para librarme de esta imposición que te quita un año de tu vida», concluye Serafín.

Al número de mozos excluidos del servicio militar por motivos de enfermedad hay que añadir las prórrogas por estudios (111.067 jóvenes), residentes en el extranjero (3.768), los que sostienen a su familia (3.274) y los objetores de conciencia (1.225).

Y a pesar de que las autoridades administrativas aseguran que casi todos los jóvenes van a hacer la 'mili' en su lugar de origen, la realidad es bien distinta. Todavía más de 70.000 chavales, un 30 por ciento de los mozos que sortearon el domingo pasado, tendrán que cumplir el servicio militar fuera de su casa y es posible que les toque en suerte realizarla en las islas Canarias, Baleares, Ceuta o Melilla.

«No sólo tienes que hacer la 'mili', sino que encima te pueden mandar a la otra punta de España, lejos de tus familiares y tus amigos, con los trastornos y traumas que esta decisión ocasiona», comenta Jesús. «Esto te causa tales problemas que motiva a algunos chavales a suicidarse.»

Durante los últimos cinco años han muerto 539 soldados, de los que 152 se han suicidado. Mientras las asociaciones juveniles aseguran que se trata de un porcentaje superior al registrado en la vida civil, el ministro de Defensa, Narcís Serra, cree que estas cifras se falsean. «El problema del suicidio es un problema de la juventud en general y no sólo de las Fuerzas Armadas.»

El rechazo a la 'mili' cada año está más generalizado. Prueba de ello es el escaso número de soldados voluntarios. Así de los 254.509 jóvenes que en 1989 van a hacer la 'mili' tan sólo hay 9.732 que se adscriben en el capítulo del voluntariado.

José Manuel Huesa
Cambio 16

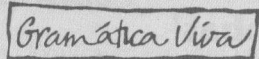

Gramática Viva

Ejercicio 5

Busca en el Texto A2 todos los ejemplos que hay de expresiones que necesitan un infinitivo (hay 13 en total). Haz una lista de ellos, y consulta la Sección de Gramática 68 y ¡AG! Capítulos 11 y 25. Inventa una frase nueva para usar cada construcción.

 **A3** **Los jóvenes y el servicio militar**

Hace poco que acabé el servicio militar y, la verdad, he de reconocer que ha sido una muy buena experiencia. En este artículo no quiero polemizar sobre la conveniencia o no de realizar el servicio militar o la necesidad de un Ejército; hoy en día, el Gobierno permite otras formas de cumplir con la sociedad, y podemos estar o no de acuerdo pero, en todo caso, las hemos de respetar. Por lo que respecta a mi caso personal, la *mili* me ha pasado más rápido de lo que me imaginaba y tampoco me he encontrado con los tópicos de la *mili* de los que tanto se habla: no he visto ninguna novatada, ningún mal trato físico o cosas parecidas; todo lo contrario: al estar destinado en una base pequeña – no éramos más de cien soldados – todos nos conocíamos, incluidos los superiores,

y el trato era familiar. Incluso me facilitaron la incorporación al mundo laboral, dándome permiso para acabar la *mili* casi un mes antes (a mí y a otros compañeros de quinta).

Está claro que como en casa no hay nada, pero en la *mili* también hay momentos divertidos, de fiesta, tienes la oportunidad de conocer gente de toda clase y condición, convives en un mundo totalmente diferente del que estamos acostumbrados, haces amigos nuevos ... En la *mili* es probable que no se aprenda nada, a menos que te encuentres en bases como la de Zaragoza en la que hay clases de informática, idiomas, automoción mecánica ...

Pero también se pueden obtener beneficios del servicio militar: la disciplina, el respeto a los superiores y a los demás compañeros, el

respeto por las cosas, el cumplimiento de los horarios, saber tratar y hablar con los superiores ... cosas que nos pueden ayudar en la vida profesional.

Al acabar la *mili* me ha quedado una doble sensación: primero por haber cumplido con la sociedad y las obligaciones y responsabilidades que marca la Constitución y, segundo, por la sensación de no tener ninguna *asignatura pendiente* con el Estado: ya soy *libre* y ya puedo escribir en mi *curriculum vitae*: «Servicio Militar cumplido, Escuadrón de Vigilancia Aérea número 4, Rosas, Girona». Para acabar, un recuerdo a todos los jóvenes y amigos del club que todavía están cumpliendo el servicio militar.

G. Calimany
Revista Española de Defensa

Ejercicio 6

En el texto A3, G. Calimany nos habla de su experiencia del servicio militar. Nos expone las ventajas y desventajas. Haz una lista de las ventajas y otra de las desventajas: en general, ¿te parece que Calimany sacó provecho de su experiencia o no? Escribe unas cincuenta palabras para explicar por qué llegaste a tu conclusión.

Ejercicio 7

Usa estas preguntas para iniciar una discusión con tus compañeros sobre la 'mili'.

1 ¿Hay 'mili' en tu país? ¿Jamás ha habido? ¿Hasta cúando hubo mili?
2 ¿Te gustaría hacer la 'mili'?
3 ¿Conoces a alguién que haya hecho el servicio militar? ¿Quién? ¿Tu padre?
4 ¿Qué piensa(n) del servicio militar? ¿Le(s) gustó? ¿Por qué (no)?
5 ¿Crees que tu país lo necesita? ¿Por qué?
6 ¿Para qué sirve el servicio militar?
7 ¿Qué tipo de servicio militar/social debería haber?
8 De haber servicio militar en tu país, ¿serías objetor de conciencia? ¿Por qué (no)?
9 ¿Crees que es buena la disciplina militar? ¿Ayudaría a educar a los gamberros?
10 ¿Qué diferencia hay entre los que han hecho la 'mili' y los que no?

¡Atención!

 **B1** **Tomarse con calma la mili evita disgustos**

 Escucha con cuidado este programa, en que se dan unos consejos a los jóvenes que van a tener que hacer la 'mili'.

La mili ¿pesadilla de los jóvenes?

Ejercicio 8

Haz un resumen de los consejos que se dan, según los siguientes aspectos:

1 Efectos de la 'mili'   3 Adaptación   5 Optimismo
2 Disciplina   4 Actitud

Ejercicio 9

Pide a tu profesor/a la transcripción del programa del Texto B1. Verás que tiene varios espacios en blanco: vuelve a escuchar, y rellena los espacios con las palabras que faltan.

 **B2** **Noticias**

Ejercicio 10

Escucha estas noticias y contesta a las preguntas:

A La Armada cumplimentó a las autoridades municipales

1 ¿Quién es José Luis Torres Fernández?
2 ¿Cuándo llegó la flotilla de la Armada a Melilla?
3 ¿Cómo se llama el alcalde de Melilla?
4 ¿Qué tipo de buque es el *Alcalá Galiano*?
5 ¿Cuántos hombres tiene este buque?
6 ¿Cómo se llama la corbeta del vice-almirante José Luis Torres Fernández?
7 ¿Cuándo estuvo la 21 Escuadrilla de Corbetas en Melilla?

VOCABULARIO

el azote calamity

arrasar to flatten

el despliegue
  deployment

el aljibe water tender

destacar to stand out

el siniestro accident,
  calamity

acorazado armoured

la campa treeless land

el suboficial non-
  commissioned officer,
  NCO

desplegar to deploy

el destacamento
  detachment

el aparato (here)
  aircraft

la tripulación crew

los efectivos forces

hacer frente to
  confront

la motobomba fire-
  engine

el camión cuba water
  wagon, sprinkler lorry

recopilar to compile

castigado punished

el monte bajo scrub

el pastizal pasture

el matorral brushwood

Botijos. *Los veteranos CL-215 contribuyen desde 1971 en la lucha contra los incendios forestales.*

bomberos de los municipios cercanos. Esta provincia también sufrió en esas fechas un siniestro de características similares en el término de Horcajuelo de la Sierra. La aportación militar consistió, en este caso, en 301 soldados y 32 vehículos, que permanecieron en la zona durante seis días.

Por su parte, el Ejército del Aire desplegó destacamentos de aviones *Canadair CL-215* del Grupo 43 en bases avanzadas cercanas a las zonas de mayor riesgo. Cada uno de ellos mantuvo alerta, durante 24 horas al día, un aparato y una tripulación (dos pilotos y dos mecánicos de vuelo), además de otra de reserva. El despliegue de este año, al igual que el de anteriores, se ha realizado en los aeródromos y bases de Santiago de Compostela, Reus, Pollensa, Valencia, Jerez y Torrejón de Ardoz.

En menor medida, la campaña de este año también ha contado con la participación de la Armada, cuyos efectivos tuvieron que hacer frente a tres incendios en Galicia. En ellos intervinieron 56 alumnos de la Escuela Naval de Marín, con apoyo de material contraincendios (2 motobombas y 2 camiones cuba).

INCENDIOS. Aunque todavía quedan por recopilar los últimos datos oficiales de la lucha contra el fuego, un primer avance revela que en el transcurso de este año las llamas han consumido un 84 por 100 menos de bosque que en el mismo período – del 1 de enero al 10 de septiembre – de 1994; pero más que en los mismos meses de 1992 y 1993.

En total, las hectáreas de superficie arbolada arrasadas por el fuego han descendido de forma espectacular de 243.100 a 39.000. Galicia ha sido la comunidad autónoma más castigada, una triste marca que había evitado los últimos años. En cuanto a la superficie no arbolada (monte bajo, pastizales, matorral), la disminución ha sido menor, al pasar de 175.000 a 80.000 hectáreas destruidas.

Revista Española de Defensa

Ejercicio 14

Hé aquí varias frases mezcladas. Como siempre, tienes que hacer frases correctas, pero después tienes que ponerlas en el orden correcto: así tendrás un resumen del Texto C2.

- Este año las Fuerzas Armadas, como siempre
- Han ayudado a mitigar el efecto devastador
- Las FAS tienen mucha experiencia
- El Ejército ayudó a los bomberos
- También mandó a 301 soldados a un incendio
- Los *Canadair* del Ejército de Aire
- La Armada mandó a alumnos de la Escuela Naval Militar
- Gracias a la ayuda de los militares
- Este año, el fuego ha arrasado más bosques

- los bosques de España han sufrido menos.
- han intervenido en muchos incendios forestales.
- que ocurrió cerca de Horcajuelo.
- mantuvieron alerta en varias regiones.
- de los incendios forestales.
- en Galicia que en otras regiones.
- a controlar un incendio en Somosierra.
- en situaciones extremas.
- a varios incendios que ocurrieron en Galicia.

Ejercicio 15

Imagina que eres el Ministro de Defensa: te entrevistan varios periodistas que quieren saber por qué se dedica tanto dinero a las Fuerzas Armadas. Usando el artículo del Texto C2, explica cómo las Fuerzas Armadas pueden prestar ayuda cuando ocurren desastres tales como incendios, terremotos, inundaciones, naufragios etcétera. ¿Conoces algún ejemplo de esto en tu propio país? Puedes hacer este ejercicio por medio de una conversación o por escrito; en este caso, tendrías que preparar tu discurso . . . ¿El límite de palabras? . . . Pues, no hay . . . ¡puesto que eres político!

Ejercicio 16

En el Texto C2 se mencionan varios tipos de vehículos y máquinas de guerra. Haz una lista de ellos y describe lo que hace cada uno.

Por ejemplo:
Una motobomba sirve para apagar incendios.

Ejercicio 17

Escribe unas cuantas frases para comparar los dos artículos del Texto C; uno habla de los enormes gastos que conllevan las Fuerzas Armadas, y el otro nos señala que las FAS, cada vez más, tienen otras funciones a beneficio del público. Recuerda, también, que en muchos países hispanohablantes, los militares gobernaban – normalmente de una manera opresiva. Imagina que haces una comparación entre el pasado y la situación actual, y si quieres con el futuro, citando elementos del Ejército de Tierra, de la Armada y del Ejército del Aire: usando las sugerencias del Ejercicio 15 escribe unas cuantas frases como las del ejemplo. Para repasar el imperfecto, el presente y el futuro, estudia las Secciones de Gramática 36, 38 y 39, y ¡AG! Capítulos 12, 13, 15 y 17.

Por ejemplo:
En el pasado, los militares oprimían al público; ahora defienden la democracia, y en el futuro trabajarán aun más a beneficio del público.

angoleños en sus campos, andando detrás de varias vacas. No las llevan a pastar, ni están arando: las utilizan para desminar los campos. En la pobreza en que viven, perder una vaca es una tragedia. «Pero la amputación de una pierna significa la miseria más absoluta para la persona, porque anula la capacidad de trabajar. La población es consciente del peligro; pero si quieren comer tienen que arriesgarse», explica la doctora Laiseca.

Angola es uno de los ejemplos más sangrantes de la plaga de las minas. Pero no el único. Más de 50 países están sembrados con estos artefactos explosivos. Se calcula que unos 110 millones de minas esperan ya a ras de tierra la aparición de sus víctimas. «Hay otros cien millones ya fabricados. Se encuentran bien en rutas comerciales o en los arsenales de muchos países. Cada semana que pasa en el mundo se producen 50.000 minas más», explica Ricardo Aguilar, de Greenpeace.

Esta asociación ecologista y pacifista emprendió hace año y medio, junto con otras siete organizaciones no gubernamentales, una campaña a favor de la prohibición de estas armas.

El pasado 13 de octubre se clausuraba en Viena una reunión de las Naciones Unidas para revisar un documento conocido como *Convención sobre armas inhumanas*. Desde 1980, 49 Estados la han ratificado. Entre ellos está España que ha prorrogado hasta febrero de 1996 la moratoria de fabricar y exportar

Un boina azul danés muestra varias minas.

Prótesis en un mercado de Afganistán

minas. Hasta el momento sólo cinco países han dicho definitivamente adiós a las minas.

– El principal problema de este armamento es su dificultad de detección y desactivación. Se convierten en un impresionante problema no sólo en el presente; también para el futuro. Esto es especialmente grave en los países subdesarrollados, donde los campos quedan inhabilitados para el cultivo – afirma Rafael Hernando, diputado del Partido Popular. Este grupo presentó el pasado 28 de septiembre en el Congreso una proposición no de ley. En ella se solicita la prohibición definitiva de exportación, fabricación y almacenamiento de minas antipersonales no autodestructivas.

En 1994 en todo el mundo se desactivaron apenas 100.000 minas. Durante ese mismo tiempo se sembraron dos millones. Mientras, cada día que pasa unas 60 personas mueren por topar con una mina. Otras 30 sobreviven, pero la explosión los relega por vida a la condición de mutilados. ■

Luis de Zubiaurre
Cambio 16

Ejercicio 24

Las siguientes frases se refieren al Texto F, pero las palabras no están en el orden debido . . . A ver si logras ponerlas en el orden correcto. Luego tradúcelas a tu propio idioma.

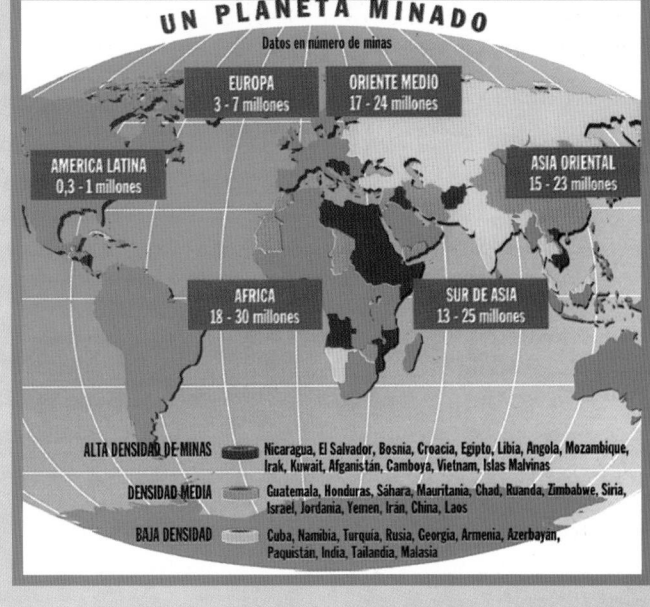

1 Laiseca de Médicos responsable sin proyectos de es Fronteras Amparo.
2 Angola visto minas Amparo en ha muchas.
3 Países de Angola minas millones muchos en como quedan.
4 Muletas de prótesis tienen miles no ni mutilados.
5 Hay mueren niños acto mutilados en porque no el normalmente.
6 Agua mueren muchas van porque y mujeres comida por.
7 Los vacas usan angoleños desminar para muchas los campos veces.
8 Minas del, 50 en 110 existen de países en más millones unos mundo.
9 Mundo cada produciendo se minas 50.000 sigue el en más semana.
10 ONU prohibir algunos de países por la minas quieren las completo.
11 Afectados subdesarrollados las son por países los más los más minas.
12 Mina día matadas cada personas son unas por una 60.

Ejercicio 25 Situaciones

Imagina que eres una de las personas de las siguientes parejas, y que tu amigo/a es la otra . . . Ya os podéis imaginar cómo sería la conversación en cada caso, según lo que has leído en esta unidad.

1 Un joven que no quiere hacer la 'mili', y un soldado
2 El Ministro de Defensa y un almirante o general
3 Jaime Ojeda y John R Galvin
4 Amparo Laiseca y el propietario de una fábrica de minas
5 Rosa López Garnica o José María Aldaya y un etarra

Ejercicio 26

Lee el texto elegido, y cuenta a tus compañeros los elementos más importantes del texto.

1 El Príncipe de Asturias en Alicante
2 Terror – skins en las calles
3 ETA – un objetivo muy real
4 Planes de estudios para la Guardia Civil del futuro
5 La última explosión a cielo abierto
6 Árabes e israelíes, paz y economía

... Y DE POSTRE

Ejercicio 27

¿Cuál de las frases de cada pareja es correcta? Corrige la que no es correcta.

1 a A muchos jóvenes españoles les gusta la 'mili'.

   b Muchos jóvenes tratan de evitar la 'mili'.

2 a Las Fuerzas Armadas van a recibir un presupuesto reducido.

   b Las Fuerzas Armadas quieren recibir un presupuesto reducido.

3 a Además de la defensa, las Fuerzas Armadas también luchan con los servicios de emergencia.

   b Además de la defensa, las Fuerzas Armadas también ayudan a los servicios de emergencia.

4 a España no quiere ser miembro de la OTAN, sino solamente estar dentro.

   b España está en la OTAN pero no participa plenamente en su estructura *militar*.

5 a Rosa López Garnica quiere combatir contra ETA por fuerza moral.

   b Rosa López Garnica se opone a los que critican a Herri Batasuna.

6 a Muchos conflictos que ya terminaron, han dejado un legado en forma de minas.

   b Muchos conflictos que ya terminaron, han dejado un legado de violencia en forma de minas.

Ejercicio 28

Discute los siguientes temas con tus compañeros de clase, o escribe una redacción de unas 300 palabras.

1 En pro y en contra del servicio militar

2 Las Fuerzas Armadas tienen nuevas responsabilidades en tiempos de paz

3 La OTAN: ¿existe para la guerra o para la paz?

4 ¿Cómo se puede combatir contra el terrorismo?

5 La inmoralidad de las industrias productoras de armas

Ejercicio 29

Busca las palabras que faltan, y con la primera letra de cada una, haz otra palabra importante . . . Después de hallarla, explica su significado, y por qué sería una filosofía ideal para todo el mundo.

1 Los armamentos existen para . . . .

2 Las Fuerzas . . . . . . tienen nuevas responsabilidades en tiempos de paz.

3 La . . . . . . de Médicos Sin Fronteras ayuda a los mutilados de guerra en muchos países.

4 Esta joven decidió revelar abiertamente su desprecio hacia ETA: . . . .

5 Las minas . . . . . . se autodestruyen después de cierto tiempo.

6 Alumnos de la Escuela Naval de la . . . . . . también ayudaron a los bomberos de Galicia.

7 País que nunca entra en ningún conflicto.

A Nace el hombre biónico

Las prótesis para minusválidos entran en una nueva generación contribuyendo a que conozcamos más sobre el cuerpo humano y a que la invalidez pueda ser combatida desde un frente tecnológico.

Además de la curación o prevención de enfermedades y males diversos, la reconstrucción del cuerpo humano ha sido siempre uno de los principales objetivos de la medicina. Guerras, accidentes, epidemias o simplemente defectos de nacimiento hacen que millones de personas en el mundo sufran de falta o inutilidad de algún miembro, o bien de la pérdida de algún sentido corporal. Al margen de las actividades sociales que intentan integrar a estas personas en la llamada vida normal, la ciencia hace todo lo posible para que esta «vida normal» se convierta para ellos en un hecho.

Las prótesis que reemplazan a los miembros perdidos han ido avanzando y mejorándose; hace ya siglos que hemos dejado atrás las patas de palo y los garfios en la muñeca, propios más bien de tiempos de bucanería y amputación drástica. Hoy, los nuevos miembros pueden ser articulados y manipulados para que ejerzan una labor todavía más eficaz. Piernas que se flexionan, manos que agarran, brazos que maniobran. Pero la última palabra aún no está dicha, y los investigadores cuentan con una nueva arma: los ordenadores y, más concretamente, la inteligencia artificial.

La idea de construir computadoras que reproduzcan los procesos de pensamiento del cerebro humano puede tener aplicaciones muy útiles en el campo de la biónica. Los movimientos de nuestro cuerpo se producen como respuesta a órdenes cerebrales. Si los ordenadores lograran imitar ese proceso con miembros artificiales, éstos podrían imitar todas las funciones que realizaba el miembro perdido.

Cuando el miembro no ha sido amputado, pero ha quedado inútil, el proceso es distinto. Actualmente, varios laboratorios de todo el mundo intentan hallar la manera de que los paralíticos puedan volver a caminar. Los movimientos musculares están controlados por el sistema nervioso central. Cuando un accidente o una herida corta los nervios de la articulación, ésta puede quedar inútil. Pero el cerebro y los músculos siguen trabajando

▶

El hombre biónico

de modo independiente. Lo fundamental, pues, es restablecer la comunicación entre ambos sistemas.

Para lograrlo, en varios laboratorios se ha tomado como *conejos de indias* voluntarios a personas en buen estado de salud, en cuyas piernas se colocan sensores. Estos miden y graban los cambios angulares y la presión ejercida por las piernas durante un paseo, obteniendo así un registro de las señales nerviosas que dirigen cada movimiento. Luego, la intención de los científicos es llegar a invertir el proceso y fabricar señales nerviosas mediante pequeñas impulsos eléctricos, para así activar los músculos atrofiados. En el caso de miembros amputados, el objetivo es, como dijimos antes, la fabricación de un sustituto artificial lo más perfecto posible.

La clave del sistema es la implantación de sensores de fuerza y desplazamiento en el hombro del brazo amputado, para así poder controlar el movimiento de un brazo artificial. En Israel trabajan actualmente con un modelo que opera con un continuo *feedback*

de los sensores en los nervios del hombro y debe ser capaz de producir una respuesta inmediata a la comunicación eléctrica de un nervio, de la misma manera en que operaba el sistema nervioso central con el brazo original. El proyecto, en el que se ha estado trabajando durante dos años, parece ir por buen camino, aunque hay un inconveniente: de momento, el brazo artificial no puede realizar movimientos suaves y continuos, pues aún no se sabe cómo responder a la intensidad de la señal nerviosa en el hombro. Hay en marcha otra línea de investigación destinada a quienes sufran una parálisis casi total (paraplejía). Con sus cuatro extremidades paralizadas, los afectados por esta clase de minusvalía son incapaces de moverse, y ni siquiera les sirve de ayuda una silla de ruedas. Así que los científicos se han fijado en el órgano que pueden mover con mayor facilidad: los ojos. Los investigadores esperan por medio de la medición de la trayectoria y los ángulos del movimiento ocular, determinar los mecanismos de

procesado de una imagen en el cerebro.

Lo malo es que el sistema nervioso, aunque un millón de veces más lento que las computadoras actuales, es aún capaz de procesar una información visual a más velocidad que cualquier computadora existente. Y esto es porque el cerebro actúa de un modo no lógico, usando un «mecanismo de atención» que puede reconocer rápidamente la información visual. Si se consiguiera reproducir este mecanismo, un cuadripléjico podría activar con la vista interruptores especiales. Para estudiar el movimiento de los ojos se están utilizando unas gafas de buceo modificadas.

Si todos estos proyectos llegan a buen fin, millones de personas podrán esperar un futuro mejor. Sus diferentes minusvalías serán, entonces, cosa del pasado.

Víctor Ferrer
Muy Interesante

Ejercicio 1

Lee el artículo con la ayuda del diccionario si te hace falta, y . . .

A explica el significado de las siguientes palabras o frases que ocurren en el texto:

a la prótesis
b el minusválido
c un sentido corporal
d un garfio
e ser articulado
f ejercer una labor
g agarrar
h maniobrar
i la inteligencia artificial

j la biónica
k un miembro del cuerpo
l un sensor
m los cambios angulares
n el desplazamiento
o movimientos suaves
p una silla de ruedas
q activar con la vista
r las gafas de buceo

B busca la palabra o frase en el texto que corresponde a las siguientes:

1 una enfermedad que afecta a mucha gente y que se contagia muy rápidamente
2 una pierna hecha de madera
3 usar los músculos para mover las articulaciones de la pierna
4 una persona que no puede mover un miembro o miembros del cuerpo
5 las indicaciones que pasan entre el cuerpo y el cerebro

6   una persona en que se hacen experiencias científicas

7   los músculos que ya no se pueden usar

8   por lo visto todo va bien

9   midiendo la dirección por donde miran los ojos

Ejercicio 2

Estas frases expresan frases del Texto A de una manera diferente. Rellena los espacios en blanco con una palabra adecuada.

Por ejemplo:

A La reconstrucción del cuerpo humano ha sido siempre uno de los principales objetivos de la medicina.

B La medicina siempre ha *buscado* maneras de *reconstruir* el cuerpo humano.

1 a   Las prótesis que reemplazan a los miembros perdidos han ido avanzando y mejorándose.

b   Ha habido muchos . . . . . . y muchas . . . . . . en las prótesis que se fabrican para . . . . . . a los miembros perdidos.

2 a   Hoy, los miembros pueden ser articulados y manipulados para que ejerzan una labor todavía más eficaz.

b   Hoy, se puede . . . . . . y . . . . . . los miembros, de modo que éstos funcionen con más . . . .

3 a   Los movimientos de nuestro cuerpo se producen como respuesta a órdenes cerebrales.

b   Cuando se . . . . . ., nuestro cuerpo está . . . . . . a órdenes del . . . .

4 a   Estos sensores miden y graban los cambios angulares y la presión ejercida por las piernas durante un paseo.

b   Estos sensores hacen . . . . . . y . . . . . . de los cambios de . . . . . . y la presión que . . . . . . las piernas al . . . .

5 a   La intención de los científicos es llegar a invertir el proceso y fabricar señales nerviosas mediante pequeños impulsos eléctricos.

b   Los científicos . . . . . . llegar a una . . . . . . del proceso y a la . . . . . . de señales nerviosas por . . . . . . de pequeños impulsos eléctricos.

6 a   De momento el brazo artificial no puede realizar movimientos suaves y continuos.

b   De momento el brazo artificial no es . . . . . . de moverse . . . . . . y . . . . . .mente.

7 a   Los investigadores esperan determinar los mecanismos de procesado de una imagen en el cerebro.

b   Los investigadores tienen la . . . . . . de determinar . . . . . . el cerebro procesa una imagen.

8 a   El sistema nervioso es aún capaz de procesar una información visual a más velocidad que cualquier computadora existente, porque el cerebro actúa de un modo no lógico.

b   El sistema nervioso aún . . . . . . procesar una información transmitida por los . . . . . . más . . . . . . que cualquier computadora existente, porque el cerebro . . . . lógicamente.

ME ENCHUFAN LUEGO EXISTO

DESCARTES 2000

Ejercicio 3

Muchas palabras tecnológicas y científicas son internacionales, es decir, son iguales o similares en muchas lenguas. Vuelve a leer el texto, apuntando:

1 las palabras que son más o menos idénticas a las de tu propia lengua (por ejemplo: *sensor*)

2 las que se parecen a una palabra de tu propia lengua pero quizá no a la más corriente de tal sentido (por ejemplo: *cerebro*)

3 cualesquiera otras que sean similares de alguna manera

Ejercicio 4

Vuelve a leer el Texto E de la Unidad 5 (página 65), donde se trata de los minusválidos en el trabajo.

1 ¿Cómo ayudarían los avances en esta rama de la tecnología moderna a los minusválidos a llevar una vida normal, sobre todo en el trabajo?

2 ¿Crees que se gasta dinero suficiente en las investigaciones médicas de este tipo, en tu país o en el mundo entero?

3 ¿Qué otras minusvalías hay que podrían aprovechar la investigación científica, y, – que sepáis vosotros – qué investigaciones y progresos se hacen en este campo?

4 ¿Qué medidas – tecnológicas o de puro sentido común – se pueden tomar para que el número de minusválidos sea menor?

5 ¿Cómo se puede aprovechar la tecnología moderna para asegurar que nuestro sitio de trabajo o nuestro hogar esté lo más seguro posible?

B El radar asa-chuletas

¿QUÉ SON LAS MICROONDAS?

Las microondas no son unos rayos misteriosos. Son simples ondas electromagnéticas que vibran a una frecuencia intermedia entre las ondas de radio y los rayos infrarrojos, es decir, desde un GigaHerzio hasta 300 GigaHerzios (1 GHz 5 10^9 Herzios), lo que equivale a una longitud de onda de entre 1 mm y 30 cm. Para los hornos, las frecuencias más apropiadas son de unos pocos GHz.

¿CÓMO SE PRODUCEN LAS MICROONDAS?

Los dispositivos utilizados para generar microondas son el *magnetrón* o el *klister*, que emiten un haz de electrones desde un cátodo, y lo hacen pasar a través del campo magnético de un electroimán alimentado por una corriente alterna de muy alta frecuencia. Este campo alterno hace vibrar a los electrones a su mismo ritmo, reteniéndolos y acelerándolos, y éstos convierten

las variaciones de su energía cinética en energía electromagnética: emiten una radiación.

En los hornos de microondas, las ondas emitidas por el magnetrón, usualmente de entre uno y 2,5 GHz y una potencia de un Kwatio, se envían a la cámara de resonancia a través de un tubo guía-ondas, que las obliga a seguir adelante por su interior, aunque haya curvas. Esta cámara es precisamente la cavidad del horno, cuyas paredes metálicas están diseñadas especialmente para resonar a la frecuencia de las microondas y reflejarlas uniformemente. Para asegurar la perfecta distribución de la radiación por todo el horno, algunos sistemas incluyen una especie de molinillo de alta frecuencia, denominado *Wobbler*, para esparcir las ondas en todas direcciones.

▶

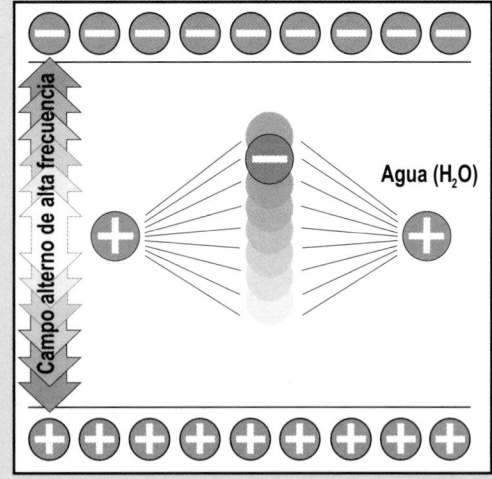

Se ha escogido una molécula de agua para explicar en este dibujo cómo se produce el principio de calentamiento por microondas. El agua es un dipolo; esto es, tiene las cargas eléctricas separadas que, al ser atraídas o repelidas por el campo magnético alterno, generan calor con su movimiento.

¿QUÉ EFECTO TIENEN SOBRE LOS ALIMENTOS?

Cuando las microondas alcanzan los alimentos, obligan a las moléculas de que está compuesta la materia orgánica a vibrar al mismo ritmo. El roce molecular produce entonces calor en el interior de la comida. Sin embargo, para que se produzca este efecto, las moléculas tienen que ser *dipolos*. Un dipolo es una molécula con una carga positiva a un lado y una carga negativa en el otro, es decir, con dos polos opuestos, como un imán. Son dipolos las moléculas del azúcar, las de la grasa y – lo que es más importante para el calentamiento por microondas – las del agua. Las moléculas que no tienen las cargas separadas no se inmutan ante las altas frecuencias. Pero también se calientan por contacto con los dipolos circundantes, que sí se mueven. Gracias a este efecto *selectivo* de las microondas, es posible calentar un plato y sacarlo del horno con la mano desnuda sin quemarse: lo que se ha calentado es el contenido y no el plato, porque la loza es un material no dipolar.

¿SON PELIGROSAS LAS MICROONDAS?

Si te acercas demasiado a instalaciones de radar, podrías *cocerte*. Lo mismo sería válido también para el cocinero que utiliza el horno de microondas . . . si no estuviera protegido.

Por un lado, las paredes del horno son metálicas y reflejan totalmente la radiación. Y además, la ventana frontal está revestida por una fina malla metálica, que no permite salir la radiación. El punto más débil es la junta de la puerta. Por eso existe toda una serie de recomendaciones para su correcta construcción, de manera que sea altamente improbable un *escape* de microondas. Además es conveniente llevar el horno de microondas cada dos o tres años a un especialista para que compruebe las posibles fugas. No resulta muy caro y es una buena medida de seguridad.

Gregorio Rubio
Muy Interesante

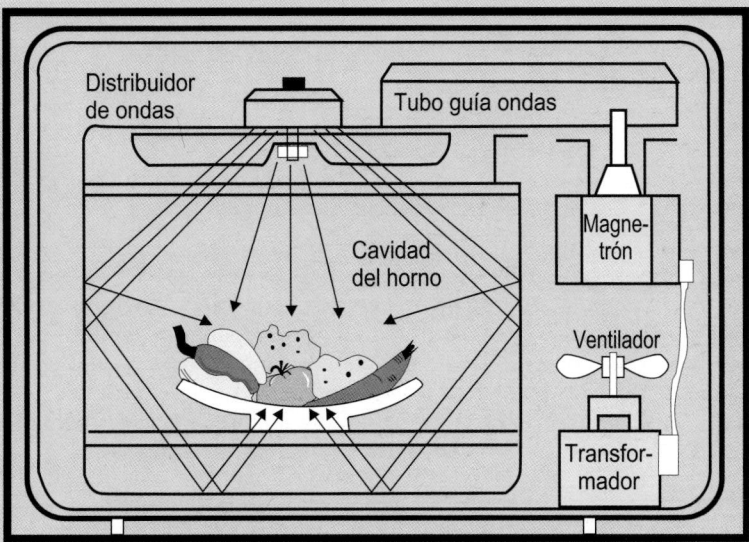

Principales componentes del horno microondas.

Ejercicio 5 ¿Correcto o incorrecto?

Corrige las observaciones incorrectas.

1 Las microondas vibran a una frecuencia de las ondas de radio.
2 Una frecuencia de unos 300 GigaHerzios es la más apta para un horno microonda.
3 Un klister se emplea para crear microondas.
4 También se necesita un electroimán con corriente de alta frecuencia.
5 La radiación emitida resulta de que el campo alterno retiene los electrones y no los deja acelerar.
6 Las microondas al chocar con las paredes del horno se reflejan de manera desigual.
7 El calor se produce cuando los alimentos se rozan uno con otro.
8 Las moléculas del azúcar tienen dos polos opuestos.
9 El plato no se calienta porque está hecho de materiales no dipolares.
10 El vidrio de la puerta está protegido por una malla metálica por si acaso lo rompes.

Ejercicio 6

Da un sinónimo o explicación en español de las siguientes palabras:

■ dispositivo
■ un haz de electrones
■ vibrar
■ la cámara de resonancia

- la cavidad del horno
- un molinillo
- esparcir las ondas
- el roce
- una carga positiva
- inmutarse
- circundante
- revestida
- una fuga (de microondas)

Ejercicio 7

Un/a amigo/a tuyo/a acaba de comprar un horno microondas, ¡pero ha encontrado que el manual de instrucciones está escrito en español! Explícale en su propio idioma cómo funciona.

Ejercicio 8

A En clase

Un/a estudiante/a es representante de una empresa fabricadora de hornos microondas. Tiene que hacer una presentación de tu producto a un público muy escéptico de jubilados (¡sus compañeros de clase!). ¿Cuáles son sus propiedades y ventajas? ¿Cómo funciona? ¿Qué consejos o avisos daría a los clientes potenciales? ¿Cómo les convencería de que es una mejor manera de cocinar que un horno tradicional? Ellos, claro, le plantean toda manera de dificultades . . .

B En parejas

1 Tienes que convencer a tu padre/madre de que debería comprar un horno microondas. Éste/a no ve por qué, estando contento/a con la cocina tradicional que tiene, y también está un poco receloso/a de tal aparato. Tienes que convencerle/la.

2 Estás tratando de explicar a un miembro de tu familia que no entiende nada de las cosas técnicas, cómo funciona un nuevo aparato que acaba de comprar. ¡Ten paciencia, tendrás que explicárselo con mucho cuidado!

3 El aparato que compraste hace dos semanas no funciona como debe. Explicas el problema en la tienda donde lo compraste, pero el/la dependiente/a no es muy cooperativo/a. ¡Pero tienes tú la garantía!

Ejercicio 9

Tienes que demostrar a la clase el funcionamiento de cualquier máquina o aparato, o algún proceso técnico. He aquí unas sugerencias, pero puedes escoger lo que sea.

- una máquina de coser
- una bicicleta
- una caja de velocidades
- una calculadora
- una cámara fotográfica
- un reloj tradicional
- cómo hacer mermelada
- cómo hacer vino o cerveza en casa
- el aparato del apicultor

Si el aparato es portátil se recomienda traerlo a clase para que los otros estudiantes vean de cerca en qué consiste. Si no, puedes utilizar la pizarra o el retroproyector, o fotocopiar tus diagramas y explicaciones. No te olvides de explicar *por qué* te interesa tal aparato o proceso y *por qué* te da placer.

C ¿Sobreviviría un hombre de hoy en el año mil?

¿SOBREVIVIRÍA UN HOMBRE DE HOY EN EL AÑO MIL?

Dos hombres, dos épocas.
Siglo XI: el Cid toma juramento al rey Alfonso VI.
Siglo XX: ejecutivo.

Los ecologistas están bien equivocados cuando se imaginan las delicias de la vida natural como las del Paraíso Terrenal. Cuanto más cerca ha estado el hombre de la vida puramente biológica, más enfermedades, miseria y podredumbre ha sufrido. La civilización se ha hecho contra la naturaleza y las leyes divinas. Es muy probable que un hombre actual sobreviviera en el año mil si respetaba algunas condiciones. Desde luego, si era una mujer lo tenía crudo, ya que no viviría mucho tiempo si no se metía a monja. Las hembras morían generalmente de uno de sus innumerables partos a los que les sometía su condición natural.

Los métodos anticonceptivos se reducían a la contención natural, al coitus interruptus y a los abortivos, donde era peor el remedio que la enfermedad. Ni siquiera vería crecer a sus hijos con alegría ya que la mayoría morían por elevada mortalidad infantil.

El hombre actual no podría pensar en convertirse en un trabajador del campo, un siervo atado a la tierra que labraba con un triste arado y recogía con una pobre hoz, encorvando el cuerpo desde la salida del sol hasta el ocaso para arrancar unas migajas a una tierra no abonada, en el límite siempre de la subsistencia y con una esperanza de vida de tan sólo 25 años a lo sumo.

Tampoco podía el hombre moderno entrar alegremente en la clase de los nobles. Los guerreros, aunque más bajitos que los militares contemporáneos, eran una especie de monstruos musculitos dedicados a la selección natural mediante el asesinato mutuo en las múltiples guerras que mantenían. Habían comenzado el entrenamiento en toda clase de pesadas y mortíferas espadas desde su más tierna infancia. Sólo les contenía su violencia desatada las amenazas del castigo eterno por sus muchos pecados porque, eso sí, eran como críos que temían todo lo sobrenatural. Lo más razonable para el hombre actual habría sido entrar rápidamente en el cómodo estado de clérigo, la clase más vividora de todos los tiempos. No tendría que luchar ni cultivar el campo y le servirían en cierta manera sus conocimientos actuales, aunque sin propasarse, debido al peligro de ser acusado de brujería. Como clérigo no tendría más que describir el mundo actual tal como es y los hombres del año mil pensarían que era una pesadilla. Los podría amenazar con que soportarían tal estado en el más allá si no se arrepentían. Incluso podría indicar que les obligarían a ducharse cada día con agua caliente, lo que considerarían una lujuria intolerable. Después de rogar por los pecados de sus parroquianos, podría vivir tranquilamente de las limosnas que le harían para no caer en la tentación. Así sí podría vivir un hombre del siglo XX, más o menos como ahora, creando una empresa de consulting.

J.M.P.
Cambio 16

VOCABULARIO

la podredumbre rot, putrefaction

lo tenía crudo had a rough time

la monja nun

la hembra female

el parto (giving) birth, delivery

el siervo serf

el arado plough

la hoz sickle

las migajas crumbs, scraps

no abonado unfertilised

mortíferas deadly

desatado unrestrained

propasarse to go too far

la brujería witchcraft

el clérigo cleric, priest

la lujuria lewdness (not 'luxury')

las limosnas alms, charity

Ejercicio 10

En cada caso, sólo una de las observaciones siguientes es correcta. ¿Cuál es?

1. a Cuánto más cerca de la naturaleza vive el hombre, mejor lo pasa.
   b Cuánto más cerca de la naturaleza vive el hombre, peor lo pasa.

2. a La civilización se ha desarrollado a pesar de la naturaleza y las leyes divinas.
   b La civilización se ha desarrollado de acuerdo con la naturaleza y las leyes divinas.

3. a El hombre de hoy sobreviviría a la vida del año 1000 con tal que escogiera con cuidado su estilo de vida.
   b El hombre de hoy no sobreviviría en las condiciones vigentes en el año 1000.

4. a Si una mujer quería sobrevivir, no se hacía monja.
   b Las monjas vivían más tiempo que la mayoría de las otras mujeres.

5. a En cualquier caso, era mejor parir que abortar.
   b El aborto se practicaba con éxito y seguridad.

6. a Muchos niños morían a corta edad.
   b La mayoría de los niños llegaban a ser adultos, pero con dificultad.

7. a La tierra no rendía porque el hombre la trabajaba con una hoz.
   b El hombre trabajaba largas horas sobre una tierra que rendía poco.

8. a La vida máxima de un hombre era 25 años.
   b La vida media de un hombre era 25 años.

9. a El hombre moderno no estaría a gusto como aristócrata medieval.
   b Al hombre de hoy le iría bien la vida del noble de aquella época.

10. a Las clases altas mantenían el equilibrio de la población matando a las clases bajas.
    b Los nobles se pasaban la vida matándose unos a otros.

11. a Incluso los nobles tenían miedo de lo sobrenatural.
    b Sólo los niños de los nobles temían el castigo eterno.

12. a Los clérigos eran la clase más desafortunada de la época.
    b La vida más segura era la del clérigo.

13. a Los clérigos podían decir lo que querían sin ser acusados de brujería.
    b Hasta los clérigos tenían que tener cuidado con lo que decían.

14. a Un clérigo podría amenazar a un hombre de entonces con que viviera como nosotros hoy en día si fuera al infierno.
    b La vida de entonces era más infernal que hoy en día.

15. a Un consultante estilo 2000 no podría encontrar manera de vivir en aquella época.
    b Un hombre moderno podría vivir cómodamente trabajando como consultante de religión.

Ejercicio 11

Vuelve a leer el artículo y apunta todos los avances tecnológicos y sociales que se han hecho que pudieran mejorar la situación del hombre y de la mujer de hace 1.000 años. ¿Cuáles son imprescindibles para nosotros, y de cuáles podrías prescindir si fuera necesario por alguna razón?

Ejercicio 12

Tras haberte entrometido en el mecanismo de alguna 'cápsula del tiempo' te encuentras en medio de unos habitantes del año 1000 (tus compañeros de clase). Siendo una persona emprendedora, te entrevistas con ellas, haciéndoles preguntas acerca de su vida, y preguntándoles cómo se podría aliviar mejor su evidente miseria. Toma notas de lo que te cuentan.

Ejercicio 13

Has conseguido volver a nuestra época – hoy, precisamente. Ahora todos escriben un artículo para un periódico contando el episodio del Ejercicio 12, y contrastando la vida de los años 1000 y 2000, subrayando los avances más importantes que ha hecho la humanidad durante el último milenio. ¿Ha sido todo una mejora?

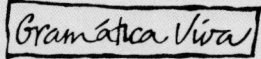

Gramática Viva

 En la Hoja 17.1 encontrarás una serie de ejercicios sobre el subjuntivo, que se usa en los textos A, B y C. Puedes repasar el subjuntivo en los párrafos 47–61 de la Sección de Gramática. **¡AG!** Capítulos 30–36.

D Ferrari F40 – el coche más rápido del mundo

FERRARI F40
El coche más rápido del mundo

Comprar un Ferrari es siempre una inversión, pero si usted elige el último modelo, el F40, tendrá que preparar una importante suma, cuarenta millones de pesetas, para matricularlo en España. A cambio, podrá disfrutar del coche más rápido del mundo y del que van a fabricarse únicamente setecientas unidades. En la actualidad, ya hay potentados alemanes y japoneses dispuestos a pagar cifras superiores al precio oficial para disponer los primeros de un F40.

El F40 es un proyecto que conmemora los cuarenta años de Ferrari de una forma muy especial: prácticamente es un coche de carreras con el que se puede circular por carretera. Tiene una potencia de 478 caballos, todo un misil con ruedas, que llega a los 324 kilómetros por hora de velocidad máxima, y es capaz de pasar en solo doce segundos de 0 a 200 kilómetros por hora. Tiene un motor de ocho cilindros con dos turbocompresores, tecnología de punta al ciento por ciento, que se ve prolongada en los materiales utilizados para la construcción del coche, materiales compuestos, fibra de carbono y kevlar, como si de un transbordador espacial se tratase. El objetivo es que sea un coche lo más ligero posible, pero capaz de resistir las torsiones y los esfuerzos que originan esos 478 caballos de fuerza, que producen en el conductor un efecto de catapulta difícilmente igualable por otro automóvil.

En su interior, no hay el más mínimo atisbo de lujo. Incluso el aire

▶

▶

acondicionado se ha planteado como una opción. El salpicadero y los asientos son de carreras. Por lo demás, el freno, el embrague y el cambio se accionan con dureza, dureza que se torna en eficacia y rapidez cuando el F40 se desliza por una pista a la búsqueda de la quintaesencia de la conducción. Ni siquiera cuenta con un sistema antibloqueo de frenos. Es un coche para *pilotos* y éstos prefieren la sensibilidad de su pie al ingenio eléctrico que impide bloquear a las ruedas en una frenada desesperada. Tampoco hay sistemas de servoasistencia para la dirección, que en contrapartida es absolutamente precisa y permite manejar con precisión milimétrica al F40, lo que es impres-cindible cuando se trata de un coche con tan alto nivel de prestaciones.

Esta es la clave: es un coche para correr. Así ha sido diseñado, de manera que por no tener no tiene ni hueco para equipajes. Pero si el comprador lo desea, Ferrari puede fabricarle su F40 incluso con una caja de cambios de competición y con ventanillas de plástico de corredera: más deportivo todavía.

PRECIO
El precio, ya matriculado en España, con placa nacional, es de cuarenta millones de pesetas.

CONSUMO
Ferrari no declara oficialmente ninguna cifra concreta, pero puede estimarse en veinte litros cada cien kilómetros en carretera en conducción rápida.

PRESTACIONES
La velocidad máxima anunciada es de 324 kilómetros por hora. La aceleración de cero a mil metros, de 21 segundos.

Alberto Mallo y Sergio Piccione
Motor 16, Cambio 16

Ejercicio 14

Completa las frases siguientes para que correspondan al sentido del texto:

1 En España el Ferrari F40 te costará ...
2 No se fabricarán más de ...
3 Ciertos japoneses y alemanes están dispuestos a ...
4 Se llama el coche el F40 porque ...
5 Se compara el coche a ...
6 Se fabrica de los mismos materiales que ...
7 Tiene que ser un coche ligero porque ...
8 Ningún otro coche puede igualar ...
9 Dentro del coche hay muy poco ...
10 Son duros ...
11 No hay sistema antibloqueo de frenos porque el conductor ...
12 En la dirección falta ...
13 Pero tiene ...
14 Optativas son ...

Ejercicio 15 El vocabulario del coche

A ¿Sabes cómo se expresan los términos siguientes en tu propio idioma?

- matricular un coche
- un coche de carreras
- la potencia
- el motor
- el cilindro
- el turbocompresor
- la fibra de carbono
- el kevlar
- la torsión
- el aire acondicionado

- el salpicadero
- el embrague
- la caja de cambios
- accionar
- el sistema antibloqueo de frenos
- una frenada
- la servoasistencia
- la dirección
- las prestaciones

B ¿Cuáles son las otras partes principales del coche que no se mencionan aquí? Haz una lista de ellas con la ayuda de un diccionario.

C Explica en español el significado de estas otras frases que ocurren en el texto:
- hay potentados alemanes y japoneses
- todo un misil con ruedas
- tecnología de punta al ciento por ciento
- como si de un transbordador espacial se tratase
- no hay el más mínimo atisbo de lujo
- a la búsqueda de la quintaesencia de la conducción
- prefieren la sensibilidad de su pie al ingenio eléctrico
- un coche con tan alto nivel de prestaciones

 **Ejercicio 16**

Este ejercicio se hace con la ayuda de la Hoja 17.2 . Lee el reportaje sobre el Peugeot *Proxima* y compáralo con el Ferrari F40. ¿En qué aspectos se asemejan y en cuáles se diferencian? Si tú tuvieras el dinero necesario, ¿cuál de los dos escogerías?

Ejercicio 17 Discusión

¿Es realista o práctico esperar conducir un coche tal como el F40 en las carreteras europeas? ¿Cómo se puede hacer con la densidad de población que hay y las restricciones de velocidad? ¿Es moral conducir un coche que se describe como 'un misil con ruedas' en la vía pública? ¿Qué tipo de persona compraría – o podría comprar – semejante coche? ¿Se debería restringir o incluso prohibir el uso de coches tan poderosos en las carreteras públicas? ¿Qué efecto tendrían tales restricciones en los avances de la tecnología automovilística? ¿No sería más provechoso para todos invertir el dinero y el tiempo gastado en este campo de la tecnología en métodos de evitar la polución causada por los vehículos de combustión interna? Los que compran un coche así, ¿por qué lo hacen? ¿Se trata de un símbolo de posición social o de un interés genuino por la perfección tecnológica o una afición a la velocidad? ¿Te gustaría tener un coche así?

E **Vida y milagros de una central nuclear**

¿Adelante – o fuera – con las centrales nucleares?

UNA BURLA DEL SISTEMA DE SEGURIDAD Y DOS INCENDIOS, EN LOS 10 MESES DE VANDELLÒS 2

La central nuclear Vandellòs 2, en Tarragona, que fue considerada por sus propietarios como modélica en sistemas de seguridad, tiene una vida corta, pero llena de incidentes. Desde que el Ministerio de Industria y Energía autorizó su explotación provisional, ha sufrido dos incendios en su recinto. Además, 10 miembros del movimiento radical Crida a la Solidaritat burlaron el sistema de seguridad del complejo y accedieron hasta la sala de turbinas de la central. Todo bajo la mirada de los municipios de su entorno, que retrasaron varios meses la puesta en funcionamiento de esta central por considerar que los planes de emergencia eran papel mojado.

Angels Piñol
El País

243

▶9

ONCE Y DOCE SEMANAS

· (TRES MESES = 90 DÍAS)

AHORA MIDO YA OCHO CENTÍME-
TROS Y PESO VEINTICINCO
GRAMOS. ME DESPIERTO CUANDO
MI MADRE SE DESPIERTA. DUERMO
CUANDO ELLA DUERME. ESTOY
TRANQUILO SI ELLA ESTÁ SERENA.

SIENTO QUE HA ESTADO PREOCU-
PADA POR MÍ, CON ESA VAGA SEN-
SACIÓN DE ANSIEDAD TAN
FRECUENTE EN LOS PRIMEROS
MESES DE EMBARAZO.

ES EL MIEDO A LO "DESCONOCIDO",
LA RESPONSABILIDAD DE SER POR-
TADORA DE UNA NUEVA VIDA.

ABORTO POR ENVENE-NAMIENTO SALINO

EL EXPERTO ABORTISTA
EXTRAERÍA UNA CIERTA
CANTIDAD DE LÍQUIDO
AMNIÓTICO, INYECTANDO
EN SU LUGAR UNA
SOLUCIÓN SALINA CON-
CENTRADA QUE IRÍA QUE-
MANDO MI PIEL Y
EVENENANDOME HASTA
LA MUERTE. MI AGONÍA
PODRÍA PROLONGARSE
VARIAS HORAS.

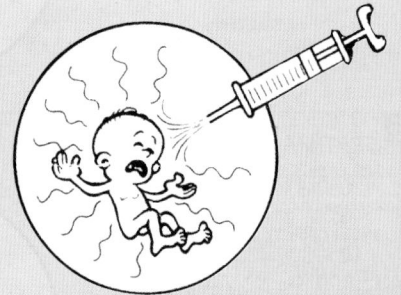

ABORTO POR ASPIRACIÓN

YO, NACHO, UN HOMBRE
ENTERO, SERÍA EN ESTE
CASO, ABSORBIDO Y
TRITURADO COMO UNA
ASPIRADORA HACE CON
EL POLVO Y LA BASURA.

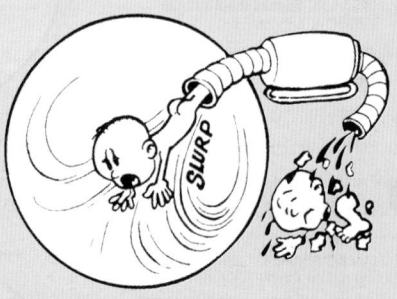

EL ABORTO ES LA SUPRESIÓN VIOLENTA DE MI VIDA.

¡NO ES SACAR UNA MUELA!
PARA MÍ, NACHO, SERÍA TORTURA Y
MUERTE.

¿QUÉ HABRÉ HECHO YO PARA QUE QUIERAN MATARME?

10

PERO, ¿Y SI MI MADRE TUVIESE MIEDO DE MI?

POR LA PRESIÓN DEL
AMBIENTE,

POR LAS DIFICULTADES,

POR LOS TEMORES,

¿Y SI CON EL MÉDICO, DE
ACUERDO O NO CON MI
PADRE, ESTUDIASEN LA
MANERA DE
DESHACERSE DE MÍ?

¿CUÁL DE ESTOS
MÉTODOS EMPLEARÍAN?

¡SUFRO Y ME ANGUSTIO
ANTE ESTA POSIBILIDAD!

ABORTO POR CESÁREA (HISTEROTOMÍA)

EL CIRUJANO ABRIRÍA QUIRÚRGI-
CAMENTE EL VIENTRE DE MI
MADRE, Y ME SACARÍA JUNTO
CON LA PLACENTA AL EXTERIOR
DEJÁNDOME MORIR.

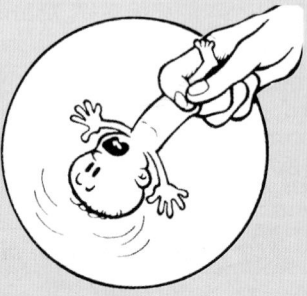

ABORTO POR DILATACIÓN Y LEGRADO

(EMBRIOTOMÍA)

MI CUERPO, ES DECIR, NACHO,
SERÍA SIMPLEMENTE TRO-
CEADO Y EXTRAÍDO A PEDA-
ZOS DEL VIENTRE DE MI
MADRE.

PERO NINGUNO DE ESTOS PELIGROS
SUCEDERÁ, PORQUE TÚ, MADRE,
SABES QUE YO NO SOY UNA PARTE
DE TU CUERPO.

SABES QUE DESDE EL MOMENTO EN
QUE ME CONCEBISTEIS, YO EMPECÉ
A VIVIR COMO UNA PERSONA
HUMANA, CON TODO EL DERECHO A
GOZAR MI PROPIA VIDA.

¡MÍA!

¡DE NADIE MÁS!

YO, NACHO.

¡SÍ, A LA VIDA!

¡SÍ, PARA SALVAR LA VIDA INDEFENSA DE MUCHOS NIÑOS
ANTES DE NACER!

¡SÍ, PARA DESARRAIGAR DE NUESTRA SOCIEDAD TODA FORMA
DE VIOLENCIA!

¡SÍ, PARA QUE TODOS LOS MILLONES NECESARIOS PARA
FINANCIAR EL ABORTO, SE DESTINEN A LA ATENCIÓN DE
LAS MADRES Y NIÑOS CON PROBLEMAS!

Ejercicio 21

Después de leer el folleto, haz una tabla de las varias etapas del desarrollo del feto, con el número de la semana de embarazo a la izquierda y apuntando las diversas partes del cuerpo en el orden de formarse. Luego haz una lista de todas las palabras técnicas relativas al embarazo, tales como *la concepción*, *la (falta de) menstruación*, etc, y al proceso del aborto. Asegúrate de que sabes el significado de todas estas palabras.

Ejercicio 22

El folleto se relata en la primera persona, es decir de la boca de Nacho. Tú tienes que explicar la historia a alguien, contándola en tercera persona, es decir, empezando: *'Se trata de Nacho, un feto humano, que relata su vida desde su concepción. Dice que desde su concepción tiene una identidad biológica y . . .'* y más tarde *'. . . le preocupa/tiene miedo de que su madre . . .'*

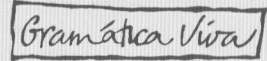

Busca en el texto:

¿Si mi madre tuviese miedo de mí?

 Estudia en la Sección de Gramática el párrafo 62 sobre las frases con 'si', y completa la Hoja 17.5 . ¡AG! Captítulo 37.

Ejercicio 23

A Claro que este folleto toma un punto de vista fuertemente *antiaborto*. ¿Qué medidas han tomado sus escritores para que su argumento se ilustre lo más vivamente posible? ¿Llaman más a tus emociones o a tu razón? ¿Cuánta importancia tienen los dibujos? ¿Se puede comprobar la verdad de todo lo que se dice?

B ¿Cuáles son los argumentos *en pro* del aborto? ¿Tú piensas que la madre es la única persona que debe o puede decidir el futuro del bebé? ¿Cuál es la ley del aborto en tu propio país? ¿en España? ¿Estás de acuerdo con ella? Aunque estés en contra del aborto, ¿hay ciertas circunstancias bajo las cuales estarías de acuerdo? ¿Qué opinas de la píldora 'abortiva' de que se trata en la Hoja 17.6 ? ¿Hay suficiente educación sexual en España? ¿en tu país? ¿en los países del Tercer Mundo? ¿Se debería aprender acerca del sexo en casa o en el colegio? ¿Qué se puede hacer para mejorar la educación sexual? ¿Hay suficiente información sobre los métodos anticonceptivos? ¿Hay alumnas-madre en tu colegio? ¿Cómo se puede evitar que las chicas muy jóvenes queden embarazadas?

Ejercicio 24 Situaciones

Trabaja con un/a compañero/a.

1 Tu mejor amiga o la novia de tu mejor amigo descubre que está embarazada y quiere abortar. Tú tienes que convencerla de que no lo haga.

2 Otra discusión con tu abuela: ella no está de acuerdo con el aborto en ninguna circunstancia. Tú tratas de convencerla.

3 Tú argumentas el caso en pro del aborto con un miembro de la *Comissió catalana* que publicó el folleto en que figura Nacho, y que claro está en contra.

Teatro

 **El circo de las vacaciones**

TEATRO

CRITICAS/NOVEDADES/ESTRELLAS/TODAS LAS OBRAS EN CARTEL

La Troupe Búlgara en el columpio ruso.
DAVID FERNANDEZ

Un acróbata se venda los ojos, una capucha negra y un saco tapan completamente su cabeza y empieza a balancearse el columpio, cada vez más y más alto, un redoble de tambores, un salto, una pirueta y caída perfecta. Los niños, boquiabiertos, aplauden con todas sus fuerzas, mientras los padres, madres y abuelos sujetan las bolsas de palomitas y el algodón dulce de los pequeños. Es el *Circo de las Navidades*.

Los mejores artistas de la carpa, domadores de las bestias más exóticas y peligrosas, payasos simpatiquísimos, funambulistas y trapecistas arriesgados se reúnen, desde el pasado día 25 y hasta el próximo 8 de enero, en la madrileña plaza de las Ventas.

Tras la carpa, escondidos de los ojos del público, las jaulas de los animales. Enormes elefantes de la India, que se mueven al compás de una música circense siguiendo las instrucciones de estupendos domadores.

No hay, este año, en el *Circo de las Navidades* leones, tigres, ni panteras, pero el riesgo de las bestias salvajes no desaparece. La emoción de meter la cabeza en la boca de un feroz animal se consigue igualmente con el número de los cocodrilos y serpientes. El domador intrépido coloca su pequeña cabeza en el interior de las fauces de la pitón, la más grande, la más voraz. Mientras tanto, los cocodrilos pasean obedientes, siguiendo las indicaciones de sus amos.

Pero en el circo no todo es peligro. Los aplausos también surgen con las graciosas y espabiladas focas. Pelotas en equilibrio sobre sus hocicos, patosos paseos moviendo torpemente sus aletas, que airean en cualquier momento, consiguen que los niños se entretengan y se diviertan como nunca.

De pronto, tambores, trompetas y aplausos reciben al *Gran Rodríguez*, el mejor trapecista del mundo. Bajo el foco de la pista, el mexicano aparece cubierto con una capa de luces de la que se desprende para trepar elegantemente hasta su columpio. No hay red, el suelo está muy lejos, los niños gritan pensando que el artista va a caer, pero el *Gran Ramírez* se ha quedado suspendido de un solo pie, es parte del número.

Los nervios desaparecen cuando los 12 miembros de la *Troupe Búlgara* invaden la pista con sus aparatos y sus trampolines. Saltos por aquí y por allá, piruetas complicadísimas, torres muy elevadas, columpios y saludos.

Y, de pronto, la risa, las carcajadas, han llegado los payasos. Primero actúan los *Payasos Pintores*, tres italianos acompañados de su bailarina. La pintura vuela por la carpa, los tropezones y las bofetadas les encantan a los niños. Luego aparecen los españoles, *La Familia Riverinos*.

Además de trapecistas, payasos y animales, en el circo hay equilibristas y otros números, entre ellos el matrimonio *Dúo Guerreros*, que se marca un excelente espectáculo de alambre alto, o los *Hermanos Segura*, que ponen los nervios de punta con sus números de las Navidades, ha traído este año a Madrid al *Dúo Abilios*, expertos en la realización del rulo. Una atracción de cuerdas aéreas y la rueda de la muerte son otros de los espacios de este circo. Con la rueda rozando el cielo de la carpa, los asombrados niños dicen adiós al *«mayor espectáculo del mundo»*.

EL CIRCO DE LAS VACACIONES

BEGOÑA PIÑA

«Circo de las Navidades». En la plaza de Ventas, desde el 25 de diciembre al 8 de enero. Dos funciones todos los días: a las 4,30 horas y a las 7,30 horas. **Precio:** Desde 500 a 1.500 pesetas.

Begoña Piña
Diario 16

Ejercicio 1

Prestando atención al contexto y con la ayuda de un diccionario si te hace falta, explica en español las palabras o frases siguientes:

- un acróbata
- una capucha
- un columpio
- un redoble de tambores
- una palomita
- el algodón dulce
- la carpa
- un domador
- un payaso
- un funambulista
- un trapecista

- las fauces
- una foca
- una capa de luces
- un trampolín
- una carcajada
- un tropezón
- una bofetada
- un equilibrista
- el alambre alto
- el rulo

Ejercicio 2

A Los niños pequeños encuentran muy emocionante una visita al circo y éste tiene su ambiente especial. Estudia con cuidado el texto, indicando cómo la escritora trata de expresar la emoción del espectáculo del circo. ¿Qué palabras y frases emplea para conseguirlo y hasta qué punto tiene éxito?

B Los niños están *boquiabiertos*, es decir, con la *boca abierta*. Busca en el diccionario otras palabras compuestas de *boqui* – con un adjetivo, y explica su significado. Repite este ejercicio con palabras empezando con *cari-*, *cabiz-* y *oji-*. ¡A ver cuántas encuentras!

Ejercicio 3

Discute los puntos siguientes con tus compañeros de clase, y luego cada uno escribe un párrafo como respuesta a las preguntas.

A ¿Te gusta el circo como diversión? ¿Cómo te parece el circo como diversión para toda la familia? Este circo tiene lugar en Madrid por las Navidades: ¿por qué te parece que las diversiones de esta época del año se dirigen a 'toda la familia'? ¿Qué otras diversiones son aptas para padres e hijos juntos?

B Una tradición navideña en Gran Bretaña es la *pantomima*. ¿Cómo explicarías este fenómeno a un hispanohablante que no la conociera? ¿. . . el chico principal, que es una chica . . . la 'dama', que es un hombre? . . . ¡qué raro!

C ¿Hay otras convenciones del teatro donde tenemos que 'suspender la incredulidad'? ¿El ballet? ¿La ópera? ¿Te gusta este tipo de diversión? ¿Por qué? ¿Por qué no?

D ¿Cuántos animales se citan en el texto? ¿Deberían emplearse los animales en los actos de circo o en el teatro? Es una creencia popular que los ingleses tienen una actitud sentimental hacia los animales y que los españoles son crueles. Si crees que esto es verdad, da algunos ejemplos. ¿Conoces ejemplos de lo contrario? ¿Has visto una corrida de toros? ¿Es 'teatro'? ¿Has visto los 'sanfermines' en Pamplona? ¿O cualquier otra fiesta en que se emplean y quizás matan o maltratan a los animales? ¿Qué derechos tienen los animales? ¿Deberíamos cazarlos? ¿Deberíamos comerlos? ¿Deberían ellos comerse unos a otros?

¿La cara humana del circo?

Ejercicio 4 Situaciones

1 Tu amigo/a español/a quiere llevarte a ver el circo, pero tú no tienes ganas de ir porque no te gusta que se empleen los animales en los circos: piensas que es cruel obligar los animales a que actúen y además no es natural que tengan que vivir en jaulas y ser transportados de un sitio a otro. Tu amigo/a defiende el uso de ellos.

2 Entrevistas a un/a domador/a de circo. Quieres saber por qué le gusta trabajar con los animales, los peligros y las satisfacciones. Tu compañero/a de clase será el/la domador/a.

3 Ahora entrevistas a un/a acróbata o trapecista acerca de su trabajo.

4 Tu amigo/a español/a pasa las Navidades en tu casa y vas a llevarle/la al teatro a ver La Cenicienta. Tienes que explicarle/la lo que es una *pantomima*, y él/ella tiene que ponerte preguntas cada vez más incrédulas.

5 Uno/a de vosotros es vegetariano/a, el otro/la otra come carne con mucho gusto. Cada uno tiene que justificar su posición.

Ejercicio 5

Escoge una de las siguientes tareas escritas:

1 Un artículo para una revista escolar, describiendo una representación de circo a la que has asistido.

2 Un elogio del circo como diversión para toda la familia.

3 La *pantomima* como fenómeno británico.

4 Una carta al periódico lamentando el continuado uso de los animales en el circo.

5 La situación del animal en España.

El alcalde de Zalamea

El alcalde de Zalamea, de Pedro Calderón de la Barca, es uno de los más conocidos de los dramas clásicos españoles del siglo XVII, y ciertamente uno de los mejores y de más relevancia al mundo moderno, como dice esta reseña de una representación reciente.

Un conflicto entre las juris-dicciones militar y civil da lugar a la creación de *El alcalde de Zalamea*, donde Calderón de-sarrolla una historia de abusos militares y la consiguiente ven-ganza del pueblo llano.

En Zalamea, camino de Portugal, se asienta parte de la tropa de Felipe II. El capitán don Álvaro de Ataide se encapricha de Isabel, la hija del villano Pedro Crespo, quien al comienzo de la acción dramática es nombrado alcalde de la Villa. Comoquiera que la muchacha rechaza los requiebros del militar, éste la rapta para violarla.

Una vez enterado Pedro Crespo de la violación, detiene, juzga y ajusticia al militar por la

LA SUPREMACIA DEL PODER CIVIL

Resulta fascinante comprobar cómo en pleno siglo XVI un alcalde orgulloso y convencido de su dignidad de padre es capaz de hacer frente nada menos que a un general del victorioso ejército de Felipe II. Pedro Crespo no es sólo el padre ultra-jado, deshonrado por la vio-lación de su hija, sino que es el alcalde dispuesto a defender a ultranza la supremacía del poder civil frente al poder militar en una sociedad dominada por el ejército. Cáustico, irónico y veraz, el villano Pedro Crespo consigue la defensa de Felipe II.

▶

jurisdicción civil. El general don Lope de Figueroa se encara con Pedro Crespo, pero la intervención de Felipe II da la razón al villano, pues acertó en lo principal: es decir, en dar muerte al culpable. De esta manera, Felipe II le nombra alcalde vitalicio de Zalamea y Calderón de la Barca plasma la alianza tácita entre el pueblo y los monarcas frente a los desmanes de una aristrocracia levantisca.

Dirigida por Francisco Portes y adaptada con acierto por Enrique Llovet, protagonizan el drama el propio Portes en el papel de Pedro Crespo, Mercedes Lezcano, Arturo Acero, José Caride y Pablo Isasi. La obra, que fue estrenada este verano en el Festival de Almagro – en donde obtuvo un rotundo éxito –, se halla de gira por diversas ciudades de la geografía española.

HERIDAS IRREPARABLES

Isabel, la hija ultrajada, sufre la violación por parte del joven incapaz de aceptar el rechazo. En este sentido, y desgraciadamente, el drama calderoniano cobra una actualidad incuestionable. Violaciones y vejaciones de la mujer en nuestros días, tanto en los países civilizados y en paz como en los países que sufren guerra y destrucción. Al ver la obra de Calderón podemos recordar la difícil situación por la que atraviesan muchas mujeres bosnias violadas. Los sentimientos de Isabel, la protagonista, coinciden con los sentimientos de cualquier mujer violada.

UNA COMPAÑÍA GALARDONADA

Es una de las mejores compañías españolas de teatro clásico, que se dio a conocer en 1990 con *El lindo don Diego*, de Moreto. Francisco Portes, actor y director de la compañía, es un auténtico maestro del teatro clásico, como lo prueban sus recientes premios al mejor director (El Paso, Texas, 1991), al mejor espectáculo (Ciudad Juárez, México, 1991), al mejor actor (El Paso, 1991 y 1992) y al mejor director (Almagro, 1992). Sus espectáculos deberían representarse con más frecuencia para solaz y entretenimiento del público.

Eduardo Galán
El Semanal

Ejercicio 6

Completa el siguiente resumen de los tres primeros párrafos de la columna izquierda de la reseña, rellenando los espacios en blanco con una palabra o frase adecuada.

El alcalde de Zalamea ...... el conflicto entre dos ......, la ...... y la ......, en el que los militares ...... de los campesinos y éstos ...... de ellos. Durante la acción un ...... de la tropa de Felipe II se encuentra ...... en el pueblo. Al principio de la obra Pedro Crespo ...... de ser nombrado alcalde. Su hija, Isabel, ... las atenciones ...... del capitán don Álvaro. Isabel no quiere ...... a sus atenciones, pero por fin, es ...... por el capitán.

El alcalde ...... al capitán y le ...... a la muerte por jurisdicción civil. El general militar don Lope ...... la sentencia, pero el Rey Felipe II la .... La obra muestra el ...... del escritor ...... el Rey y el pueblo en contra de los ...... rebeldes.

Ejercicio 7

Con referencia a la columna derecha del artículo, ¿son correctas o incorrectas las observaciones siguientes?

1   Pedro Crespo se enfrenta con el general militar por puro orgullo.
2   El ejército de Felipe II vence a Pedro Crespo.
3   La violación de Isabel, su hija, también le deshonra al padre.
4   El ejército tenía mucho poder en la sociedad del siglo XVI.
5   Pedro Crespo se capitula frente al poder militar.
6   Isabel es violada porque rechaza los avances amorosos del capitán.
7   Lo que siente Isabel en el siglo XVI es muy distinto de lo que siente una mujer violada en nuestra época.
8   Hay un paralelo en la situación de Isabel y la de muchas mujeres víctimas de la guerra de Bosnia.
9   ¡Ojalá se representaran más obras clásicas bajo la dirección de Francisco Portes!

Isabel confiesa y describe su violación a su padre: extracto de la obra.

mal haya *a curse on*
solicita *tries, seeks to*

granjear *to win, gain*

[los adjetivos se refieren al violador y los verbos en subjuntivo a las reacciones de Isabel ('may my voice fall silent . . .')]
may envy become deaf

may I be dressed in mourning
what my voice fails (to do)

empacho *embarrassment, shame*
rabia *rage*
ira *anger*

seek commendation with my death

álzate *get up*

sucesos *events, occurrences*

ociosas *fruitless*
dichas *good fortune, happiness*

ISABEL *(sigue atada a un árbol)*
¡Mal haya el hombre, mal haya
el hombre que solicita
por fuerza ganar un alma,
pues no advierte, pues no mira
que las vitorias de amor,
no hay trofeo en que consistan,
sino en granjear el cariño
de la hermosura que estiman!
Porque querer sin el alma
una hermosura ofendida
es querer una belleza
hermosa, pero no viva.
¡Qué ruegos, qué sentimientos
ya de humilde, ya de altiva,
no le dije! Pero en vano,
pues (calle aquí la voz mía)
soberbio (enmudezca el llanto)
atrevido (el pecho gima)
descortés (lloren los ojos)
fiero (ensordezca la envidia)
tirano (falte el aliento)
osado (luto me vista) . . .
Y si lo que la voz yerra,
tal vez la acción explica,
de vergüenza cubro el rostro,
de empacho lloro ofendida,
de rabia tuerzo las manos
el pecho rompo de ira.
. . .

Tu hija soy, sin honra estoy
y tú libre: solicita
con mi muerte tu alabanza,
para que de ti se diga
que por dar vida a tu honor,
diste muerte a tu hija.

CRESPO
Álzate, Isabel, del suelo:
no, no estés más de rodillas;
que a no haber estos sucesos
que atormenten y persigan,
ociosas fueran las penas
sin estimación las dichas.
Para los hombres se hicieron,
y es menester que se impriman
con valor dentro del pecho.

Encontrarás más sobre el teatro clásico en la Hoja 18.1

Cine

 **Javier Bardem**

Javier Bardem pertenece a una nueva generación de actores jóvenes que van apareciendo en las películas españolas de la última década.

JAVIER BARDEM

"KEVIN COSTNER ME REVUELVE LAS TRIPAS"

Desde su aparición como actor secundario en las «Edades de Lulú», el actor Javier Bardem se ha convertido en un auténtico mito del cine español

Entró por una puerta siendo actor cotizado y salió por otra como gran estrella. El huracán Bardem, con cuatro películas de gran éxito a las espaldas, se consolida y aumenta tras los dos premios obtenidos en el reciente Festival de Cine de San Sebastián: la Concha de Plata al mejor actor por su papel en *El*

detective y la muerte de Gonzalo Suárez y el recién inaugurado premio Fernando Rey que Javier recibió como mejor actor de reparto en *Días contados* de Imanol Uribe.

P. *Al fin un reconocimiento importante a su labor. ¿Cómo se siente después de los dos premios del Festival?*

R. De momento me estoy sujetando. En realidad, llevo cuatro años tirando de las riendas del caballo y procurando no creerme más importante de lo que en realidad soy. Aún no puedo creer que he interpretado cuatro películas con un fenomenal éxito de público y que apenas acabo de empezar. Eso me hace ser muy prudente y hacer continuos ejercicios de humildad y, al mismo tiempo, un esfuerzo para mejorar mi trabajo y responder a lo que piden de mí.

P. *¿Cree que aún le queda mucho por aprender?*

R. Yo, en este terreno, soy un niño; un aprendiz que está dando los primeros pasos. Yo creo que lo que hace a un actor grande y sólido, un intérprete seguro, es la experiencia

de vida. Se llega a lo más alto cuando se tienen por lo menos entre 40 y 45 años. Como ese no es mi caso, como aún no he vivido lo suficiente, sería muy pretencioso por mi parte decir otra cosa.

P *Dicen que su generación tiene mucha prisa por llegar y demasiadas ambiciones. ¿Está de acuerdo?*

R. No demasiado. Eso suena a trepas sin escrúpulos. Yo diría más bien que somos una generación con juventud y con ganas de arriesgar: de hacer cosas distintas y de no encasillarnos. Con todo lo que eso implica de desgaste personal y profesional, de nervios y depresiones. La verdad es que lo más fácil es acomodarse y no correr aventuras cuando uno ha llegado a un relativo lugar elevado.

> «Los actores tenemos que seducir siempre: primero a la secretaria del productor, luego al director y por último al público»

P. *¿Cree usted que es necesario que aparezcan caras nuevas en el cine español?*

R. Sí. Ya está bien de que aparezcan siempre los mismos, por eso creo muy necesario que se llame a gente nueva. Yo conozco a muchos actores y actrices que son estupendos y que nadie los hace caso. Ellos tienen que tener una oportunidad por ellos y por el público que debe conocerlos.

Ramiro Cristóbal
Cambio 16

Ejercicio 8

Con la ayuda del diccionario, explica las frases siguientes en tus propias palabras.

- Kevin Costner me revuelve las tripas
- actor cotizado
- con cuatro películas de gran éxito a las espaldas
- mejor actor de reparto
- me estoy sujetando
- llevo cuatro años tirando de las riendas del caballo
- hacer continuos ejercicios de humildad
- yo, en este terreno, soy un niño
- eso suena a trepas sin escrúpulos
- no encasillarnos
- desgaste personal y profesional

B2 Cartelera • Espectáculos

He aquí la cartelera de espectáculos del periódico de Santander, que nos informa de los filmes que se ponían en los cines de la ciudad aquel día.

CINES VALLE REAL
(CENTRO COMERCIAL VALLE REAL)
[Parking cómodo y gratuito.]
SABADOS Y DOMINGOS. SESION MATINAL,
PRECIO REDUCIDO: 400 PTAS
DE DOMINGO A JUEVES (EXCEPTO VISPERA DE FIESTA),
SESION DE NOCHE PRECIO REDUCIDO 400 PTAS

LIBERAD A WILLY
PASES: 12 MATINAL. 5,30.
(Una película para toda la familia).

LOS ASESINATOS DE MAMA
De John Waters.
Kathleen Turner, Sam Waterston.
N. R. menores 13 años. PASES: 8–10,30.

"Una escandalosa, salvaje y loca comedia.
Kathleen Turner está radiante".

LOBOS UNIVERSITARIOS
De David S. Ward.
James Caan, Craig Shefferd.
N. R. menores 18 años.
Versión íntegra con las imágenes
que EE.UU. prohibió.
PASES: 12 MATINAL. 5,30-8-10,30.

PRESA DE LA SECTA
Christopher Lambert, John Lone, Joan Chen.
N. R. menores 18 años.
PASES: 11,45 MATINAL.
5,15-8 y 10,30.
Una desesperada carrera escapando de la
muerte.

TENSA ESPERA
De Robert A. Ackerman.
Susan Sarandon y Sam Shepard
N. R. menores 18 años.
PASES: 12 MATINAL.
5,15-8-10,30.

CAUSA JUSTA
Sean Connery y Laurence Fishburn.
N. R. menores 18 años.
PASES: 5,30-8-10,30.

101 DALMATAS
DE WALT DISNEY. TODOS LOS
PUBLICOS. PASES: 12 MATINAL. 5,30.

ESTALLIDO
De Wolfgang Petersen. Dustin Hoffman y
Morgan Freeman. N. R. menores 13 años.

¡¡Un nuevo virus ha sido descubierto y la
mayor crisis médica mundial está a punto
de estallar!!

HISTORIAS DEL KRONEN
De Montxo Armendáriz.
Juan Diego Botto, Jordi Molla,
Diana Gálvez.
N. R. menores 18 años.
PASES: 12 MATINAL.
5,30-8-10,30.

KALIFORNIA
De Dominic Sena.
Brad Pitt y Juliette Lewis.
N. R. menores 18 años.
PASES: 11,45 MATINAL.
5-7,45 y 10,30.

«El mundo nunca viaja solo»

CAPITOL
HOY, A LAS 5, 8 Y 10,45 NUMERADO
¡ULTIMOS DIAS!

Una gran epopeya histórica rodada en
impresionantes escenarios naturales, en
una película de acción, romance y
aventura fuera de serie.

ROB ROY
(La pasión de un rebelde)
(No recom. men. 13 años). Color y sonido
Dolby S. R. Por Liam NEESON, Jessica
LANGE, John HURT... **AVISO:** Descanso
a la mitad de la película.
PRONTO: ¡Divertidísimo estreno!
«OPERACION CANADA». (Apta). Color.
Por John Candy, Alan Alda, Rhea
Perlman.

LOS ANGELES
HOY, A LAS 5, 8 Y 10,30 NUMERADO
¡ULTIMOS DIAS!

Tres colores, una trilogía de KRZYSZTOF
KIELOWSKI: Azul, Blanco y Rojo.

La última película del ciclo, seleccionada
en la Competición Oficial del Festival
Internacional de Cine de CANNES 94.

ROJO
(Apta). Color. Por Jean-Louis
TRINTIGNANT, Irene JACOB... Una
magistral creación del «Rojo de los
sentimientos»: cólera, verguenza,
confusión...

MULTICINES BAHIA
C. Ruiz Zorrilla, 18–20. Esquina Marqués de la Hermida. SALAS CLIMATIZADAS
HORARIO: 5-7,30 y 10.
¡HOY, CON GRAN EXITO!

Una de las más bellas películas de los últimos años. La obra maestra de Louis Malle.

VANIA EN LA CALLE 42
Film de Louis MALLE. Con Wallace SHAWN, Brooke SMITH, Julianne MOORE. Gran Premio del Jurado Semana de Cine de Valladolid 94. APTA.

BAHIA 2
HORARIO: 5–7,30 y10. ¡HOY, ESTRENO!

Una mujer movida por el odio. Un amor prohibido. Una cruel venganza.

EL ANGEL NEGRO
Film de Jean-Claude BRISSEAU. Con Sylvie VARTAN, Michel PICCOLI, Tcheky KARYO. Los sueños eróticos, súbitamente, se hacen realidad, convirtiéndose en la más fatal de las mujeres. N.R. menores 18 años.

BAHIA 3
HORARIO: 5–7,30 y 10.
¡2.° MES DE GRAN EXITO!

Seleccionada para el Festival de Cannes 1995.

HISTORIAS DEL KRONEN
Film de Monxto ARMENDARIZ. Con Juan Diego BOTTO, Jordi MOLLA, Nuria PRIMS. Ningún límite es admitido, ninguna barrera aceptada. Como si se tratara de una noche continuada. N.R. menores 18 años.

BAHIA 4
HORARIO: 5–7,30 y 10.
¡HOY, ESTRENO!

Una comedia sobre la nueva generación que lucha por encontrar algo en un mundo de oportunidades perdidas.

MALDITO NICK
Film de Michel STEINBERG. Con Bridget FONDA, Phoebe CATES. Brillante, conmovedora, divertida, tierna... N.R. menores 18 años.

BAHIA 5
HORARIO: 5–7,30 y 10.
¡HOY, CON GRAN EXITO!

¡Una excelente comedia, con un reparto brillante...!

SOLO ELLAS... LOS CHICOS A UN LADO
Film de Herbert ROSS. Con Whoopi GOLDBERG, Mary-Louise PARKER, Drew BARRYMORE. Una película que celebra el arte de sobrevivir, el don de la risa y el milagro de la amistad.
N.R. menores 13 años.

TORRELAVEGA
CINE PEREDA
HOY,
A LAS 5,15-7,45 y 10,30.
¡SENSACIONAL ESTRENO!

DE AMOR Y DE SOMBRA
Una película de Betty Kapli. Con Antonio Banderas, Jennifer Connelly. Basada en la obra de Isabel Allende. ¡La película que lanzó a la fama a Antonio Banderas! Un film que relata la odisea de un amor incomprendido. Mayores de 13 años.

COLISEUM
HOY, A LAS 5–8–10,30.
¡¡ESTRENO!!

¡La crudeza del Artico y el instinto de supervivencia son el marco de la más trepidante cacería humana.

ARTIC BLUE
(No recomendada a menores de 18 años). Un film de Peter MASTERSON. Con Rutger HAUER («Blade Runner», «Nostradamus»), Dyland WALDH, Rya KIHLSTEDT. En el fin del mundo no hay escapatoria. **VIERNES: «RAPIDA Y MORTAL».** Con Sharon STONE, Gene HACKMAN.

COLISEUM 2
EN PLENO CENTRO DE SANTANDER
(Aire acondicionado) Edificio Coliseum
HOY, A LAS 5–8–10,30.

¡¡Vuelve esta apasionante película!! El gran éxito del cine español. Un gran autor: Antonio GALA. Un gran director: Vicente ARANDA. Una gran actriz: Ana BELEN.

LA PASION TURCA
(No recomendada a menores de 18 años). Un film de Vicente ARANDA. Con Ana BELEN, Georges CORRAFACE, Silvia MUNT, Loles LEON. Basada en el «best seller» de Antonio GALA.

COLISEUM 3
-EN PLENO CENTRO DE SANTANDER-
(Aire acondicionado) Edificio Coliseum
HOY, A LAS 4,30 – 6,30 - 8,30 – 10,30.
¡¡2.° MES!! ¡¡2 ULTIMOS DIAS!!

¡La película de mayor impacto del Festival de Berlín! ¡¡Más duro que Tarantino!! ¡¡Más fuerte que Oliver Stone!! Una película fuerte, dura, sin concesiones.

SALTO AL VACIO
(No recomendada a menores de 18 años). Un film Daniel CALPARSORO. Con Najwa NIMRY, Roberto CHALU, Ion GABELLA. No te dejará pensar, lo vivirás sin remedio, quizás hasta te dé miedo... Pero tus ojos recordarán haber visto una flor en el estercolero.

COLISEUM 4
EN PLENO CENTRO DE SANTANDER
(Aire acondicionado) Edificio Coliseum
HOY, A LAS 4,30 – 6,30 - 8,30 – 10,30.
¡¡2.° MES!! ¡¡2 ULTIMOS DIAS!!
¡Una chica, dos chicos, tres posibilidades!

TRES FORMAS DE AMAR
(No recomendada a menores de 18 años). Un film de Andrew FLEMING. Con Lara FLYN BOYLE, Stephen BALDWIN, Josh CHARLES, Alexis ARQUETTE. Los avatares de un grupo de estudiantes al comienzo del curso escolar.

TORRELAVEGA
CINE ARLEQUIN

SALA 1
HOY, A LAS 4,30 – 6,30 – 8,30 – 10,30.
¡¡ESTRENO!!
¡Los buenos contra los malos, con la fe de! mundo libre pendiente de un hilo!

STREET FIGHTER
(LA ULTIMA BATALLA)
(No recomendada a menores de 18 años). Un film de Steven E. DE SOUZA. Con Jean-Claude VAN DAMME, Raúl JULIA, Wes STUDI.

SALA 2
HOY, A LAS 5 – 7,45 – 10,30
¡¡ESTRENO!!
¡Obra emblemática para muchas generaciones!

MUJERCITAS
(APTA). Un film de Gillian ARMSTRONG. Con Winona RYDER, Gábriel BYRNE, Trini ALVARADO, Susan SARANDON.

Ejercicio 9

Examina con cuidado la cartelera de espectáculos, con respecto a los siguientes aspectos:

1   La proporción de películas de origen norteamericano y de origen hispánico.
2   Las películas a las que podrías llevar a tu hermano/a menor, que tiene 12 años.
3   Las películas en las que parece destacarse el elemento sexual.
4   Los programas que ofrecen los Cines Valle Real y Multicines Bahía. ¿Ofrecen un programa equilibrado para todos los gustos?
5   El lenguaje que se usa en la publicidad ('¡apasionante!'). ¿Llama más al intelecto o a las emociones? ¿Hay un tipo de lenguaje que se destaca?
6   Por la evidencia de Santander (pob. 196.200), ¿dónde te parece que hay más cines: en las ciudades españolas o en las británicas?
7   El mismo día en el mismo periódico, se anunciaban 9 películas en la televisión (sin contar los canales de satélite). ¿Piensas que los españoles son adictos al cine?

Ahora presenta tu juicio sobre lo que has leído, de forma oral o escrita, según te instruye tu profesor/a.

Ejercicio 10

Discusión

¿Sueles ir al cine con frecuencia? ¿Ves películas en la televisión? ¿Qué clase de película te gusta? ¿Has visto alguna película española? ¿Qué director español te ha impresionado? ¿De qué manera se ha desarrollado el cine español desde la muerte de Franco? ¿Qué cambios ha habido? ¿Cómo se utiliza el cine para ventilar problemas sociales – ahora y entonces? ¿Te gusta Javier Bardem como actor? ¿A qué otros actores y actrices jóvenes conoces? ¿Es verdad que las películas recientes españolas se obsesionan por el sexo y las drogas? ¿Se exportan bien las películas españolas a los países no hispanófonos o tienden a tratar de temas exclusivamente hispánicos? Si ves una película extranjera, en una lengua que no entiendes, prefieres que tenga subtítulos o que esté doblada en inglés?

Ejercicio 11

En parejas

1   Estás en casa de un/a amigo/a tuyo/a en Santander, y como hace un día de lluvia, tu amigo/a propone ir al cine. Con la ayuda de la cartelera, tenéis que decidir qué película queréis ver. Pero vuestros gustos no coinciden y los dos tenéis opiniones muy fuertes . . .
2   Tú piensas que las películas modernas se preocupan demasiado por el sensacionalismo y el sexo, y tu amigo/a que no (o vice versa). Desarrollad la discusión.

En grupos

3   Trabajando en grupos de tres o cuatro, sois el Comité de Censura. Tenéis que escoger una película, de preferencia española, pero si no, de cualquier nacionalidad. Tenéis que decidir entre vosotros la recomendación que vais a otorgar: 'apta para todos los públicos', 'no recomendada a los menores de 13 años', o 'N.R. menores 18 años'. Al final de la discusión, el/la portavoz del grupo tiene que explicar vuestra decisión a la clase.
4   Ahora sois el comité organizador de un festival de cine español que se va a celebrar en tu región. Como un/a miembro/a del comité es español/a y no habla inglés, tenéis que hablar español. Hace falta un programa de seis películas, con un equilibrio de director, época, tema, etc. Luego todos escribís un prospecto del festival, explicando vuestra selección de películas y sus temas.

Ejercicio 12

Escoge uno de estos títulos y escribe unas 300 palabras:

1 Un/a cineasta que me ha interesado.
2 La nueva generación de actores cinematográficos en España.
3 Los problemas de fomentar el cine español en el extranjero.
4 Los españoles – ¿una nación de cineadictos?
5 Eres crítico/a cinematográfico/a de una revista española: escribe la reseña del estreno de una película española o extranjera.
6 ¿Adónde va el cine español?

Encontrarás más ejercicios sobre el cine en la Hoja 18.2 .

C Televisión: el país de Jauja-Pirulí

El pensador francés Roger Cailloi, en uno de sus ensayos, consideraba el juego como una auténtica trasposición de todas y cada una de las actividades humanas – del arte y la cultura, a la política – al mundo de la vida cotidiana. El historiador y sociólogo holandés Johan Huizinga iba todavía más lejos: en su *Homo ludens* defiende la tesis de que el juego está en la propia esencia del hombre, apenas compartida por algunos animales.

Televisión, a la que también gusta jugar, ha seguido por este camino (y ella, la primera) del concurso nacional. Los más de veinte concursos de Televisión Española y de las televisiones autonómicas han creado una fiebre de preguntas y respuestas, de premios millonarios, de correspondencia esperanzada. Aparece un nuevo tipo de ciudadano: el espectador-concursante ávido de dinero.

Parece lógico. Tenga o no razón Huizinga sobre el espíritu jugador del hombre, lo cierto es que, en este país, con dos terceras partes de personas que no tienen un trabajo retribuido, los concursos constituyen su única esperanza para obtener unos ingresos un poco sustanciosos. Los millones de parados, de amas de casa, de estudiantes y de jubilados constituyen una espléndida materia prima.

Brigitte Mozota, una joven estudiante de tercero de Filología, ha ganado recientemente 6.700.000 pesetas en uno de los concursos televisados. Ella lo tiene muy claro: «Yo escribo a todos los concursos. A *El precio justo*, al de Gurruchaga, a *La hora del TPT*. Antes ya lo hacía al *Un, dos, tres*. Incluso cuando veo un sorteo o concursos en un diario o revista, yo escribo. Diariamente dedico un rato a esta actividad antes de ponerme a estudiar. Con el dinero que he ganado, una vez pague a Hacienda, puedo terminar mis estudios sin agobios y ayudar a mi hermana, que también está estudiando. Además, me voy a comprar un coche.»

Centenares de miles de cartas y tarjetas postales llegan, semanalmente, a las secretarías de estos espacios. En sólo cinco semanas *La hora del TPT* había recibido más de 200.000 cartas. Y nada comparable con el más moderno de los concursos. *El precio justo*, que está recibiendo, diariamente, entre 60.000 y 80.000 cartas.

La tentación del juego . . .

Después, como diría Charles Darwin, la naturaleza se encarga de hacer una selección de los mejores. O, en este caso, de los más afortunados. De esos 420.000 aspirantes semanales a *El precio justo*, por ejemplo, resultan 200 seleccionados y, con notario por

▶

delante, son ocho o diez personas las que llegan a la prueba definitiva y pueden aspirar a los millones.

Tampoco las líneas telefónicas permanecen ociosas: hay un buen número de concursos en que el *vis à vis* se efectúa por esta vía.

EL PROBLEMA DEL RIDÍCULO

El espectador-concursante está dispuesto a todo. Eso está claro. Sin embargo, su afán de participación se ha convertido en auténtica pasión al haberse suprimido los diferentes aspectos que convertían, en ocasiones, su presencia en un fenomenal ridículo. Al fin, el español es un pueblo digno al que no le gusta ponerse en evidencia ante propios y extraños. Siempre ha tenido presente aquello de *más cornás da el hambre*, pero no cabe duda de que prefiere evitar pintarse la cara de azul o cantar la romanza de *Marina* en público.

Uno de los éxitos de los nuevos concursos, a diferencia del *Un, dos, tres*, ha sido la relativa dignificación de los concursantes. Sólo en alguno de menor importancia, como en el literario *Hablando claro* o en el trepidante *Si lo sé no vengo*, se pone en evidencia a los que concursan. En general, basta una discreta presencia y un poco de suerte para salir airoso de la prueba. En muchos casos, ya queda dicho, con una simple carta se gana.

En cuanto a las características de los concursos, fluctúan entre los de mero azar o basado en respuestas sencillas y los que tienen pretensiones más culturales. Joaquín Arozamena, cuya vocación docente es conocida ya desde sus tiempos de presentador de *Agenda*, dice de su concurso *La vida sigue*, «en realidad yo creo que podríamos considerar a los concursantes, a los premios y a las preguntas como aspectos secundarios de un espacio de divulgación cultural. De todas formas, mis concursantes se sienten relajados y a gusto durante el programa. Yo lo sé muy bien, porque muchas veces prolongamos la velada un buen rato después de terminar».

En efecto, este programa de la noche de los domingos acaba siendo, sobre todo, una serie de pintorescas explicaciones, aclaraciones, extensiones, conexiones y ampliaciones sobre los temas preguntados, a cargo de su director presentador.

Ramiro Cristóbal
Cambio 16

VOCABULARIO

Jauja the Promised Land, Cloud-cuckoo-land

Pirulí (la antena emisora de RTVE se parece a un pirulí) lollipop

Ejercicio 13

Estudia con cuidado el texto con todas sus implicaciones y completa las frases siguientes:

1 Según Roger Cailloi, cuando jugamos . . .
2 Según Johan Huizinga sólo algunos animales . . .
3 El espectador-concursante que anhela ganar dinero es el resultado de . . .
4 El tipo de programa de que se habla se dirige a los parados, amas de casa, estudiantes y jubilados porque . . .
5 Se puede decir que Brigitte Mozota toma muy en serio los concursos porque . . .
6 El gran número de cartas que reciben estos programas indica . . .
7 No es estrictamente verdad decir que la ley de Charles Darwin se usa para seleccionar los participantes porque . . .
8 Se puede decir que este dipo de programa va mejorando puesto que . . .
9 Se puede decir que los programas de Joaquín Arozamena son más culturales porque . . .

Ejercicio 14

Busca en el texto la palabra o frase que corresponde a las siguientes (no están en orden):

1 Los que desean cada semana tomar parte en . . .
2 Gente de tercera edad que ha cesado de trabajar.
3 Los teléfonos no cesan de sonar.
4 Los que toman parte no se sienten nerviosos ni ofendidos.
5 Al haber pagado el impuesto que debo.
6 Al concursante le da igual lo que hace.
7 Las empresas comerciales suministran el dinero para los premios.

Ejercicio 15

¿Cómo dirías en tu propio idioma las siguientes palabras o frases?

- la vida cotidiana
- en la propia esencia
- correspondencia esperanzada
- ávido de dinero
- un trabajo retribuido
- una espléndida materia prima
- sin agobios
- la prueba definitiva

- su afán de participación
- más cornás (= *cornadas*) da el hambre
- salir airoso de la prueba
- ya queda dicho
- de mero azar
- un espacio de divulgación cultural
- prolongamos la velada

Ejercicio 16

A Escoge un programa de semejante tipo que se emite en la televisión de tu propio país, explica lo que los concursantes tienen que hacer, lo que pueden ganar, y expresa tu opinión sobre este tipo de programa.

B ¿Existen programas donde el resultado depende totalmente de las habilidades o la destreza del concursante? ¿Debería haber programas del tipo en que los concursantes pueden enriquecerse sin hacer casi nada? Dice el artículo que hay más de 20 tales concursos en la Televisión Española, y que convierten el juego y la peseta en el primer objetivo de la TVE: ¿es relevante esta observación en tu país? ¿Tomarías tú parte en semejante programa? ¿Por qué es tan popular con los espectadores este tipo de programa?

Ejercicio 17

Tienes que explicar a un/a español/a que está pasando unos días en tu casa la selección de programas que hay en la televisión en una noche cualquiera. Trae al colegio el *Radio Times* o *TV Times*, y explica en qué consisten los programas principales de una noche de la semana, digamos el miércoles.

. . . también causa la locura en Gran Bretaña

Ejercicio 18 Situaciones

1 Tratas de persuadir a tu compañero/a a que solicite tomar parte en un programa de juego televisivo en que puede ganar bastante dinero. Él/ella no quiere porque no quiere ponerse en evidencia delante de sus amigos.

2 Estás hablando con un/a presentador/a de televisión, lamentándote de que la gente que toma parte en su programa tenga que parecer ridícula para ganar dinero, lo que es degradante. Él/ella defiende su programa por ser lo que el público – tanto espectadores como concursantes – quiere.

Ejercicio 19 Discusión

El artículo presenta la televisión como diversión popular, y quizás sugiera que el apodo de 'caja tonta', que se le da en España, no esté malogrado. Pero la tele tiene sus aplicaciones positivas: por ejemplo, como instrumento educativo, como compañero para los viejos y solitarios, como medio de transmitir al gran público obras como *El alcalde de Zalamea*. Discutir entre vosotros los puntos positivos tanto como negativos de la televisión, teniendo en cuenta las posibilidades de expansión del servicio televisivo en los próximos años con el rápido desarrollo de los sistemas digital, cable y satélite.

Ejercicio 20

Como resultado del debate del Ejercicio 19, escribe un artículo para un periódico, atacando o defendiendo la televisión como medio.

(D) Música: Javier Álvarez

JAVIER ÁLVAREZ
CANTAUTOR. ACABA DE GRABAR SU PRIMER DISCO

Javier Álvarez, madrileño de 25 años, cambió la filología por la guitarra. Se mudó de su primer escenario, los pasillos del metro, al parque del Retiro, por imposición de la autoridad. Y un productor en busca de nuevos valores le llevó de la arena a la moqueta de los estudios de grabación. Sus canciones son sencillas y románticas. Sus temas, la crítica social y el amor. Su primer disco, del que *La edad del porvenir* es su tema más conocido, se ha oído con insistencia en todas las emisoras. Mimado por los paseantes del parque madrileño, su primer público, lo es ahora por una gran multinacional que ha apostado fuerte por él.

Pregunta. ¿Asustado por todo lo que se ha montado en torno a usted?

Respuesta. Más que asustado me suena demasiado a una película. La gente se dispara y le han contado una película que a veces puede sonarles a que les están vendiendo una moto y eso me molesta. Yo estaba cantando mis canciones, las he grabado en disco y eso es todo lo que hay. Ahora, que la gente se entere y juzguen por ellos mismos.

P. Si se encontrara ahora al vigilante de metro que le echó, ¿qué le diría?

R. Le regalaría un *compact* y le diría: óigalo, que aquí empecé yo. Aunque comprendo que era su trabajo.

P. ¿Qué siente cuando lee a algunos críticos que dicen que sus canciones ya están muy vistas?

R. Creo que por un lado tienen razón pero yo aporto mi granito de arena, porque mis canciones soy yo y salen de mí. Son un cúmulo de cosas que he oído durante toda mi vida, desde Tracy Chapman a Jackson Five, pasando por Lluís Llach, y de todos ellos algo se pega siempre. Las críticas están bien para que tengas los pies en la tierra, aunque me gusta que sean constructivas.

P. ¿Qué hay de nuevo en sus canciones?

R. De nuevo hay Javier Álvarez y, francamente, ya es bastante porque soy yo. Las letras están escritas muy espontáneamente y sólo salen cosas que son muy mías.

P. ¿Por qué son tan pesimistas?

R. Lo son muy poquito. Lo que pasa es que el disco es negativo, o mejor dicho, oscuro. Son textos duros, tristes, pero musicados de forma alegre. Es un disco agridulce como la vida.

Carlota Lafuente
El País Semanal

Ejercicio 21

Contesta a las preguntas siguientes:

1 ¿Dónde empezó Javier a cantar al público?
2 ¿Por qué no siguió cantando allí?
3 ¿Qué le ha sucedido desde que canta en el parque del Retiro?
4 ¿De qué canta?
5 ¿Cómo ha llegado a conocerse *La edad del porvenir*?
6 ¿Qué aspecto del éxito le molesta?
7 ¿Cuál es su actitud hacia el empleado de metro que le echó?
8 ¿Qué opinan los críticos sobre las canciones de Javier?
9 ¿Cómo se defiende Javier de la crítica?
10 Por lo que lees, ¿piensas que te gustarían a ti sus canciones? ¿Por qué (no)?

Ejercicio 22

El abuelo Felipe se queja de la música pop: ¿hay un granito de verdad en lo que dice, o no es más que un viejo gruñón?

1 Como los cantantes de pop no saben cantar, tienen que usar la amplificación.
2 Encuentro muy feo que el/la cantante agarre el micrófono delante de la boca como si chupara un enorme pirulí.
3 Cuanto más ensordecedora se haga la música, más parecen disfrutar los fans y más sufren los que viven a medio kilómetro alrededor.
4 Los fans de la música pop estarán sordos antes de llegar a los 40 años.
5 A la música pop de hoy le faltan melodías memorables.
6 Los cantantes y sus acompañantes se agitan en la escena como si tuvieran ganas de ir al servicio.
7 Como dicen los críticos de Javier Álvarez: todo lo que cantan ya se ha cantado antes.
8 La música pop es efímera: tanto la música como los cantantes y conjuntos duran unas semanas y luego se les olvida. Dudo que una sola canción de la música pop de hoy se recuerde dentro de 10 años.
9 La música clásica de hace 200 años seguirá siendo la música clásica a 200 años de aquí.
10 La 'pop' no se puede llamar música universal, porque si no se canta en inglés, no tendrá éxito fuera de su país de origen.
11 No veo por qué todos los cantantes – tanto ingleses como australianos, e incluso españoles que yo he oído cantar en inglés en la radio – tienen que cantar con acento norteamericano.
12 La escena 'pop' es un desastre para las generaciones jóvenes del mundo, no sólo por la música sino también por su asociación con la droga.

Ejercicio 23

Trae a clase un compact-disc o cassette de un/a artista o un conjunto musical, popular o clásico, que te interesa. Explica, con ejemplos, por qué este/a músico/a te interesa tanto, hablando de su técnica, sus temas, la letra si son canciones, la melodía, etc.

Ejercicio 24

Escoge cualquier músico – popular o clásico – y escribe el artículo de presentación y aprecio que acompañará su compact-disc más reciente.

Comer: el jamón serrano

RETRATO ROBOT
20 cosas que debe saber acerca de . . .

El jamón serrano

1. El cerdo ibérico se cría en dehesas de encinas, y se sacrifica cuando pesa 170 kilos y tiene 18 o 24 meses.

2. La diferencia de precio se debe, entre otras razones, a que unos jamones se hacen de forma industrial gracias a mataderos y cámaras con aire acondicionado que permiten salar perniles todo el año.

3. La curación industrial sigue las pautas del sistema tradicional: se entierra la pieza en sal un día por cada kilo de peso y, una vez salada, se cuelga en secaderos y posteriormente en bodegas.

4. En algunos lugares de Galicia no se saca el jamón de la sal si hay luna llena o llueve, pues, según la tradición, en esas circunstancias se echan a perder.

5. Su grasa no sólo no aumenta el colesterol, sino que, en el caso del ibérico, lo reduce, por su bajo contenido en grasas saturadas.

6. Para reconocer el porcentaje de bellota basta resbalar el dedo pulgar sobre la cara recubierta de tocino, con una presión media. Si se hunde con facilidad se trata de un auténtico jamón de bellota.

7. Debe empezar a cortarse por la parte estrecha, seguir por la punta y terminar por la maza.

8. Una vez iniciado el corte hay que evitar que se seque. Hay dos métodos: sacar una rebanada de tocino y cubrir el corte o taparlo con un paño mojado en aceite de oliva.

9. Las motas blancas que aparecen en los jamones son cúmulos de un aminoácido llamado tirosina. Ingerir estas pintas no afecta a la salud.

10. A veces hay pequeñas pintas móviles sobre los jamones. Son ácaros, una especie de arácnidos. En Italia, su presencia está ligada a los jamones de superior calidad.

11. Las primeras salazones de carne de cerdo las hicieron los pueblos cántabros, sometidos por los romanos entre el 29 y el 19 antes de Cristo.

12. La primera receta sobre la salazón de perniles de cerdo aparece en el libro *De re agricola*, de Catón el Viejo, que murió en el 149 antes de Cristo.

13. España es el primer consumidor de jamón del mundo, con una media de 4,2 kilos por habitante.

14. Todos los jamones comercializados en España tienen que llevar una pequeña chapa de metal con el número de registro del fabricante, que garantiza el control veterinario y la calidad.

15. También deben tener un sello en la parte posterior con tres números. La semana del año se expresa con dos números, y el año de fabricación o momento cuando empezó el proceso de curación, con uno.

16. Desde diciembre de 1989, la industria cárnica española ha vendido en el exterior alrededor de 2.800 toneladas, por un valor de 3.100 millones de pesetas.

17. Más del 90% del jamón que se exporta está deshuesado porque fuera de España no hay costumbre de llevar a casa la pata completa del jamón.

18. El Congreso de Estados Unidos tramita una ley para permitir la importación de jamones serranos. Demostrar en este país las cualidades antivíricas del proceso de curación del jamón costó unos 300 millones de pesetas.

19. La exportación de jamones no es nueva. Durante los siglos XVIII y XIX se vendieron a gran número de países de todos los continentes a través de las colonias.

20. Navidul es la empresa líder del mercado del jamón, seguida de Campofrío y El Pozo.

Javier Laquidain
El País

El cerdo ibérico se cría en dehesas de encinas y alcornoques. Su consumo no aumenta el colesterol gracias a su bajo contenido en grasas saturadas.

El Ministerio de Agricultura reconoce 14 tipos diferentes de jamón.

Hay tres clases de jamón ibérico: bellota, recebo y pienso. El primero procede de un cerdo alimentado con hierbas y pienso hasta los 80

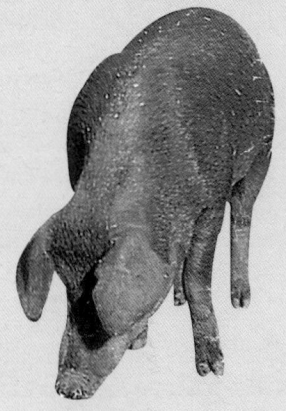

kilos. Después come bellotas y pasto. El recebo es el que no alcanzó el peso sólo con bellota y necesitó pienso. El tercero sólo come pienso.

El jamón como derivado del cerdo era la frontera atávica que diferenciaba las ollas musulmana y hebrea de la cristiana.

Ejercicio 25

Cada frase de las que aparecen a continuación se refiere a uno de los párrafos numerados del texto. Tienes que emparejarlas correctamente.

A No hay peligro de colesterol al comer jamón serrano.

B Si se ven unos bichos que se mueven por la corteza, es una señal de que el jamón es muy bueno.

C Los romanos ya sabían salar el jamón antes de introducirlo en España.

D Se mata al cerdo cuando tiene dos años o un poco menos.

E Hay un fuerte comercio de exportación del jamón.

F Los españoles comen más jamón que cualquier otra nación.

G Hay tres fabricantes principales de jamones en España.

H Dos tipos de procesar el jamón hacen que los precios sean distintos.

I Ha sido costoso exportar jamones a América del Norte.

J En unas regiones de España hay supersticiones y creencias que afectan el proceso de curar el jamón.

K Se puede comprobar la autenticidad del jamón manualmente.

L La duración de la curación del jamón depende de su peso.

M Los españoles llevan mucho tiempo exportando los jamones.

N No se debe dejar secar el jamón.

O Por lo general se exportan jamones sin huesos.

P La gente del norte fue la primera en España a conservar el jamón mediante la sal.

Q Hay un código que indica precisamente cuándo se fabricó el jamón.

R Hay una manera recomendada de cortar el jamón.

S Hay garantías de calidad y sanidad en todos los jamones producidos en España.

T Las manchas que se ven en el exterior del jamón no hacen daño.

VOCABULARIO

la **bellota** acorn
la **pauta** guideline
la **maza** thick end
la **mota** speck
la **pinta** spot
la **chapa** plate, disc

Gramática Viva

Estudia el uso del pronombre *se* para evitar la forma pasiva en el párrafo 66 de la Sección de Gramática, o en el capítulo 30 de **¡AG!** y luego completa la Hoja **18.3** ejercicio B.

Ejercicio 26 Hablando de la comida

¿Te gusta el jamón serrano o prefieres el jamón dulce? ¿Te gusta por lo general la comida española? ¿Qué platos conoces? ¿Cómo se distingue la comida española de la de otros países? Hay gente que dice que es aburrida – ¿es verdad? ¿Cómo te parece el horario de las comidas en España? ¿Conseguiste acostumbrarte fácilmente? ¿Cuáles son las ventajas e inconvenientes de este horario? Hay gente que dice que los españoles siguen comiendo 'en familia', alrededor de la mesa mientras que los ingleses comen en una bandeja delante de la televisión y no se hablan: ¿es verdad, según tu experiencia? ¿Comes para vivir o vives para comer? Si eres vegetariano/a, ¿cómo haces en España? – ¿qué comes? ¿Es más sana o menos sana la dieta española que la que tienes en casa? De los métodos de preparar la comida en España, ¿cuáles te gustan más y por qué? En casa, ¿comes de vez en cuando a la española? ¿Te gusta explorar otras cocinas extranjeras? ¿Sales al restaurante de vez en cuando? ¿Por qué (no)?

Ejercicio 27

Escoge una de estas tareas escritas.

1   Por cualquier razón (por ser vegetariano/a, por tu religión, por razones médicas), no comes jamón ni quizás otras carnes. Estás a punto de ir a pasar dos semanas en un cursillo de lengua española, durante el que estarás alojado/a en casa de una familia española. Para evitar ofenderles a la mesa, escribes una breve carta explicando tu régimen y lo que no puedes comer y pidiendo discretamente que te sirvan otras cosas. Podrías mencionar unos platos que ya has comido en España y que te gustan.

2   Tu amigo/a español/a propone llevar a sus padres de vacaciones a Gran Bretaña, pero éstos están algo recelosos de la comida británica y del horario de comidas. Tú les escribes una carta para aquietar sus temores, explicando el horario y dando unos ejemplos de lo que podrían comer en tu casa y explicando cómo funcionan los restaurantes y los pubs.

3   Trabajas para una empresa de embutidos en tu propio país y, tras haber leído el artículo, escribes a una de las empresas productoras preguntando sobre las posibilidades de importar jamones serranos y, claro, pidiendo muestras de sus productos. Necesitas saber si existen empresas que ya importan los jamones.

Y DE POSTRE

Ejercicio 28 Para seguir pensando, hablando y escribiendo . . .

➡ ¿Qué entiendes por 'la cultura'?
➡ Un circo sin animales no se puede llamar circo.
➡ Las reflexiones privadas de un payaso.
➡ Los estudiantes de 'A Level' deberían estudiar más obras clásicas.
➡ La literatura clásica no tiene relevancia a la vida moderna y no vale estudiarla.
➡ Todos necesitamos soñar con Jauja.
➡ La caja tonta: un invento por un tonto para los tontos.
➡ El peor animal de todos es el hombre.
➡ Los directores del cine sólo dan al público lo que éste quiere.
➡ ¿Deberíamos subvencionar las artes?
➡ El valor para mí de la música.
➡ No se puede ser vegetariano sin matar lechugas.
➡ ¡Lleno por favor! Para los ingleses el comer no es nada más que ponerse combustible.

This section is of necessity a summary of the principal grammatical structures. Obviously there are exceptions to every rule and only the most important ones are given here. For a clear and straightforward coverage of Spanish grammar we would recommend *¡Acción Gramática!*, as indicated by this symbol **¡AG!** within *¡Ahora mismo!*. *¡Acción Gramática!* is written by Phil Turk and Mike Zollo and is also published by Hodder & Stoughton, 1993. For a detailed analysis of Spanish grammar we would recommend also *A New Reference Grammar of Modern Spanish, Second Edition* by John Butt and Carmen Benjamin, also published by Hodder & Stoughton, 1994.

nouns

1 Gender

A All nouns in Spanish are either *masculine* or *feminine*, including *inanimate* nouns, ie those referring to non-living objects and concepts.

B Generally speaking nouns ending in **-o** tend to be masculine and those ending in **-a** are feminine. However, there are a number of common exceptions to this rule:

Feminine: *la foto, la mano, la moto, la radio.*
Masculine: all nouns ending in **-ista** when referring to a male person: *el futbolista*; an appreciable number of nouns ending in **-ma**: *el anagrama, el fantasma, el clima, el crucigrama, el drama, el esquema, el panorama, el programa, el pijama, el problema, el sistema, el síntoma, el telegrama, el tema*, etc. Others include: *el día, el insecticida* (and all nouns ending in **-cida**), *el mapa, el planeta, el tranvía, el yoga.*

C Other endings: words with the following endings are usually masculine:
-aje, -or, -án, -ambre, or stressed vowel: *el garaje, el valor,* (but *la labor, la flor*), *el refrán, el enjambre, el champú*; and the following are usually feminine: **-ión** (except *el camión, el avión, el gorrión* (= sparrow); **-dad, -tad, -tud, -umbre, -ie, -eza, -nza, -cia, -sis, -itis**: *la ración, la ciudad, la amistad, la virtud, la cumbre, la serie, la certeza, la confianza, la esencia, la crisis, la tuberculosis, la bronquitis.*

D Countries, regions, provinces, towns and places ending in **-a** are feminine: *la España moderna.* Others are masculine: *(el) Perú, (el) Canadá.*

E Compound nouns are masculine: *el sacacorchos, el limpiaparabrisas.*

F Fruits are often feminine and their trees masculine: *la manzana/el manzano.*

2 Plural of nouns

The general rule is add **-s** to an unstressed vowel and **-es** to a consonant:

el libro – los libros	*la mesa – las mesas*
el mes – los meses	*la red – las redes*

The following points should be watched, however:

A Words ending in **-z** change this to **-ces**: *una vez/dos veces.*

B Words ending with stressed **-án, -én, -ón, -ión, -és** lose their accent: *el afán – los afanes, el rehén – los rehenes, el montón – los montones, la estación – las estaciones, el inglés – los ingleses.*

C Words ending in unstressed **-en** add an accent to the preceding syllable: *el origen – los orígenes.*

D Words ending in stressed **-í, -ú** add **-es**: *el rubí – los rubíes.*

E Most words ending in unstressed **-es, -is** do not change: *la crisis – las crisis, el martes – los martes.*

F Surnames are not usually made plural: *los Jiménez.*

G *el carácter – los caracteres, el régimen – los regímenes.*

articles

3

	Definite article (the)		Indefinite article (a, an)	
	masc	fem	masc	fem
Singular:	el	la	un	una
Plural:	los	las	unos	unas

Note 1: *el* and *un* are used before feminine nouns beginning with stressed **ha-/a-** (*el agua, un águila*) but not when they are separated by an adjective: *una hermosa águila*. These words are not masculine; the masculine article is used to facilitate pronunciation.

Note 2: *de + el* becomes *del*, and *a + el* becomes *al*. These are the only such contractions in Spanish.

4 Use or omission of the definite article

The definite article is used as in English except that:

A it is omitted with numbers of monarchs etc:

Alfonso décimo = Alfonso the tenth

B it is used when referring to nouns in a general sense:

El trigo es un producto importante = Wheat is an important product

Los españoles no piensan así = Spaniards don't think like that

In these cases the nouns denote the whole of their class. When this is not the case and the noun refers to only part or some of its class the article is omitted:

Ese hombre tiene energía = That man has energy

Dame agua = Give me water

C it is used with a language when it is the subject of the verb: *el español no es difícil*.

Usage in other positions seems somewhat fluid!

D with names of the most common countries (when unqualified) the tendency appears to be away from use of the article, especially in journalistic style, although it is usual to say *el Reino Unido*.

E 'on' a day of the week:

el sábado = on Saturday

los sábados = on Saturdays

F before *Señor/Señora/Señorita, doctor, padre* etc when they are being talked about:

el Señor Ramírez acaba de llegar = Mr. Ramírez has just arrived

5 Use and omission of the indefinite article

The use is much as in English except:

A it is omitted when used after *ser/hacerse* plus a profession, occupation, status, etc: *es cartero, soy soltera*.

B it is not usually used after *sin* (*sin corbata*) or with *¡qué ...!, tal, semejante, medio, cierto, otro*: eg *¡qué rollo!, medio litro, otro método*.

C it is used with a qualified abstract noun:

le trataron con un cariño extraordinario = they treated him with extraordinary affection

adjectives

6 Adjectives agree in gender and number with the noun(s) they describe in the following ways:

A Adjectives ending in **-o**:

masculine		feminine	
sing	**plural**	**sing**	**plural**
rojo	rojos	roja	rojas

B Adjectives ending in a consonant or **-e** do not normally differentiate between masculine and feminine*:

azul	azules	azul	azules
verde	verdes	verde	verdes

Note that the formation of the plural is the same as for nouns, ie add **-s** to a vowel and **-es** to a consonant.

* There are some exceptions to this rule, where the adjective has a masculine plural ending in **-es** added to the consonant of the masculine singular, and a feminine singular form ending in **-a**, which adds **-s** to become **-as** in the feminine plural. Most of these adjectives have an accent on the final (stressed) syllable, which is lost when an ending is added. They are adjectives:

1 denoting nationality, region or place:

inglés	ingleses	inglesa	inglesas
barcelonés	barceloneses	barcelonesa	barcelonesas

2 with the following endings: **-án, -ón, -ín, -or**†:

mandón	mandones	mandona	mandonas
hablador	habladores	habladora	habladoras

† but not comparative adjectives *mejor-peor, anterior-posterior, inferior-superior, mayor-menor, exterior-interior* and *ulterior*, which do not have a feminine form and behave like *azul*, above.

C There are also adjectives ending in **-a** regardless of gender and which add **-s** in the plural:

belga	belgas	belga	belgas

This category includes words ending in **-ista** (*comunista*) when used as adjectives. Colours where the name of a fruit or flower or other object is used are invariable: *paredes naranja*

7 Shortened adjectives

Some adjectives used **before** the noun drop the final letter(s) in certain circumstances:

A Masculine singular only: *bueno, malo, primero, tercero, alguno, ninguno,* eg *un buen/mal profesor, el primer/tercer día, algún/ningún problema*

Santo used as a title for a male saint becomes *San*, except for *Santo Tomás, Santo Domingo.*

B Singular both genders: *grande* becomes *gran: un gran hombre, una gran estrella de cine.*

C Mixed agreement: adjectives placed after the noun take masculine plural agreement; those placed before tend to agree with the first noun:

Profesores y profesoras ingleses	= English men and women teachers
Con una fingida atención y esmero	= With pretended attention and care

8 Position of adjectives

A In general adjectives follow the noun, as in all the examples in this section except the shortened ones. There are occasions when other adjectives can precede the noun but the reasons are beyond the scope of this short summary!

B Some adjectives vary their meaning according to their position:

	before noun	after noun
antiguo	former, ancient	ancient
cierto	(a) certain	beyond doubt
medio	half (a)	average
pobre	poor = wretched	poor = not rich
varios	several	various, assorted

C The following only occur in front of the noun: *ambos, muchos, otro, poco, tanto.* Also *cada*, which is invariable.

9 Note!

A You cannot use a noun as an adjective as you can in English: a football match is *un partido de fútbol*, a sugar lump is *un terrón de azúcar.*

B When the pronoun *lo* is used with an adjective it forms a kind of abstract noun, of which it is not always easy to find an English equivalent:

Lo importante es ganar	= The important thing is to win
Eso es lo sorprendente	= That's the surprising thing about it

adverbs

10 Adverbs qualify parts of speech other than nouns and pronouns. Just as in English where the adverb is formed from the adjective by adding **-ly**, so in Spanish **-mente** is added to the feminine form of the adjective if such exists:

rápido → rápida → rápidamente
principal → principalmente

Note that the accent remains although the primary stress is on the **-mente**.

Where two or more adverbs of this kind are used together, all the adjectives take the feminine form but **-mente** is only added to the last: *lenta y cuidadosamente.*

comparative and superlative of adjectives and adverbs

11 The normal way to form a comparative is with *más* or *menos . . . que*

España es más grande que Inglaterra pero está menos poblada	= Spain is bigger than England but has a smaller population

Note 1: better = *mejor*, worse = *peor*, elder/older = *mayor*, younger = *menor*, which can also mean bigger/smaller respectively. Note also the other comparative forms ending in **-or**, given in paragraph **6** above.

Note 2: when *más* or *menos* is used in comparison with a number or a clause, *de* is used and not *que*:

Madrid tiene más de tres millones de habitantes	= Madrid has more than three million inhabitants
Cobraba menos de lo que había esperado	= I was earning less than I had hoped

If the comparison involves a noun, the relevant part of *el/la/los/las* is used between *de . . . que*, taking its gender and number from the noun in question:

Cobraba menos dinero del que había esperado	= I was earning less money than (what) I had expected

12 Other forms of comparison are: *tan . . . como*, meaning 'as (so) . . . as', and *tanto . . . como*, meaning 'as (so) much . . . as':

Inglaterra no es tan grande como España	= England is not so big as Spain
España no tiene tantos recursos naturales como ciertos otros países	= Spain doesn't have as many natural resources as certain other countries

13 Adverbs form their comparatives in the same way:

Hablas más correctamente que yo, pero no escribes tan perfectamente como tu compañera	= You speak more correctly than I, but you don't write as perfectly as your friend

14 Negative adjectives, or how do you translate the English 'un-'?

Only certain adjectives have a negative form beginning with in- (*inconstitucional* = unconstitutional). Others have to make up a negative, usually using *poco*: *poco interesante, poco atractivo* = uninteresting, unattractive; or *sin* with an appropriate infinitive: *sin probar* = untried.

15 The superlative is formed in the same way as the comparative, usually with the addition of the definite article:

Extremadura debe ser una de las regiones más pobres de España	= Extremadura must be one of the poorest areas in Spain
Las casas más antiguas están en ese barrio	= The oldest houses are in that quarter

Note the use of *de*, NOT *en*, after a superlative.

The article is not used with a possessive:

Mi mejor amigo vendió sus cuadros más interesantes	= My best friend sold his most interesting pictures

16 The suffix **-ísimo** can be added to almost any adjective after removing the final vowel, to give the meaning 'very/extremely':

Es una chica guapísima	= She's a very pretty girl
Una acción estupidísima	= An extremely stupid action

This can also be incorporated into an adverb for extreme effect:

Hablaba rapidísimamente	= She was speaking very, very quickly

17 *cuanto más ... más ...* = The more ... the more ...

Cuanto más me esforzaba, más se me iban las fuerzas	= The more I struggled the more my strength left me

demonstratives

18 **This/these** and **that/those**.

	this	that (near)	that (far)
masc	este	ese	aquel
fem	esta	esa	aquella
neuter	esto	eso	aquello
	these	those (near)	those (far)
masc	estos	esos	aquellos
fem	estas	esas	aquellas

19 You will see most of these forms with and without accents, and although there is some inconsistency about the use of the accent, the old rule which most educated writers still follow is that the demonstrative pronoun, except the neuter form, should have an accent. These guidelines should help to simplify the problem for you:

A If the demonstrative occurs **without** a noun immediately following, you need an accent.

B The accent is always on the first **e**.

C The singular forms ending in **-o** NEVER have an accent.

Esa palabra no lleva acento, pero ésta sí	= That word doesn't have an accent but this one does
¿Cuáles quieres, éstos, ésos o aquéllos?	= Which (ones) do you want – these, those (ie by you) or those (ie over there)?
¿Qué es esto?	= What's this?

1 The reason for a neuter form is that it is used when the gender of a noun is not known or when referring to an idea:

¡Pero eso es ridículo! (the idea is ridiculous)
¿Qué es eso? (we don't know what it is yet so we can't give it a gender!).

2 The difference between *este, ese* and *aquel* is that *este* means this here by me, *ese*, that there by you, and *aquel* that over there away from both of us, although the difference between *ese* and *aquel* is sometimes rather blurred, and *ese* may be preferred.

3 'those who ...' is usually rendered by *los que/las que ...*

los que prefieren quedarse aquí ...

possessives

20 The possessive adjective agrees with the noun in the same way as other adjectives:

mi libro/mis libros	= my book(s)
tu amigo/tus amigos	= your friend(s) (belonging to *tú*)
su revista/sus revistas	= his/her magazine(s)
su bolso/sus bolsos	= your bag(s) (belonging to *usted*)
nuestro profesor/nuestros profesores/nuestra profesora /nuestras profesoras	= our teacher(s)
vuestro periódico/vuestros periódicos	= your paper(s)
vuestra revista/vuestras revistas	= your magazine(s) (belonging to *vosostros*)
su casa/sus casas	= their house(s)
su coche/sus coches	= your car(s) (belonging to *ustedes*)

Always make sure that the word you use for *your* corresponds to the form of *you* that is being used.

Although *su* can mean his, her, one's, your (*Vd*), their, your (*Vds*), the sense is usually obvious from the context. Where there is ambiguity say *la casa de él* for his house, or *los coches de Vds* for your cars etc.

Note: A common mistake is to think that *su* means 'his' or 'her' and that *sus* means 'their'. Think again: both mean 'his', 'her' and 'their' (and 'your' (= *de Vd/Vds*)) and the plural form is used when the things belonging to him/her/them/you are plural.

21 One important place where Spanish tends not to use the possessive but to use the definite article instead is describing actions performed to parts of the body or clothing:

Se quitó el abrigo	= He took off his coat
Me he roto la pierna	= I've broken my leg

Note the use of the reflexive or indirect object pronoun.

22 The possessive pronoun

mío	*mía*	*míos*	*mías*	= mine
tuyo	*tuya*	*tuyos*	*tuyas*	= yours (*tú*)
suyo	*suya*	*suyos*	*suyas*	= his/hers/yours (*Vd*)
nuestro	*nuestra*	*nuestros*	*nuestras*	= ours
vuestro	*vuestra*	*vuestros*	*vuestras*	= yours (*vosotros*)
suyo	*suya*	*suyos*	*suyas*	= theirs/yours (*Vds*)

This is used in three main ways:

A after *ser* without the article: *esa revista es mía*.

B in the sense of 'of mine' etc: *unos amigos nuestros*.

C with the definite article to replace a noun:

Tus notas son mejores que las mías	= Your marks are better than mine

As with the adjective, when there is ambiguity over the meaning of *suyo*, use *de* and the personal pronoun:

Mi coche no es tan cómodo como el de usted	= My car is not so comfortable as yours

(with *usted* and *ustedes* this form is often preferred anyway).

numerals

23 It is assumed that at this stage you know your basic cardinal numbers, but the following observations might be helpful:

A *un/una* behaves exactly like the indefinite article even when it means 'one': *un lápiz* means 'a pencil' or 'one pencil'.

B Numbers ending in **-uno** behave as follows: *veintiuno* (masc) and *veintiuna* (fem), but the masculine drops the **-o** before a noun:

veintiún hombres	*veintiuna mujeres*

C Numbers in the teens and twenties are spelt with an **-i-** in the middle: *diecisiete, veintiséis*. Those ending in **-dós**, **-trés**, and **-séis** need an accent on the last syllable.

D Numbers from *treinta y uno* to *noventa y nueve* are written as three separate words.

E 100 is *cien* when it stands by itself or before a noun (*cien pesetas*), but *ciento* when it means 'one hundred and something': *ciento treinta y siete*. Note that the **y** comes between ten and units in Spanish, not the hundred and tens as in English.

F Hundreds from 200 upwards end in **-tos/-tas** and agree with the noun. Don't forget the forms *quinientos* (500), *setecientos* (700), and *novecientos* (900).

G *mil* remains unchanged when expressing a number: *tres mil* (3,000), although you can talk about *miles de hombres* (thousands of men).

H The word for a million is always connected to the noun by *de*: *un millón de pesetas*.

24 Ordinal numbers: these are only commonly used up to 'tenth', the cardinals being used after that:

primer(o), segundo, tercer(o), cuarto, quinto, sexto, sé(p)timo, octavo, noveno, décimo.

Remember, these behave like any other adjective and agree, and remember the shortened masculine singular forms of *primer/tercer*:

el primer ejercicio, la tercera calle, Alfonso décimo (but *Alfonso trece*), *el aniversario cincuenta.*

25 Note!

A Collective numbers: *un par* (a couple), *una docena, un centenar, un millar*, are all connected to the noun by *de*: *Un par de horas* = A couple of hours

B Percentage is usually expressed with *un* or *el*: *Un diez por ciento de la población* = Ten per cent of the population

C Dots and commas: the comma is used to indicate decimal points: 12,5 (*doce coma cinco*), and the dot is used between thousands: 187.534

personal pronouns

26 Table of Pronouns

Subject		Direct Object	Indirect Object	Reflexive	Prepositional	
I	yo	me	me	me	mí	
you	tú	te	te	te	ti	
he	él	lo/le	le/se	se	él	
she	ella	la	le/se	se	ella	
you	usted	lo/le/la	le/se	se	usted	} SÍ **
we	nosotros	nos	nos	nos	nosotros	
we	nosotras	nos	nos	nos	nosotras	
you	vosotros	os	os	os	vosotros	
you	vosotras	os	os	os	vosotras	
they	ellos	los/les	les/se	se	ellos	
they	ellas	las	les/se	se	ellas	} SÍ **
you	ustedes	los/les/las	les/se	se	ustedes	
			* see **31**		** see **29**	

27 The subject pronoun is only used with the verb to avoid ambiguity or for emphasis:

Nosotros vamos al centro y ellos vuelven a casa	= We're going to the centre and *they're* going home
Lo hice yo	= I did it
(Standing alone:) *¿Quién? ¿Yo?*	= Who, me?

28 Which word for 'you'? There is no doubt that the use of *tú/vosotros* has increased considerably in recent years, and the authors of this book have taken the liberty of addressing you in this way, although some examination boards continue to use the formal *usted(es)*. It is much more widely used than *tu* in French. *Tú/vosotros* are used between members of a family, close friends – people who are on first-name terms, and between people, even strangers under about thirty. Obviously there are borderline cases and if in doubt use *usted(es)* until you are told you are being too formal!

29 After prepositions. You use the same form as the subject pronoun except for *mí, ti*, for me, you. *Sí* is the prepositional form of *se*, meaning himself, herself, oneself, themselves, yourself/selves (= *Vd(s)*):

delante de ellos, para ti, contra nosotros, sin ustedes.

Note the special forms: *conmigo, contigo, consigo*. The other pronouns do not combine: *con ella*.

30 Object pronouns

A *me, te, nos, os*: these mean (to) me, you, us, you, as direct or indirect object of a verb:

nos odian	= they hate us (direct object)
te escribiré	= I'll write to you (indirect object)
me quitaron todo el dinero	= they took all my money (ie from me)

¡te partiré la cara!	= I'll smash your face in (ie for you)!
quisiera lavarme las manos	= I'd like to wash my hands

Note the common use of these pronouns with actions to parts of the body and clothing.

B *lo/le/la, los/les/las*: there is considerable variation in the use of these pronouns, but if you follow these guidelines you will not go far wrong, even if you find different usage in the materials you study!

1 When used as direct object:

lo = it (masculine noun)
le = him (male person)
la = her (feminine noun, female person)

Add **-s** to these to make them plural:

los = them (masculine plural nouns)
les = them (male persons)
las = them (feminine plural nouns, female persons)

Note: *le/la, les/las* are also the object form of *usted/ustedes*, depending on the sex of the person(s) addressed.

Le veremos en setiembre	= We'll see him/you in September
La veremos en setiembre	= We'll see her/you in September

2 When used as an indirect object this pronoun does not differentiate masculine and feminine:

le = to him, to her, to you (*Vd*)
les = to them (masculine/feminine), to you (*Vds*)

¿El regalo? Sí, lo recibimos ayer	= The present? Yes, we received it yesterday
¿Al señor Marín? Sí, le conozco muy bien	= Mr. Marín? Yes, I know him very well
¿Tu revista? No, no la he visto	= Your magazine? No, I haven't seen it

¿Mis hijas? ¡Claro que las quiero!	=	My daughters? Of course I love them!
¿A la profesora? Sí, ya le hablé de eso ayer	=	The teacher? Yes I spoke to her about it yesterday
Le mandé la carta a Enrique*	=	I sent the letter to Enrique

* Note 1: The common use of the 'redundant' pronoun. The *le* is not necessary for the meaning but it is a device which occurs with considerable frequency, especially with the indirect object pronoun.

Note 2: There are certain places where an object pronoun is necessary in Spanish but not in English:

Pues, si tú lo dices	=	Well, if you say so
Manolo dice que no es grave, pero ¡lo es!	=	Manolo says it's not serious, but it is!
Sí, ya lo sé	=	Yes, I know

31 Where two object pronouns are used together, the indirect object always comes first:

Te lo mandamos	=	We'll send it to you

Note: When both pronouns are third person, the indirect always changes to *se* (ie you cannot use two object pronouns beginning with **l** together):

Se lo explicamos	=	We explained it to him
Bueno, se los mandaré	=	Fine, I'll send them to you

Where there is ambiguity, add *a él, a ella, a Vd*, etc:

Se lo explicaremos a ellos	=	We'll explain it to **them**

32 Object pronouns are placed before the verb, except:

A with an infinitive used with another verb where they either precede the first verb or are tacked on to the infinitive, becoming part of the word:

os lo voy a dar or *voy a dároslo*
no se las queremos mandar or *no queremos mandárselas*

B in other cases it is tacked on the end:

¿marcharme? ¡ni hablar! sería absurdo irme de aquí.

C the same applies with a gerund:

te lo estoy explicando or *estoy explicándotelo*
lo seguiremos haciendo or *seguiremos haciéndolo*
afeitándome esta mañana me corté

D and with a positive command:

¡dígame! ¡dámelos! ¡siéntese!

With negative commands pronouns precede the verb as normal: *¡no me digas!* Don't forget to add accents where necessary!

33 Reflexive verbs: in true reflexive verbs the subject does the action to him/herself: *me ducho todas las mañanas.*

However, there are other verbs which behave like reflexive verbs for a specific purpose, often to intensify the meaning of an action, where English adds an adverb:

¡Me voy!	=	I'm off!
Se lo comió todo	=	He ate it all up
Se me cayó	=	I dropped it

Reflexive pronouns are also used for reciprocal action:

Nos vamos a escribir	=	We're going to write to each other

the verb

34 Spanish verbs fall into three regular categories, with their infinitives ending in **-ar**, **-er**, and **-ir** respectively. In fact, the endings of **-ir** verbs only differ from **-er** verbs in the Present Indicative and the *vosotros* command forms; elsewhere the two types share endings. Besides these, there are the so-called 'radical-change' verbs, where the vowel preceding the ending in some parts changes from **-o** to **-ue**, or **-e** to **-ie** or **-i**, and other verbs which do not follow the normal pattern and are termed 'irregular', though some of these can be listed in subgroups.

For the purposes of reference, verbs are dealt with tense by tense, giving the formation of regular, radical-change and irregular verbs, and the main uses of the tense.

35 **The Infinitive:** always ends in **-ar**, **-er**, **-ir**.

It is the verb in its basic form, the one you are always given in a dictionary, and the ending tells you which tense endings to use.

Uses:

A A meaning 'to do' something, following another verb:

No quiero volver tan temprano	=	I don't want to go back so early

B To convert a verb to a noun, often rendered by the **-ing** ending in English:

Ver es creer	=	Seeing is believing
Me encanta dibujar los caballos	=	I love drawing horses

36 **The Present Tense**

A Regular:

-ar	-er	-ir
comprar	**beber**	**subir**
compro	*bebo*	*subo*
compras	*bebes*	*subes*
compra	*bebe*	*sube*
compramos	*bebemos*	*subimos*
compráis	*bebéis*	*subís*
compran	*beben*	*suben*

B Radical-change:

o → ue	u → ue	e → ie	e → i
volver	**jugar**	**pensar**	**pedir**
vuelvo	*juego*	*pienso*	*pido*
vuelves	*juegas*	*piensas*	*pides*
vuelve	*juega*	*piensa*	*pide*
volvemos	*jugamos*	*pensamos*	*pedimos*
volvéis	*jugáis*	*pensáis*	*pedís*
vuelven	*juegan*	*piensan*	*piden*

C Irregular:

1 These verbs end in **-oy** in the first person singular, but are otherwise normal:

> **dar**: *doy, das, da, damos, dais, dan*
> **estar**: *estoy, estás, está, estamos, estáis, están* (note accent)

2 A number have a **-g-** in the first person singular, otherwise are regular according to their infinitive ending:

> **poner**: *pongo, pones, pone, ponemos, ponéis, ponen*
> **salir**: *salgo, sales* . . .
> **traer**: *traigo, traes* . . .
> **hacer**: *hago, haces* . . .
> **valer**: *valgo, vales* . . .
> **caer**: *caigo, caes* . . .

3 Others have this feature combined with a radical or spelling change:

> **tener**: *tengo, tienes, tiene, tenemos, tenéis, tienen*
> **decir**: *digo, dices, dice, decimos, decís, dicen*
> **venir**: *vengo, vienes, viene, venimos, venís, vienen*
> **oír**: *oigo, oyes, oye, oímos, oís, oyen*

4 Verbs with infinitives ending in **-ecer, -ocer, -ucir** have **-zc-** in the first person singular, but are otherwise normal:
> **parecer**: *parezco, pareces* . . .
> **traducir**: *traduzco, traduces* . . .

Note also:

> **saber**: *sé, sabes* . . .
> **ver**: *veo, ves* . . .

5 Of other verbs often termed 'irregular', *poder* and *querer* behave as normal radical-change verbs.

6 Verbs with infinitives in **-uir**, have **-y-** in the singular and 3rd person plural:

> **concluir**: *concluyo, concluyes, concluye, concluimos, concluís, concluyen*

7 An accent is needed in certain verbs on the weak vowel; **-i-** or **-u-** in the singular and 3rd person plural:

> **actuar**: *actúo, actúas, actúa, actuamos, actuáis, actúan*
> **enviar**: *envío, envías, envía, enviamos, enviáis, envían*

8 The following are totally irregular:

> **ser**: *soy, eres, es, somos, sois, son*
> **ir**: *voy, vas, va, vamos, vais, van*

haber: *he, has, ha*, hemos, habéis, han*
*hay when it means 'there is/are'.

D Use of the Present Tense:

1 to denote what happens regularly, repeatedly:
> *Cada lunes volvemos al trabajo* = Every Monday we go back to work

2 to denote what is happening at this moment:

> *¿Qué tiempo hace? Creo que llueve* = What's the weather like? I think it's raining

3 as in English, it can be used to denote actions in the immediate future:

> *Mañana nos marchamos para Sevilla* = We're off to Seville tomorrow

4 also as in English it can be used to dramatise events in the past:

> *Se me acerca y me coge la manga* = He comes (= came) up to me and catches (= caught) me by the sleeve

5 to indicate how long you have been doing something, if you are still doing it. Note the alternative ways of expressing it:

> *¿Desde cuándo vivís aquí? Vivimos en esta casa desde hace tres años. ¿Cuánto tiempo hace que vivís aquí? Hace tres años que vivimos en esta casa* = How long have you lived (been living) here? We've lived (been living) in this house for three years

This can also be expressed idiomatically using *llevar* – still in the present:

> *¿Cuánto tiempo lleváis (viviendo) en esta casa? Llevamos tres años (viviendo) aquí*

37 The Present Continuous

This denotes what is going on at the present time and is as near as matters the exact equivalent of the corresponding English tense. It is formed with *estar* and the gerund:

> *¿Qué estás haciendo? Estoy buscando mis zapatos* = What are you doing? I'm looking for my shoes

38 The Preterite

A Regular:

-ar	-er	-ir
comprar	**beber**	**subir**
compré	*bebí*	*subí*
compraste	*bebiste*	*subiste*
compró	*bebió*	*subió*
compramos	*bebimos*	*subimos*
comprasteis	*bebisteis*	*subisteis*
compraron	*bebieron*	*subieron*

B Radical-change:

The only verbs which change in this tense are those **-er** and **-ir** verbs which have a secondary change of **e → i** or **o → u** in the 3rd person singular and plural:

e → i (-ie- in Present)	e → i (-i- in Present)	o → u (-ue- in Present)
preferí	*pedí*	*dormí*
preferiste	*pediste*	*dormiste*
prefirió	*pidió*	*durmió*
preferimos	*pedimos*	*dormimos*
preferisteis	*pedisteis*	*dormisteis*
prefirieron	*pidieron*	*durmieron*

C Irregular:

1 Verbs with **-y-** in the 3rd person:

oír: *oí, oíste, oyó, oímos, oísteis, oyeron*
also: *leer, caer, creer,* and verbs ending in **-uir.**

2 **-er/-ir** verbs whose stem ends with **-ñ-, -ll-** drop the **-i-** from the ending:

reñir: *riñó . . . riñeron*

3 Verbs with unstressed 1st and 3rd person endings, sometimes called *Pretérito grave*. There is a sizeable group of these, otherwise termed irregular, but they do form a pattern within their group, although the stem is often very irregular:

andar
anduve
anduviste
anduvo
anduvimos
anduvisteis
anduvieron

Other verbs which follow this pattern are:

caber: *cupe . . .*
estar: *estuve . . .*
haber: *hube . . .*
hacer: *hice . . . hizo . . .*
poder: *pude . . .*
poner: *puse . . .* (**imponer, proponer,** and other compounds)
querer: *quise . . .*
saber: *supe . . .*
tener: *tuve . . .* (**obtener, mantener,** etc)
venir: *vine . . .* (**convenir,** etc)

4 Those with the stem ending in **-j-** take **-eron** as the 3rd person plural ending:

decir: *dije . . . dijeron*
traer: *traje . . . trajeron* (**contraer, atraer, distraer,** etc)
conducir: *conduje . . . condujeron* (and all compounds ending in **-ducir**)

5 Note also:

dar: *di, diste, dio, dimos, disteis, dieron*
ver: *vi, viste, vio, vimos, visteis, vieron*
ser/ir: *fui, fuiste, fue, fuimos, fuisteis, fueron*

D Use of the Preterite:

1 to indicate completed actions in the past, ie to say what happened.

Ayer pasamos la mañana en la playa y luego por la tarde dimos un paseo por el campo	= Yesterday we spent the morning on the beach and then in the afternoon we went for a walk in the country

2 to denote an action spread over a finite period of time, however long:

Estuvimos tres semanas en Madrid	= We were in Madrid for 3 weeks
Este rey reinó muchos años, su reinado fue muy largo	= This king reigned for many years, his reign was a very long one

3 Note the use of *saber* and *conocer*:

Cuando supe lo que pasaba	= When I found out/realised what was happening
Conocí a Manolo la semana pasada	= I met (= got to know) Manolo last week

39 The Imperfect

A Regular:

-ar	-er	-ir
comprar	**beber**	**subir**
compraba	*bebía*	*subía*
comprabas	*bebías*	*subías*
compraba	*bebía*	*subía*
comprábamos	*bebíamos*	*subíamos*
comprabais	*bebíais*	*subíais*
compraban	*bebían*	*subían*

B Radical-change: none.

C Irregular: only the following:

ser	ir	ver
era	*iba*	*veía*
eras	*ibas*	*veías*
era	*iba*	*veía*
éramos	*íbamos*	*veíamos*
erais	*ibais*	*veíais*
eran	*iban*	*veían*

D Use of the Imperfect:

1 to set the scene: what was going on, what people were doing:

Justamente hablábamos de usted	= We were in fact talking about you
Esta mañana a las seis llovía	= It was raining at six this morning

2 to denote what used to happen:

Cuando vivíamos en España cenábamos mucho más tarde que ahora	= When we lived (= used to live) in Spain we had (= used to have) supper much later than now

Note: English can use the simple past to denote either a preterite or an imperfect action, so you have to be careful to select the correct tense in Spanish:

When I lived in Spain I worked in a language school	= *Cuando vivía en España trabajaba en una escuela de idiomas*

Imperfect because the emphasis is on what you used to do when you used to live in Spain.

I lived and worked there for three years	= *Viví y trabajé allí tres años*

This is preterite because you are looking at the three years as a completed episode in your life.

3 to indicate how long you had been doing something, provided you were still doing it at the time of reference (cf **36** D):

¿Desde cuando vivíais allí cuando murió tu padre? Vivíamos allí desde hacía tres años	
¿Cuánto tiempo hacía que vivíais allí cuando murió tu padre? Hacía tres años que vivíamos allí	= How long had you been living there when your father died? We had been living there for three years
¿Cuánto tiempo llevabais (viviendo) allí cuando murió tu padre? Llevábamos tres años viviendo allí	

40 The Imperfect Continuous

A common alternative form to say what was happening, what you were doing (cf Present Continuous):

Estaba tomando un baño	= I was having a bath

41 The Preterite used in conjunction with the Imperfect.

This is a very common contrast:

¿Qué estabas haciendo cuando te llamé?	= What were you doing when I phoned you?

Nevaba cuando nos pusimos en camino	= It was snowing when we set out

42 The Future

The endings are usually added to the infinitive:

A Regular:

-ar	-er	-ir
comprar	**beber**	**subir**
compraré	*beberé*	*subiré*
comprarás	*beberás*	*subirás*
comprará	*beberá*	*subirá*
compraremos	*beberemos*	*subiremos*
compraréis	*beberéis*	*subiréis*
comprarán	*beberán*	*subirán*

B Radical-change: none.

C Irregular:

The irregularity is in the stem, never in the ending. The stem always ends in **-r-**:

caber: *cabré* . . .
decir: *diré* . . .
haber: *habré* . . .
poder: *podré* . . .
poner: *pondré* . . . (and compounds)
querer: *querré* . . .
saber: *sabré* . . .
salir: *saldré* . . .
tener: *tendré* . . . (and compounds)
valer: *valdré* . . .
venir: *vendré* . . . (and compounds)

D Use of the Future:

1 to indicate future events:

La semana que viene estaremos en España	= Next week we'll be in Spain

2 but remember you can often use the present rather as in English:

La semana que viene estamos en España	= Next week we're in Spain

3 *ir a* is also often used to indicate future events:

La semana que viene vamos a estar en España	= Next week we're going to be in Spain

Where there are slight differences in sense they are much the same as in English.

4 the 'suppositional' future, to indicate suppositions or approximations:

Estarán en la playa	= They must be on the beach/ I expect they are on the beach

¿Qué hora será?	=	What can the time be?/ I wonder what the time is?

Note: be careful when rendering the English 'will' and 'won't' as they can indicate willingness and not the future. You must use *querer* and the infinitive:

¿Quieres decirme la verdad o no?	=	Will you tell me the truth or not?
Papá no quiere comprarme un perro	=	Daddy won't buy me a dog

43 The Conditional

A Formed as the Future, adding the following endings to the infinitive or future stem (see **42**):

-ía, -ía, -ías, -íamos, -íais, -ían

B Use of the Conditional:

1 to indicate an implied condition:

No sería prudente	=	It wouldn't be wise

2 suppositions or approximations about the past (cf **42** D)

Estarían en la playa	=	They must have been on the beach
Serían las nueve cuando salimos	=	It must have been nine when we left

3 to indicate future in the past, especially in reported speech. Compare:

–Claro que lo haré mañana – dijo	=	'Of course I'll do it tomorrow,' he said
Dijo que lo haría al día siguiente	=	He said he would do it the next day

4 *querría* (would like) and *debería* (ought) are often replaced by the subjunctive forms *quisiera* and *debiera*.

Note 1: Be careful with the English words *would/wouldn't*, which might indicate willingness and should be rendered by an imperfect or preterite of *querer* with the infinitive:

Yo quería un perro pero papá no quería comprármelo	=	I wanted a dog but Daddy wouldn't buy me one

Note 2: 'would' in English can also mean 'used to', often being the equivalent of the Imperfect or *solía* plus the infinitive:

Cuando trabajábamos en Madrid pasábamos (solíamos pasar) los domingos en la sierra	=	When we worked in Madrid we would spend Sundays in the mountains

44 The Perfect Tense

This tense is formed with the Present Tense of *haber* and the past participle of the verb.

A With regular past participles:

-ar	**-er**	**-ir**
comprar	**beber**	**subir**
he comprado	*he bebido*	*he subido*
has comprado	*has bebido*	*has subido*
ha comprado	*ha bebido*	*ha subido*
hemos comprado	*hemos bebido*	*hemos subido*
habéis comprado	*habéis bebido*	*habéis subido*
han comprado	*han bebido*	*han subido*

B Radical-change: none.

C Irregular past participles:

abrir: *abierto*
cubrir: *cubierto*
descubrir: *descubierto*
decir: *dicho*
disolver: *disuelto*
escribir: *escrito*
freír: *frito*
hacer: *hecho*
poner: *puesto*
resolver: *resuelto*
romper: *roto*
ver: *visto*
volver: *vuelto*
devolver: *devuelto*

and other compounds of the basic verbs in the list.

Note 1: The auxiliary *haber* and the past participle are never separated by pronouns or to form questions:

¿Lo ha visto Vd?	=	Have you seen it?

although a pronoun can be attached to the perfect infinitive:

Siento mucho no haberle hablado antes	=	I'm sorry I didn't speak to you before

Note 2: There is only the one auxiliary and in this use the past participle does not have to agree with anything – quite a relief if you have been used to French!

D Use of the Perfect:

1 near enough identical to English: to say what *has* happened, what you *have* done in the recent past:

¿Qué habéis hecho esta mañana?	=	What have you done (been doing) this morning?
¿Habéis visitado el faro?	=	Have you been to the lighthouse?

2 the Perfect is NOT used in the sense of 'how long have you been doing something'. See **36** D on Present.

3 nor is it used to say what you have *just* done: use the present of *acabar de* with the infinitive:

El tren acaba de salir	=	The train has just left

45 The Pluperfect

A This corresponds to the English pluperfect, indicating what *had* happened, what you *had* done. It is formed with the imperfect of *haber* and the past participle:

había comprado
habías bebido
había subido
habíamos escrito
habíais vuelto
habían hecho

B Use of the Pluperfect:

To say what *had* happened, what you *had* done:

Ya se habían marchado cuando llegamos	= They had already gone when we got there

It is NOT used to say what had *just* happened; use the imperfect of *acabar de* with the infinitive (cf **44** D).

El tren acababa de salir	= The train had just left

46 Other compound tenses

A The Future Perfect: means, as in English, 'will have done something', and is formed with the future of *haber* and the past participle:

Ya habrán llegado	= They will have arrived already

This tense can also express supposition (cf **42** D), and the above sentence could mean: 'I expect they (will) have arrived already/they must have arrived already'.

B The Conditional Perfect: means 'would have done something', and is formed with the conditional of *haber* and the past participle.

No sé lo que habría hecho en ese caso	= I don't know what I would have done in that case

The conditional of *haber*, however, is often replaced by the **-ra** imperfect subjunctive form (see **49**).

It can also express supposition.

Pensábamos que ya habrían llegado	= We were thinking that they must have arrived by now

C The Past Anterior: you might meet the preterite of *haber* with the past participle – *cuando hubieron terminado* – which is a literary tense and means 'had finished', and is used after time expressions such as *cuando, apenas* (hardly), *así que, en cuanto, tan pronto como* (as soon as). The only thing you need to remember at this stage is not to use the Pluperfect after these words: the Preterite is permissible and a lot simpler!

En cuanto terminamos la compra volvimos a casa	= As soon as we (had) finished our shopping we went home

the subjuncive

47 The subjunctive is not a tense. It is an alternative form of the verb which *must* be used in certain circumstances and which has its own set of tenses. The grammatical term for it is the Subjunctive *Mood*, and you will see from the circumstances in which it is used, as listed below, that it often does indicate a kind of 'mood' within the sentence. Although some uses are difficult to explain clearly by analysis, you will as you increase your experience of the language acquire 'that subjunctive feeling', ie an instinct that a subjunctive is necessary. It is an essential part of Spanish, with very wide-ranging uses. Space only permits comment here on the most frequent uses and we would recommend that you study the subject more deeply in a more detailed Spanish Grammar, such as *¡Acción Gramática!*.

Tenses of the subjunctive

48 Present

A With regular verbs you 'swap endings' with the present indicative (the 'normal' present), remembering that the first person singular ends in **-e** or **-a** respectively:

-ar	-er	-ir
comprar	**beber**	**subir**
compre	*beba*	*suba*
compres	*bebas*	*subas*
compre	*beba*	*suba*
compremos	*bebamos*	*subamos*
compréis	*bebáis*	*subáis*
compren	*beban*	*suban*

B Radical-change: the verbs which only have the one change (e → ie, o → ue, u → ue) change in the same place as the indicative; those with the further change (e → i, o → u) (see **38** B) have this change in the 1st and 2nd persons plural; those **-ir** verbs with the e → i change maintain this throughout the present subjunctive.

volver	pensar	dormir	preferir	pedir
vuelva	*piense*	*duerma*	*prefiera*	*pida*
vuelvas	*pienses*	*duermas*	*prefieras*	*pidas*
vuelva	*piense*	*duerma*	*prefiera*	*pida*
volvamos	*pensemos*	*durmamos*	*prefiramos*	*pidamos*
volváis	*penséis*	*durmáis*	*prefiráis*	*pidáis*
vuelvan	*piensen*	*duerman*	*prefieran*	*pidan*

C Irregular:

1 The group of verbs which have **-g-** or **-zc-** in the 1st person singular of the indicative maintain this throughout the present subjunctive, otherwise following the normal ending pattern with **-a**:

decir: *digo* → *diga, digas, diga, digamos, digáis, digan*
conocer: *conozco* → *conozca, conozcas, conozca, conozcamos, conozcáis, conozcan*

2 *estar* and *dar* are predictable but need accents:

estar: *esté, estés, esté, estemos, estéis, estén.*
dar: *dé, des, dé, demos, deis, den.*

3 Spelling changes: because of the swapping of **-a/-e** endings, stems ending in **-c-, -z-, -g-, -gu-** are subject to changes according to the rules of spelling:

sacar → *saque, . . .*
cazar → *cace, . . .*
coger → *coja, . . .*
seguir → *siga, . . .*

4 The following have a totally irregular stem, though the endings are the usual ones with **-a**:

ser: *sea, seas, sea, seamos, seáis, sean*
ir: *vaya, . . .*
haber: *haya, . . .*
saber: *sepa, . . .*
caber: *quepa, . . .*

49 Imperfect Subjunctive

There are two forms of the imperfect subjunctive, which are completely interchangeable, except that the form in **-se** cannot be used as a substitute for the conditional (see **43**).

The stem, which is infallible, provided you know your preterite thoroughly, is the 3rd person plural of the preterite, and whatever irregularity is contained therein is carried over into the imperfect subjunctive, so refer back also to paragraph **38** !

A Regular:

-ar	
comprar	
compr-aron	
comprara	*comprase*
compraras	*comprases*
comprara	*comprase*
compráramos	*comprásemos*
comprareis	*compraseis*
compraran	*comprasen*
-er	
beber	
beb-ieron	
bebiera	*bebiese*
bebieras	*bebieses*
bebiera	*bebiese*
bebiéramos	*bebiésemos*
bebierais	*bebieseis*
bebieran	*bebiesen*
-ir	
subir	
sub-ieron	
subiera	*subiese*
subieras	*subieses*
subiera	*subiese*
subiéramos	*subiésemos*
subierais	*subieseis*
subieran	*subiesen*

B Radical-change and Irregular:

preferir	→ *prefirieron*	→ *prefiriera/prefiriese*
pedir	→ *pidieron*	→ *pidiera/pidiese*
dormir	→ *durmieron*	→ *durmiera/durmiese*
oir	→ *oyeron*	→ *oyera/oyese*
reñir	→ *riñeron*	→ *riñera/riñese*
decir	→ *dijeron*	→ *dijera/dijese*
traer	→ *trajeron*	→ *trajera/trajese*
ser/ir	→ *fueron*	→ *fuera/fuese*
andar	→ *anduvieron*	→ *anduviera/anduviese*
hacer	→ *hicieron*	→ *hiciera/hiciese*

(and the rest of this group, see **38**)

dar	→ *dieron*	→ *diera/diese*

50 The Perfect and Pluperfect Subjunctives

The perfect is formed with the present subjunctive of *haber* and the past participle, and the pluperfect with the imperfect subjunctive of *haber* and the past participle:

Perfect subjunctive	**Pluperfect subjunctive**
haya comprado	*hubiera/hubiese comprado*
hayas comprado	*hubieras/hubieses comprado*
haya comprado	*hubiera/hubiese comprado*
hayamos comprado	*hubiéramos/hubiésemos comprado*
hayáis comprado	*hubierais/hubieseis comprado*
hayan comprado	*hubieran/hubiesen comprado*

Uses of the subjunctive:

51 Influencing others: after verbs and other expressions of wanting, ordering, advising, prohibiting, allowing, causing, avoiding:

Pues no queremos que lo hagas	= Well, we don't want you to do it
Tu madre dice que vayas a casa	= Your mother's telling you to go home
Hay que impedir que lo sepan	= We've got to prevent them knowing
Todos sus amigos le aconsejaban a que no se marchara	= All his friends were advising him not to go
Conseguimos evitar que nos vieran	= We managed to avoid them from seeing us

52 After emotional reactions and value judgements:

Lamentamos que sientas así	= We're sorry you feel like that
Sería mejor que nos callásemos	= We'd better keep quiet
Me alegro de que hayas tenido notas tan buenas	= I'm delighted you've got such good marks

Es una vergüenza que se les permita entrar	= It's a disgrace that they are allowed in
Siempre le parecía increíble que su hijo adoptara tal actitud	= It always seemed incredible to her that her son should take such an attitude

53 After expressions of doubt:

Temo que vaya a haber problemas	= I'm afraid there may be problems
Dudábamos que supiera la solución	= We doubted whether he knew the solution
Espero que todo salga bien	= I hope everything will turn out all right

Note: When *esperar* means to expect, or the hope is very positive, the indicative is used:

Espero que todo saldrá bien	= I expect everything will turn out all right

54 After statements of possibility and likelihood:

Puede (ser) que tengan la solución al problema	= (It's possible that) they may have the answer to the problem
Era probable que muriera pero todavía existía la posibilidad de que recuperara la salud	= It was probable/likely that she was going to die, but there still existed the possibility that she would recover

55 After verbs of saying, knowing, thinking in the negative:

No creo que lo sepan	= I don't think they know
No digo categóricamente que sea el caso, pero creo que lo es	= I don't say categorically that this is the case, but I think it is

56 After expressions indicating purpose, such as *para que, a que, a fin de que, con el objeto de que*, with the meaning of 'in order that, so that . . .'. Also *de modo que, de manera que* when they mean 'in order that . . .', but not when they mean 'with the result that . . .'.

Te lo digo ahora para que lo sepas antes que los demás	= I'm telling you now so that you know before the others
Lo terminaron de modo que sus padres vieran su trabajo	= They finished it in order that their parents could see their work
Lo terminaron, de modo que sus padres pudieron ver su trabajo	= They finished it, with the result that their parents were able to see their work

57 After expressions of futurity. The following expressions are followed by the subjunctive when they refer to actions which have not or had not yet taken place:

antes de que before
así que, no bien, en cuanto, tan pronto como as soon as
cuando when
hasta que until
después de que after
mientras so long as
una vez que once

Cuando lleguemos . . .	= When we arrive . . .
En cuanto lleguemos . . .	= As soon as we arrive . . .
Una vez que lleguemos . . .	= Once we arrive . . .
. . . buscaremos algo de comer	= . . . we'll look for something to eat
Decidimos que . . .	= We decided that . . .
. . . cuando llegásemos . . .	= . . . when we arrived . . .
. . . en cuanto llegásemos . .	= . . . as soon as we arrived . . .
. . . una vez que llegásemos . . .	= . . . once we arrived . . .
. . . buscaríamos algo de comer	= . . . we would look for something to eat

58 After the following expressions:

con tal que provided that
a condición de que on condition that
a no ser que unless
a menos que unless
sin que without

Sí, vamos, a menos que llueva	= Yes, we're going, unless it rains

aunque when it indicates a strong concession, 'even though, even if . . .', but not when it means 'although' and simply states a fact:

Iremos aunque llueva a cántaros	= We'll go, even if it pours
Fuimos, aunque llovía a cántaros	= We went, although it was pouring

59 After indefinite or negative antecedents:

Busco un tutor que me enseñe el español	= I'm looking for a tutor to teach me Spanish/who can teach me Spanish
El coronel no tiene quien le escriba	= The colonel doesn't have anyone to write to him

Although the main reason for the subjunctive is 'any tutor so long as he can teach me Spanish' or 'no person who writes to the colonel', there is often an implied *para que* (= in order to), especially after verbs such as *buscar*, etc, and you use this construction to render such phrases as:

I need someone to repair my car	= *Me hace falta alguien que me arregle el coche*

60 In the following cases:

A

pase lo que pase	=	whatever happens
haga lo que haga	=	whatever he does
digan lo que digan	=	whatever they say
sea como sea	=	be that as it may

and similar expressions.

B

por mucho que/por más que te opongas	=	however much you object
por tontos que parezcan	=	however stupid they (may) appear

C After: *quienquiera* whoever, *cuandoquiera* whenever, *dondequiera* wherever, and other similar words ending in **-quiera**, usually corresponding to English ones ending in **-ever**.

D After words for 'perhaps': *quizá(s), tal vez, acaso*.

E In the following expressions:

o sea (que) in other words, put another way
que yo sepa as far as I know, to my knowledge
que yo recuerde as far as I (can) remember

F After *ojalá* 'I wish it were', 'would that . . .'

ojalá llueva	=	I wish it would rain, if only it would rain
¿salir al extranjero? *¡ojalá pudiera!*	=	Go abroad? I wish I could!

61 Tense sequence with the subjunctive:

A Generally speaking, when the main verb of the sentence is in:

Present
Future
Perfect
Imperative

the subjunctive verb will be Present or Perfect:

Le digo		=	I'm telling him	
Le diré	*que no lo haga*	=	I'll tell him	not to do it
Le he dicho		=	I've told him	
Dile		=	Tell him	

Sentimos que no hayas podido visitarnos	=	We're sorry you haven't been able to visit us

B When the main verb is in:

Imperfect
Preterite
Conditional
Pluperfect
Conditional Perfect

the subjunctive verb will be Imperfect or Pluperfect:

Le decía		=	I was telling him	
Le dije		=	I told him	
Le diría	*que no lo hiciera*	=	I'd tell him	not to do it
Le había dicho		=	I had told him	
Le habría dicho		=	I'd have told him	

Nos alegrábamos tanto de que lo hubieras podido terminar	=	We were so pleased you had been able to finish it

62 If . . .

Whether or not you use the subjunctive after *si* depends on the type of condition:

A Open condition: use Present Indicative, usually in conjunction with the Present, Future or Imperative:

Si llueve, no vamos	=	If it rains we don't go

B Remote or very hypothetical condition: use imperfect subjunctive in conjunction with the Conditional:

Si lloviese/lloviera, no iríamos	=	If it rained (were to rain) we wouldn't go

C Condition is unfulfilled: contrary to what happened, use the pluperfect subjunctive in conjunction with the Conditional Perfect:

Si hubiese llovido, no habríamos ido	=	If it had rained we would not have gone (but it didn't rain, so we went)

Note that either form *hubiese/hubiera* may be used after *si*, and frequently the *hubiera* form (but not *hubiese*) is used in place of the conditional *habría*. You may meet any combination of these, but from your point of view you will find it easier to use the *hubiera* form in both parts, and you will not go far wrong:

Si hubiera *llovido no* hubiéramos *ido*

D To get over the English supposition 'what if . . . ?' use the imperfect or pluperfect subjunctive:

Si nos vieran . . .	=	What if they saw us?
Si nos hubieran visto . . .	=	What if they'd seen us?

E Sometimes *si* is the equivalent of 'when', 'whenever', 'just because'. In these cases use the natural tense of the Indicative, never the subjunctive:

Si llovía, no íbamos	=	If (when) it rained we used not to go, we didn't go

F When *si* means 'whether' it can be used with any Indicative tense:

Pregúntales . . .	=	Ask them . . .
. . . si van a ir	=	if they're going to go

. . . si fueron = if they went

. . . si irían = if they would go

Note: There are no circumstances in which *si* can ever be used with the present subjunctive.

63 Imperatives

As there are four words for 'you' in Spanish, it therefore follows that there are four corresponding forms of the command, both positive and negative, ie DO! and DON'T! There are rules which will help you select the correct form:

A All *usted/ustedes* commands use the present subjunctive:

(no) compre (Vd)   *(no) beba (Vd)*   *(no) suba (Vd)*
(no) compren (Vds)   *(no) beban (Vds)*   *(no) suban (Vds)*

B All negative commands also use the present subjunctive, so in addition to the above used negatively you have:

no compres   *no bebas*   *no subas*   (for *tú*)
no compréis   *no bebáis*   *no subáis*   (for *vosotros*)

C *tú* positive, where the rule is to remove the **-s** from the Present tense *tú* form:

compras → compra   *bebes → bebe*   *subes → sube*

Irregular:

decir	*→ di*	*salir*	*→ sal*
hacer	*→ haz*	*ser*	*→ sé*
ir	*→ ve*	*tener*	*→ ten*
poner	*→ pon*	*venir*	*→ ven*

D *vosotros* positive: remove the **-r** from the infinitive and replace it with a **-d**:

comprar → comprad beber → bebed subir → subid

There are no exceptions to this rule.

E Object pronouns are attached to the end of the positive Imperative (watch the need for an accent when you add syllables) and precede the negative imperative:

[1] The reflexive verb loses the **-d** before the pronoun **-os**, with the exception of *ir*: *idos* = go away!

[2] This phrase is often used to express incredulity: 'you don't say!'.

F Other ways of expressing commands:

1 *que* and the present subjunctive in any person, usually involving a strong exhortation to action:

Que os divirtáis = (May you) enjoy yourselves

¡Que lo hagas y que no te olvides! = Mind you do it and make sure you don't forget!

Que pasen = Let them in, tell them to come in

Que lo vea yo = Let me see it

2 with the infinitive, used frequently in public notices and in written instructions:

No fumar = No smoking

No hablar con el conductor = Do not speak to the driver

Mondar los tomates y cortarlos en trozos = Peel and chop the tomatoes

3 'Let's': although there is a formal literary form using the subjunctive (*discutamos* = let's discuss) the usual spoken form is to use *vamos a* plus the infinitive:

(No) vamos a discutirlo ahora = (Don't) let's discuss it now

64 Participles and gerunds

A A participle can be used as an adjective but a gerund cannot: a distinction which is important when dealing with the form ending in **-ando/-iendo/-yendo**, which can never be an adjective and never changes its ending. If you wish to express the English 'a flying saucer' or 'a charming person', Spanish verbs usually have an associated adjectival form either ending in **-ante/-iente** or **-ador(a), -edor(a), -idor(a)** depending on the infinitive of the verb, but not all verbs have them and even if they do there is no guarantee which ending a verb may use, so use a dictionary:

un platillo volante = a flying saucer

una persona encantadora = a charming person

una mesa plegable = a folding table

B The gerund has a verbal function and means 'while' or 'by' doing:

Sobrevolando España se ve lo seco que está el paisaje = (While) flying over Spain you can see how dry the countryside is

dámelo	*dádmelo*	*démelo*	*dénmelo*	give me it, give it to me
dime	*decidme*	*dígame*	*díganme*	tell me
siéntate	*sentaos*[1]	*siéntese*	*siéntense*	sit down
no me lo des	*no me lo deis*	*no me lo dé*	*no me lo den*	don't give me it
no me digas	*no me digáis*	*no me diga*	*no me digan*	don't tell me[2]
no te sientes	*no os sentéis*	*no se siente*	*no se sienten*	don't sit down

C The past participle, besides forming compound tenses, can be used as an adjective, and as such agrees with the noun:

una pierna rota	=	a broken leg
estos ejercicios escritos	=	these written exercises
La casa estaba construida de piedra	=	The house was built of (in) stone

65 *Ser* or *estar*?

Both these verbs mean 'to be' but generally they are not interchangeable though in some cases, especially with adjectives, there are grey areas where either might be used. For your guidance the following rules will tell you where you must use one or the other.

Ser: it might be helpful to remember that this verb is related to the original Latin verb 'to be', and as such refers to existence and identity:

A It tells you *who* or *what* somebody or something is (was, will be, etc):

¿Quién es esa persona? Es Adolfo Suárez, era presidente hasta 1981	=	Who is that person? He is Adolfo Suárez, he was president up to 1981

B It tells you the natural characteristics of a person or object:

Es Vd muy amable	=	You're very kind
Esta silla es de plástico	=	This is a plastic chair
Mi abuelo es ya muy viejo	=	My grandfather is now very old
Mis amigos son de Santander	=	My friends are from Santander

C Use it to tell the time:

Eran las ocho	=	It was 8 o'clock

Estar: comes from the Latin verb 'to stand'; the past participle is also the Spanish for 'state' (*Estados Unidos*):

A It denotes location, where something is (ie 'stands'):

¿Dónde está la estación de autobuses?	=	Where is the bus station?
Estaban en la playa	=	They were on the beach

B With an adjective it tells you about the state or condition of a person or object brought about by circumstances:

¡Ay, qué cansada estoy!	=	I don't half feel tired!
Tu padre estará furioso	=	Your father will be furious
Todas las ventanas estaban rotas	=	All the windows were broken
Está muerto	=	He's dead

C It is used to form continuous tenses:

¿Qué estaban haciendo cuando tú les viste?	=	What were they doing when you saw them?

Ser/estar: some adjectives differ in meaning depending on the verb:

ser aburrido	= to be boring	*estar aburrido*	= to be bored
ser cansado	= to be tiresome	*estar cansado*	= to be tired
ser listo	= to be clever	*estar listo*	= to be ready

When *estar* is used with an adjective normally used with *ser*, the verb tends to mean 'appear, look':

¡Qué guapa estás!	=	How pretty you look!

66 The Passive

This is when the subject of the verb suffers or undergoes the action. It is formed, as in English, with the relevant tense of 'to be' (*ser*) and the past participle, which agrees with the subject:

Las ventanas fueron rotas por unos gamberros	=	The windows were broken by some yobs
Esta casa fue construida en el siglo 18	=	This house was built in the 18th century

Note: This construction is very common in English but is less so in Spanish, as there are various alternative ways of expressing it:

A Make the verb active, perhaps inverting verb and subject to keep the same emphasis:

Rompieron las ventanas unos gamberros . . .

This is a particularly useful way to do it if the subject is further qualified by a relative clause beginning with *que . . .*

Rompieron las ventanas unos gamberros que acertaban a estar por ahí	=	The windows were broken by some yobs who happened to be around there

B Keep the exact word order of the Passive and repeat the subject as an object pronoun:

Las ventanas las rompieron unos gamberros . . .

C Use *se*: if the verb is transitive, then you just make the verb reflexive:

Esta casa se construyó en el siglo 18	=	This house was built in the 18th century

Note 1: You cannot use this method if an agent (= *by* whom?) is expressed: *Las ventanas se rompieron* is feasible, from the example above, but you cannot say 'by the yobs'.

Note 2: The construction in English which makes a passive out of an indirect object is impossible in Spanish. Here you must use *se*:

Se me dijo	=	I was told
Se le mandó el paquete	=	He/she was sent the parcel

This construction is frequently used with the personal *a*:

Se considera a Madrid la = Madrid is considered the
capital cultural . . .   cultural capital . . .

67 Negatives

No is placed before the verb to make it negative.

Other negative words are:

nada nothing
nadie nobody
nunca/jamás never
ninguno none, not any, no (+noun)
ni . . . ni . . . neither . . . nor . . .
tampoco not either, neither
en mi vida never in my life

When these words follow a verb the verb must be preceded by *no*. *No* is not used when the negative precedes the verb or is used without one.

No hay nada aquí = There's nothing here

No vemos a nadie = We cannot see anybody (note personal *a*)

Nunca fumo ni bebo = I never drink or smoke

¡En mi vida he visto tal cosa! = I've never seen such a thing in my life!

¿Drogarme? ¡Nunca! = Take drugs? Never!

Note: *tampoco* is the negative of *también*:

¿Vas a ir? Bueno, pues yo voy también = Are you going? Right then, I'm going too

¿No vas a ir? Bueno, pues yo no voy tampoco = Aren't you going? Right then, I'm not going either.

68 Prepositions and the infinitive

Some verbs link directly to an infinitive, others take *a*, *de*, or, less commonly, other prepositions. The following lists are a selection of the most common verbs, but for a complete list you should consult a detailed grammar.

A Verbs with no preposition:

deber	to have to, must	*parecer*	to seem, appear to
decidir	to decide to	*pensar*	to intend to
desear	to want, wish to	*poder*	to be able to, can
esperar	to hope/expect to	*preferir*	to prefer to
evitar	to avoid –ing	*procurar*	to try to
intentar	to try to	*prometer*	to promise to
lograr	to manage to/ succeed in	*querer*	to want to
		saber	to know how to
necesitar	to need to	*sentir*	to be sorry to
ofrecer	to offer to	*soler*	to be accustomed to, usually (do)
olvidar	to forget to		

B The following verbs take *a*:

aprender a	to learn to	*invitar a*	to invite to
animar a	to encourage to	*ir a*	to be going to
atreverse a	to dare to	*negarse a*	to refuse to
ayudar a	to help to	*obligar a*	to oblige to
comenzar a	to begin, start to	*persuadir a*	to persuade to
convidar a	to invite to	*ponerse a*	to start to, set about –ing
decidirse a	to decide to		
empezar a	to begin to	*resignarse a*	to resign o.s. to
enseñar a	to teach to		

and most verbs of going (to) (*subir a*, *entrar a*, etc), inviting and inciting to do something.

C Verbs taking *de*:

acabar de	to have just	*guardarse de*	to be careful not to
acordarse de	to remember to		
alegrarse de	to be pleased to	*haber de*	to be to, shall
avergonzarse de	to be ashamed to, of –ing	*hartarse de*	to be fed up with, have had enough of
cesar de	to cease –ing		
dejar de	to leave off, stop –ing	*jactarse de*	to boast about
		olvidarse de	to forget to
deber de (when indicating supposition)	must	*parar de*	to stop –ing
		terminar de	to finish –ing
		tratar de	to try to
disuadir de	to dissuade from		

D Others:

consentir en	to consent to	*esforzarse por*	to strive, struggle to
consistir en	to consist of		
dudar en	to hesitate to	*estar por*	to be in favour of
hacer bien en	to be right to		
hacer mal en	to be wrong to	*luchar por*	to strive, struggle to
insistir en	to insist on		
pensar en	to think of	*amenazar con*	to threaten to
persistir en	to persist in	*tener que*	to have to
(no) tardar en	(not) to take a long time in	*hay que*	it is necessary to

69 *Para* or *por*?

These two prepositions are the cause of considerable confusion, not least as they can both mean 'for'.

A *para* indicates destination, intention:

Esto es para Vd = This is for (intended for, directed to) you

Una mesa para cuatro = A table for four

Lo hice para demostrarte . . . = I did it (in order) to show you . . .

It is also used to say 'by' a particular time:

Que estés lista para las siete = Be ready by seven

B *por* basically means 'by' or 'through':

Esta novela fue escrita por un nuevo escritor	=	This novel was written by a new writer
Salimos por Elche	=	We left via Elche (*salimos para Elche* would mean 'we left for Elche')

por translates 'for':

1 'in exchange for':

¿Cuánto diste por esa chaqueta?	=	How much did you pay for that jacket?

2 'on behalf of', 'in support of':

Lo hice por ti	=	I did it for you (for your sake)

It also means 'per':

ochenta kilómetros por hora	=	80kph

It is used in a large number of adverbial expressions such as *por avión, por ahora*.

70 Personal *a*

This precedes the direct object when it is a definite person or persons.

¿Conoces a mi hermano?	=	Do you know my brother?

It is also used with animals or places if the speaker wishes to 'personalise' them:

¡Deja al perro!	=	Leave the dog alone!

and it usually precedes the following pronouns:

alguien, uno, ambos, cualquiera, nadie, otro, quien, todo, él, ella, usted.

No veo a nadie	=	I can't see anybody
Es una mujer a quien todos admiramos	=	She's a woman we all admire

71 Relatives

The following notes are a somewhat simplified version of one of those areas of Spanish where usage is dependent on style. For a deeper analysis consult a more detailed grammar.

Note: The various equivalents of 'who', 'which', etc dealt with in this paragraph do not ask questions: interrogative words are dealt with in paragraph 72 below.

A *que* is used:

1 as subject of the clause, person or object:

El coche que está esperando en la plaza	=	The car (which is) waiting in the square
La dependienta que me vendió esta bufanda	=	The assistant who sold me this scarf

2 as object of the clause, person or object:

El coche que vimos en plaza	=	The car (which) we saw in the square
La dependienta que vi en la tienda	=	The assistant I saw in the shop

although with a person object the tendency is to use the personal *a* with *el que* or *quien*:

La dependienta a la que / a quien vi en la tienda

B After prepositions you can use *el que/la que/los que/las que* for things, and *el que*, etc, or *quien* for persons:

La calle por la que acabamos de pasar	=	The street along which we've just passed
Los amigos con quienes/ los que estuvimos anoche	=	The friends with whom we spent yesterday evening

C There is yet another form *el cual/la cual/los cuales/las cuales* which may be used for things or persons, and is sometimes favoured with compound prepositions, but is tending to become rather stilted:

La pared detrás de la cual estábamos escondidos	=	The wall behind which we were hiding

D When 'which' refers to an idea, not a noun, with a specific gender, use *lo que*:

Los estudiantes se marcharon temprano, lo que no les gustó a sus profesores	=	The students went off early, which didn't please their teachers

E *cuyo* means 'whose', and agrees with the thing(s) possessed:

Es un político cuyas respuestas suelen ser mentiras	=	He's a politician whose answers are usually lies

F *el que/la que/los que/las que* mean 'he/she who', 'those who':

Los que quieren volver pueden irse ahora	=	Those who wish to return may leave now

G *lo que* means 'what' in the sense of 'that which':

Lo que me gusta de este libro	=	What I like about this book

72 Interrogatives

These are words with which you ask questions. Note that all interrogative words have an accent on the stressed vowel.

A *¿quién?* means 'who(m)?' in all circumstances:

¿Quién es?	=	Who is it?
¿A quién viste?	=	Who(m) did you see?
¿Para quién es?	=	Who's it for?

B *¿qué?* means 'what?' in most circumstances:

¿Qué es?	=	What is it?
¿Qué hiciste?	=	What did you do?
¿Con qué lo hiciste?	=	What did you do it with?

(Note that the preposition cannot come at the end of the phrase as in English.)

C Take care to distinguish *qué* from *cuál(es)*, which often means 'which one(s)' and implies a choice:

De estas casas ¿cuál te gustaría poseer?	=	Which (one) of these houses would you like to own?

D *¿qué?* also means 'which' when used together with a noun:

¿qué casa es tuya?	=	Which house is yours?

E Other interrogative words are:

¿cuándo? when?
¿cuánto/a/os/as? how much/many?
¿cómo? how?
¿dónde? where?
¿de quién? whose?

73 Exclamations

Several of the interrogative words are also used in exclamations:

¡Qué día!	=	What a day!
¡Qué día tan/más hermoso!	=	What a beautiful day!
¡Cómo nieva!	=	Look how it's snowing!

¡Cuánta gente!	=	What a lot of people!

74 Accentuation and stress

The rules of stress are:

A Words ending in a vowel, **-n** or **-s** are stressed on the next to last syllable: *casa, casas, leo, lees, lee, leen.*

B Words ending in a consonant except **-n** or **-s** are stressed on the last syllable: *comprar, reloj, coñac, principal, arroz.*

C All other words will bear an accent (´) on the stressed vowel. There are several definable categories:

1 Words ending in stressed **-ón** (*gruñón, camión*). These lose the accent in the feminine or plural (*gruñona, camiones*) as they then obey rule A.

2 Words ending in stressed **-és**: *inglés* (but *ingleses*).

3 Words ending in a stressed vowel, or stressed syllable ending with **-n** or **-s** including some preterite and future tense endings: *compraré, comprarás, comprará, compraréis, comprarán; compré, compró; pirulí, ojalá.*

4 Accents are also found on the stressed syllable of demonstrative pronouns (*éste*, etc) (see **18**) and interrogative words (*¿cuándo?*, etc) (see **72** and **73**).